U0838819

曾国藩

【大传】

刘安平 著

中国出版集团
现代出版社

导 言

微信、微博、智能手机，乃至互联网+，当这些时髦而又很有科技感的新鲜事物充斥人们的日常生活时，很少有人会在乎什么历史，更别提花时间去研究一个历史人物的故事了。

正是因为缺乏对历史的了解，才会下如此判断。其实，物质越是繁荣，越需要有精神寄托，从历史中找寻自己的血脉便是一条又快又实用的途径。

中国人从来不缺乏探寻历史的意愿和能力。从21世纪初开始，中国人对历史的东西就一下子有了兴趣，国学、百家讲坛、“明朝那些事儿”等文化现象的大热，就是最好证明。经过十多年发展，如今的中国已经是全球第二大经济体。当被全球化浪潮全面裹挟时，中国人又开始反复问自己那个哲学上的终极问题：我们从哪里来？我们向何处去？

我们没办法回答这个问题，但是，我们可以通过研究中国历史人物，读发生在他们身上的故事来寻找答案。通过历史人物身处的那个时代，我们可以吸取足够丰富的养料，找到足够多的教训，看到足够斑斓的世界，从而完善我们当下的人生。这难道不是一件一举多得的事儿吗？

要了解中国历史人物，必定绕不开曾国藩，他是一个非常特别的人。

曾国藩（1811—1872），初名子城，字伯函，号涤生，谥文正，湖南湘乡人。之所以说他特别，原因在于关于他有太多的争议。先说他的优点，似乎各种能力他都具备了，他好像什么都会，光看后世给他的封号就足以惊人：中国近代政治家、军事家、理学家、文学家，晚清散文“湘乡派”创立人。除此之外，曾国藩还是距离中国现代社会最近的一个朝代——清朝中的贤臣代表人物，他与李鸿章、左宗棠、张之洞并称“晚清四大名臣”。

另外，曾国藩也饱受非议，主要在于他作为军中统帅，南征北战过程中，实在太过残忍，完全看不到他标榜的人性。他最受抨击的黑历史就是在讨伐太平军时，有大肆屠杀的记录，因此他与其弟曾国荃被称为“曾剃头”或“曾屠户”。

即便有这么多争议，近年来中国社会还是不可逆转地刮起了一股“曾国藩热”，对曾国藩的研究如雨后春笋，街头巷尾谈论曾国藩的人中，既有年过花甲的老人，也有初识文字的孩童。“曾国藩热”是一种颇为复杂的社会文化现象，不同价值取向的人会截取曾国藩不同的侧面来了解。

无论怎样，如果回归到中国人本身来看，中国有句老话：修身齐家，治国平天下，曾国藩的一生基本诠释了这句老话。所以中国近代许多政治人物都对曾国藩有不低的评价，比如毛泽东将其视作“地主阶级最厉害的人物”。蒋介石则认为他为人之道“足为吾人之师资”，并说“其著作为任何政治家所必读”。

普通民众看到的曾国藩当然与政治家不同。老百姓心思简单，过小日子，不求平天下，只求独善其身，看看曾国藩，至少能够学些为人处世的哲学。曾国藩学问当然好，他被称为清朝最后一位理学大师，他崇尚程朱理学，把程朱理学运用得从容自如。

老百姓爱读《曾国藩家书》的最大原因是，曾国藩确是近代中国儒家思想文化传承的典范之人。他身上无不体现了“孝、悌、仁、义、礼、智、信”。“考宝早扫、书蔬鱼猪。即敬奉祖先，周旋亲邻，起早，扫屋，读书，种菜，养鱼，养猪八事。”曾国藩多次在信中告诫兄弟子侄，时时恪守家风、家德，而这八字也正是他以耕读治家的根本。

曾国藩的为官之道更是彰显了儒家入世处事的要旨，“君臣义”之三纲，他始终没有半点儿逾越，用尽毕生的心血为已经摇摇欲坠的清王朝开创了一段暂时稳定、繁荣的局面，被后世称为“中兴名臣”。他荣居高位，却时时谨小慎微，也一再嘱咐弟弟曾国荃戒骄戒躁，总以勤、谦为其根本；他为官三十余年，一身清廉，知人善任，广结有识之士。曾国藩在做官方面的谨小慎微、尽忠职守，乃至开拓进取，都非常契合中国人当下做事做官的思路。

曾国藩身上也有很多为读书人效仿的地方。他一生笃好学问，作文每日不辍，是名副其实的儒家。读书、修身、养性等都讲一个“恒”字，在道光二十二年的一封家书中，他写道：“予自立课程甚多，惟记茶余偶谈，读史十页，写日记楷本此三事者，誓终身不间断也。”

曾国藩最被人诟病的地方，恐怕就是立德方面。无论怎么辩解，曾国藩还是心狠手辣的军事家，他在家书中即自称“自以杀贼为志，何必以多杀为悔”。曾国藩性格中凶残的一面，或许跟他的成长环境相关。曾国藩生于湖南。湖南自古便是蛮荒之地，虽然以勤劳著称的湖南人世代耕耘于斯，但直到唐宋之际仍是朝廷流放犯罪官员的清绝地。蛮荒之地练就了曾国藩的坚韧个性，当清政府面临太平军威胁时，他才能建立地方团练，组建湘军，并且主要招募家乡一带的农民为士兵。

曾国藩在镇压捻军、太平天国等农民起义运动中，不仅亲自杀人，还带着他的父亲与四弟一起杀人。曾国藩的幕僚赵烈文在《能静居日记》有详细记载攻破南京城后的情景：“……沿街死尸十之九皆老者。其幼孩未满二三岁者亦斫戮以为戏，匍匐道上。妇女四十岁以下者一人俱无，老者无不负伤，或十余刀，数十刀……”

曾国藩的争议在他身后一直没有停息。民国著名的清史学家萧一山将曾国藩与左宗棠对比：“国藩以谨慎胜，宗棠以豪迈胜。”

徐中约在《中国近代史》中如此评价曾："曾国藩的政治家风度、品格及个人修养很少有人能予匹敌。他或许是十九世纪中国最受人敬仰、最伟大的学者型官员"，他随后说道，"但是他却被马克思主义学者斥责为汉奸刽子手，为了满清异族统治者的利益，背叛及屠杀了同胞"。

面对这么多争议，为什么仍有那么多人推崇曾国藩？最大的原因在于，谁都知道，世上本来就没有完人。曾国藩身上体现出的中国传统儒家思想，主导了中华民族的精神世界长达两千年，必然有超越时代、种族、文化的普世性价值。儒学能造就一大批如曾国藩式的伟大人物，表明了古典文化的强大生命力与自我修复力。在全球化越发深入的今天，只有研究、读懂、洞悉曾国藩跌宕起伏的一生，还原曾国藩真实的内心世界，才能坦然面对中华民族的过往，乐观看待中国今日与未来。

梁启超向来对曾国藩推崇有加，认为"吾谓曾文正集，不可不日三复也"。在《曾文正公嘉言钞》序内，梁启超更是认为曾国藩"岂惟近代，盖有史以来不一二睹之大人也已；岂惟我国；抑全世界不一二睹之大人也已"。

因此，这本《曾国藩大传》才有了更多历史和现实意义。

目录

第一章　家住湘乡山水间

一、以农为业

要想了解本书的主人公曾国藩，必须先从他的家乡说起。

曾国藩的家乡是湖南。从方位上看，湖南处在中国中南部，长江中游，地理上属于华中地区，因为那个地方非常富饶，鱼和大米的产量很大，传统上就喜欢把湖南叫作鱼米之乡。因为这个地方在洞庭湖以南，故而名“湖南”，因为湘江贯穿全境而简称“湘”。

湖南历史极其悠久。据考古发掘和文字记载，在 8000 多年前，中国人的祖先便在这里繁衍生息，过着以原始农业和家畜饲养为主的定居生活。西周时期湖南属地为楚国南部。公元前 211 年，秦始皇统一中国后，设“长沙郡”。唐朝时，第一次设立“湖南观察使”衙署，这也是中国行政区划上第一次出现湖南这个说法。再往后，宋朝设“湖南路”，明朝设“湖广行省”，到了清朝则出现“湖南省”。

湖南并不是一开始就是个富饶的地方，历史上它是一个蛮荒之地。既然荒芜，自然会陆续有人来开发，久而久之，湖南就成为中华民族农耕文化形成的发祥地之一。以勤劳著称的湖南人世代耕耘，但是整个发展繁荣过程相当缓慢，直到唐宋时期，湖南依然没有完全开发出来，那时候朝廷流放犯罪官员，都喜欢将他们发配到此地，足以说明湖南当时有多荒凉。

湖南文化上的发展也是一步步来的。蛮荒之地的人以农耕为主，也没有读书传统，这导致湖南人早年间并没有太多高中科举的人。当然，这跟政治中心多在北方有极大关系。转机发生在宋代，那时候文化重心开始南移，最突出的表现就是长沙设立岳麓书院。

岳麓书院的建立，在当时是一件影响广泛的文化事件，全国各地的文化人都慕名而来。还有一些知名学者也受到邀请，到岳麓书院讲学。比如福建的张栻、朱熹等，他们都是在这里做研究、带弟子，由此湖湘学派就此开立，一时蔚为大观。永州人周敦颐一直在外做官，他受此影响也回乡讲学，并开理学之先，启发了宋明时代著名学者如朱熹、程颢和程颐两兄弟等人，他们一起被尊为“理学鼻祖”。

到了19世纪中叶以后，湖南开始在中国历史上大放异彩，最突出的表现就是那里一下子出现了大批名人，其中尤以政治军事人才居多。中国的《辞海》里就写着，近代中国政治人物中，湖南籍人士44人，居全国之首。于是出现一种说法，中国近代史有一半是湖南人的历史。

在湖南所有地方中，曾国藩的老家湘乡又是极其出人才的地方。有一种略微夸张的说法是：湖南近代史有一半和湘乡县有关。这么说也有它的根据，如果以晚清、民国时期的湘乡县城为圆心，画一个半径为200里的圆圈，中国近代史上赫赫有名的人物，包括魏源、曾国藩、左宗棠、谭嗣同、黄兴、蔡锷、毛泽东、刘少奇、彭德怀等，他们的家乡都在这个圆圈内。

之所以出现这种现象，当然是有多重因素综合作用而成。其中，晚清经世致用的学风是重要原因。清朝在入关之初，为了拉拢民心，统治者对汉族知识分子采取拉拢的手法。随着政权逐步稳定，清朝统治者的傲慢越来越大，排斥汉族之意便慢慢显现。汉族知识分子因文字狱被杀者，不计其数。为了自求多福，知识分子只能钻入故纸堆里，做一些与政治毫无瓜葛的考据，这也是清代考据学比较发达的关键原因。

不过，在所谓蛮荒之地的湖南，考据学却几乎未在此地发挥影响。湖湘学子对考据不感兴趣，周敦颐、朱熹等人在湖南埋下的理学种子，在此刻发芽成长。这种理学植入了王阳明的“知行合一”和王夫之的“忧国忧民”，从而在湖南形成了一股经世致用的风潮。

至于为什么是在湘乡出现这么多名人？这背后还有历史文化传统的关系。湘乡在春秋战国时期属楚国，秦朝属长沙郡湘南县。西汉高祖五年（前202）置长沙郡。后于哀帝建平四年（前3），封长沙王的儿子刘昌为湘乡侯。自此才有了湘乡这个名字。东汉时改长沙郡，原湘乡侯领地改为湘乡县。及至清代，湘乡县隶属于长沙府。

说到此处，需要交代一下清代的行政配置。清乾隆帝将全国设18个行省，分别由8位总督和15位巡抚管辖。8位总督辖区是：直隶；两江，包括江苏、江西与安徽；两广，广东与广西；湖广，湖北与湖南；四川；闽浙，即福建与浙江；陕甘，包括陕西与甘肃；云贵，即云南省与贵州省。

总督的权力极大，可以说是属地最高行政长官。总督自动拥有兵部尚书和都察院副都御使职衔。总督不仅对该省的最高文官拥有领导权，他还对军队具有特殊的权力。在鸦片战争之前，总督有时会被钦差大臣压过一头。钦差大臣的地位就更加特殊了，他经常是临时指派，虽然在省里没有行政权，但因为是代表皇帝查办一些特殊事项，隐形的权力显然更高。不过，在太平天国期间，总督常常兼任钦差大臣，以此来加强总督的权势。

总督的下一级官员是巡抚。巡抚与总督一样，在地方治理上也手握生杀大权，比如他要过问当地政事，审核刑事案件等。除此之外，监督下级行为也是巡抚的职责。总体来看，清朝的行政规划使得每个省都是一个完整的领地，总督如同藩王一样极具权势。

从实际情况看，每个省完全不依赖其他省份而存在，每个省都有自己的陆军、水师、征税系统及其社会习俗。这导致了省与省之间的方言、生活习惯、文化习俗都不一样。由于政治上的相对独立，百姓也坚持自我的文化属性，以此来区别外省人士。只有在涉及盐的贸易和水师的时候，省与省之间的领导者，才会在朝廷某种程度的控制下做出让步。在其他几乎所有的事务中，督抚之间都会彼此推诿。

不过，即使官员们拥有如此大的独立性，他们仍然受到制约：一方面，来自朝廷的官员在各省悄悄监视着高级官吏，主要目的是检查他们的为官履职情况，并时刻注意这些地方大员是否存在谋反的迹象，这也是朝廷最为担心的隐患。与上级的担心一样，这些地方高级官吏同样派人到县城里监视低级官吏。

另一方面，地方官员还要受到另一个不可忽视群体——士绅阶层的制约。士绅的一个突出作用是，他们在乡村地区各种民间组织的协助下，防止官吏们侵犯民众约定俗成的权利。士绅阶层往往有家族传承，因为良好的社会关系，以及与官方既相互利用又相互制衡的矛盾连接，士绅能够在当地发挥举足轻重的影响力。

就是在这样的政治和社会环境中，曾国藩在湖南湘乡出生、成长。曾国藩打从记事起，就知道他的家乡是一个历史悠久的地方，早在蜀汉时期，湘乡就曾出现蒋琬这样的名相，清前期和中期更是出现了谢振定、邓文泮、罗国俊等名臣。不过，曾国藩自己绝不会料到的是，真正让湘乡闻名世界，并且在中国历史上留下浓重一笔的是他自己。特别是他后来一手创立的湘军“剿灭”太平天国这一巨大功勋，不仅避免晚清政府过早倒台，更让他自己声名鹊起。

说到曾家，其实也非常有历史典故。曾氏家族是中国的六大家族之一，其源头是中国的大哲学家曾子，他是孔夫子最杰出的弟子之一。从曾国藩家族历史看，并没有迹象显示会出大人物。曾国藩的祖籍在衡阳，世代务农，没有显达之人。到了曾竟希（曾国藩的曾祖父）的祖父曾元吉时，突然发达起来。曾家不仅在湘乡大界盖起了几处宅院，还在衡阳青定塘湾买了四十亩薄田，整个家族开始向兴旺的方向发展。等到曾元吉年岁渐老时，他自知余年不多，便提前安排后事，将包括大界的宅院和土地等全部家业分给了子孙，仅留下衡阳四十亩地用于养老送终。

乾隆二十九年（1764），曾元吉病故。他的子孙靠分得的家产，平日里依靠收租就能有不错的收入，生活依然衣食无忧。曾元吉有六个儿子，其中次子叫曾辅臣。曾辅臣虽然也分得一份家产，但不改勤俭劳作之风，每日坚持耕作。乾隆四十一年（1776），55 岁的曾辅臣留下独子曾竟希撒手而去。

曾竟希继承了父亲的俭朴作风。但他内心里有一个暗暗的念头在浮动：搬家。之前提到，曾家在大界有几处宅院。大界位于湘乡县城西南100 多公里之外，也就是现在的湖南省双峰县荷叶镇。大界有一处叫作白杨坪的村子。曾竟希看中了这个地方的风水，于是决定举家搬到这里。清嘉庆十三年，也就是公元 1808 年，白杨坪新迁来一户人家。这户人家姓曾，全家十几口人，长者就是曾竟希，那年他已 66 岁。

从各种历史史料中，至今无法判断曾竟希举家迁往白杨坪的具体原因。按照中国传统农人的生活习俗，除非曾竟希一家在原住地发生重大变故，否则不会有此重大迁徙。中国人传统上也不是一个喜欢频繁移居的民族，对频繁迁移居住地并不热衷，反而喜欢守着故土世代耕耘。如此看来，曾家的这一迁移十分不同寻常。

无论出于何种原因，白杨坪成为曾竟希一家新的安身立命之地。白杨坪也成为绵延五世、曾国藩外出做官后一直心系的老家。曾国藩曾经多次在文章里怀念家乡：我家湘上高嵋山，茅屋修竹一万竿。最是故园难忘处，待莺亭畔路三叉。莽莽寒山匝四围，眼穿望不到庭闱。絮漂江浦无人管，草绿湖南有梦归。

在白杨坪居住的前几年，曾家生活一如往常。转机发生在第四年冬天。这天晚上，曾竟希做了一个奇怪的梦：他梦见一条巨蟒从天而降，先在宅堂里盘旋良久，随后又跃入内庭环绕一周。这条巨蟒究竟意欲何为？他正在梦里思索，忽然一下子被吵醒。原来是家人报喜，他的孙媳妇刚刚生了一个男孩儿。曾竟希还没看到孩子，但回想起之前的梦境，坚持认为：此梦为吉兆，新生的男孩儿必定能光耀门楣。

这个伴随着美梦与吉兆出生的婴儿就是曾国藩，他出生的日期是1811年11月26日。曾国藩的出生，不仅改变了曾家整个家族的命运，更改写了清朝的历史。

二、祖父曾玉屏

曾国藩的出生，成了曾氏全家寄托希望的所在，其中最高兴的长辈莫过于曾国藩的祖父。曾国藩的祖父曾星冈在曾家是绝对的大家长，他不光地位最高，他自己的个人品格也极其让人佩服，周围邻里十分尊敬他。在他身上，完美地呈现了中国传统“耕读”持家的学风。

曾星冈，名玉屏，他生于清乾隆三十九年（1774），清太学生。按照那个时代的标准，曾玉屏的子女并不多，他只生了三个儿子，长子即曾国藩之父曾麟书，次子早卒，三子骥云未曾生育。旧式大家族里，父亲的权威向来不容挑战，在曾家这种传统儒家家庭里，更是如此。曾玉屏不仅对自己的儿子有极其严格的教育，对待孙辈的曾国藩也是一样严苛。幼年的教育对人的一生都会有影响，因为祖父的教诲，让曾国藩无论是早年求学交友，还是以后几十年仕宦生涯，身上都有可以印证“隔代遗传”的“基因密码”。

说起来，曾玉屏也不是一下子变成一个成熟稳重的贤达之人。他年轻时可以称得上顽劣，因家境尚算富裕，他早年沾染了“游惰”习气，不光有书不读，更沉湎于嬉戏游玩，常常骑着马到当时比较繁华的湘潭市肆，与一些“裘马少年相逐，或日高酣寝”。

湘潭自古就是湘中著名的大都会。自从南宋以来，湘潭一直作为县城所在地，其热闹程度自是一般粗野乡下所不能比的。湘潭地处湘江中游，四季通航，南来北往十分便利。明代时，诗人周圣权就在《题万楼》中赞颂湘潭美景：岸花明媚接芳洲，三月江风送客愁。台阁初成延胜迹，山川有待识名流。野烟窈窕村中树，帆影参差槛外舟。清绝潇湘春唱和，竞将韵事一齐收。清朝人张九镒在《昭山》中也曾写道：西风一片写清秋，两桨飞随贴水鸥。摇到湘头望湘尾，昭山断处白云浮。

从历朝历代文人墨客的诗篇中，湘潭的秀美山川已经让人浮想联翩。亲身畅游，更是别有一番滋味。曾国藩的故乡湘乡，距离湘潭只有不足百里路程，如果跃马扬鞭，一两个时辰便可到达。

少年时代的曾玉屏对未知的世界十分好奇，虽然懵懂，但放荡不羁的性格让他无所顾忌。整日里晚睡早起，巡游湘潭，引得邻里乡亲时常讥笑和斥责。曾玉屏当时年纪尚小，无论是周围邻里的嘲笑，还是家里长辈的训斥，他都毫不在乎，玩乐习气一直不改。

直到年岁渐长时，曾玉屏开始察觉自己的行为失当。清朝晚期仍属中国传统的农业社会，那时一个人的名声显得格外紧要。曾玉屏经历的事情多了，也开始慢慢在意自己在外人眼里的印象。从他内心深处，也的确不希望曾氏家族几代人的努力毁于自己手中。最后一次，当曾玉屏听到他人讥笑他：“言行浮薄”，“将覆其家者”，内心受到极大刺激，自尊心似乎在瞬间崩塌。他开始反躬自责，慢慢意识到自己的年少无知。他把整日驮着他游玩的马卖掉，徒步走回家中。

自此以后，曾玉屏仿佛换了一个人。每天天未亮之时，他便起床到农田做活儿。他的家乡湘乡地处丘陵地带，全县一半以上都是凹凸不平的山丘，在这样的土地上耕种自然少不了辛苦。曾玉屏不怕这些，突然间有了些“愚公”的精神，一步一步地开始了在山丘造梯田的尝试。

曾玉屏当年的努力，曾国藩后来曾经做过详细回忆，大意为：35 岁那年，曾玉屏在高嵋山下盖了一间简陋的小茅屋，整日住在那里。小茅屋周围的梯田坡陡高峻，而且田块的面积很小，简直如同瓦片大小。

曾玉屏并不觉得这里有多苦，他心里只想着劳作这一件事。他开山凿石，拓荒耕地，硬是将十几块小田块连接成一片大田地，景象蔚为壮观。夜晚来临，曾玉屏也不会感觉到孤独，他有很多事情做。比如他会亲自放水，听虫鸣鸟叫以知晓节气。艰苦劳作中，他又把观察禾苗上露水的情况，作为乐趣。曾玉屏还种了半畦蔬菜，每天早晨亲自除草，或者在晚上叫佣工帮忙施肥。除此之外，曾玉屏还在屋里喂着猪，屋外又养着鱼，他把自己全部的生活打理得忙碌且充实。

正是在这寻常耕耘及收获中，曾玉屏的人生开始经历一个新的阶段，这和他过去整日寻欢作乐的日子是不同的。他第一次发现，原来靠劳动也能获得如此多的喜悦，人生的满足感也因此得到。后来，他也时常跟家人说起在这期间悟出的人生哲理：只要是自己亲手耕种并且收获的粮食和蔬菜，吃起来味道一定非常鲜美；只要是自己历尽辛苦得到的东西，享用起来也会非常心安理得。

付出自然有回报，这回报不只让曾玉屏内心变得十分丰富，更让他在世俗社会里得到乡人的交口称赞。特别是当曾玉屏把鳞甲一样的小山丘改造成相连的田地时，周围的邻里乡亲意识到，原来那个纵情声色、不务正业的少年人，已经一去不复返了。曾玉屏的生活态度变得更加积极，看待周围人和事物的眼光也跟过去完全不同。

生活渐渐走上正轨之后，曾玉屏依靠他乡居地主兼自耕农的生活，使得整个家庭的经济条件也慢慢改善，这为他子孙后代的耕读生活奠定了坚实的物质基础。曾氏几代人以务农为生，包括积聚数千金产业的曾国藩太高祖曾元吉在内，曾家社会地位直线跃升。直到曾玉屏发迹，曾氏家运开始发生转机，在曾国藩为其祖父曾玉屏作的《大界墓表》中，有清晰的文字描述了曾家在地方的社会地位。

曾家的社会地位完全仰仗曾玉屏的努力获得，除此之外，还有一个重要推动力，便是曾玉屏主导下的筑宗祠、置祀产举动，让他一跃成为曾氏宗族组织中名副其实的领袖。

整个事情的起因如此：本来曾氏宗族没有祠堂，曾氏家族也如一盘散沙一般。前文提到，乾隆二十九年（1764）曾元吉去世后，他的四十亩田被六房长孙均分，长孙把这些田地用以收租。后来，这四十亩地又改为曾家的祀产。嘉庆年间，作为曾元吉的曾孙，曾玉屏积极主张和活动，让曾氏族长把所有族人召集起来，共同决定拿出一年应分的四十亩田租，并且置田十亩作为供曾元吉清明祭祀的公产。到了第二年，曾氏宗族又聚在一起商定，将曾元吉留下的青定塘湾的四十亩田也作为祭祀的公产使用。六房合置的十亩加上曾元吉身后的这四十亩，共五十亩公产，成为维系曾氏宗族祭祀助学等活动的经济基础。

在这次祀产确定事件中，虽然召集者是曾氏家族中的耆老、长辈，但起积极推动乃至决定作用的，却是曾国藩的祖父曾玉屏。从历史记载中，可以清晰地看到曾玉屏所说“独隆于生我一本之祀”，“后世虽贫，礼不可隳，子孙虽愚，家祭不可简也”。种种历史记载已经表明，曾玉屏在家族中的言辞已非常自信且有分量，说明他在宗族中的事实领袖地位已经确立。

曾玉屏确立其宗族领袖地位的另一凭借是其经济实力。伴随他在农田耕种上的成功，曾玉屏的个人财富也已积累到新的高度，曾玉屏成为远近闻名的、不但有经济实力而且又有威望的人物。在湘乡县，修桥补路、恤孤济贫这样的公益活动，都少不了曾玉屏的身影。

当有了钱、家族地位得到提升之后，曾玉屏开始考虑整个家族的发展大计。他自己非常清楚，早年就是因为读书不多，才让他耽误了许多光阴。曾玉屏也一直以没有拿个功名作为憾事，因此，当曾家的经济实力提高后，曾玉屏全力鼓励家族中的子孙跟随名师读书。在日常生活中，他也喜爱与文人墨客交友，三不五时地邀请文人朋友到家中做客，一方面，跟他们喝酒吃茶，聊天叙旧；另一方面，他也希望依靠这些文人朋友，为子孙的学业提供积极影响。

除此之外，曾玉屏的人际关系也越来越好。他为人练达，遇事从容，很看重亲缘与地缘关系。每当居住的村子里，有人筹办婚丧嫁娶之事，曾玉屏都要亲自前去。他觉得，礼尚往来非常重要，作为一族之长，必须要表现出对别人家的尊重，如果只是让子孙辈应付，有失礼数。邻里间如果发生争吵乃至到诉讼的地步，他也不像一般明哲保身人士唯恐避之不及，反而会勇于出面居间调停。他对那些品格高尚的人从不怠慢，对普通亲戚朋友也一视同仁。他会特别针对落魄的穷亲戚，拿出好酒好菜，予以隆重款待，生怕对方觉得遭到轻慢。简而言之，无论出钱、出物、出力，他都毫不保留，竭尽所能地给予周围人帮助。

曾玉屏也是极富正义感的人，对于横蛮不讲理、欺负老弱之人，他毫不留情，予以严厉谴责。至于清朝乡间最常见的巫婆神汉、道士和尚，他都不予理睬。那些主动找上门，要求为其看风水、算命之人，他也会严词拒绝。

以上这些，都提高了曾玉屏在地方上的威望，十里乡亲但凡提到他时，都敬佩有加，满怀敬意。

从一个地方不良少年，到有经济实力和良好的为人处世之道的人，曾玉屏的人生出现了极富传奇性的转折。一时间，曾氏宗族领袖、地方权威人士，以及湘乡白杨坪的地方精英，这些身份都赋予了曾国藩的祖父曾玉屏巨大的社会地位，不只影响了曾氏家族的发展，更让刚一出生的曾国藩，有了令人期待的未来。

此时，曾玉屏已经总结出一套非常成体系的治家法则，简单来说就是八个字“早、扫、考、宝、书、蔬、鱼、猪”。曾国藩对这八个字推崇有加，后来专门做过解释："昔吾祖星冈公最讲求治家之法，第一早起，第二打扫洁净，第三诚修祭祀，第四善待亲族邻里。此四事之外，于读书、种菜等事尤为刻刻留心，故余近写家信，常常提及书、蔬、鱼、猪四端者，盖祖父相传之家法也。"

曾玉屏治家非常严格，全家上下，从妻子王氏到孙子辈的曾国藩见到他，都是小心谨慎，生怕因为不规矩而遭到训斥。王氏平时"虔事夫子，卑诎已甚，时逢愠怒，则竦息减食，甘受折辱以回眷睐"。曾国藩的父亲麟书、叔父骥云兄弟，也备受管教，"往往稠人广坐，壮声呵斥，或有所不快于他人，亦痛绳长子，竟日嗃嗃（音赫，严酷的样子），诘数愆尤，间作激宕之辞，以为岂少我耶？举家耸惧"。曾麟书对父亲丝毫不敢怠慢，必须"起敬起孝，屏气负墙，踧踖（音促急，恭敬的样子，局促不安）徐进，愉色如初"。(《台洲墓表》)

曾玉屏非常看重子孙保持农民俭朴、忠厚的传统习惯，并将这些品质看作立家之本。在曾国藩步入仕途之初，曾玉屏对曾国藩的父亲曾麟书说："吾家以农为业，虽富贵，毋失其旧。彼为翰林，事业方长，吾家中食用无使关问，以累其心。"《曾文正公年谱》的作者写道："自是以后，公居京城十余年，未尝知有家累也。"

无论是直接或者间接，曾玉屏的言传身教都影响到了曾国藩。从政后的曾国藩，尽管时常在各地方任职、治军，公务十分繁忙，但祖父对他的影响之深从各处显现。比如无论在何处，他都在衙署后院开辟一块田地，种花种菜，这不只能陶冶情操，更在于磨炼意志，体验最底层劳动者的苦涩与甘甜。

曾国藩除了自己恪守祖父的家法之外，还积极倡导曾氏家族里的妇女勤于劳动。在曾家，妇女下厨房、纺纱、做衣、做鞋都是最为常见的手工活儿。这些不光是因为曾国藩的要求所致，更是曾家谨守曾玉屏教诲的具体表现。

曾国藩受到祖父影响最大之处在于读书与做人。出于对年少时生活的警醒，曾玉屏时刻不忘提醒后辈，在做人方面一定要洁身自好，时刻按照规矩行事。他尤其经常教导子孙，应以“懦弱无刚”四字为耻，人若想在社会得到认可，关键要学会“自立”。若想自立，就“必须有倔强之气”。

某种程度上看，曾国藩一日三省吾身的态度，与祖父的教诲有极大关联。曾国藩资质不算上乘，但他的最大优点是能够自学自励，勇于发现和了解自己，对人生路上的难题从不畏怯，这也是他日后取得巨大成就的不二法门。

有一次，他在给曾国荃的家书中表露心迹说：“困心横虑，正是磨炼英雄，玉汝于成，李申夫尝谓余怄气从不说出，一味忍耐，徐图自强，因引谚曰‘好汉打脱牙和血吞。’此二语，是余生平咬牙立志之诀，不料被申夫看破。余庚戌、辛亥间为京师权贵所唾骂，癸丑、甲寅为长沙所唾骂，乙卯、丙辰为江西所唾骂，以及岳州之败、靖江之败、湖口之败，盖打脱牙之时多矣，无一次不和血吞之。”

在待人接物上，曾国藩更是以祖父做榜样：“君子居下，则排一方之难；在上，则息万物之嚣”以及对“孤嫠衰疾无告者”尽力“随时图之，无不小补”。在曾国藩的幕府中，之所以会集了当时中国精英人才400人以上，主要是他们仰慕曾国藩谦卑谨慎的做人原则。薛福成在为李鸿章代拟曾国藩生平事迹一文时，明确提到曾国藩在为人方面的过人之处：“将吏来谒，无不立时接见，殷勤训诲。或有难办之事，难言之隐，鲜不博访周知，代为筹画。别后则驰书告诫，有师弟督课之风，有父兄期望之意。非常之士，与自好之徒，皆乐为之用。”

曾玉屏晚年时，曾国藩的官职也开始越做越大，但他自己时刻保持警醒。道光十八年（1838）底，曾国藩擢升翰林后请假回家。种种迹象表明，曾家极有可能越来越发达。曾家周围的亲戚朋友听闻曾国藩返乡，也纷纷登门道贺。无论出于何种目的，曾玉屏对亲朋好友的祝福依然感激，家中常备酒宴，对每一位客人都极尽地主之谊，热情款待每一位访客。等到一众客人散去，曾玉屏特意对儿子曾麟书说："吾家以农为业，虽富贵，毋失其旧。彼为翰林，事业方长，吾家中食用无使关问，以累其心。"

对于曾国藩来说，即便是在京为官，仍然把祖父的训诫视作重要参考。在他进京离家前，特意跑到祖父面前，聆听指示。曾玉屏只是简单说了一句："尔的官是做不尽的，尔的才是好的，但不可傲，满招损，谦受益，尔若不傲，更好全了。"这句话后来对曾国藩的一生宦海沉浮都产生了深远影响。

曾玉屏此类人生警句还有很多，比如"晓得下河，须晓得上岸"，又如"怕临老打扫脚棍"，意在说明做人处事不能求全责备，为人为己都要留有余地。祖父的教训，都慢慢为曾国藩日后的为人处世埋下伏笔，让其从行为到内心都十分赞同以祖父为代表的曾氏家族家法。他说："吾家代代皆有世德明训，唯星冈公之教尤应谨守牢记。""余常细观星冈公仪表绝人，全在一重字。余行路容止亦颇重厚，盖取法于星冈公。"

时至今日，后人无论以何种角度评论曾国藩的人品，都无法回避这些优点："道德足以感人"，"才能足以服人"，"令名足以信人"，"性情足以近人"。总体来看，曾国藩的道德人格和性情的培育，祖父曾玉屏对其影响不可低估。

道光二十六年（1846），曾玉屏患了偏瘫之病，这让曾国藩十分忧虑，但身处庙堂之上，不可能回乡探望。三年之后，祖父的病情加重，曾国藩因为公务繁忙，仍未得机会回去探望。曾国藩几次给父亲写信，希望得到他的许可，但曾父就是不肯。

道光二十九年（1849）十月初四，曾玉屏因病去世，这让远在京城的曾国藩悲痛异常。曾国藩再次请求父亲允其回乡，父亲的答复依然坚决，让他安心为官，并对曾国藩说："祖父生前爱尔特甚，望尔报效国家。"父亲还提道："大抵骨肉之情，隐相感通，家门将有大故，游子在外，其心先即不安，是亦预为忧思之兆也。"

曾国藩父亲的这番话正是贯彻了曾玉屏的治家理念。对于曾国藩的祖父曾玉屏来说，他正是用自己一生的传奇经历，教育曾国藩为人做官之道，一直到他人生的尽头方才终止。

三、父子之间

除祖父曾玉屏之外，对曾国藩影响最大的便是他的父亲曾麟书。前文提到，曾玉屏育有三子，长子是麟书，次子早夭，幼子名叫曾骥云。三个儿子中，曾麟书最受曾玉屏看重。

曾麟书，字竹亭，常被后人尊称为竹亭公。虽然凭借务农在当地立足，并取得令乡人羡慕的社会财富，但这在封建社会的乡村并不算什么。在曾玉屏心目中，只有曾氏家族产生一名做官的人，才能算真正意义上的光宗耀祖。然而从过去的历史看，这种奇迹并不容易出现，因为在曾氏家族往前五六百年间，竟然从来没有出过一个秀才。难道是曾家的遗传基因不够好，注定出不了大官？曾玉屏百思不得其解，此事几乎成为其心中不能治愈的隐疾。

无论怎样，自己有三个儿子，曾玉屏还是想努力栽培下一代。他把自己的全部期望都寄托在大儿子曾麟书身上。可是曾麟书也不够争气，不知道是资质不够高，还是本来就不是读书的料，无论他怎么刻苦勤勉，但屡考不中。这让曾玉屏心中更加不快，以致常常迁怒于儿子。

说到这里，有必要介绍一下清朝的科举制度，它成就了千万读书人，也害惨了很多当不了官的人。在中国历史上，科举制度曾实行一千三百余年，至清代而臻于完备。清代科举制度是一种通过考试选拔官吏的制度，所谓科举，也就是"分科举士"。清代士人要想获得一官半职，必须在求取功名的路上孜孜不倦，而且必须要经过考取生员、举人和进士这三个步骤。

但要过每一关都不容易。比如童生想考取生员，他必须经本县、本府（或本直隶州、厅）和学政的三级考试。县试由州县官主持，日期多在二月。县试一般共考五场，每日一场，黎明前点名入场，即日交卷。第一场为正场，试四书文两篇，五言六韵试贴诗一首；题目、诗、文的写法皆有一定格式和字数限制。县试通过者方可参加府试。

府试顾名思义，是由知府、直隶州知州、直隶厅同知主持，日期多在每年的四月。因故未参加县试者，可于府试前补试一场，亦可参加府试。府试录取者还要参加由各省学政主持的院试，院试是最为关键的考试，这次考试通过后，不仅能获取秀才的功名，还可以进入府县学官，享受公家的钱粮补贴，奠定仕途的基础。

在清朝的世俗社会中，“万般皆下品，唯有读书高”，读书人只有获得秀才功名，才算不负十年寒窗的辛苦。其优点很明显，就是打通了社会阶层的流动，只要稍微具备经济能力的农工商子弟，都可以通过参加考试进入官场，“朝为田舍郎，暮登天子堂”，社会底层人士不是注定了一辈子只能干苦力，通过科举他们的子弟也有翻身的机会，只要资质还可以，外加刻苦用功，贫苦人家的孩子一样可以一跃进入中上层社会。

然而，科举制度的弊端也显而易见。对于贫寒子弟来说，读书、考试、做官，几乎成了他们人生的最大意义。于是，一个孩童刚刚懂事认字，便开始受到科举的重重压力。年轻人从小就开始受到严酷的精神摧残，人格破损萎缩。他们往往数十年寒窗苦读，付出毕生精力只为求得一个功名。但客观事实是最终金榜题名者少，名落孙山者多，许多人终生应试，屡败屡战，却仍不过是个老童生。根据历史记载，乾隆四十九年（1784）会试中，在参试的举人里有年届 90 岁 1 人，80 岁到 90 岁者 20 人，70 岁到 80 岁者 5 人，结果这些人没有一人考中。

曾麟书就是屡考不中者之一。从一个十几岁的翩翩少年开始，曾麟书就开始考试。然而考了二三十年，他屡战屡败，直到年过四十，仍未考中。等到曾国藩长大成人后，曾麟书仍在考试。颇为滑稽的一幕是，曾国藩甚至跟随父亲一起考试。道光十二年（1832），在历经十六次失败之后，曾麟书时年 43 岁，参加第 17 次考试时，终于成功了，他获得“大界曾氏”几百年来第一个秀才，曾氏家族自此科门大开。

不知道是不是运气要比父亲好得多，曾国藩资质也算不上非常高，但他比父亲获得功名的时间早多了。在曾麟书荣登秀榜那年，曾国藩考得了一个备取贡生，第二年（道光十三年），曾国藩通过县试，成为父亲的县学同学。

当然，曾国藩考试不是纯靠运气，这与父亲的谆谆教导密不可分。说起来这中间也有曾麟书的私心。在曾麟书艰难的求取功名路上，也曾有过心灰意懒的低落时刻，他有时候也会想，自己万一一辈子什么功名都得不到怎么办，这样下去岂不很遗憾？于是，他就很自然地将希望寄托在儿子身上。嘉庆二十二年（1817），年近不惑的曾麟书在老家湘乡开设了私塾，取《周易 · 乾卦》“利见大人”之义，命名为“利见斋”，言下之意是希望私塾里的学生将来都有出息。那一年，曾国藩刚满七岁，便在私塾里跟随父亲读书。

清承明制，科举必通过学校才行，也就是说，只有各类学校的生徒才有资格参加乡试。清代设有各类官学，京师设有国子监、宗学、觉罗学、八旗官学等。各省设有府学、州学、县学。除这些官学外，还有私人和地方社会创办的私塾、社学、义学和学院等教育机构。办私塾的人往往是那些没有获得功名的失意文人。这些人开设私塾一般出于两种目的，一是以招收本宗族的子弟为主，这带有某种“公益”性质，学生并不专门缴费，而由宗族内的专项经费划拨；二是招收其他家族的子弟，这种私塾带有“营利”性质，但盈利情况主要取决于教书先生的名望与学识，另外要看学生的家庭经济情况。曾麟书开设的私塾属于第一种，以招收曾氏家族的子弟为主。

由于长辈重视，曾国藩很早就开始读书。从五岁起，他开始背诵《三字经》《百家姓》，以此作为学前教育。两年之后，曾麟书开设私塾并打算将曾国藩送入塾中读书。整个曾家专门为此进行商量，足见其对曾国藩的看重。经过祖父曾玉屏的同意，曾麟书为曾国藩取名子城，字伯涵。

从字面意义上看，"城"者，国也。其来源是《诗经·瞻印》"哲夫成城"的典故，又有"公侯干城"的语义。《左传》有"天下有道，则公侯能为干城"，曾麟书之所以为其取此名，是希望曾国藩将来能成为捍卫国家的栋梁。"涵"字，则是对"城"的呼应，具有浸润、包含、包容、广大之义。言外之意在于，如果想做国家栋梁，必须开阔胸襟，学养也要广博。仅从名字就可看出，曾氏家族对曾国藩有极高的期望。

进入父亲的私塾之后，曾国藩开始接受系统的儒家经典教育。曾麟书对曾国藩兄弟的教育十分在意，从早到晚不厌其烦地督导儿子们功课，他经常对曾国藩等人说："吾固钝拙，训告尔辈钝者，不以为烦苦也。"曾麟书对曾国藩的督促力度很大，比如，无论是晚上父子俩睡在床上，还是白天走在路上，有时候曾麟书突然想起来，就要出个题目考考儿子的功课。

曾麟书也不忘端正曾国藩的学习态度，不让他以为读书就是为了将来做官。他反复告诫曾国藩，读书是为了光大曾家门第，同时更是为了尽忠报国，也是为了做一个明理君子。曾麟书久经科场，明白读书过程中的利害得失。因此，他十分在意要培养曾国藩的自觉阅读兴趣。曾麟书认为，读书要有收获，有长进，首先贵在有恒："有志进取亦是圣贤；如果能有志，就能读好书，就能做到代圣贤之言，孝悌之心，仁义之理，皆能透彻。"他还对曾国藩兄弟说，只管专心读书，其他事情一概不要去考虑，这对培养曾国藩读书的好习惯打下了重要基础。为此，他每天都为曾国藩安排固定时间读书，并且一定确认他已经把书背得滚瓜烂熟才满意。

正是因为父亲的悉心教导，曾国藩从小就养成了良好的学习习惯。进入父亲私塾的第二年，他就读完了儒家经典入门书“五经”。从曾国藩十岁起，父亲就试着让他学习八股文，并且反复练习不同题目，以便让曾国藩早日开始踏上考取功名之路。在父亲的私塾里，曾国藩阅读了大量中国经典著作，包括《周礼》、《仪礼》及《史记》、《昭明文选》等。

曾麟书不只对曾国藩兄弟督导极严，对他们取得的成绩也不吝赞赏，以示鼓励。比如曾国荃在其兄曾国华帮助下，文章写作大幅提升，他便立刻给曾国藩写信，对曾国荃的进步赞扬有加。曾国藩有兄弟五人，虽然曾麟书继承了曾玉屏不少家业，但要负担五子学费，并不十分轻松。但是，曾麟书想得很明白，在读书上面绝对不能省钱。因此，只要觉得这笔钱花了对儿子读书有利，他都会在经济上竭尽所能，全力支持。

曾国藩从小就在父亲的严苛训导下读书，培养了十分深厚的家学根底。曾国藩后来回忆，他从进入父亲私塾读书，直至二十岁离开家乡的十多年间，父亲循循教导的情景，让他无时无刻不记于心间。

然而，在家里私塾学了几年之后，曾国藩还是要离开那里，去异地求学。说起来，曾国藩之所以要离开家乡，与曾国藩父子屡屡考试不中有很大关系。特别是曾麟书长年失败的阴影，让他十分担心，这会不会给儿子造成心理影响，万一儿子将来重蹈自己的覆辙，考了几十年也考不过怎么办？

想到这些，曾麟书决定，必须让曾国藩到别的地方读书。换个环境说不定对儿子的教育能起到更大的推动作用。不过，这事儿他自己可做不了主，必须要跟曾玉屏商量。此时，曾麟书虽然在家里的地位越来越重要，但是曾玉屏毕竟还是一家之长，况且他对孙子的学业也十分看重，所以当曾麟书把想法告诉他之后，曾玉屏立刻表示同意。于是，曾国藩出外求学的事儿就这么定了下来。

曾家想把曾国藩送到衡阳去读书。之所以这样，主要是他们最早就是从衡阳迁到湘乡，对衡阳教育状况有所了解。曾麟书听闻衡阳有位名师汪觉庵，极其擅长教授八股试帖，并在唐氏家塾收徒，于是决定把曾国藩送到汪觉庵处念书。

曾麟书觉得，曾国藩换个新鲜环境后，会更加刻苦读书。除此之外，换用不同于父亲的教学方法，可以让曾国藩把读书与作八股文更紧密地结合起来，这样对未来的考试大有益处。

于是，道光十年（1830），曾国藩在二十岁这一年，离开家乡湘乡奔赴衡阳，开始了异地求学的生活。

曾国藩在衡阳的求学地点在县北的双桂书院。这个书院由金溪人唐翊庭创办，在当地非常有名，许多人也把它叫作桂芳书屋、桂花轩等。双桂书院由于名气太大，所以在请名师方面从不发愁。除了让曾国藩慕名而来的汪觉庵执教，还有许多其他名士教习。曾国藩第一次在外求学，自然对眼前的一切事物都感觉新鲜。因为这毕竟是他第一次长时间离开家，当接触到许多有名的老师之后，他心中自然产生了不小触动。

那段求学生涯对曾国藩影响至深，以至于多年以后，他还在《金坑唐氏续谱序》里透露无限留恋之情："往者，衡阳翊庭唐先生延觉庵汪夫子于桂花轩，余从学焉。"书院的教学以儒家经籍为主，偶尔也会让学生作些关于时政的议论文，以锻炼他们的思辨能力。教学方式上，则将个人钻研、相互问答、集众讲解等方式综合运用，博采众家之长，因势利导，充分尊重每个学生的个性，以便达成最佳学习效果。

到衡阳求学后不久，曾国藩师从欧阳凝祉。欧阳凝祉非常有学问，据《湖湘文化名人衡阳辞典》，欧阳凝祉 1786 年出生，湖南衡阳县金溪庙人。因为才气颇高，生性十分孤傲。曾国藩之所以能够投在他的门下，原因在于他与曾麟书十分相熟。有一次，曾麟书请欧阳凝祉对曾国藩进行测试。他以“共登青山梯”为题让曾国藩作一首诗。曾国藩完成后，欧阳凝祉对其赞不绝口，认为：“是固金华殿中人语也。”欧阳凝祉对曾国藩十分看重，以至于把自己的女儿也许配给了他。

对于恩师的教诲，曾国藩也十分感念。道光十八年（1838），曾国藩入仕后，特意为欧阳凝祉谋得衡阳莲湖书院山长一职，并为他在江东岸购置了一处住宅。该住宅为砖木结构，坐东朝西，面阔三间，进深二间，后有小院和杂房。占地面积 600 平方米，建筑面积 400 余平方米。咸丰年间，曾国藩在衡阳操练湘军，也经常在恩师兼岳父家休憩、读书。1869 年，听闻恩师去世的消息，曾国藩悲痛不已，题写挽联：“梁案尚齐晖，庆洽孙曾，世泽长垂湘水；莲湖曾侍坐，宦游南北，遥天痛说岳云。”

当年欧阳凝祉居住的宅邸，现在已经成为当地的文物保护单位。2004 年，衡阳市拨专款对其进行保护性维修，直到 2005 年 2 月初完工，耗资 60 余万元。维修之后，又根据当时主人的身份和地位，征集一批与之相关的生活、生产用具，按照原先摆设予以复原，用以再现晚清时期衡阳民众的生活风貌及民情民俗。如今，“欧阳故居”已经成为衡阳当地一处著名的人文旅游景点。

回首当年，曾国藩在衡阳读书时，除了老师给他的教导外，衡阳当地的历史文化也极大地影响了他。衡阳因位于南岳衡山之阳而得名。三国时衡阳就闻名于世，宋代以后，衡阳凭借其文化实力而成为全国重镇。衡阳县西北方有座石船山，在明朝灭亡之后，中国启蒙思想家王夫之曾隐居在此，晚年还在“湘西草堂”著书立说。曾国藩就读的双桂书院距离王夫之的隐居地很近，他应该不会错过亲身感受儒学大家精神熏陶的机会。萧一山先生说：“曾国藩在衡阳读书的时候，必熟闻其乡贤王船山之说，国藩讲学治军，亦时以仁礼对举，可见他受了王船山的影响。”

无论是在双桂书院跟随师长学习儒学经典，还是耳濡目染于衡阳悠久的历史文化传承，曾国藩这段求学经历为其日后成为名儒，并将经世致用视作人生奋斗之路打下了良好基础。

后来，当他跟随父亲的脚步考中秀才后，才知道曾麟书将其送到衡阳读书起了至关重要的作用。

曾麟书不仅在曾国藩读书期间充分尽到了父亲的责任，当曾国藩的仕途一路看涨时，曾麟书也为曾国藩保持政治清誉扫清障碍。曾国藩的官越做越大时，自然有不少人想巴结。曾家门前常年车水马龙，登门拜访、结交附会者络绎不绝。曾国藩早就对一些士绅横行乡里，靠结交官宦权贵为私人牟利的现象深恶痛绝。他每次写信回家，都一再告诫家人，切勿干预地方官员公事。曾麟书深明儿子用意，竟五年居于乡间，没有踏进县城半步。

道光三十年（1850），朱孙诒调任湘乡知县。他为杜绝营私舞弊、中饱私囊，开风气之先，特意将征收粮赋之事委托给各乡士绅办理。此举获得民众极力拥护，曾麟书也积极响应。在给曾国藩写的家信中，曾麟书为使儿子放心，一再表明，之所以愿意响应新任知县号召，只是因为将他视作清官，并不是想勾结权贵。对于兴利除弊这样的好事，作为当地有名望的读书人，理应助其一臂之力。他还特意告诉曾国藩，自己"于公事外，私事全不与闻，非公事断不来县"，"公事毕后，余仍杜门不出，课子孙，检点农事，守吾之拙而已"。

曾麟书与曾国藩父子之间的关系，并不因为儿子官位越来越高而改变，关键时刻，父亲仍毫不留情地对儿子训诫。咸丰元年（1851），曾国藩为儿子纪泽选择夫人，决定聘同乡贺长龄之女为儿媳。正当两家要定亲之际，曾家忽然收到曾国藩来信，信中有退约悔婚之意。原来曾国藩觉得贺家女儿是庶出，作为京城大员的公子，选择庶出名声上不太好听。

曾国藩之所以这么说，背后还有隐情。原来贺长龄在云贵总督任上，因处置云南回乱不力，被朝廷降职。道光二十七年（1847），贺长龄称病回乡休养，然而朝廷不依不饶，再次以回乱之事的罪责将其撤职，且于一年前病故。对于这样一个没落家庭，曾国藩觉得继续维持双方子女的婚约，心里有些不甘心。

儿子的心理被曾麟书一眼看出。在曾麟书看来，嫌贺家女儿庶出的说法，“此尔饰非之词也”。之后他便以理劝说曾国藩：“予为之定一淑女，岂可以庶出为嫌乎？昔卫青无外家，其母更不能上比于庶。卫青为名将，良家淑女，岂不肯与为婿乎？”他还提出曾家坚守的诚信原则：“我家世泽本好，尔宜谨慎守之。况尔前信内，念及耦耕先生，始与结姻，人人咸知。今又以庶出不对其女，更有何人来对？贺氏固难为情，即尔此心何以对耦耕先生于地下？尔寄信于予，要对此女为媳，予又为之细察，始择期订盟。今忽不对，尔又何以对予于堂上？”

这件事既能反映曾麟书待人诚恳的个性，又显示他对曾国藩教诲的孜孜不倦。

曾麟书的人生成就不只体现在对儿子们的教育上，还表现在他对以曾玉屏为首的曾家家法的遵守上。对待父亲开创的辉煌家业，曾麟书不只崇敬有加、力图开拓一个崭新局面，更是极尽一个儿子的孝道。曾麟书对父亲总是“起敬起孝，屏气负墙，踧踖徐进，愉色如初”。

曾玉屏晚年患了中风病，长年瘫痪在床，生活完全依靠家人照料。后来病情持续加重，甚至已经不能开口说话。平时只是躺卧床上，遇到需要时，只能用眼睛向家人示意。因为他早年磨炼的坚强意志，即使因病十分痛苦，他也只是皱皱眉头而已。

所幸曾麟书不辞辛苦，从早到晚服侍父亲。曾玉屏心地善良，夜间不忍心频繁将陪伴他的仆人唤醒，因此曾麟书干脆亲自睡在父亲身旁。有时候，曾玉屏一夜要小解六七次，曾麟书会静静听着父亲的动静，自觉把便器送到跟前。寒冬时节，曾玉屏需要大解时，曾麟书为了给父亲御寒，直接将身躯挡在曾玉屏身前，并亲手给父亲洗净内衣内裤。

既然有了身为一家顶梁柱的曾麟书做表率，曾家上下老幼自然对曾玉屏不敢怠慢，于是加倍照料起他来。为了给曾玉屏解忧，家人特意用竹椅将他抬到庭院中。然后大家在他身边做游戏，给他屈指可数的晚年时光多些欢乐。曾玉屏病卧三年有余，曾麟书很难有完整的一夜睡眠，毕恭毕敬照料父亲，以自己坚守的中国传统孝道，送完了父亲最后一程。

从大的时代背景看，曾麟书身处的时代，是清朝由盛转衰的时期。他接受的是封建传统教育——极力遵循旧制，试图通过科举考试完成个人步入仕途的宏愿。然而世事很难尽如人意，他没有取得令人羡慕的功名，但却以务实求真、持之以恒的态度，“发愤督教诸子”，为儿子们创造了用功读书的条件，教导他们为人处世、治事做官的诀窍。

他完成了属于他的使命，将“治国、平天下”的更高境界留给了子孙们，并培养出曾国藩这样杰出的政治家。他的人生夙愿以另一种形式得以实现。晚年时，曾麟书曾自撰一联抒发其志：粗茶淡饭布衣衫，这点福老夫享了；齐家治国平天下，那些事儿曹当之。

四、枝繁叶茂的曾氏家族

曾国藩家族中，对他影响较大的另一个人是他的母亲——江氏。江氏生于清乾隆五十年（1785），她年长丈夫曾麟书五岁。江氏为湘乡处士江良济之女，乳名“怜妹子”，嫁给曾国藩的父亲曾麟书后，因为夫君排行老四，故人称麟四嫂，后称江夫人。

关于江氏家族还有一段流传很广的掌故。江家本不在湖南，是从原籍江西迁至湘乡的。康熙十年（1671），江家第十二代男主人江嘉爵病故，卒年五十岁。按照清朝当时的风俗，人去世后都要找风水先生寻一块墓地，后代可以吉利安详。然而当时不知出于何种原因，江嘉爵离世后，家人并没有请风水先生找一个合适的“阴宅”，反而将其安葬于湘乡一个名叫“仙女袒肤”的山上。

但这件事留下了隐患。风水先生后来看了这个地方后，对其家人说：这个地方是仙女的处所，安葬故人于此要遭受“洗女”九代的厄运，也就是九代头胎女孩儿都不能让其存活，否则会贻害无穷，家中的男丁就会遭到波及，无法兴盛。

在清朝那样的封建社会里，迷信依然十分盛行并得到民众认可。风水先生的说法显然让江家触动极深，从江嘉爵至江沛霖共六代，总共繁衍二十八个男孩儿，竟没有一个女孩儿存活下来。这表明江家对“仙女”一说深信不疑，宁可将女婴遗弃也不想冒危害家族繁衍的风险。

一个颇为奇怪的现象是，尽管江家六代以来生的都是男孩儿，却没有产生一个为官者。等到曾国藩的母亲江氏出生后，江家又面临是否将其遗弃的选择。按照以往惯例，江沛霖把她偷偷丢到床下，想让她受冻挨饿而死。令人意外的是，江氏的生命力过于顽强，经过一天一夜，竟然还没有死。半夜时，江沛霖发现女儿还活着，不免大惊失色。他一面诧异于这是否是上天安排女儿活下去，内心他非常自责，认为自己不该将女儿置于死地。

面对这样一幕，江沛霖的妻子更加难过。作为母亲，她更不愿意就此抛下自己的亲生骨肉。她连忙把冻得半死的孩子抱进怀里，女儿很快苏醒。一整夜时间，江家人始终处于又惊又喜的状态里，惊的是女儿竟然能在如此环境下活下来，喜的是这或许是上天的旨意，江家需要一个女孩儿。因为江氏实在太过可怜，故家人给她起了一个“怜妹子”的乳名。

按照最早的迷信说法，江家已“洗女”六代，但没有“洗九代”。曾国藩的母亲存活下来，对江家未来到底会产生何种影响很难预料。不过，说来奇怪，江氏嫁给曾麟书后，让曾家的运势发生了巨大改变，不仅丈夫终于成为秀才，儿子曾国藩也官封一品，可谓万千荣华集于一身。

在成为曾家媳妇之前，曾国藩的母亲江氏绝对称得上大家闺秀，但又不像一般大户人家那么骄横奢靡。她容貌秀丽，少涂脂粉，从小就跟母亲学会了纺花、绩麻线，并养成了勤劳、节俭的习惯。十几岁时，她做家务已经非常娴熟，烧茶煮饭样样都行。虽然没有进过学堂，但她凭借自己的刻苦努力，也习得一些字。

嫁入曾家之后，江氏立刻凭借自己受到的良好家教得到长辈们的喜爱。等到她子女满堂时，她又成为一名合格的母亲，子女们也十分尊敬她。在《曾国藩家书》中有一个细节，可以看出曾国藩对母亲的尊敬，那就是对母亲的称呼上他毕恭毕敬。家书共收录《与父母书》48通，他在信中称“男国藩跪禀父母大人万福金安”“男国藩跪禀父母大人膝下”等。当然，曾国藩作为清代著名的理学家、文学家，他对书信格式是极为讲究的，无论给谁写信，他都保持恭肃、严谨的作风，对于他十分尊敬的母亲来说，更是一丝不苟，称谓上绝对不会出现半点儿差池。

江氏的言传身教给了曾国藩很多影响，其中最重要的莫过于培养出曾国藩坚强和不屈不挠的精神。从江氏身上，可以发现许多中国传统女性具有的品质，比如说孝敬长辈。人说公婆最难伺候，也不容易相处，但是江氏偏偏与曾国藩的祖父相处得很融洽。特别是曾国藩的祖父曾玉屏病重期间，江氏与丈夫日夜守护床边，任劳任怨。曾国藩赞其“来嫔曾门，事舅姑四十余年，造次必躬，在视必恪，宾祭之仪，百方检饬”。

与此同时，江氏为曾家生下五男四女，“尺布寸缕，皆一手拮据”。她常对丈夫曾麟书说：“吾家子女虽多，但某业读，某业耕，某业工贾。吾劳于内，诸儿劳于外，岂忧贫哉？”无论从哪种角度看，江氏对曾家不断兴旺的家运，起到了积极的推动作用。

不过，江氏一生享尽荣耀，唯一的缺憾恐怕是没有太多时间跟自己的孩子待在一起。特别是在曾国藩入京做官之后，母子二人自此聚少离多。咸丰二年（1852），曾国藩兼署吏部左侍郎，六月被任命为江西正考官，并获准事毕回家探亲。七月二十五日，曾国藩行至安徽太湖县小池驿，忽然接到母亲去世的消息，简直如同晴天霹雳。当晚，曾国藩写下第一百四十一封家书，嘱咐在京城的儿子纪泽，以及在京家眷全部回湖南老家。他还详细嘱咐子女离京时应办好的各项事宜。

曾国藩离家已经太久，自从道光二十一年（1841）春天，曾国藩送别护送眷属来京的曾麟书，父子也已十二个年头未见。回到家时，看到父亲的满头白发，加上丧母之痛，让曾国藩更觉伤心不已。

曾国藩心里，一直把母亲看作一个具有刚强性格，敢于与困难周旋的中国传统妇女。直到曾国藩晚年时，他对此仍难以忘怀，他曾经写道："倔强二字，却不可少，功业文章，皆须此二字贯注其中，皆从倔强二字做出。"他还把自己身上的特质归结为遗传于母亲，"兄弟皆禀母德居多"。

有一次，他对九弟曾国荃劝慰道："凡事非气不举，非刚不济，即修身养家，亦须以明强为本。'难禁风浪'四字璧还，甚好甚慰。古来豪杰皆以此四字为大忌。吾家祖父教人，亦以'懦弱无刚'四字为大耻。故男儿自立，必须有倔强之气。"

一个人的成功乃至一个家族的兴衰，是许多偶然因素促成的必然。除了曾国藩母亲的勤劳持家，给儿子起了表率作用外，曾国藩的外公对曾氏家族也有不可忽略的影响。

江氏嫁给曾国藩父亲时，江家的条件要好于曾家。江家不但富有，而且江沛霖的父亲是国学生员，在社会地位上也高出一筹。江沛霖也经历过多次科场失败，但他的性格非常坚毅，"虽然贫困不遏，其志未少损"。江沛霖并没有只看到曾家一时的状况，他更在意女儿未来的前途。在将女儿许配给曾家后，江沛霖对女婿寄予厚望，他说，一个家族、一个人的发达不是一蹴而就，需要不断传承，这也就是"深造之义"。

曾麟书对岳父不仅面子上过得去，内心里也十分敬佩。他经常携妻带子回江家，跟岳父谈天说地，纵论古今。曾国藩十岁时，还到外祖父门下读书，对外祖父的教诲印象深刻。

道光十四年（1834），曾国藩考中举人，曾家一时兴高采烈，终于一圆曾玉屏多年来的夙愿。这时候，曾家也不忘给江家报喜。曾麟书再次带着家人拜望已经八十五岁的江沛霖。江沛霖对曾国藩高中也十分高兴，对这个外孙越发喜欢了。曾麟书特意让曾国藩将中举的试文拿给外公看，在仔细读过之后，江沛霖赞扬有加，他说："吾向者固知汝后力学有大成，足以重为吾道之光，此特其发轫耳。"江沛霖一直坚持这一人生信条，人若想在事业上取得成功，必须勤奋刻苦。只要付出艰辛努力，自然能够获得所期望的。

咸丰四年（1854），江沛霖去世，此时江氏也已病逝。曾麟书在为岳父写碑文时细数了江沛霖的"功德"，并对自己的妻子赞扬有加："麟书娶公之季女。顺而贤，孝而有礼，与麟书共事高堂四十有四年。攸助于艰难事苦之中，育诸子以成立，筋力亦云瘁矣。夙夜不忘公与夫人之厚爱，因相与谋，伐石立墓，以垂不朽，致无已之情。咸丰二年，工未竣，遽别余而逝。余为此铭，不禁伉俪离别，有亡琴之感焉。"

在曾国藩家族中，不只江氏，其他女性也对家族的兴旺起到了极其重要的作用。曾国藩深受祖父曾玉屏影响，他的祖母比祖父整整大 7 岁，他的母亲江氏又比父亲大 5 岁。从夫妻年龄的搭配可见，曾家十分看重女辈在主内、齐家、相夫、理财方面的作用。

受到曾家传统的影响，曾国藩后来对待子女的婚姻选择也十分慎重，他十分在意门当户对。在他的后人中，五个女婿均由他亲自选定。这些亲家有一个共同特点，其父辈与曾国藩要么是至交，要么是志同道合的朋友。似乎只有这样，曾国藩才觉得女婿靠得住。不过，曾国藩没有料到的是，他虽然相中了好的亲家，却没有选到合适的女婿。这几个女婿并没有像他们的父辈那样有所作为，支撑曾氏家族的还是女性。

曾家最为知名的女性恐怕是曾宝荪。曾宝荪于民国五年（1916）毕业于英国伦敦大学，是中国第一位在西方获得学位的女性。她的祖母正是曾国藩的二子纪鸿的夫人郭筠。后人在谈到曾国藩家族五代均人才辈出，其实所指的后代全部出自纪鸿一房。曾宝荪在回忆录中曾经这样写道："关于我的祖母，我要多说明些，因为没有祖母，我们孙辈的教育便会毫无成就。"

曾国藩有四个弟弟。对于他们，曾国藩始终铭记兄长之责，将进修德业视为教弟的根本。在他眼里，如果能够教导诸弟的德业进一分，自己的"孝"就又增加一分；如果教导诸弟的德业进十分，自己的"孝"就增加十分；如果不能教弟成名，自己则为大不孝。

咸丰元年（1851），41岁的曾国藩过得很不省心。他自己牛皮癣发作得厉害，在该年九月初五写给弟弟们的信中说道："癣疾又已微发。"虽然牛皮癣不足以致命，但是已经严重影响到曾国藩的日常生活起居。尤其是晚上睡觉时，已经让曾国藩到了辗转难眠的地步。

更让他忧虑的是，在老家湘乡参加乡试的四个弟弟全部落第。他知道这时候给弟弟们鼓励非常重要，于是便写信给弟弟曾国华，对他进行劝慰。曾国华一向作文章不错，曾国藩也曾夸他文章"典丽"。此前，他在京城曾国藩家住了三年，因为曾国藩没给他介绍到好的职业，心高气傲的他赌气回家乡后，写信对哥哥说，自己没脸见爹娘，要买一块猪肚，蒙着脸，然后才好意思回家。这次科场失意，曾国华更开始怨天尤人，甚至埋怨老婆不够凶，没有激励他上进，"内子柔懦，无威可畏"。为了求功名，曾国华认为必须找一个凶一点儿的老婆来督促自己，"今拟增置一妾，秋风桂子，庶其有望乎？"

曾国藩在信里毫不客气地指出曾国华的问题，"牢骚太多，性情太懒"。然后又历数他之前所做的事："前在京华，不好看书，又不作文……近闻还家以后，亦复牢骚如常，或数月不搦管为文。"他进一步指出弟弟这样做的恶劣后果，“牢骚太甚”，结果其命运“必多抑塞”。牢骚发多了，唯一的后果就是给你的运气添堵。

曾国藩最后写下了一番至理名言：“盖无故而怨天，则天必不许；无故而尤人，则人必不服。”告诫曾国华，一时不走运，就埋怨老天爷，老天爷也有脾气，也会给你点儿苦头吃。

在消灭太平天国后，曾国藩还给他另一个弟弟曾国荃写了封情真意切的家书。当时曾国荃因为在镇压太平天国战争中有功，被慈禧封为湖北巡抚。不过，他在湖北境内得罪了慈禧的宠臣官文，一个月内几次被慈禧严斥，京城也有不少官员认为他居功自傲、目中无人。内忧外患之下，曾国荃精神压力极大，夜夜失眠，甚至萌生解甲归田的念头。

为了开导他，曾国藩在金陵官署给弟弟写了一封信，以自己一生四次重大教训给弟弟启示。第一件事是道光十二年，他考秀才时被主考官当众斥责，说其文理不通，秀才自然没考上。第二年，他再次应县试，只得了一个末名秀才，这让曾国藩备受打击。不过，这反而激起曾国藩发奋读书的斗志。他从此定下每天作一篇文章、写一首诗，并看书不少于 20 页的学习计划。因为在他看来，好文章总会有出头的那一天。

第二件事是在咸丰元年，身为翰林的曾国藩向咸丰皇帝禀报事项。在上朝之前，曾国藩自作聪明，为了对情况进行详细说明，他画了一幅图。然而在朝上展示时，这图画过于丑陋不堪，引起了满朝大臣的嘲笑。还有一件事是在咸丰四年，曾国藩兵败岳州。当时，他心情抑郁到极点，已经找不到活下去的理由，非要跳水自杀殉国。幸好，他的幕僚章寿麟及时发现并把他救起，后来搬到城南高峰寺小住。这一经历遭到江西全省官绅的鄙夷和耻笑。

曾国藩在信尾对弟弟说，他平生的长进全在受挫受辱时获得。现在虽侥幸成了名人，也不敢自诩有本领，更不敢自以为是。要想立不世之功，成不世之业，离开“坚忍”二字是断然不可能的。

曾国藩就是这样靠言传身教给自己的弟弟们以鼓励。曾家也从曾国藩这一代开始，变得越发强盛起来，这背后当然与曾家的家规与家训有极大关系。

五、家规与家训

曾家是典型的中国旧式家庭。要是一个家庭说起自己有家规与家训，至少证明这个家族已经很兴旺了。事实上，在曾国藩祖父曾玉屏主事以前，曾家的家规与家训并未完全建立。当曾玉屏慢慢改邪归正，在当地树立起较高社会威望开始，曾氏家族逐步兴旺繁盛，整个家族的治家理念也逐渐成形。曾国藩的父母及他自己，将曾玉屏的治家精神发扬光大。及至曾国藩的后人，曾氏家族的家规与家训体系已经非常完整。

从曾氏家规的源头看，其雏形是曾玉屏在勤劳耕作中形成的自我修身之道。曾玉屏内心的传统思维定式根深蒂固，他制定的家规具有较为浓厚的农耕文明思想，比如他认为家庭成员的分工有分明的界限，“男子耕读，女必纺织”。从传统文化角度看，男耕女织是典型的自给自足生活方式。至于读书，则是更高一级的人生目标，如果资质足够，取得功名后不仅可以实现自我，更可光宗耀祖。曾玉屏自己没考取功名，他能够发家完全是依靠劳动。所以在曾玉屏看来，读书不得法也不要紧，退而求其次，可以凭借男耕女织维持日常生计。

曾玉屏还是一个懂得方法论的大家长。他知道光说不练不行，光制定家规不制定遵守家规的方法也不行。对于他来说，不只谨遵先人规范，他更创造性地制定出家人谨行的八件事：读书、种菜、饲鱼、养猪、早起、洒扫、祭祀、敦亲睦邻。这八件事非常具体，子孙后代看了一目了然，知道自己该怎么做。于是，一代传一代，便逐渐成为曾家家规的思想来源。

曾国藩是深受祖父影响的曾家后人，他的为人处世与祖父的思想传承有着直接关系。后来，他为方便家人体会，曾国藩又把祖父制定的家规归结为八个字：书、蔬、鱼、猪、早、扫、考、宝。这几个字虽然简单，但是每个字都有很深刻的内涵。

1. 书，也即读书。曾国藩自己喜欢读书，也是读书的受益者。更何况，农业社会的最直接反映就是耕读文化，一个人的一切作为都始于家庭，而保持家庭兴旺的根本就是耕读。在曾家这样一个传统家庭里，曾国藩从小完全接受祖训，坚持只有读书才能出人头地。

客观上看，曾国藩的资质算不得上乘，但向来是勤能补拙，曾国藩凭借勤奋而博览群书，而且他读书不光是为了求取功名，而是发自内心的喜欢，甚至已经达到了痴迷状态。曾国藩深知每个人都有惰性，必须要靠一些规则来约束自己才行，他认为这也是人生能够取得成功的必由之路。

道光二十二年（1842）冬，曾国藩给自己定下每天读书的十二条规矩。这十二条规矩将日常读书习惯严格要求，包括：读书不二：一书未完，不看他书；日知其所无：每日读书，记录心得语；作字：饭后写字半时；读史：念二十三史，每日圈点十页，虽有事不间断；等等。

既然定了规矩，曾国藩就很严格地遵守。有据可循，曾国藩无论走到哪里都坚持依照规矩读书。“剿捻”期间，作为湘军最高统帅，曾国藩军务繁多。对于一般人来说，军务必会成为不读书的理由，然而这对曾国藩并不适用。在行军打仗间隙，曾国藩也手不释卷。实在没时间，他就在赶赴军营的途中，坐在轿子里读书。同治元年（1862），他任两江总督，白天忙于军政事务，夜里他谢绝一切应酬，独自在住处挑灯夜读。

在长年大量读书过程中，曾国藩总结了一套要领：“万卷虽多，而提要钩玄不过数语。”曾国藩也很重视做读书笔记，他认为如果不做笔记，只会限于浮光掠影，无法读得精深，也自难体会书中之义，书读过也等于白读。曾国藩曾说：“凡奇僻之字，雅故之训，不手抄则不能记。”

曾国藩喜欢读史，从史中不只可以体味过去，更可给现世镜鉴。他为此写成《历代大事记》数卷，以此作为重要的读书方法。

曾国藩在开创性继承祖父读书训诫时，还努力督促家族中其他成员读书。曾国藩长年做官在外，他与家人联系最紧密的形式便是"家书"。作为家中长子，他曾经给二弟曾国潢写过一封家书："……家中读书事，弟宜常常留心，如甲五科三等，皆须读书，不失在家子弟风范，不可太疏忽也。"曾国藩对兄弟殷殷之情，字字可见。

读书之于曾国藩，不只是沿袭曾家祖训，更是贯穿曾国藩生命始终、不可分割的精神支柱。同治十年（1871），曾国藩身体愈来愈差。一月十七日，他仍写了几句话："禽里还人，静由敬出；死中求活，淡极乐生。"即使生命已经走到尾声，他仍不忘鞭策自己。在他看来，"暮年疾病、事变，人人不免"，而读书则贵在坚持，并一定可以在读书中体味出乐趣。三月五日，前河道总督苏廷魁过金陵，曾国藩特意出城迎候。在迎接苏廷魁之前，曾国藩看了《二程全书》；迎接途中，"舆中背诵四书，忽手指戈什哈，欲有所言，口噤不能出声"。曾国藩病体已至此，仍不忘读书，他以一生的实践，继承了祖父的家规。

2. 蔬，即蔬菜。曾玉屏曾经说过：凡蔬菜手植而手撷者，其味弥甘。在重农抑商的农业社会里，他的这番话不仅出自过往的生活经验，对曾氏家族来说也具有十分现实的意义。曾玉屏之所以如此重视种菜，是有原因的。曾家地处山区，商品贸易并不发达，不能像一般城镇那样，随意到集市上买生活必需品。那时的大部分家庭，耕者有其田，能自己种植蔬菜瓜果，就已实属庆幸。无论季节变换，至少能保证一家供给，不会忍饥挨饿。

曾国藩非常理解并赞同祖父的这个观点。曾国藩从少年时就以求得功名作为毕生奋斗目标，后来如愿以偿，辗转各地做官，但他始终不忘祖父当年的生活境遇，并理解耕种的重要性。因此，他走到哪儿就种到哪儿，可以这么说，种菜或者说农业在曾国藩一生的经济和精神生活中占有极为重要的地位。他经常在家书中告诫家族中的其他成员，必须重视农业生产。同治五年（1866）九月十七日，他向儿子纪泽、纪鸿强调："家中外须讲求莳蔬，内须讲求小菜。此足验人家之兴衰，不可忽也，此谕。"

曾国藩对种菜的重视程度之深，已经深入骨髓里，他甚至常常因为种菜的技术性问题而跟家人争辩，这在后人看来实在难以想象。咸丰十一年（1861）四月初四，他写信给纪泽，提议从省城用重金雇人到家里种菜："乡间早起之家，蔬菜茂盛之家，类多兴旺。晏起无蔬之家，类多衰弱。尔可于省城菜园中，用重价雇人至家种蔬，或二人亦可。其价若干，余从营中寄回，此嘱。"

他的建议却未遭到家人的采纳。一直在家料理家务的澄弟对此就表示反对，他觉得曾国藩在外做官并不了解家中的实际。可是曾国藩坚持己见，咸丰十一年五月十四日，他又写信致澄弟："省城雇一种菜之工，此极小之事，弟便说出许多道理来，砌一个大拦头坝。向使余在外寄数万金银，娶几个美妾，起几栋大屋，弟必进京至提督府告状矣。"

曾国藩之所以如此坚持自己观点，主要在于，他以为城乡间的蔬菜种植水平存在差异。他告诉弟弟："乡间种菜全无讲究，比之省中好菜园，何止霄壤！余欲学些好样，添些好种，故令纪泽托在省雇工，弟可不必打破耳。"两个月后，曾国藩再次写信询问："家中雇长沙园丁已到否？"

曾国藩如此看重种菜虽然绝大部分遗传于祖父，但是，这也跟他深受理学影响有关。曾国藩曾追随唐鉴、倭仁等人讲习理学。唐鉴号称理学大师，在京城士林中声望较高。他告诫曾国藩，读书"当以《朱子全书》为宗"，"此书最宜熟读"，可以当作自己学习的课程，"身体力行，不宜视为浏览之书"。当曾国藩越深入学习朱子等理学大师，越会对农业加倍重视，故而从内心中越发看重祖上对于种菜的家规。

3. 鱼，即养鱼。很难想象，作为一个以种植为生的家庭，曾氏家族为什么会对养鱼感兴趣。其实，养鱼主要是为图个吉利。俗话说，鸢飞入天，鱼跃于渊，天机活泼，是兴旺气象。在传统中国人观念里，"山主贵，水主财"，"水即是财"，财散财聚与水有绝对关系。水包括河川、沟渠、马路，当然也包括用来发财聚财的鱼缸、水车、风水轮等。

清朝一般百姓住宅里养鱼，有两种作用，一是聚气，即聚集旺气，如此便能聚财，旺财。二是挡煞（伤人于无形谓之煞），也就是可以利用水的力量将衰败休囚之气挡住，不致伤人于无形，古人认为："气乘风则散，界水则止。"水具有止衰气、聚旺气的双重作用。

曾氏家族生活在清朝末期，自然深受当时的文化传统影响。养鱼对于他们来说就有让整个家族兴盛的作用，自曾玉屏开始，就把养鱼作为一个家训传了下来。曾国藩也认为："家中养鱼养猪种竹种蔬，皆不可忽，一则上接祖父相承以来之家风，二则望其外有一种生气，登其庭有一种旺气。"足见养鱼不仅供应口福，而且可以增加生气，生气勃勃，则家道兴旺。

4. 猪，即养猪。人类跟猪的渊源非常久远。据文献记载，4000 万年前猪科动物就在欧洲出现；大约 1500 万年前，猪科动物已经在欧洲、亚洲和非洲广泛分布。猪类是人类出现和成长的见证者之一。最早人并没有养猪的习惯，不过随着人类狩猎水平不断提高，野猪逐渐被人类豢养和驯化，成为最早被驯化的动物之一。

中国悠久的养猪历史，给人类留下了很多宝贵的经验和优良的猪种。据达尔文研究，欧洲晚至罗马时代人们才开始饲养家猪，而著名的罗马猪一开始就带有中国猪种的血统，达尔文盛赞中国猪种对欧洲养猪业的贡献。约在 3000 年前，古代文献已有养猪的记载。明、清两代养猪业有较大发展。明代科学家徐光启在其《农政全书 · 牧养》中所总结的养猪法是："猪多，总设一大圈，细分为小圈，每小圈止容易猪，使不得闹转，则易长也。”

清代养猪经验及技术又有提高，养猪文献也较多，如四川终生务农的张宗法所著《三农纪》，对猪的饲养、选种、医病及相猪等均有论述，内容比前代更加充实。当时还出现了治疗猪病的专著——《猪经大全》。湖南人非常重视养猪，在清前期，即有“湖广熟，天下足”的说法。曾玉屏主持的曾家，在每年腊冬之月，宰牲祭祖，阖家相聚，享受劳动的果实，自有一番田园乐趣。故曾玉屏也将养猪作为一项家规让后人遵循。

5. 早，即早起。中国人是有早起传统的，古训里就包括日出而作，日落而息。曾家之所以倡导早起，其主要意思是鼓励勤劳，增加生气，以合养生之道。当然，这跟曾玉屏早年的生活经验有很大关系，如若不是早起劳作，曾家显然没有日后的兴旺发达。

曾国藩也将早起视作自己修身养性、锻炼意志的头等大事。他曾写道：“兹拟自今以后，每日早起，习寸大字一百，又作应酬字少许”，明确将早起作为每天必须坚持的基本要求之一。

不过，曾国藩最早也不能每天早起，他自己也是慢慢培养出早起习惯的。曾国藩的优点是，只要明确了目标，他就有实现目标的方法。为此曾国藩特意写信让弟弟督促自己：“傲为凶德，惰为衰气，二者皆败家之道。如闻我有傲惰之处，亦写信来规劝。”

曾国藩后来坚持每天凌晨 4 点起床。在日记中，他记录了自己有规律的作息时间，还特别阐述自己由“晚起”变“早起”的“勤、谦”之道：“千古之圣贤豪杰，即奸雄欲有立于世者，不外一‘勤’字；千古有道自得之士，不外一‘谦’字。吾将夺此二字以终身。”他还将早起纳入养生之道，视“早起为养生第一秘诀”。在他的影响下，家中人人早起。他早起的习惯也带到了军中，因为统帅都每日早起，曾国藩手下的幕僚、将领也无不效法，没有一个睡懒觉者。

在曾国藩日记中，他将早起列为修身养性的“八本”之一，“读书以训诂为本，作诗文以声调为本，事亲以得欢心为本，养生以少恼怒为本，立身以不妄语为本，治家以不晏起为本，居官以不要钱为本，行军以不扰民为本。”其中的“不晏起”就是不晚起的意思。

6. 扫，即打扫。从字面意义理解，曾家之所以重视打扫，是在强调族人要讲究卫生，减少疾病。事实上，重视打扫古已有之。在中国古代，农村缺少必要的医疗条件，人类的生存延续，几乎完全依赖于自然。要想获得健康体魄，将周围环境清扫干净显得尤为必要。

然而，曾氏家族此处强调的扫，更看重“劳其心智”，意在锻炼家人意志品质。曾家人重视打扫是与中国传统文化的传承有极大关系的。东汉时就有一则故事，凸显民众对打扫的重视。有一少年名叫陈蕃，自命不凡，一心只想干大事业。一天，其父之友薛勤来访，见他独居的院内龌龊不堪，便对他说：“孺子何不洒扫以待宾客？”他答道：“大丈夫处世，当扫天下，安事一屋？”薛勤当即反问道：“一屋不扫，何以扫天下？”陈蕃无言以对。

在古人看来，陈蕃欲“扫天下”的胸怀固然不错，但错的是他没有意识到“扫天下”正是从“扫一屋”开始的。“扫天下”包含了“扫一屋”，而不“扫一屋”是断然不能实现“扫天下”的理想的。曾家之所以重视“扫”，也正因如此。

7. 考，并不是我们现在理解的考试，而是指祭祀，是向神灵、祖先求福消灾的传统礼俗仪式，被称为吉礼。在中国原始时代，人们认为人的灵魂可以离开躯体而存在。祭祀便是这种灵魂观念的派生物。中国人最初的祭祀活动比较简单，也比较野蛮。人们用竹木或泥土塑造神灵偶像，或在石岩上画出日月星辰野兽等神灵形象，作为崇拜对象的附体。然后陈列献给神灵的食物和其他礼物，并由主持者祈祷。祭祀者则对着神灵唱歌、跳舞。

进入文明社会后，物质的丰裕使祭祀礼节日趋复杂，祭品也越来越讲究，并有了一定的规范。祭祀就是按着一定的仪式，向神灵致敬和献礼，以恭敬的动作膜拜它，请它帮助人们达成靠人力难以实现的愿望。“受人钱财，替人消灾”，人们把这一人间的通则加于神灵和祖先身上，便成为祭祀的心理动因。曾家之所以把祭祀祖先作为家规之一，首先表现了对家族先人的敬畏。另外也在于祈求祖先保佑，以让家族繁荣昌盛。

8. 宝，指善待亲人邻里。曾玉屏曾说：“人待人，无价之宝。”在他看来，社会中的人不能独善其身，一个家庭也不能关起门来自己过。假如家族里的人和周围邻里不能和睦相处，家族的长远延续和发展就会遇到阻力。某种程度上说，这是曾家之所以能够兴旺发达的一个重要原因。

曾国藩也延续了祖父这一传统。逢年过节，他都会给长辈、亲戚寄去零用钱。他还告诫自己的弟弟和儿子，要把所有亲戚一视同仁，即便是做乞丐的亲戚也要给予同等尊重。亲戚邻居但凡开口向他借钱，曾国藩一定竭尽所能予以帮助，即便对方无力偿还也没关系，就当接济对方了。因为他始终记得，祖父对周围一些“孤嫠衰疾无告者”，总是尽自己力量去帮助，“随时图之，不无小补”。曾国藩曾说：“祖父平时积德累仁，救难救急，孙所知者，已难指数”，“凡他人所束手无策，计无复之者，得祖父善于调停，旋乾转坤，无不立即解危”。

曾家的家规主要是曾玉屏留下的训示，除了以上曾玉屏身体力行制定的八项家规外，曾国藩的父亲曾麟书，留下的训示并不多。曾麟书不属于善于总结归纳的人，他更多是领会父亲传下来的治家之道，而并没有在此基础上总结出他的人生感悟。不过，曾麟书有别的优点，他具有一种与生俱来的审时度势能力，在曾国藩面临重大的转折关头时，他往往能从大处着眼，帮助曾国藩做出最有利于自己的选择。

晚年时，曾麟书特意让曾国藩书写过一句联语，某种程度上也反映了他在治家方面的态度：“有子孙有田园家风半读半耕，但以箕裘承祖泽；无官守无言责世事不闻不问，且将艰巨付儿曹。”在曾氏家族史上，前有父亲曾玉屏后有儿子曾国藩，光芒都盖过了曾麟书。不过，曾麟书属于承前启后的一个家族中坚。他不但极大地延续了父亲的遗志，更将其传承给了更具影响力的下一代曾国藩身上。

到了下一代，曾国藩凭借自己在仕途上的巨大成功，以及在修身治家方面的极尽努力，成了不折不扣的曾家家长。曾国藩十分在意对后代的指导，虽然他辗转各地为官，军政事务极其繁杂。不过，只要一有时间，曾国藩就会给子女写信，询问他们的日常生活，给予非常具体的意见和建议。曾国藩甚至还为子女们批改诗文，就学业中遇到的具体问题与他们展开探讨。

曾国藩始终谨记“由俭入奢易，由奢入俭难”，无论后来官位做到哪里，他始终对家人要求严格，告诫他们要生活俭朴，远离奢华。他经常以自己的例子说：“余自三十岁以来，即以做官发财为可耻，以官囊积金遗子孙为可羞。盖子孙若贤，则不靠父辈，亦能自觅衣食；子孙若不贤，则多积一钱，必将多造一孽，后来淫佚作恶，大玷家声。故立定此志，决不肯以做官发财，决不肯以银钱予后人。”

曾国藩遇到的人和事，常常提醒他社会的险恶。例如，当他在京城做官时，周围的富家子弟奢侈糜烂成性，骄横无理者比比皆是。在他看来，这是京城繁华放纵的生活环境所致，为了让子女免受“毒害”，他特别禁止自己的子女居住京城。住在老家，子女也必须谨遵父亲指示，门外也不能挂“相府”、“侯府”的匾。曾国藩在给儿子曾纪泽的信中说：“世家子弟，最易犯一奢字、一傲字。不必锦衣玉食而后谓之奢也，但使皮袍呢褂俯拾即是，舆马仆从习惯为常。此即日趋于奢矣，见乡人则嗤其朴陋，见雇工则颐指气使，此即日习于傲矣……京师子弟之坏，未有不由于骄奢二字者，尔与诸弟其戒之，至嘱，至嘱。”

作为清朝末期的重臣，曾国藩的后人算得上绝对的“官二代”。但由于曾国藩要求极严，他的绝大多数子女都凭借自己的能力学有所成。

比如曾国藩的长子曾纪泽是著名外交家，他曾参与和沙俄的谈判，后来为中国夺回了伊犁，小儿子曾纪鸿是数学家。有人曾做过统计：曾氏家族从曾国藩的父亲以下到科举制度废除70余年间，共出秀才、举人、进士、翰林20多位。新式教育制度之后，其子孙大多大学毕业，留学外国。

曾国藩在教育后代方面绝对有十分值得推广的经验。在对晚辈的教育中，曾国藩对女性的教育逐渐形成了一套完整的思路。曾国藩以后，湖南双峰荷叶女性人才辈出，被称为女杰之乡，这与曾国藩及其家族女性教育有着直接关系。

虽然从曾国藩已知的家书和笔记中，并没有完整系统的关于女性的教育思想。但从他跟子女的通信里，完全可以凸显他是曾氏家族女性教育的首创者。众所周知，曾国藩把家教作为行军打仗外的第一等大事来抓，其家教成功与否，最直接的反映便是他对女性教育的实际效果。他曾经说过，“凡世家有不勤不俭者，验之于内眷而毕露”。

曾国藩女性教育的内容主要集中在孝敬、勤俭、贤淑上，围绕这几个中心，他制定了一套女性的行为规范，每天该做什么，不该做什么，怎么做，都做出了具体的规定。大到读书明理，小到每天的功课安排，曾国藩都安排得清清楚楚。

曾国藩最看重女性的孝顺。曾家一直有孝敬长辈的传统，曾国藩自己曾说，“吾家累世以来，孝悌勤俭”。曾国藩父亲曾麟书遵循“以耕养读”、“积苦力学”，教子读书，还亲自践行“孝”：“吾父竹亭公之教人，则专重‘孝’字。”除了孝敬长辈外，曾国藩以“勤俭”二字作为女性立家持家的根本和传家宝。在他的家信中，除有少量纯粹是通报战事、教育子女读书学习外，绝大部分都谈到了勤俭持家。如：“凡仕宦之家，由俭入奢易，由奢返俭难，尔切不可贪爱奢华，不可惯习懒惰。余服官二十年，不敢稍染宦官习气，饮食起居，尚守寒素家风……无论大家小家，士农工商，勤苦俭约，未有不兴，骄奢倦怠，未有不败。”

曾国藩深受“耕读传家”传统思想影响，加之本身又逢乱世，他对曾氏家族的定位不是官宦之家，而是一个以耕读为本的农村大户人家，把勤俭与否作为衡量家庭兴衰成败的关键。“家之兴衰，人之穷通，皆于勤惰卜之。”他在信中反复告诫家人要勤俭，他非常反对丢弃耕读传家的传统。他对女性后辈在勤劳方面的具体要求是：第一是要早起。“勤之工夫，第一贵早起，第二贵有恒。”第二是女红。女红是最能体现女性勤劳的地方。曾国藩非常重视。“历观古来世家长久者，男子须讲求耕、读二事，妇女须讲求纺绩、酒食二事，故吾屡教儿妇诸女亲主中馈……此后还乡居家，妇女纵不能精于烹调，必须常主厨房，必须讲求作酒作醯醢、小菜、换茶之类。……纺绩虽不能多，亦不可间断。大房唱之，四房皆和之，家风自厚矣。至嘱至嘱。”

然而，后人对曾国藩的教育观念也必须客观地看待，他的很多理念还是有许多鲜明的时代特征。即便曾家后代中，出现了许多杰出的女性人才，但从客观来看，曾国藩对家族女性的教育，是建立在传统道德三纲五常的基础上，利弊非常显著。

一方面，由于封建时代的局限，曾国藩还是把女性看成家庭的附属物，主要体现在为女儿的择偶方面。前 4 个女婿，曾国藩仅仅是早年跟他们的父辈交往甚深，便早早定下姻亲，这为女儿们的不幸婚姻埋下伏笔。另一方面，他又十分清楚女性教育对儿孙成长、家风传承上的重要作用。他制定的功课表在近代女性家庭教育发展史上具有里程碑式的意义，甚至在晚清湖南地区树立起一面女性家庭教育的旗帜。

总之，曾氏家族开创了一个中国家庭制定家规与家训的范例。虽然后代有自己的生活方式和选择权利，但是祖辈们的优良传统绝对是可以滋养后人茁壮成长的精神食粮。这在曾家身上有着最为明显的体现。

第二章 考中进士再做官

一、两个重要朋友

人在江湖走，朋友的重要性不言而喻。曾国藩一生中朋友无数，许多朋友在关键时候帮助了他，有些朋友更是他的知己兼老师。

曾国藩在考中进士之前，结交了两个生死之交，刘蓉和郭嵩焘。这两人不仅陪伴曾国藩度过在故乡的许多时光，更是曾国藩人生路上永远的知己。从曾国藩的文字中，经常可以看到这两个人的名字，记录了他们之间交往的过程。

有一个例子可以说明曾国藩跟这两个朋友的关系。曾国藩在京为官，曾经写给郭嵩焘一首诗："日日怀刘子，时时忆郭生。仰天忽长叹，绕屋独巡行。云暗乾坤隘，风来户牖鸣。孤吟无与赏，寸憾浩纵横。"足见他与刘郭二人间的情谊。

中国人向来不善于直接表达情感，对别人的感激、谢意、怀念等，说出来太难，写下来反而比较容易。对于一代名将曾国藩来说，也是如此，他能把自己对朋友的感情这么直接浓烈地写出来，充分说明他们二人在曾国藩心里的分量。

刘蓉

先说说刘蓉，曾国藩跟他能够处得来，主要是因为二人彼此仰慕对方的才华。说句通俗的话，他们是因为共同的爱好才走到了一起。

刘蓉，字孟容，号霞仙，湘乡乐善里人。他生于嘉庆二十一年（1816），比曾国藩小五岁。道光十四年（1834），也就是曾国藩中举的同一年，曾国藩与刘蓉初次相识，“与语大悦”，两人颇有一见如故之感。

跟曾国藩比起来，刘蓉家境要好很多。刘家家底殷实，不像曾家那样，靠祖父努力劳作才渐渐把家庭搞富裕。因此刘蓉的生活环境跟曾国藩比也好很多，他从小就衣食无忧，也没有像曾国藩那样接受祖辈的艰苦朴素教育。然而这并未助长其骄横享乐之风，刘蓉的父母很注重培养儿子的独立思考能力，让他不要受家庭环境影响，鼓励他努力学习、发奋用功。

这种良好的家庭氛围自然给了刘蓉极大的自由空间。他年少时就喜欢讲求义理，注重考据，词章也极佳。大概是因为本来对财富和功名没有太多兴趣，他从来也没想过科举的事儿，年逾三十甚至连秀才都不是，在周围朋友眼里十分另类。

刘蓉之所以能够这么独树一帜，跟他父亲有极大关系。刘蓉的父亲刘振宗是一位“恢奇有才识”的饱学之士。虽然蛰伏于湘乡乡间，他志存高远，眼界放于天下。因为眼界宽阔，他也就不会整天为一点儿鸡毛蒜皮的事儿烦心。在子女教育方面，他避免了很多中国家长的惯常做法——自己未完成的愿望希望子女帮他们完成。他特别开放和包容，非常尊重刘蓉的个性，鼓励他按照自己的喜好读书。清朝末期，刘振宗属于少有的务实之人，他根本不在意虚名而更看重真才实学，这相当难得。

正是在这种轻松自在的氛围里，刘蓉的才学突飞猛进，其名声传遍乡里，文人士子均对其刮目相看。湘乡知县朱孙诒有一次看到他写的文章，对其才华赞叹不已，便告诉其父刘振宗，认为刘蓉将来前途不可限量，不做官可惜了，赶紧让他到县城参加县试。刘蓉果然不负众望，一举摘得头名，于是便补为生员。

曾国藩也早就听过刘蓉的大名，所以当他初次相识刘蓉时，有种相见恨晚的感觉。曾国藩曾在《养晦堂记》中对刘蓉有较高评价："吾友刘君孟容，湛默而严恭，好道而寡欲。自其壮岁则已泊然而外富贵矣。既而察物观变，又能外乎名誉。"

曾国藩与刘蓉之所以能够一见如故，除去彼此性情相投，还有一个原因在于二人对为学之道有颇多共识。尤为重要的是，他们都把程朱理学作为主要研究方向，同时也非常讲究经世致用，因此只要他们在一起，总有谈不完的话题，聊着聊着一晚上便过去了。

当曾国藩离乡做官后，两人之间精神层面的来往也没有停下，他们常用书信交流所思所感。除交流新近读过的书之外，古今政治变革得失，以及当今社会风俗，都是他们讨论的话题。梁启超在《清代学术概论》中曾说，清儒不像宋、明人那样聚徒讲学，又不像欧美人有学会、学校为讲学讨论的场所，清代学者赖以交换心得的，是谈论学问的函札。曾国藩和刘蓉的通信，正是这种函札。

曾国藩后来又经刘蓉介绍，与郭嵩焘相识。三人因为非常投缘，便决定互换庚帖，拜为兄弟。

按照封建时代的官场规矩，刘蓉和曾国藩并不在一个阶层里。当曾国藩在京城天子身边做官时，刘蓉还是老家湘乡的一介平民。但其实，两个人的来往主要是基于对学问的兴趣，跟谁的官大官小没关系。曾国藩在跟刘蓉交往时，也从来没觉得自己是一个朝廷大员。有些书信，可以反映两个人来往的密切以及相互之间的惺惺相惜。

1843 年 6 月 29 日，曾国藩在京城接到刘蓉来信，"昨日接霞仙书，恳恳千余言，识见博大而平实，基文气深稳，多养到之言。一别四年，其所造遽已臻此，对之惭愧无地，再不努力，他日何面目见故人耶！"

曾国藩难抑心中思念，又作诗一首："清晨采黄菊，薄莫不盈撷。宁知弟昆好，忍此四年别？四年亦云已，万事安可说！昔者初结交，与世固殊辙。垂头对灯火，一心相媚悦。炯然急难情，荧荧光不灭。涟滨一挥手，南北音尘绝。君卧湘水湄，辟人苦扃桔。”另一首《怀刘蓉》更能表达曾国藩对至交的感情：“我思竟何属？四海一刘蓉。具眼规皇古，低头拜老农。乾坤皆在壁，霜雪必蟠胸。他日余能访，千山捉卧龙。”

曾国藩在诗中把刘蓉比作三国时期的诸葛亮（卧龙），足见曾国藩对刘蓉的重视程度之高。曾国藩曾集苏东坡诗句为联赠刘蓉：“此外知心更谁是，与君到处合相亲！”以及“夜夜梦魂何处绕？大湖南北两刘生”。

曾国藩如此重视刘蓉这位朋友，以至于知道自己的亲人跟他来往也很高兴。道光二十四年（1844）秋天，曾国藩的弟弟曾国荃在老家湘乡与刘蓉一起做伴读书。曾国藩听到消息后非常欢喜，在给弟弟的书信中，他首先表示“此意甚佳”。在曾国藩看来，刘蓉“近来读朱子书大有所见”，如果他的“言语容止、规范气象”都好的话，“则直以为师可也，岂特友之哉！”曾国藩又在信中提醒弟弟，功名仕途并不要紧，关键在于要有人品和才学，“如霞仙今日之身份，则比等闲之秀才高矣。若学问愈进，身份愈高，则等闲之举人、进士又不足论矣”。

朋友就是要在关键时候站出来，在曾国藩许多的重要人生关口，都有刘蓉的身影。咸丰三年（1853），曾国藩接到圣旨让其督办团练。曾母刚刚亡故，曾国藩尚处于守丧期，故而坚辞不出。刘蓉专门写信一封，劝曾国藩不能仅“托文采庇身”，应以“救治乱”为己任。信中采用激将法，称曾国藩几次向朝廷上疏，均是军国大计，也因此声望日隆，但所言未见实效，就足以塞大臣之责吗？比起陆贽、范仲淹等历史名臣的志量，还是有些距离。曾国藩接信后大为折服，遂决定接旨操办团练。

第二年，曾国藩统率湘军水陆两支人马从湖北进发江西，设水师老营于南康。那时候湘军还没有后来那么强盛，正处于发展的低谷期。这时候，曾国藩急需有得力的人才来帮助他，但是要在茫茫人海中找到可以信赖的人谈何容易，于是，曾国藩便想到了好友刘蓉和郭嵩焘。

曾国藩给刘蓉写了一封言辞恳切的信：“吾弟能来此一存视否？吾

不愿闻弟谭宿腐之义理，不愿听弟论肤泛之军政，但愿朝挹容晖，暮亲臭味，吾心自适，吾魂自安。筠老（郭嵩焘）虽深藏洞中，亦当强之一行。天下纷纷，鸟乱于上，鱼乱于下，而蓉、筠独得晏然乎？”

在这封信中，曾国藩表达得非常得体克制，虽然说并不是希望听刘蓉讲理学，也非与其筹划军政大事，只是希望每天与刘蓉见一面即可安心。不过，这背后的用意显然很清楚，曾国藩还是看重了刘蓉的才学，希望他为自己出谋划策。

老朋友当然明白曾国藩的用意。君子之交淡如水，曾国藩越是不明说，刘蓉越是知道他此时迫切的心理。于是，刘蓉和郭嵩焘先后都来到曾国藩军中。两人与曾国藩约定：“服劳不辞，唯不乐仕宦，不专任事，不求保举。”虽然深知两位知己并不求功名利禄，但曾国藩还是吩咐管理银钱所的主计：“郭、刘二君，吾兄弟交，不与众同。薪水惟所支用，不限数也。”不过，刘郭二人一直信守承诺，在跟随曾国藩数年行军打仗期间，谨守初衷，一文钱也未领过。

刘蓉的职责是为曾国藩起草奏章文件，平时则分管文书事务；郭嵩焘则为曾国藩管财政。曾国藩也认为刘蓉的优点是“识力过人”，但“为统领则恐其不耐劳”。刘蓉也没有直接参与带兵。《清史稿》对刘蓉的评论是“抱负非常，优于谋略而短于专将”。

刘蓉不光自己帮助曾国藩，甚至也把家人叫来，一起协助曾国藩与太平天国作战。1855 年 9 月，刘蓉的弟弟刘蕃到军中看望刘蓉，随后便留了下来。后来，他跟随湘军参加了对太平军的战斗。刘蕃虽然不像哥哥那样才高八斗，但是他的好处是勇敢善战。11 月 30 日，在进攻湖北蒲圻时 24 岁的刘蕃受重伤而死。这让身为哥哥的刘蓉悲痛万分，于是，他离开军队回到家里，以平复心情。

咸丰七年（1857），曾国藩之子曾纪泽的夫人因难产去世。尚在家中的刘蓉深知曾国藩的心情，为了让老友心情好点儿，他主动提出，将自己的女儿许配给曾纪泽做继室。曾国藩深受感动，因为在十分看重名声与礼节的封建社会，一个大户人家的女儿嫁给人做填房并不风光。这足以反映刘蓉与曾国藩之间的友谊之深。1858 年 8 月，刘蓉女儿正式与曾纪泽完婚。

这之后，久居乡间的刘蓉也在仕途上迎来转机。咸丰十年（1860），左宗棠因事离开湖南巡抚骆秉章幕府。在临行之前，左宗棠极力向骆秉章推荐刘蓉，认为其可堪大才。不过，遭到刘蓉的极力拒绝。此时刘蓉尚没有走出弟弟离世的悲痛，他还不想重新参与政事。

直到第二年，骆秉章升任四川总督，又再度邀请刘蓉。这时候，刘蓉也不好意思再推托了，便跟随骆秉章到了四川。后来，刘蓉在辅佐骆秉章平定蓝大顺、李永和战斗上有功，刘蓉升为四川布政使，同治二年（1863）又升为陕西巡抚。短短几年，刘蓉升迁如此之快，据说是湘军出征以来的第一人。

按照人生的一般规律来说，没有人能够一帆风顺的，对于刘蓉来说也是这样。同治四年（1865）夏，编修蔡寿祺上奏朝廷，指控刘蓉以钱财攀附权贵而获得晋升机会。朝廷听信蔡的一面之词，很快就降旨将刘蓉革职留用。与此同时，还派出罗惇衍、瑞常两位尚书专门查办刘蓉。

前文提到，刘蓉自从跟随曾国藩湘军出征后，一直将名利视作无物，更将做官看得淡然。他自然对蔡寿祺的不实之词无法理解，更是愤慨不已。很快，朝廷派去的罗、瑞两位尚书经过实地调查后，认为之前对刘蓉的指控的确不实，便给予了刘蓉公正的评价。朝廷下旨又恢复刘蓉陕西巡抚之职。不过，经过此次风波之后，刘蓉尽管稍感宽慰，但他对官场已经厌烦了，在奏请开缺不成之后只得勉强任事。

挚友被撤职又官复原职的事，曾国藩看在眼里，内心也受到些许冲击。对于刘蓉的遭遇，曾国藩也感同身受，因为他自己也因“剿捻”无功受到清议的讥评。然而，曾国藩与刘蓉两人毕竟本质上是读书人，无论遇到何种挫折，他们始终对学问情有独钟。他们两人要么互通信件，探讨学术问题，要么互赠喜爱的书籍，为对方治学提供便利。

同治五年（1866），刘蓉又遇到了新麻烦。新任陕西巡抚乔松年与他配合出现问题，两人在许多政务上存在意见分歧，直至满朝皆知。西捻军趁机长驱入陕，刘蓉最先率军死守华阳，受挫之后于12月间率军设防西安门户灞桥。紧急情况之下，他向曾国藩请求派鲍春霆赴援。然而此时曾国藩正自身难保，鲍春霆又不愿赴援。

西捻军也审时度势，知悉灞桥有湘军重兵防守，便改走蓝田，迫使刘蓉仓皇东进。接着，西捻军又转而西上进赴西安。刘蓉在未作悉心筹划下，率湘军30营孤军回击。1867年1月下旬，在灞桥十里坡，刘蓉几乎全军覆灭。

刘蓉兵败之后，遭到革职，便再次返乡。回到湘乡之后，刘蓉并未消沉，开始以讲学授徒为业。19世纪70年代中期，左宗棠奉命收复已被阿古柏侵略集团霸占了十余年的新疆。左宗棠非常了解刘蓉的才干，也对他欣赏有加。加之刘蓉做过陕西巡抚，熟悉西北地理风貌，便力邀刘蓉出山相助。

在家乡蛰伏多年的刘蓉，此时对做官已无半点儿贪恋。他婉拒了左宗棠的好意，但既然蒙老友看重，便写了一封信，为平定西北出了六条计策。

一、剿贼不难，所难者筹饷筹粮。筹饷筹粮尚易，尤难者运粮。非宽筹辅饷，运有办法，切勿进兵。二、军糈无资，当缓新疆西征之师，先肃清陇境。辟地屯田，储糗粮，练马队，然后振旅出关。三、办甘贼，当以陕为根本。资粮转输，皆须借力于陕，非得同心膂、共忧乐之人为陕抚，持心定志，不足与济艰难。四、捻贼入陕，号四五万，然能战者不过六七千人。每战辄以马队万骑四面包裹，懦卒怯将，慑而望风靡。其实但能严阵坚持，屹立不动，则亦不敢进逼吾阵。俟其锐气之惰，奋起突击，必无不胜。五、办甘回，当先清陇东，次捣河狄。两地既定，其余可传檄而定，专事剿，则力固不逮；不痛剿而议抚，则叛服无常，亦何能济。六、关陇将才吏才，无可用者。然地瘠势艰，虽杰出者视为畏途，须广罗艰贞坚苦、仗义相从之侣，以资襄助。此六者其大端也。

这六条策略充分显示了刘蓉的才华与审时度势的谋略。左宗棠后来平定西北回民造反时，许多战略部署正是按照刘蓉的建议安排的。

作为莫逆之交，刘蓉始终牵挂着曾国藩。同治十一年（1872），刘蓉得知曾国藩病逝于两江总督任上，悲伤无比，先后作祭文、挽诗以示悼念。其在《哭曾涤生太傅十二首》第十首是这样写的："天涯帐望只心惊，国事如家最怆情。市上楼台迷蜃气，秋来风雨断蝉声。杨尘东海嗟何俟，落日西山憾未平。地下相逢定一恸，凭谁揽辔策澄清。"

或许对于曾国藩的离去过度悲伤。刘蓉自此一病不起，一年以后（1873 年），也于"遂初园"去世。

郭嵩焘

说到曾国藩另一位好友郭嵩焘，他可是中国近代史上非常有名的人物。

郭嵩焘（1818—1891），湘阴人，字伯琛，号筠仙，晚号玉池老人，他比曾国藩小七岁。相比刘蓉来说，郭嵩焘的家庭环境要差太多，郭家不仅不富裕，少年时代郭嵩焘还常为饥寒所迫。但在这种情况下，反而激发了郭嵩焘的学习热情，他在读书方面特别刻苦。

十八岁时郭嵩焘考中秀才，第二年来到岳麓书院。因为意气相投，而且都对学问有着执着的追求，使得郭嵩焘与曾国藩、刘蓉结为至交。三人中，曾国藩居长，刘蓉居中，郭嵩焘最小。三人"均志大气盛，自视颇高，以著述立言相期许"，"其志终不在温饱"。

从某些地方上看，郭嵩焘与曾国藩很像，他们两个人走的都是一样的读书做官道路，都十分希望靠自己的努力改变命运。湖南学者钟叔河认为，郭嵩焘身上有一种叛逆的性格，他思想活跃，又倔强自负，尤其是他对“夷务”较早关注并有独特见解，可以说他既知本末，又知情势，是通权达变的人才。不过，郭嵩焘极具诗人的气质，他喜欢危言危行，在“混”字当先、主调为因循苟且的晚清官场上难免受到排挤。

李鸿章就批评他“有些呆气”，跟他至交的曾国藩也认为郭嵩焘只是“著述之才”，不是“繁剧之才”，言外之意是认为他干不好实际事务，只会舞文弄墨。

道光十七年（1837），二十岁的郭嵩焘考中举人，但此后在通往进士的道路却一再蹉跎，他历经十年，直到三十岁才中进士。在成为进士之前，郭嵩焘曾应浙江学政罗文俊之聘，充其幕僚。正是在海防第一线，他目睹了“上邦大国”的失败，开始把视线转向更遥远的大海，不时以“夷务”为忧。

咸丰九年（1859），正值第二次鸦片战争，郭嵩焘奉命随僧格林沁到天津办理海防，但在这个过程中，与僧格林沁发生矛盾，受到僧格林沁的弹劾，被降三级。然而，很多人都知道郭嵩焘是个人才，这其中，尤以李鸿章非常看重他。

同治元年（1862）秋，李鸿章保荐郭嵩焘任苏松粮道，曾国藩得知消息后写信给李鸿章，要他多听郭嵩焘的建言，至于实际公务，则尽量少让郭嵩焘沾边，以免误事。这反映出曾国藩还是觉得他这位朋友思想太过于天马行空，不够实际，如果过分听信于他，可能会坏了大事。

不过，这并没有影响两个人的关系。郭嵩焘途经安庆时，还特意去湘军帅帐中拜访了曾国藩。两人共处一个月之久，相谈甚欢。上自国家大事，下至私人所想，两个老友有说不完的话题。临别前，曾国藩想给老朋友提提建议，但不知道直说好不好，便想了个办法，他赠郭嵩焘一副书联，里面有他想表达的意思：“好人半自苦中来，莫图便宜；世事多因忙里错，且更从容。”曾国藩之所以做出如此忠告，是出于朋友间的以诚相待。不过，郭嵩焘可能只有心领，并没有神会。

同治二年（1863），郭嵩焘又得两广总督毛鸿宾举荐，署理广东巡抚。按照清朝官场规则，“署理”只是代理，并未得到实权，这让他做起事来束手束脚。不过，郭嵩焘还是洒脱个性不改，他无所顾忌，在广东办厘金，力行劝捐，由于太急于成功，一时间惹得粤商怨声载道。有人写了一副对联：“人肉吃完，唯有虎豹犬羊之廓；地皮刮尽，但余涧溪沼沚之毛。”“廓”与“郭”谐音，骂的是郭嵩焘，“毛”则是指毛鸿宾。

毛鸿宾见势不妙，赶紧将过错推卸在郭嵩焘身上。按理说，在清朝总督和巡抚不和是常事，但大体双方总会顾及基本颜面。郭嵩焘可不管这么多，他口无遮拦，直接开骂：“曾涤生（曾国藩）保人甚多，唯错保一毛季云（毛鸿宾字季云）。”他这样向自己的朋友开炮，让曾国藩也很不高兴，不得不反击道：“毛季云保人亦不少，唯错保一郭筠仙。”

郭嵩焘由于太过豪放，以至于他的私德也饱受争议。原因在于，郭嵩焘违反传统礼数，让正妻上海太仓名门闺秀钱氏做小服低，在老妾邹氏之下。钱氏受不了屈辱，愤而回到娘家，再不回来。在此种情形下，郭嵩焘丢官已实属在所难免，左宗棠一纸弹章将他送回了老家。

郭嵩焘在老家蛰伏多年后，又迎来人生另一个重大转机。光绪二年（1876），郭嵩焘出使英国并担任中国驻英使臣，这是清朝政府正式派出的第一个驻英公使。然而，这项任命并没有多少人羡慕。当时大清国的普遍认识，还停留在“闻洋人之长便怒、闻洋人之短则喜”水平，甚至把出使看作有损清名的差使。当时，甚至有人写了一副极为尖刻的对联：出乎其类，拔乎其萃，不见容尧舜之世；未能事人，焉能事鬼，何必去父母之邦。

郭嵩焘到欧洲以后，广泛实地考察，加上博览群书，让其见识与学问都突飞猛进。他第一次意识到西方跟中国一样，也有非常久远的文化传统。他开始把柏拉图、亚里士多德等西方哲学家与“孔夫子”、“孟夫子”相提并论，也十分推崇西方近代哲学与科学的发展，认为其对人类整个社会发展的贡献不可估量。他说：“英人谓天文窍奥由纽登（牛顿）开之，此英国实学（科学）之源也。相距二百三四十年间，欧洲各国日趋富强，推求本源，皆学问考核之功也。”

在政体（国本）上的认识，他也有了极大改变。他不再唯君权至上、马首是瞻，开始承认西方民主政体的优长。他列席过英国下议院的辩论，也研究过英国议会政治发展的历史，他得出的结论是：“推原其立国之本末，所以持久而国势益张者，则在巴力门（Parliament，议会）有维持国是之议，设买阿尔（Mayor，市长）治民有顺从民愿之情。二者相持，是以君与民交相维系。迭盛迭衰，而立国千余年终以不败。人才学问相继以起，而皆有以自效。此其立国之本也。”

1878 年春，英国《泰晤士报》抨击政府近年授波斯国王勋章一事，认为“半文明国家不足以授勋”。他感慨说，西洋人将国家分为文明的、半文明的、野蛮的，而中国被称为半文明的。汉代以前，只有中国有教化，其余地方中国人都称为“夷狄”。现在都翻了个，如按文明发展程度区分文野，现在轮到欧洲人视中国为“夷狄”了。中国士大夫到现在还沉浸在“华夏中心”的迷梦中，怎不令人悲伤啊！

郭嵩焘的主张是，中国不但要学习欧洲人的先进技术、造船造炮，甚至还要学习他们的政治。他把在欧洲的所见所闻写成日记，编成《使西纪程》。未承想，这时候的清朝还接受不了他这些先进思想。他将书寄回中国后，呈总理衙门刊刻，一时激起满朝士大夫公愤，要求将其撤职查办。翰林院编修何金寿参劾他“有二心于英国，欲中国臣事之”。由于引起争议太大，此书后来被清廷申斥毁版，严禁流行。

一直以来，朝廷中有很多人都看郭嵩焘不顺眼，也因为他口无遮拦，得罪的人实在太多。此事发生后，他的后院也立刻起火。对他早有微词的副手刘锡鸿指责郭嵩焘有“三大罪”：1.“游甲敦炮台披洋人衣，即令冻死亦不当披。”——居然穿了外国衣服。2.“见巴西国主擅自起立，堂堂天朝，何至为小国主致敬？”——见了外国国王居然站起来。3.“柏金宫殿听音乐屡取阅音乐单，仿效洋人之所为。”——听音乐居然拿音乐单。

除此以外，刘锡鸿还在使馆中扬言：“此京师所同指目为汉奸之人，我必不能容。”而且他又向朝廷列出郭嵩焘“十款”罪状。当时由于清朝守旧势力的强大和大权在握，从朝廷到京师大夫对郭一片唾骂指责之声。郭嵩焘只得在任期未满（仅仅一年零七个月）的情况下，奏请因病销差。清廷立即许可，并让曾国藩的儿子曾纪泽接任。

由伦敦黯然回国后，这位当朝二品大员一直赋闲在湖南老家。这一次他再也没有复出的机会了。

晚年的郭嵩焘一直有个习惯，就是大年初一赋诗一首以纪念过去。光绪九年（1883）正月初一，65 岁的他在纪年诗中写道：眼前万事随云变，镜里衰颜借酒温。身世苍茫成感喟，盛衰反复与谁论？

这首诗充分表明了郭嵩焘不被人理解的忧愁心情。这种境遇从某种程度上说，就是他自己造成的。郭嵩焘在这种情绪下，身体越来越糟糕，最后终于离世。郭嵩焘虽然比曾国藩长寿，但死时朝廷不给他谥号，这相当于对他一生仕途的否定。郭嵩焘死后十年，他背后的争议还没停息。义和团起事时，依然要把郭嵩焘当作“二毛子”，戮他的尸首。

二、从秀才到进士

曾国藩的两个朋友只是他人生中重要的精神伴侣，更多时候，他还是要靠自己努力才行。

客观来说，曾国藩是幸运的，尤其是跟他父亲相比，他功名来得要早太多了。虽然他参考科举考试很早，在大多数人眼里还是孩子的年纪——13 岁，曾国藩就走入考场，一次一次地接受考验，但他只经过了七次考试，就获得了成功。道光十三年（1833），曾国藩在二十二岁那年得中秀才，这在当时不能不说是一个奇迹。这背后，当然是与曾国藩的努力分不开的。

考上秀才后，曾国藩觉得自己还需要在学问上进一步提高。于是，在道光十四年（1834），曾国藩到长沙岳麓书院学习。岳麓书院可是一个读书人都向往的地方，因为自北宋开宝九年岳麓书院创办以来，那里就文脉不绝，各路文化人都慕名前往。1012 年，周式出任山长。他因为要回岳麓书院执教而拒绝国子监主簿官职，曾经轰动朝野。这也让宋真宗大为感动，特赐“岳麓书院”匾额，至今仍悬挂在书院正门。

在长达上千年的历史上，岳麓书院一直是新兴思潮的重要发源地。两宋时期，朱熹两次到书院讲学，成为当时美谈，而湖湘学派也于那时形成。到明朝中叶，王阳明的心学思潮在书院风行，其倡导“知行合一”的理念至今仍被许多中国人奉为圭臬。中国近代时期，魏源提出的“师夷之长技以制夷”成为中国迎接西方挑战的重要出路。

清代的岳麓书院，是湖南的最高学府。岳麓书院当时在全省招生，但对应考者有要求，必须是秀才才行。不光是岳麓书院对学生要求非常严格，湖南官府也对书院格外看重，将其看作朝廷杰出人才的重要输出地。在岳麓书院读书的学生须按月课试，月课分为官课、馆课两种。官课由学政、长沙知府等高级地方长官出题，有时甚至巡抚亲自出题；馆课则由山长主持。每次课试均评定等级，有奖有罚。

岳麓书院倡导学生志存高远，要胸怀对国家的大的抱负。乾隆时期岳麓书院的一条学规写道：

立志。心之所之谓之志。志，气之帅也。志在南辕者必不肯北辙，则立志要矣。历观古圣先贤，未有不先立志者。诸生远来肄业，口诵先儒之书，已有年矣，试观此心，其果定志于圣贤之学乎？则宜加精进，益加涵养，以求至于其极。如尚未有定志，则宜急反前日之沉迷，而力端今日之趋向，往可不谏，来犹可追。须知古来圣贤豪杰，人人可为。

正是对于岳麓书院的长久仰慕，曾家人也很想把曾国藩送到那里接受熏陶。虽然曾国藩在岳麓书院读书时间并不算长，不过，正是在此短暂的学习，对他产生了至关重要的影响。从后来他的为官经历可以看出，他就是在岳麓书院受到理学经世的洗礼。根据曾国藩年谱记载，曾国藩在书院读书期间“以能诗文，名噪甚，试辄第一”。

从曾国藩在翰林院的任职经历看，明显受到岳麓书院学规、学箴的影响。当时岳麓书院的山长是欧阳厚均，他主持岳麓书院长达二十七年之久。现在看来，欧阳厚均是少有的通达宽容的长者。比如他的观点就认为，学生不应仅仅按照以往传统学习八股及诗赋文章，更应该“有体有用之学”。

欧阳厚均一直鼓励学生按照个人的条件发展，也就是要了解自己的优点，懂得自己的性情，然后再选择适合自己的道路。在晚清末期，欧阳厚均属于难得的开明教育家。正是由于指导思想的超前，在他治下的岳麓书院培养出数以万计的弟子，曾国藩、左宗棠、郭嵩焘、江忠源、李元度等都是欧阳厚均的学生。

岳麓书院不光影响了这些人的治学观念，甚至带动产生了湘军理学经世群体。当然，这个群体的诞生还与镇压太平天国起义有关，他们在湖南一下子崛起，成为当时极具标志性的文化思潮。此群体以曾国藩为核心，其中重要成员还有胡林翼、罗泽南、王鑫、左宗棠、刘长佑、彭玉麟、曾国荃、郭嵩焘、刘蓉等。他们的总体特点是“上马杀贼，下马讲经”，本身为书生文化人，却能够领兵打仗。

之所以这些人愿意“投笔从戎”，主要原因在于他们在立言上多仿效朱熹，在行事上则借鉴王阳明的“知行合一”。他们以儒者的身份投身军营，目的在于挽救封建皇权，从而完成个人不朽“功业”的建立。

总体而言，湘军理学经世群体既是一个军事、政治集团，也是一个文化集团。理学和经世之学是湘军集团两个重要的文化来源。

同治二年（1863），张集馨在日记中写道："楚省风气，近年极旺，自曾涤生领师后，概用楚勇，遍用楚人。各省共总督八缺，湖南已居其五：直隶刘长佑、两江曾国藩、云贵劳崇光、闽浙左宗棠、陕甘杨载福是也。巡抚曾国荃、刘蓉、郭松（嵩）焘皆楚人也，可谓盛矣。至提镇两司、湖南北者，更不可胜数。曾涤生胞兄弟两人，各得五等之爵，亦二百余年中所未见。"辛亥革命时期，杨毓麟也曾发表感慨："咸同以前，我湖南人碌碌无所轻重于天下，亦几不知有所谓对天下责任；知有所谓对天下责任者，自当洪杨之难始。"

作为湘军整个集团的领头人，曾国藩身上表现出一个由经世思潮孕育出的知识群体的明显特征。湘军集团虽然目标是带兵打仗，但是在他们内心中，"谈经济，究韬略，明习国家掌故"，目力所及显然并不只在军中。

事实上，曾国藩最早并不懂军事，他或许也很难说对军事有兴趣。一个证明是，在与太平军交战之前，曾国藩很少阅读军事书籍，但"自奉命办团练勇以后，驰驱戎马，凡几十余年，或苦思以穷其通，或躬行以试其效，或考信于载籍，或问途于已经，其军事之学识，随经验而并进"。这显示出曾国藩理学经世的典型面向，虽然不懂，但是由于对社会的深刻理解，读书人也可以很快掌握军事知识，从而为政治服务。

随着军事知识的日益积累，曾国藩很快在实践层面也取得突破，他组建了一支"呼吸相顾，痛痒相关，赴火同行，蹈汤同往，胜则举杯酒以让功，败则以死力以相救"的新式军事武装，与太平军展开你死我活的战斗。

湘军集团之所以名扬天下，主要得益于军事和政治上的影响力。不过，如果追根溯源，湘军集团在军事和政治上的成就主要得益于"尊王卫道"、经世务实的文化意识。也正是湘军理学经世群体的共同文化心态，决定了他们捍卫清王朝的政治追求。

湘军的经世精神影响深远。特别是他们大多能够因时而变，善于对各种文化兼容并包，这也是他们转化为洋务派的重要原因。比如像曾国藩，后来就创办了安庆内军械所、江南制造局等洋务企业，成了洋务运动的先驱。左宗棠、李鸿章、郭嵩焘则成了洋务运动的巨擘。

话题再转回曾国藩读岳麓书院的情形。曾国藩是怀着踌躇满志的心情加入书院的，他想在这里把自己的学识提高到一个新的层次。道光十四年（1834），曾国藩进入岳麓书院同年，恰好赶上“大比”。所谓“大比”也就是乡试。乡试在八月举行，考中者就被称作举人。那一年，曾国藩已经成为秀才，自然获得参加乡试的资格。乡试是再一次检验曾国藩能力的时候，也是增加他自信心的绝好机会。在考试中，曾国藩果然不负众望，他作的诗文尤其好，一举考中第三十六名举人。

按照清朝科举制度，凡中举者都可参加第二年在京城举行的会试。会试考中者则被称为贡士。只有贡士才可参加整个王朝最高级的考试——由皇帝亲自主持的殿试，确定等级，统称为进士。清代的科举考试一般中了进士才能当官。中了进士的头一档即“一甲”前三名，即状元、榜眼、探花，才有可能获得个“七品芝麻官”。

中了举人之后，未必选择一定要做官。成为举人后还可以回家种田，当然也可以给朝廷高官做幕僚，帮其出谋划策或起草文书等。旧时知识分子的唯一出路就是科举考试，如想出人头地就必须一步一步地考下去。要想当官，必须考中进士。

此时的曾国藩，距离成为进士还有两个台阶。因此，他并不敢马虎。顺利中举之后，曾国藩于当年十一月来到京城，住进长沙郡馆，准备参加会试。不过，这次会试并不顺利。与之前中举的一帆风顺不同，曾国藩考会试并没有通过。十分幸运的是，来年还有一次三年例考之外的恩科考试。曾国藩想，既然如此，就索性不回家了，在京城继续准备明年的考试。

曾国藩应该是个多愁善感的人。除了专心复习应试外，独在异乡的孤独与苦闷时不时袭上心头。在滞留京城期间，曾国藩写了著名的《岁暮杂感十首》。在诗中，曾国藩除了表达对故乡故友的思念之外，还提到在多年科举考试里的辛酸：为臧为否两蹉跎，搔首乾坤踏踏歌。万事拚同骈拇视，浮生无奈茧丝多。频年踪迹随波谲，大半光阴被墨磨。匣里龙泉吟不住，问予何日斫蛟鼍。

虽然志在必得，但是，令曾国藩失望的是，他滞留京城并没有为他带来好运，第二次考试仍然榜上无名。所幸在京城的日子里，他有了一些别的收获。比如他喜欢上了唐宋八大家之一韩愈的文章，从此终生不变。据黎庶昌编的《曾国藩年谱》记载，这一年里，曾氏“研穷经史，尤好昌黎韩氏之文，慨然思蹑而从之。治古文词自此始”。后人都知道，曾国藩的文章别有一番特色：行文不只华丽，而且气势不凡。很多人认为，他作文章的基础便是在此时打下的。

既然再次考试不中，他只好打道回府，再没有留在京城的理由了。道光十六年（1836），曾国藩“恩科”落榜后，于四月离开京城。回程路上，曾国藩并不如想象的消沉，他顺势进行了一次“江南之游”。他走遍了沿途的各个城镇，游山玩水，体察民情，倒也增加了不少乐趣。不过，游玩是需要花钱的，因为曾国藩举债上京考试，此时身上已无太多银两，他只好找人借钱。路过江苏睢宁时，他特意拜访了湘乡籍知县易作梅，想从他那儿借些盘缠。

易作梅，字春谷，湖南湘乡大坪人，跟曾国藩老家邻近。嘉庆二十五年（1820），易作梅在京城参加殿试，中得进士，后来到睢宁做知县。曾国藩的到来，令易作梅十分高兴。他热情地把曾国藩让到府上，跟他嘘寒问暖，谈论家乡的变化。当得知曾国藩借钱的想法，易作梅一口答应，非常爽快地拿出100两银子。曾国藩自然非常欣喜，有了必要的盘缠后，他经清江、扬州，然后溯长江而上，经江西，回到阔别已久的故乡湖南。

在路过他后来扬名立万的金陵（南京）时，还发生了一段小插曲。曾国藩酷爱读书，在金陵一个书肆里，他恰好见到《廿三史》等书，令他爱不释手，一心想把书买下来。不过，他即便把从易作梅处借来的钱都用上，还是不够。可他又不舍得不买这些书。他思前想后，发现自己的衣服还值些钱，就干脆选了其中几件送到典当铺，卖掉衣服，凑足书费，终于拥有了一套《廿三史》。

曾国藩回到湖南家中，对家人讲到他购买《廿三史》的经历，依旧兴奋异常。父亲对曾国藩这番举动也非常赞赏，认为曾国藩为了读书想尽办法的这一举动，非常对。父亲跟他说："你借钱买书，我一定会想办法为你还上。但希望你认真读这些书，方不负我的苦心。"这句话曾国藩牢记在心。这以后的一年时间里，曾国藩从清晨到夜幕，一直与书籍为伴，很少出门，完全醉心于学问的提升上。

次年三月，曾国藩的机会又不期而至。经道光皇帝核准，决定全国总共取中一百八十二名贡士，其中，湖南取五名。道光皇帝又钦派内阁大学士穆彰阿为会试正考官，经过三场考试，曾国藩终于如愿以偿，中得第三十八名贡士。

四月，曾国藩参加殿试，获得三甲第四十二名，被赐予同进士出身。朝考得一等第三名，进呈皇帝钦定，拔置第二名。五月初二，曾国藩入翰林院为庶吉士。

多年来，民间流传一个传说：曾国藩参加殿试头天晚上，道光帝梦见自己坐在龙椅上，忽然一声巨响，他发现，在太和殿东南角的一根大柱即将倒塌。正在他惊恐之时，突然峰回路转。一个红脸汉子跑上前去，用自己的力气将柱子扶正，太和殿瞬时转危为安。梦醒之后，道光帝心有余悸，认为未来国家可能有危急时刻，好在有关键人物能够力挽狂澜。

他决定在殿试时，仔细查看今科每一位进士，寻找梦里见到的红脸大汉。

第二天，道光帝坐在高高的龙椅上，仔细观察考生。道光帝特意让人在他面前摆了一张高桌，考生做完试卷后，必须亲手把考卷送交皇帝手上。轮到曾国藩交卷时，他并没有抬头就把卷子递上去。曾国藩个子并不高，加上距离皇帝还有一段距离，即便把双手高高举起，但还是交不到道光帝手上。道光皇帝不得不下旨，让这位考生“抬头”。曾国藩抬头，把卷子递上去。这时，因为他低头举手过久，导致双颊通红。道光帝大吃一惊，此人莫非就是自己梦里的红脸大汉。他并没有多说话，只是默默地在他考卷上做了记号。

在所有考卷阅毕后，道光帝特意过问曾国藩的情况。主考官发现此卷列入三甲第四十二名。道光帝让重新调阅此卷，在朝考时将曾国藩列入一等，钦点为翰林院庶吉士。清代制度规定，三甲非列一等不能入翰林院，任宰相者必须从翰林做起。有一种说法是，道光皇帝之所以这么做，是想有朝一日让曾国藩当宰相。

谈到翰林，可有一段非常久远的来历。“翰林”这两个字最早见于汉赋。扬雄《长杨赋序》“聊因笔粉之成文章，故藉翰林以为主人”。徐灏《说文解字注笺》引戴氏侗语解释：“羽之疆者日翰。”后即转训为“文翰”。清代的翰林院，是一个与科举制度密切相关的中央机构。在翰林院供职的侍读、侍讲、修撰、编修、检讨和庶吉士等各员，通称翰林。但是，庶吉士并不是正式翰林。庶吉士在“馆选”录取后，要在庶常馆里学习三年，还要经过一次叫作“散馆”的甄别考试，及格者称为“留馆”，才按原来殿试的等第分别授二甲出身的编修、三甲出身的检讨等职。如果散馆考试时能留馆者，便另授各部主事和内阁中书等京官，或是外放知县。

清代社会一般尊称翰林为“太史”或“太史公”，如蔡元培在清朝曾为翰林，有人在书牍中就称他为“太史”。戴震在乾隆四十二年（1777）

馆选为庶吉士，未及散馆就病故了，但后人多称他为戴庶常。1911 年中国发生举世瞩目的辛亥革命后，清王朝被推翻，两千多年的封建君主专制制度也一并结束。科举制度以及与之有密切关系的翰林院也从此瓦解，翰林院和翰林也就成为历史名词了。

清代最重翰林出身，官员若想获得快速升迁，从翰林出发显然是捷径。曾国藩中翰林时，普遍认为翰林有三种出路：入值南书房为最佳，“拟御纂笔札”，可以成为“天子近臣”。以后升迁侍读、侍讲，任职詹事府。这样就可以走一条中央升迁路线，由詹事晋升为内阁学士、各部侍郎，非常顺理成章；其次是被分配至各部，任给事中、御史、主事、中书等职；最次到外地任职，比如当推官、知县、教谕等基层官员。在清朝体制中，翰林虽然听上去级别不高，只有区区七品，但因其“为天子文学侍从，故仪制同于大臣”。换句话说，翰林必定有一个大好前程。

曾国藩在二十八岁由举人晋升为进士，后成为翰林，他在科举体制下也一跃登上顶点。“曾氏自占籍衡阳以来，无以科名显者，星冈公始督课子姓受学，宾礼文士，公遂以是年成进士，入翰林。”

无论从哪个角度看，不远的未来，曾国藩显然有一番锦绣前程。

三、京官的苦楚

按照常人想象，在京城做官一定非常风光，衣来伸手、饭来张口不说，官员频频来访门庭若市，肯定是少不了的。然而对于曾国藩来说，事实并非如此。他做的这个京官既没有荣华富贵，也没有意气风发，反而是困难重重。曾国藩总共在京城为官十三年，他的经济生活主旋律就是一个字——穷。

曾家虽然称不上底层阶级，但绝对算不上豪门。曾家的家底主要是靠曾国藩的祖父辛苦了一辈子积攒下来的。然而，多年来曾家竭尽全力供奉曾国藩参加科举考试，无论是在外地求学的学费、生活费，还是进京赶考的各种盘缠，还有曾国藩跟老师朋友必不可少的应酬，已经把曾家的钱花得差不多了，家中已无太多积蓄。

既然家里不能给他经济支持了，曾国藩只能依靠自己。关键是，曾国藩当官之后开销立刻大增，而且这个数目超乎一般人的想象。

不知道的人会觉得，当官怎么会没钱呢？其实这完全猜错了，按照清代官员的薪俸标准，曾国藩的职位收入很低，甚至不足以养家糊口。清代官员实行年薪制，收入为俸禄加俸米。《东川府志》记载：官员“岁支俸银”一品 180 两、二品（巡抚）155 两、四品（知府）105 两、七品（知县）45 两；“岁支俸米”一品 90 石、二品 77.5 石、四品 52.5 石、七品 22.5 石。曾国藩的官职大概与知县相当，除俸米（每月约为 117 千克）外，每月平均收入 3.75 两银子。

俸禄全国统一，对于清朝各级官员来说，收入只有品级差别，没有地方差异。纵观整个清朝，各级文武官员对应的俸禄没有太大改变。不过，为了减少官员的贪污腐败，尽量避免灰色收入，从雍正年间起，清朝官员多了一笔“养廉银”。

“养廉银”的多少主要由官员的官职高低来决定，通常来说，总督一级的养廉银为每年 20000 两左右，巡抚大约有 15000 两，道府为 5000 两左右，州县为 800 ～ 1200 两。养廉银与官员的薪俸相比，超过数十倍甚至百倍，导致清朝官员的收入开始呈现“低俸禄，高补贴”的独特现象。

即便有了养廉银，对于在京城做官的曾国藩来说，也远远不够。在到京城任职之前，曾国藩虽然已经取得功名，由于尚未任职，并没有任何俸禄可领。所以他自己没有任何积蓄。然而，从他的家乡湖南到北京路途遥远，一路上的花费可不是小数目，粗略算来包括车马费在内要 200 多两白银，还有一路上所有仆人的吃住费用，怎么也需要再掏出几十两银子才够。

就是这笔“上任费”，也足以难倒许多文人，让即将成为官员的他们因为“囊中羞涩”差点将自己的前程耽搁。像戊戌变法中慷慨就义的“戊戌六君子”之一刘光第，他中进士后被钦点为刑部主事。毫无疑问，这是一个很有前途的官职，做好了可以平步青云，但是就因为刘光第的家境太过贫困，根本拿不出进京的盘缠，导致他一度不想就任。所幸后来受到别人的资助，他才勉勉强强赴京城做官。

光到了京城还不算，马上就会面临头号难题——住处怎么解决。一般来说，到达京城后，官员需要立刻找一所与他身份相匹配的房子。晚清时，在京城做官的官员并不比地方官享受更优厚的待遇。他们在住房上不享有补贴，完全靠自己的家产决定居住条件。除非是特殊位置的高官，皇帝会格外给予他们补贴，以显示对老臣们的体恤。如果这些条件都没有，只能自己想办法找到位置好、装修不错，又能与自己身份匹配的房子。别看房子只是个住的地方，但对于官员来说非常重要。官员少不了互相走动，礼尚往来，你去我那儿，我来你这儿，如果没有一个体面的官邸，是没法跟朝廷大员结交的。

不过另一个问题又来了，到底是买个房子还是租个房子呢？通常来说，京官流动性大，有人从地方来，也有人从京城外放出去，中央和地方官员的交流非常频繁。一个京官通常干得不会太久，能干四五年就算不错，如果能够长住京城达十几年者，属于相当罕见的情形。因此对于大多数京官来说，租房住是最为经济的办法。低级别官员虽然并不富裕，但在京城满朝文武齐聚的官场里，维持必要的尊严十分重要，一般总要租一套像样的四合院。

曾国藩也不能免俗。他刚到京城上任没多久，就找到了一处住所，他以每年 66 两白银的价格，租了一套四合院，这相当于花掉了他半年的俸禄。不过，曾国藩并没有在这个四合院住多久，按照官场规矩，升迁之后总要换个更好的房子。曾国藩总共在京城做官 13 年，获得了 7

次升迁，这也导致他为了显示自己的地位与日俱增，不得不搬了8次家。住房越来越好，租金也免不了越来越高。这逐渐成为他日常生活开销中不可避免的沉重负担。

除了租房子支出巨大外，家庭生活的开销也不少，这中间最重要的开支就是家人仆役的费用。按照清朝官员的排场，就算再穷，家里该有的仆人也是不能省的。通常官员们都会雇请师爷、用人等下人，在京城打工的人开价都不低，况且在官员家里服务赚钱少了，传出去都是笑话。如此，仅凭借朝廷发放的俸禄应付日常生活显然捉襟见肘。“前清官俸之薄，亘古未有。”（何刚德《客商谒谈》）官府里，还有诸如典吏、门皂、斋膳、禁卒、捕快、轿伞扇夫等，这些人每年都需要支付6两银子，加起来也是相当大的一笔开支。因此才会有“公人见钱，如蝇子见血”的说法。

还有一项花费可能一般人都想不到——服装费。如今从影视作品里，我们经常看到清朝官员穿着绫罗绸缎，非常光鲜，但其实这些衣服都是他们自己花钱买的。清代官员的服装完全要靠官员自费，但是官服并非现成的，也不是随便跑到街上购买就可得到。

事实上，要想穿上一件质料、式样、色彩、饰物等都很体面的衣服，官员都要根据自己的官职大小、财力情况，完全靠自己的经济实力去定制才行。特别是京城四季分明，官员还要根据不同季节，以及不同的场合要求，做成样式各异的许多套官服才够用。

据一些史料记载，晚清许多官员实在买不起衣服，只得长期借用相熟同僚的官服。能把衣服借给别人，私交肯定要过得去，但并不是所有新上任的官员都能交到好多知心朋友，所以他们的衣服多数还是要靠自己花钱定制。曾国藩虽然十分喜欢结交朋友，但毕竟刚刚进京，朝廷的许多规矩他也在摸索学习之中，曾国藩不可能为了区区穿衣服的事情就失掉为人处世的分寸。更何况，曾国藩对穿着十分讲究，他不太喜欢借人家的衣服穿，同时他又非常看重官服的款式和质地，所以不惜花费巨资购买各式官服，据说他家中光他自己的官服就达十多箱。

中进士一段时间之后，曾国藩曾经对自己的官服做过一次统计，清单里的衣服已经相当惊人：羊皮袍一件，皮马褂、灰袍套、呢袍套、珍珠毛袍套、厚绵绸小袄、薄棉布小袄、棉袍套、绵圆袍、绵套裤、棉马褂、绒领、棉小帽、秋帽、秋领、线绉夹马褂等。

曾国藩还有一项花费巨大，就是人情往来。对于十分重视传统节日的中国人来说，逢年过节必须要走亲访友，既然串门，肯定少不了要准备一份礼物。更何况中国人一年的节日实在太多，比如每一年的春节、端午、中秋等节日，曾国藩都要给上级、长辈、亲友送礼，礼物价值不等，但这都需要曾国藩亲自让家人购买。

除此之外，曾国藩本身也喜欢社交，这其实是清代文人的生活方式之一，结交朋友，交流感情，有时候还能交换一下做官和做学问的心得。更何况，在京城官场，要想获得各级同僚支持，必须要时常出入不同圈子的应酬和宴席，这当然需要你来我往，轮流请客，花费自然不小。别人请客什么标准曾国藩不管，但凡轮到他做东时，必须好酒好菜招待，显示自己的大方和阔绰。为此他在日记中曾做过严厉的自我批评："宴饮非吾欣，十招九不起。"道光二十三年（1843），曾国藩甚至总结了全年的社交活动，他把活动经费做了一番统计，竟然高达 90 余两白银。要知道，这笔钱已经够交纳曾国藩一年的房租租金了。

在京城做官，出行也是非常大的一笔花费。官员出行可不是普普通通地走路，在晚清时候，基本上都是坐轿子出门。既然坐轿子，总要有人抬轿子，这样一来花费就巨大了。曾国藩经过一番细致的计算，发现坐轿子需要八个轿夫抬，加起来一年就需要 100 两白银，实在太不划算了。曾国藩知道雇马车更省钱，所以便顾不得太多做官的体面了，宁可去坐马车。不过，即便是乘坐马车，一年也至少需要 50 两白银。为此，曾国藩只要遇到路程很短的行程，就干脆步行前往，这在清朝的官场上并不多见，一时间竟让好多同僚称为奇事。

曾国藩是文人，买书藏书是他一生的爱好。前文提到，他甚至卖衣服在金陵买书，足可以说明，读书人在做学问上花再多钱也不会吝啬的。此外，文人往往对笔墨纸砚有喜好，曾国藩也不例外，走到一处总要去文具市场逛逛，遇到好看的东西曾国藩就喜欢得不得了，非要买下来不可。当然，曾国藩最喜欢的还是买书。在京为官多年，曾国藩购买图书达 7000 余册，总数 2 万多卷。晚年，他在家书中写道："余将来不积银钱留于子孙，唯书籍尚需添买耳。"

此外，受家教和祖父的影响，曾国藩出手非常大方，特别是他对于接济乡亲朋友从不吝啬，只要对方开口向他借钱，他都是来者不拒。因为借钱的人往往都是穷亲戚，曾国藩也清楚，这些钱多半有去无回，时间长了，这也成为曾国藩一个十分巨大的开销。

面对这么多项目的开销，不能单纯靠自己的工资和家族的接济，曾国藩必须自己想办法。为了广辟财路，曾国藩也是绞尽脑汁，他想的第一个办法是回乡筹款。曾国藩刚刚当上京官，资源主要还是来自老家，他要想弄钱也只能依靠父老乡亲。在得中翰林之后，曾国藩曾请假回家一年。在老家湘乡，曾国藩衣锦还乡，风光无限，这自不必说。除了休养生息，孝敬长辈外，曾国藩在老家一年期间，一刻也没得闲，他为了筹钱而四处奔波。曾国藩收钱的办法也很老套，他当然不会明白地告诉亲友说，自己在京城缺钱，需要众人接济，而是换了种更加隐晦的方式，他到湖南各地登门拜客，通过向故友亲朋收取贺礼，作为在京城做官的资本。

他拜客的对象，主要包括家乡的官僚、绅士、名流、商贾、族人、亲友等。对于曾国藩这位新晋翰林，家乡人一是出于情谊，二是为了攀附京城权贵，无不慷慨解囊。谁都知道，跟权贵结交，相当于获得了无形的资产。今天你给曾国藩 50 两银子，将来要是生意或者生活上遇到了困难，曾国藩帮忙一下，可能 500 两银子都买不来。

深谙中国传统文化的湖南百姓当然明白这个道理，更何况曾国藩也不是那种忘恩负义，纯粹搜刮别人血汗钱的人。曾国藩有情有义是远近闻名的，所以明知道曾国藩登门的目的是什么，亲友们还是竭尽所能地帮助。根据统计，从1839年1月至11月，他四次拜客，总共长达198天，所到之处包括衡阳、青泉、耒阳等十县州，行程超过1500公里。

曾国藩每次出门拜客，他都不会空手而归。他每到一地，都受到隆重欢迎，对方不但摆酒款待（常有海参席、鱼翅席），有的还请戏班前来助兴，热热闹闹一番后，不光曾国藩赚足了脸面，亲友们也在邻里面前挣得了面子。无论怎样，这也是朝廷命官的赏光，说明自己的后台还是很硬的。既然双方都很开心，对于曾国藩的要求也没什么不能满足的。曾国藩临走时，人家往往也会给他一笔钱。皆大欢喜。

曾国藩第一个拜客的对象是岳父欧阳家。岳父对于这位女婿高中翰林显然十分自豪。他在欧阳宗祠大开筵宴，请客八席，把街坊朋友都请来庆贺。在《湘乡曾氏文献》中记载，在吃完宴请后，岳父送给他十二贯零八百文，相当于八两白银。这在那个时候已经是不小的一笔了。

除拜访亲戚朋友之外，曾国藩也不忘向各级地方官员“拜客”，这也是一个重要的生财之道。对于家乡的地方官员，曾国藩跟他们早就认识，但是此一时非彼一时。当年曾国藩跟他们来往，仅仅是一般的礼节性来往，但当他得中进士之后，身份立刻发生变化，成为朝廷命官，现在曾国藩回乡俨然是一副京官视察的架势。曾国藩主动跟地方官来往，虽谈不上是高看他们一眼，但也足够给这些人面子了。更何况，中国官场几千年来的文化都没有变，京城官员掌握的资源是地方官不能比拟的，在小地方为官的人，总有些事情需要京城有人替他们说话，所以一旦遇到有京官主动示好的机会，当然不会轻易放过。因此他们对曾国藩的到访十分欢迎。

当曾国藩到访时，地方官员给予他的贺礼往往比亲戚朋友给的更多。比如八月二十二日，他到武冈州城。知州杨超任“请酒极丰，又送席”，又送银二十两。

曾国藩也不是只针对亲戚和官员，他的拜客对象还有一类特殊群体，便是湘乡人在异地开的店铺。这些店铺包括当铺、纸行、布店、杂货店等。曾国藩无论相熟与否，一律拜到。拜访这些小商人的好处也显而易见，这些人手头上都有点钱。为了拉拢一个在朝廷当官的老乡，花点儿钱也不算什么。因此，凡是曾国藩走到的地方，当铺的店主往往为了面子上过得去，多少会向曾国藩奉上些银两。

曾国藩总共进行了四次拜客，每次拜客都有不少收获，总数算下来，曾国藩竟然收获了 2000 两白银。无论怎么说，2000 两雪花银到手，对曾国藩的帮助极大。它有效缓解了他进京路上的开支困境，并且成为他官服花费的重要来源。除此之外，他刚到京城宴请宾客的花费，与前期的衣食住行，也全都仰仗这笔“拜客”得来的收入。

现代人可能对 2000 两白银没概念，其实这可不是小数目。如果换算一下，按照“兑换关系”、“金属价格”和“粮食价格”等三个因素，有学者考察后认为，清朝当时的一两银子大约相当于现在的人民币 200 ～ 300 元。曾国藩收的这 2000 两银子相当于现在的 40 万～ 60 万元人民币。

当时清朝的一两银子可以购得许多物品。比如在嘉庆道光时期，物价水平很低。猪肉一斤只要五六十文，鸭蛋一个则要二文，黄瓜每斤二文，葱每斤五文。至于一亩良田，只要三十多两银子。如此算来，曾国藩的拜客收入，可以买五六十亩良田，或者四万斤猪肉。

严格来看，曾国藩在金榜题名后四处拜客及收取礼金的行为，既包括中国传统社会里向亲朋致敬和互助的意味，也有官场中颇为世俗的“敛财”的意涵。如果按照当时的社会历史条件看，曾国藩此举算不上太出格，当时许多官场中人都是如此行事。当然，曾国藩也意识到这么做有失自己一贯的做人原则，晚年的曾国藩对此也不无反思："以后凡事不可占人半点便宜，不可轻取人财，切记切记。"

不过，曾国藩就算敛财取得了较大成功，但并没有完全解决他的财政危机。或许，曾国藩后来的记录中，还是有许多开销没有写进去。曾国藩做官之余，还是承受着巨大的财政压力。以曾国藩任京官之初的1843年为例，他的法定收入为129.95两白银，而赤字达到了478.51两白银，曾国藩没有他法，只能靠借钱度日。

经济上的压力导致曾国藩连节都过不好。他在京城过第一个春节时，家中已无太多积蓄。曾国藩其实还想靠在老家"敛财"那种路数，在京城也想办法筹些钱，他一直希望靠炭敬过个年。炭敬其实是官场行贿的隐性说法，这在京城的官场里非常普遍。

由于京城地处北方，冬天十分寒冷，想方设法取暖就是一个很要紧的问题。按照清朝官场的通行规则，外地官员会在冬天以钱财馈赠的名义向京官进贡，表面上的说法是为了让京官取暖，其实就是变相的送礼金。对于那时候的官场来说，高级别官员每年通过炭敬可以获得极其丰厚的收入，甚至来年家庭里的许多开销都可以用炭敬充当。

然而，炭敬一般是下级官员送给上级官员。对于刚刚到京城为官的曾国藩来说，比其级别低的官员少之又少。他自己的官员朋友圈也未完全打开，地方上的外派官员跟他也不熟悉，所以这一年冬天，并没有人给他送炭敬。这令曾国藩大失所望，他不得不找人借了50两白银才勉强过了个年。

转过年来，曾国藩依然靠东挪西借过日子。有时候靠家里亲戚接济，有时候找同僚借钱。春天刚刚过完，曾国藩已经对外借了两百两白银。下半年的境况也没有太大改善，曾国藩不仅无力偿还旧债，还需不断借钱才能维持生活。这一年12月，曾国藩翻了翻账本，发现账单增加到了四百两，这让他平添不少愁绪。

曾国藩是一个心里藏不住事儿的人，对于初做京官的苦楚，曾国藩有时会跟家人倾诉。他在给祖父的信里说："孙此刻在京光景渐窘。然当京官者，大半皆东扯西支，从无充裕之时，亦从无冻饿之时。家中不必系怀。"他在给父亲的信里表现得更为伤感："男目下光景渐窘，恰有俸银接续，冬下有望外官例寄炭资，今年尚可勉强支持，至明年则更难筹划。借钱之难，京城与家乡相仿，但不勒追强逼耳。"

他那时候的一些诗作里，也充满了对当下生活的感慨。比如在他赠梅伯言的诗中说：隘巷萧萧劣过车，蓬门寂寂似逃虚。为杓不愿庚桑楚，争席谁名扬子居？喜泼绿成新引竹，仍磨丹复旧仇书。长安挂眼无冠盖，独有文章未肯疏。人无钱，受人欺，甚至连用人都不把他放在眼里。

凡事不可能总是在低谷。曾国藩的财政危机也随着他对官场的越发适应而得到改善。第二年，曾国藩迎来仕途上的重要转折。三月大考詹翰，曾国藩名列二等第一名。因此被授任翰林院侍讲，连升四级。经历这一次升官后，曾国藩薪资得到了明显提升。他的经济状况总算得到一些改善。这种改善，其实也就是比过去的日子稍好一点儿而已。旧债累计太多，即便债主不好意思催促，曾国藩心中依然有愧。升官多得的薪俸里，主要部分用于偿还旧债。况且曾国藩的老家也需要用钱，他家中的父母兄弟，此时也需要他接济，像弟弟们的捐监也需要他出钱。

除此之外，曾国藩自己的家庭开销也越来越大。用钱最多的地方恐怕是子女——他的二男六女（其中一女夭折）都要养育，包括他们的吃饭穿衣和教育，京城的消费又比老家高，这对于曾国藩来说也很头疼。更重要的是，每次升官之后，曾国藩还要对各方帮助过他的人进行打点。无论是师长还是同僚，只要在他升迁问题上有恩于他的人，他都要适当表达谢意。

曾国藩在京城日久，结交的官员和文人朋友也越来越多。平日里，正常的人情来往越来越多，比如谁家的孩子过百日，哪家又有婚丧嫁娶，曾国藩即便不能亲自到场，也会请人带钱予以致意。

曾国藩在来京城做官之前，在湖南老家也算过着上等人的生活，可以说吃穿不愁。他或许也没有料到，京官做得竟然如此不易。来到京城之后，他虽然也偶有应酬，但是自己在家吃饭时，都会比较节俭。在他眼里，大吃大喝并不是好事。

有一次，他的故交刘觉香从地方来到京城看他。刘向他描述，在地方做官十分不易，不只是要应对地方上的各种事务，日常生活也非常清苦。曾国藩受到极大触动。当天，他在日记里写道："愈知我辈舍节俭，别无可以自立。若冀幸得一外官，以弥缝罅漏，缺瘠则无以自存，缺肥则不堪问矣，可不惧哉！"曾国藩此话的言外之意在于，在地方官如果生活太过清苦，就没有办法立下大志向。但是如果太过优厚，整日花天酒地，内心自然会受到污染，难免不贪赃枉法。

对于家中亲人，曾国藩无论做官到何种高位都一直惦念。后来，曾国藩升迁为二品侍郎，地位已今非昔比。但是他的经济状况依然没有太多改观，甚至他连回家的路费都凑不齐。道光二十八年（1848），曾国藩在家书中说："余自去岁以来，日日想归省亲。所以不能者，一则京账将近一千，归家途费又须数百，甚难措办。"他只好把思亲之情用日记的方式记录下来。《曾国藩年谱》记载，曾国藩居京四年时，"宦况清苦，力行节俭"。

眼看日子就要过不下去了，曾国藩只好想到另一个办法。其实，晚清的各级官员，要想在合法收入之外获得更多财务，通常的做法是到外地办理公务。1843 年 6 月，曾国藩仍在为经济上的窘迫而困扰时，道光皇帝给他一个获得意外之财的机会——到四川主持乡试。

曾国藩非常高兴，便积极准备这次外出。7 月初，曾国藩出京启程。可没想到，他的这次出行正值酷暑，天气不佳，不光是炎热难耐，一路上他还频繁遭遇极端天气状况，光是暴雨就遇到好几次。一冷一热，让在长途跋涉过程中的曾国藩病倒了。曾国藩高烧不退，痛苦不已。所幸到达西安时，陕西巡抚李星沅对他尊崇有加。对方不仅亲自将曾国藩接到衙署，还对他格外照顾，专门请医生为他治病。并且，李巡抚还安排不少下人照顾曾国藩的起居，饮食和休息都得到了极大保证，这对于病中的曾国藩来说，是一个极大的安慰。

在西安住了数日后，曾国藩的病逐渐康复。他便谢过李星沅，启程进入四川。四川此时的天气甚好，曾国藩的心情也变得愉悦起来。他进而赋诗一首：万里关山睡梦中，今朝始洗眼朦胧。云头齐拥剑门上，峰势欲随江水东。楚客初来询物俗，蜀人从古足英雄。卧龙跃马今安在，极目天边意未穷。

此次试差过程中，尽管一路上曾国藩身体不佳，但或许是得到不少地方赠予的财物，让他十分高兴。对于官员们的行为，朝廷当然有明文规定：京官到地方主持乡试不得接受各类财物，不得与地方官员密切交往。但是，中国官场向来是人情大于规则。对于到地方办理公务的京官来说，有大批人士希望借此巴结，比如地方官僚、绅士、有钱的书生等，都会送钱送物。

曾国藩既然是清代官场中的一分子，自然也不能免俗。他到四川时，不断有各色人等向他示好，礼物金钱他都来者不拒。为了做好收钱的准备，曾国藩出京前，特意要仆人买一个“小戥子”，用于称量路上地方官员所送银子的重量。根据曾国藩自己的记载，四川之行让他收入高达6000两白银之巨。

10月11日，曾国藩主持考试完毕回行到陕西境内。这一天，曾国藩迎来自己三十三岁的生日。曾国藩心情大好，赋七律二首，其一是：

三十余龄似转车，吾生泛泛信天涯。

白云望远千山隔，黄叶催人两鬓华。

去日行藏同踏雪，迂儒事业类团沙。

名山坛席都无分，欲傍青门学种瓜。

他还在日记中写道：“夜月如画，独立台上，看南山积雪与渭水寒流、雪月沙水，并皆皓白，真清绝也。琼楼玉宇，何以过此？恨不得李太白、苏长公来此一吐奇句耳！孤负，孤负！”

曾国藩外出历时半年之后，终于回到京城。依靠在地方收到的这笔巨款，曾国藩的生活得到了极大改善。他拿出1600两白银，一举还清欠款，把600两白银寄给老家，让家人改善生活。他还拿出400两白银赠送族亲。他的弟弟曾国荃自京城还乡时，终于可以替他带上十两银子，作为“堂上六位老人吃肉之资”。经过四川之行，曾国藩总算一解经济困顿，其心情也变得非常好，“男自四川归后，身体发胖，精神甚好”。

道光二十七年（1847），适逢三年一次的大考。曾国藩再次迎来事业转机，他在考试中名列二等第四名。六月，曾国藩仕途再次实现飞跃，成为二品大员，以内阁学士兼任礼部侍郎，“湖南三十七岁至二品者，本朝尚无一人”。由于一下子成为朝廷高官，文武百官难免对曾国藩进行道贺，仅仅是门生们的贺礼就达200两白银，曾国藩的经济状况终于得到改善。

总体来看，曾国藩在京城做官十几年间过得十分清苦。虽然他毕生推崇勤俭质朴，但从他在京城做官的实际行动看，他依靠自己的官职敛财无数。事实上，曾国藩收获的财物并不算多，他与那些同时期的大贪官比起来只能是小巫见大巫。

从曾国藩的经历可以看出，面对整个官场的影响时，他的个体抵抗已无意义。他称不上随波逐流，也算不上特立独行。然而由于在经济方面的困境，他为此变相收取财物，也成为他人生中的污点之一。后人对曾国藩的这种行为做过两方面阐释：一方面，他是为了维持京官的基本威严和体面；另一方面，这也是他复杂个性的具体展现——或许正是因为封建等级社会的固有弊端，才造就了曾国藩复杂、矛盾但又颇值得让人同情的个性。

四、为官之道

曾国藩高中进士之后，也标志着他正式进入清朝官场。受惠于良好的家教及自身扎实的学养，在曾国藩以后多年的仕途生涯中，他的为官之道渐渐成形，这也是后世对其推崇备至的原因之一。那么，曾国藩的为官之道主要包含哪些方面呢？

对于中国封建社会里的官员来说，为官首先要经营身边的关系。中国传统科举制度下，凡是中式[①]的士子，自然会结下两种重要的社会关系。第一种是门生与座主的关系。这种关系是自然而然结成的，因为无论乡、会试，只要是参与考试，就存在主考官与同考（阅卷）官。一旦中式，无论对方承认与否，客观上造就了士子与考官之间的师生之谊，其中主考叫座师，同考叫房师，士子们则自称门生。

另一种则是乡、会试同年的关系。像今日同在一起学习的称为“同学”一样，当年一起考中的士子则互称同年。这种叫法表面上有些尊敬的意味，但仔细体会，其中又有双方独有的特殊情谊，似乎这种关系下的彼此，比一般朋友有了共同的经历。

师生与同年之谊，会伴随官员的整个仕途生涯。在清朝官僚制度下，一介书生初入政坛，什么关系都没有，只有这两种关系。由于这两种关系是他们进入官场最初时就有的，所以它们往往成为官员最重要的政治资源。比如对于第一种关系而言，无论是出于师生情谊也好，或者只是因为顾及颜面，座主们往往会对门生施以援手。特别是当门生有事相求

① 中式：指科举考试被录取，科举考试合格。

时，座主往往会提供帮助，这一方面是因为情谊的关系，另一方面也是怕如果不帮忙，传出去会毁掉座主的名声。

至于第二种关系——同年之间，则相对活泛得多。同年之间平时就联系紧密，许多人兴趣相投，还会形成一个固定的社交圈子，时不时聚会走动，吟诗作画，推杯换盏。这些活动在增进彼此感情之余，也是同年们增进彼此了解的绝佳机会，进而达到在官场互相关照的目的。人在官场上，谁都有需要同僚之间吹捧、奉承的时候，这些私下里结下的官场好友，关键时候说句好话就有很重要的意义。

曾国藩当然也知道这两种关系的重要性。他登第的那一科会试考官都是朝廷重臣，比如座师是大学士、领班军机大臣穆彰阿、兵部尚书朱士彦、礼部侍郎吴文镕、左都御史廖鸿荃，房师则是刚刚卸任的山东学政季芝昌。在常人眼里，曾国藩之所以能够迅速从一个进士升迁到朝廷大臣，必然受到其座师大力提携。不过，与外人想象的不同，从《曾国藩日记》记录的内容看，曾国藩与座师只是保持了普通的师生关系，并没有发生利益交换。除了与同年们一起向座师贺寿拜年外，他很少私下拜会恩师。

更何况，曾国藩仕途上的伯乐——道光皇帝，是个师心自用的君主。道光皇帝非常有主见，常常凭借自己对官员的观察而决定是否重用他。这样一来，道光帝在用人上很少被大臣左右。戊戌科进士、翰林数十名，并非只有曾国藩一人仕途一路看涨，也有许多人沉沦蹉跎。究其原因，每个人的发展道路全看自己。

至于曾国藩为何能够在两次大考翰詹中，都可以名列前茅，一方面是曾国藩本身为官能力的体现，另一方面也是如他所说——运气太好，以至于引起了皇帝的注意，故一遇到优缺，道光很自然就想到了他。

相比于对师长的生分和尊敬，曾国藩和同年间的关系，则显得要熟络得多。初到京城做官，曾国藩广辟社交圈，包括同乡、同年、同事，都是他结交的对象。曾国藩除定期会客外，他每日几乎都会与朋友谈诗论文，饮酒吃饭，“留馆后，本要用功，而日日玩愒，不觉过了四十余天”。为此他甚至曾经自我反省：“忆自辛卯年，改号涤生。涤者，取涤其旧染之污也；生者，取明袁了凡之言：‘从前种种，譬如昨日死；从后种种，譬如今日生也。’改号至今九年，而不学如故，岂不可叹！”

在京城经过一番洗礼之后，曾国藩已经对官场有了初步认识。他总结古代高官失位的原因，主要包括四个方面：昏、傲、贪、诈。曾国藩曾经在家书中专门提及这四败：“昏惰任下的人败、傲狠妄为的人败、贪鄙无忌的人败、反复多诈的人败。”曾国藩认为要居官有成，就必须戒此四败。

除了要对以上四方面提高警惕外，曾国藩还认为，要想成就一番事业，必须做到“明”，尤其是知人之明。他在咸丰三年（1853）给好友的信中表达这样的意思：您说的“选择贤人委以重任，听其言而察其理”这两句话，因我阅历尚浅，实行起来难免把握不准而失去良才。

在曾国藩看来，居官以耐烦为第一要义。他曾经说过：安守本分，竭力任事，淡泊宁静如一无所求的，不超过两年，则必定会受到上司同僚的钦佩推重。之所以有此看法，曾国藩认为，身在官场都会遇到许多烦心事，但必须要时刻保持清醒，学会处理麻烦事。才能不至于在官场中翻了船。他经常训练自己处事不急不躁，保持无怨和清醒。因为只有头脑清醒才能保持安静，保持安静才能稳住部下，稳住部下才能做出决断。

有一次，曾国藩接到弟弟曾国荃的一封信，信中说：“仰鼻息于傀儡膻腥之辈，又岂吾心之所乐。”曾国藩发现弟弟有不耐烦的苗头，他十分担心未来对方能否与人和睦相处，于是马上写信对其进行规劝，告诉曾国荃，能耐烦的好处就是从容平静，从容平静方能产生智慧，方可处变不惊，才能安稳如山。

曾国藩也给为官耐烦提供了解决方法：平时要提高自己的心性修

养。曾国藩引用庄子的话说："美名成功于长时间的积累。"其言外之意在于，一个人如果突然让别人信服，一定是靠嘴上所说的话取得，但是这种信任显然并不牢固。真正品德高尚、修养很深的人，是靠自己的身体力行说服别人的。只要你自己遇事都能从容不迫，冷静面对，你身边的人自然也会受到这些方面的有益熏陶。

为了训练自己，曾国藩常用"不忮不求"作为加强心性修养的重要原则。他说："我这一辈子粗读儒家经典，看见圣贤教人修身，千言万语中最重要的是'不忮不求'。忮，就是嫉贤害能，妒功急宠。求，就是贪利贪名，怀士怀惠。要想造福，先要去掉'忮'心，所以说'人能够完全没有害人的心，那么仁就用不完了'。要想树立品德，先要去掉'求'心，所以说'人能完全没有偷窃的心，那么义就用不完了'。"

曾国藩对自我要求极高，也会经常压抑自己的个人好恶，不让个人情绪遮蔽自己的判断。因此，这让曾国藩在官场上常常能够依据事情本来的道理来处理，最能显示曾国藩理性一面的就是"秦淮灯舫"事件。

秦淮河是金陵的名胜古迹，在明朝出现过马湘兰、李香君等名妓。而且，很久以来，秦淮河都是文人流连忘返的地方，特别是那些科举不中的年轻人，往往纵情于秦淮河的声色，以忘却暂时的烦恼。

然而，自 1851 年以后，清政府倾注兵力镇压太平天国运动，秦淮河一带受到战争的洗劫，往日热闹繁盛的场景消失不见，太平天国掌控金陵后，也没人敢去那里玩耍了。1864 年，战争结束，曾国藩率领清军重新夺得金陵控制权。秦淮河畔的游人也日渐增多，河边的名妓也开始出现。文人墨客又成群结队地在河两岸游玩，往日的繁荣景象似乎有恢复的迹象。

不过，六安郡知府涂廉访的思想还是很保守的，他对秦淮河的这种情形很看不惯，认为其有伤风化。于是，他一纸命令，让各县禁止秦淮河的画舫灯船，然后把此事处理结果呈报给两江总督曾国藩。曾国藩听后对涂廉访说道："听说淮河灯船，尚寥落如星辰。我多年前曾过此处，只见千万船只，来往如梭，笙歌之声，彻夜不绝，实在是太平年代的一大乐事啊！"

为了改变涂廉访的命令，曾国藩并不想直接以总督的职位压迫他，而是想到一个更能让对方接受的方式。几天之后，曾国藩约请各级官员共同乘船游览秦淮河，还让江宁、上无两个县的知县，设宴款待涂廉访。曾国藩对众人说："三十年前，我是心向游弋而不敢游弋，三十年后，我是心不想游弋而不禁别人游弋。"他自己解释为什么如此考虑："三十年后的今天，我身为两江总督，处理政事不能凭一己之好恶。一定要为金陵百姓恢复一个源远流长，大家喜爱的游乐场所，并重建一个人文荟萃、河山锦绣的江南名城。"

曾国藩对秦淮灯舫所抱的开放态度，让涂廉访受到极大触动。他也改变了自己的想法，觉得曾国藩的说法很有道理，便撤销了原来的禁令，并开始修复鸡鸣寺、莫愁湖等前朝古迹，使金陵再放异彩。

对于曾国藩的为官之道，最熟悉的人莫过于他的学生李鸿章了。在李鸿章看来，曾国藩的另一为官原则是："办大事者，以多选替手为第一义。"许多人以为，李鸿章所说的"找替手"是指曾国藩善于推卸责任，找替罪羊，这其实并非李的本意。这里所说的替手，是指接班人、继承人。西方谚语里说过："权力之本质在于影响力"，宦海浮沉，风云难测，维持"影响力"之根本，便在于人事根基。特别是在官场，一个朝廷大员不可能凡事都靠自己，必须找到信得过的帮手才能做成大事。曾国藩看人的能力很强，在他镇压太平天国运动的过程中，曾国藩的过人之处就在于能够不断找到替手，"替手"越来越多，"替手"越来越强，这也是他总能在各种形势中找到突破口，最终战胜太平军的原因。

曾国藩的为官过人之处还在于，他非常善于面对人生的低谷，懂得低谷正是事态开始上扬的转折。人生总会遇到低谷，关键是如何看待低谷，能不能积极地看待这些起伏。曾国藩一生中的低谷很多，他办团练的事例就很能说明他善于处理低谷的特点。

咸丰二年（1852），皇上钦点曾国藩为湖南帮办团练大臣。这个命令表面上是对曾国藩的重用，但其实是因为朝廷的兵不中用才会让地方官自己办团练。官好当，兵难练。一个棘手的问题是，曾国藩该如何训练素质千差万别的士兵，让他们产生足够强大的战斗力呢？

从曾国藩手下的士兵构成看，湘军是曾国藩自己的子弟兵，无论严加要求还是宽以相待，这都容易做到。但除此之外，长沙城里还驻扎有清廷的主力子弟兵，俗称“绿营兵”。自从“康乾盛世”后，绿营兵军纪涣散，当年的英勇也已不再。平日里，这些绿营兵不是喝酒就是抽大烟，根本就不参加正规的训练。如何把他们训练好，才是个令人头疼的问题。

曾国藩并不对他们区别对待，他反而想了一个办法：将绿营兵和湘军放在一起训练，以让绿营兵能够受到湘军良好军纪的影响。曾国藩还特意让湘军将领塔齐布做总指挥，这样做可以保证两支军队的训练水准不相上下。按理说，曾国藩的初衷不错，这样的好处是可以互相影响，能够自然而然地把绿营兵的战斗力提高上去。然而，绿营兵长时间懒散惯了，一时根本接受不了这么严格的管束。曾国藩的此举并未得到绿营兵的理解，反而让绿营兵的将领非常不满，在他们的授意下，绿营兵经常挑起事端。

如果是一般的小打小闹也就算了，可怕的是，绿营兵经常与湘军发生枪械斗殴事件，这种事件搞不好会伤人。对于这种事情，曾国藩的处置态度往往是息事宁人，他宁可对参加械斗的湘军进行严惩，但是对绿营兵的错误不闻不问。他的逻辑还是：对自己人要严格，对外人要宽容。不过，这样做并没有得到对方的理解，反而让绿营兵越发变得无法无天。有一次双方械斗时，绿营兵冲向了曾国藩的府邸，想要杀了他。曾国藩急忙躲进巡抚衙门，才逃过一劫。

这次事件对曾国藩造成巨大冲击，相当于他刚刚领兵，还没打仗，就遭遇了重创。要知道，曾国藩是朝廷委任的重臣，却受到如此羞辱，在一般人眼里是无法理解的。不过，曾国藩的姿态放得很低，他不把眼前的低谷看得太重，而是将着眼点放在团练的效果上。他没有对绿营兵给以颜色，而是像以往一样地训练他们。在生活待遇上，他对待绿营兵和湘军毫无差别。正是由于他的委曲求全，在以后的几个月时间里，曾国藩的训练方法终于收到了效果，他很快训练出了一支颇具实力的军队。

曾国藩能文能武，在军中，他也可以根据部下的各自特点，判断对方是可以成为帅才，还是仅仅只能做个下级军官。比如他就保举塔齐布，并且对他充满信心："将来如打仗不力，臣甘同罪。"塔齐布果然不负众望，在战场上屡建奇功，后来战死沙场。

从各种史料分析，之所以能让部下听从和佩服，曾国藩身上的确有过人之处。他不仅对部下要求严格，而且自己能率先垂范，以身作则。曾国藩对自己的日常生活要求严格，不奢华，很俭朴。他在吃饭上极不讲究，通常他每顿饭只有一个菜，"决不多设，虽身为将相，而自奉之啬，无殊寒素"。后来有人称其为"一品宰相"。曾国藩将节俭视为家训，为此他特意在大堂上亲书一联："惜食惜衣，不惟惜时兼惜福；求名求利，但知求己不求人。"

曾国藩穿衣也是如此，他的衣服、鞋袜都是夫人和女儿手工的绩麻纺纱做成。平日里，曾国藩穿着家人为其织的土布衣服，不着绸帛。曾国藩最好的衣服是一件天青缎马褂，这件衣服并非适用于一切场合，通常只是在新年和重大庆典时才拿出来穿，其他时间便把这件衣服放在衣橱里。穿了三十年，衣服显得跟新衣一样。每当外人提及此事，曾国藩都如此解释："古语云，衣不如新，人不如故。然吾观之，衣亦不如故也，试观今日衣料，有如当年之精者乎？”

即便曾国藩升任总督后，他的鞋袜还是由夫人和儿媳女儿制作。在曾国藩居住的总督府内，经常出现这样一幅景象：夜晚时分，曾国藩在批改公文，全家老幼女眷则在麻油灯下纺纱绩麻。此番情景恐怕在晚清官场中，极为罕见。

曾国藩对子女要求更严，女儿出嫁，曾国藩规定只能给予嫁妆二百两，多了一两也不可以。儿子曾纪泽新婚，曾国藩则一再告诫对方，要求他的妻子学会吃苦耐劳的精神，不要养尊处优，必须亲自下厨做饭，并且学习麻纺之事。

曾国藩也反对住得太过奢侈。曾家在湘乡的旧宅历史悠久，已经绵延长达百年。曾家发达之后，上门拜访者络绎不绝。曾家就有人觉得旧屋略显寒酸。1865 年，曾国藩之弟曾国荃萌生改造旧屋的想法，他出资七千串铜钱将旧宅改造一新。曾国藩得知此事后大为光火，认为九弟“奢靡若此”，此种做法没有为子孙后代做出好的表率，贻害无穷。

他对盖修旧宅的不满在于，“生当乱世，居家之道，不可有余财，多财则终为患害。又不可以过于安逸偷惰。如由新宅至老宅，必宜常常走路，不可坐轿骑马。又常常登山，亦可练习筋骸。仕宦之家，不蓄积银钱，使子弟自觉一无可恃，一日不勤，则有饥寒之患，则子弟渐渐勤劳，知谋所以自立矣”。一怒之下，他发誓决不踏进新宅半步。他在日记中写道：“余生平以起屋买田为仕官恶习，誓不为之。”

曾国藩生活简朴，并不是天生而成。究其根源，还在于从他祖父开始，包括他父亲在内家族成员的影响。特别是曾国藩的父亲曾麟书效仿林则徐之父，将林父家训中“粗衣淡饭好些茶，这个福老夫享了；齐家治国平天下，此等事由儿任之”的名联略作改动，变为曾氏家训：“有子孙有田园家风半耕半读，但以箕裘承祖泽；无官守无言责世事不闻不问，且将艰巨付儿曹。”

曾国藩成名后，谨遵父亲的教诲。他也把林则徐作为自己的榜样。有一次，在他写给曾国荃的信中说："昔年林文忠公有三个儿子，分家时各人仅得钱六千串。林公身膺督抚要职二十余年，其家底清寒如此，高风劲节，实不可及。我辈兄弟实在应向林公学习。"

曾国藩的为官之道一方面表现在对自我要求甚严，必须做到品高清廉；另一方面则体现在对肩负职责的重视，所有朝廷交与的事务他都尽心尽力。因为把朝廷交给的事看得太重，所以曾国藩常常忽略自己的事。曾国藩任职京官七年，从未回过家乡。他在"梦寐之中，时时想念堂上老人"，"如堂上有望我回家之意，则弟书信于我，我概将家眷留在京师，我立即回家。如堂上老人全无望我归省之意，则我亦不敢轻举妄动"。

曾国藩把自己不能回乡省亲归结为三大难处："现在京寓欠账五百多金，欲归则无钱还账，而来往途费亦须四百金，甚难措办，一难也；不带家眷而归，则恐我在家或有事留住，不能遽还京师，是两头牵扯，如带家眷，则途费更多，家中又无房屋，二难也；我一人回家，轻身快马，不过半年可以还京。第开缺之后，明年恐尚不能补缺，又须在京闲住一年，三难也。"

在曾国藩内心中，他十分在意当今皇上对自己的看法。当他担任直隶总督后，更加珍惜朝廷的信任。马上决定实施一系列治理方案，其中他对官员的考核是新官上任三把火之一。曾国藩采取嘉、勉、降、革等办法，使"能者上、平者让、庸者下"，实现人尽其才，人尽其用的人力资源战略，为国家培养了一大批德才兼备的领导干部。

曾国藩还制定了《劝诫州县四条》，主要内容是：一曰治署内以端本。机关工作人员必须恪尽职守，严格经费花销，主管官员必须亲自检查文书、案牍。贪污受贿不行，甩手不作为更不行。二曰明刑法以清讼。此意为明令法纪，做到有法可依，执法必严，违法必究。三曰重农事以厚生。重视农业生产，关心农民生存状态，让耕者有其田。

四曰崇俭朴以养廉。做官则不能发财，衣食住行，事事简约，决不能占公家半点便宜。

从曾国藩的为官之道来看，他身上最闪光的两点包括“藏”和“露”。藏，是指时机未成熟时，韬光养晦，深藏不露。纵有经天纬地之才，也最好遵从低调做人的哲学。夯实根基，提升实力，才是头等大事。露，是指机遇一来，必须迅速把握时势，显露出才干与努力。此时，虽艰险而坚毅挺立。如此，必将功成名就。

曾国藩为官的成功之处在于，他用自己的亲身经历给后人树立了这样一个榜样：通过不断的自我激励、自我教育，人人都可以成功，即便是做官，也能做个流芳百世的好官。

五、为学之道

曾国藩之所以能在晚清官场中成为出类拔萃的人物，部分缘于其严谨的治学态度。曾国藩是典型的儒家学者，他的治学思想突出表现是“经世致用”。经世也即礼学，“古之学者，无所谓经世之术也，学礼焉而已”。在曾国藩看来，经世致用思想具体到治学观上，就是治学不能高高在上，需要脚踏实地。作为治学之人，既要明白义理所在，更要讲究“格物”、“诚意”。

曾国藩一直把自己视作读书人，而不是官员。在曾国藩眼里，读书人要有几项基本要求：“盖士人读书第一要有志，第二要有识，第三要有恒。有志，则断不甘为下流。有识，则知学问无尽，不敢以一得自足，如河伯观海，如井蛙之窥天，皆无识者也。有恒，则断无不成之事。此三者缺一不可。”

这其中，“立志”是“为学”的首要前提。不立志，无追求，必浑浑噩噩，芸芸庸庸，白掷光阴。他认为，“譬诸草木，志之不立，本则拔矣。是知千言万语，莫先于立志也”。他在日记中写道：“君子庄敬日强。我日日安肆，日日衰尔，欲其强，得乎？……自去年（道光二十二年）十二月二十日后，心常忡忡不自持，若有所失亡者，至今如故。盖不能立时易放倒，故心无定向。无定向则不能静，不静则不能安，其根在志之不立耳。”

曾国藩自幼受到祖父和父亲的教育，立志成就一番大学问。当然，曾国藩立的志主要是求取功名。要知道，在封建科举制度的人才培养体系中，曾国藩别无选择，也没有机会实现非常个性化的理想，求得功名是他唯一出人头地的渠道。因此他从小就将尽早取得功名作为志向。在两次会试不第之后，他曾作诗曰：“去年此际赋长征，豪气思屠大海鲸。湖上三更邀月饮，云边万岭挟舟行。竟将云梦吞如芥，未信君山铲不平。偏是东皇来去易，又吹草绿满蓬瀛。”

关于立志的重要性，曾国藩不只深以为然，并且时常在文字中坚定自己的态度。他在诗文和家书中多次提到，人如果能立志，圣贤豪杰所能做到的事，我们也能做到；如果人不能立志，即使整日与尧舜禹汤在一起，也受不了感染，学不了圣人，成就不了大事。

曾国藩向来在意整个曾氏族人的心理状态，他也希望自己人生道路上的每一点收获和感悟能够立刻影响家人，以便他们少走弯路。在家书里，他曾不止一次地提醒弟弟及晚辈们读书立志的重要性。在家书中他提道：“君子之立志也，有民胞物与之量，有内圣外王之业，而后不恭于父母之生，不愧为天地之完人。故其为忧也，以不如舜、不如周公为忧也，以德不修、学不讲为忧也。是故玩民梗化则忧之，蛮夷猾下则忧之，小人在位、贤才否闲则忧之，匹夫匹妇不被己泽则忧之，所谓悲天命而悯人穷。此君子之所忧也。”

在曾国藩眼里，为学第二要素是“有识”，识不只是指知识，更重要的是见识。为人要做到有“识”则必须要虚心。曾国藩曾对家人说：“吾人为学，最要虚心，尝见朋友中有美材者，往往恃才傲物，动谓人不如己。见乡墨，则骂乡墨不通；见会墨，则骂会墨不通。既骂房官，又骂主考；朱入学者，则骂学院。”

之所以做上述论断，原因是曾国藩见过许多有才华的读书人，他们有一个通病——恃才傲物。虽然他们算得上有知识，但因为不够谦虚，看待事物没有始终保持客观的精神，因此在这些人眼里，只看到自己的长项和别人的短项，结果“傲气既长，终不进功，所以潦倒一生，而无寸进也”。当曾国藩成为朝廷命官之后，最担心家人变得骄横奢靡，如果不加克制，会不自觉地借用自己的权势，欺压人民。他特意要求子侄兄弟“勿谓家人做官，则遂敢侮人；勿谓己有文学，而遂敢于恃才傲人”。

曾国藩还认为做学问不可轻率地去评价或讥笑古人。“为学之道，不可轻率评讥古人。惟堂上乃可判堂下之曲直，惟仲尼乃可等百世之于。惟学问远过古人，乃可评讥古人，而等差其高下。”在他眼里，只有在堂上的人才能评判堂下之人的是非曲直，只有孔子才能评判百世。只有学问远远超过古人，才可以讥评古人，排列古人的高下位置。

曾国藩坚信圣人的治学之道必有可借鉴之处。咸丰九年（1859），他提出了三十二圣目，作为学习效仿的榜样。三十二圣目是：周公、孔子、孟子、左丘明、庄周、司马迁、班固、诸葛亮、陆贽、范仲淹、司马光、周敦颐、程颢、程颐、朱熹、张载、韩愈、柳宗元、欧阳修、曾巩、李白、杜甫、苏轼、黄庭坚、许慎、郑玄、杜佑、马瑞临、顾炎武、秦蕙田、姚鼐、王念孙。为了有效读书，曾国藩刻苦努力，奋发图强，定《五箴》来勉励自己。

任何事情绝不能光说不练，重要的是实践，曾国藩也深知“空言无益”的道理。他勤学深思，躬行践履，以“脚踏实地，不敢一毫欺人”自警。主张：“虽偏长薄善，苟其有裨益于吾，未尝不薄取焉以自资益。”道光二十二年十二月十二日，他在给家人写信时专门谈到自己的治学方法，曾国藩每天必做三件事：一是用楷书写日记一篇；二是读史书十页；

三是记茶余饭后感想一则。

曾国藩终其一生，每天都会做这三件事，从来没有间断过。他越是坚持这三件事，就越能发现其中的好处。因此，他也希望并要求弟弟们，每个人也制定一个自己的学习日程。制定好了就坚决执行，即使行船走路，也要带在身边。曾国藩告诉家人，他坚信一个人如果天天坚持读书学习，将来一定能广闻博学，事业有成也就是自然而然的事情了。

不过，曾国藩对博学也是用辩证的态度去看待。他在强调博学时，认为做学问也必须要突出“专”和“精”。博并非是泛，而是要博览群书，对于不同知识要有包容的心态。博与专在治学的道路上需要相辅相成，不能偏废一方。曾国藩的理解是，学问如金字塔，基础愈广博，愈可以高精；而学问高精，又常易触类旁通，由此及彼，增加广博度。曾国藩还说：“凡事皆贵专，求师不专，则受益也不入；求友不专，则博爱也不亲。心有所专宗，而见异思迁，此眩彼夺，则大不可。”

曾国藩一生都在读书。关于怎么读书，他也一直在琢磨。在读书过程中，曾国藩逐渐形成了自己一套独特的方法。比如，读书要“一句不通，不看下句。今日不通，明日再读。今年不通明年再读”。又如，“读书不二,一书不点完，断不看他书”，而且要“先认其貌，后观其神”。再如，他给自己立下的读书课程很多，而“每日读史十页”终生不断……

曾国藩的必读书目除了四书五经外，还有一些书是他认为需要反复阅读的，其中以《史记》、《汉书》、《庄子》与《韩愈全集》最为重要。《史记》、《汉书》与《庄子》的重要性不言而喻，传统中国读书人也常常将其列为必读书。之所以喜欢《韩愈全集》，则完全是因为曾国藩的个人兴趣。曾国藩对韩愈推崇备至，常常将其文风当作模仿的对象。每逢要写重要文章，或者给皇帝写奏折之前，曾国藩都会找来韩愈的文章仔细揣摩，直到内心对自己的文章有了思路，才放心撰文，开始动笔。

曾国藩还有几种必读书：《资治通鉴》、《文选》与《古文辞类纂》。

《资治通鉴》是编年史，从先秦讲到五代，在梁启超看来，《资治通鉴》是一部皇帝教科书。曾国藩对《资治通鉴》也推崇备至，将其称为中国经世哲学巅峰之作，这部书更是曾国藩“柔日读史”的主打书目。

值得一提的是，曾国藩不只读书，还自己编过一本书。他自己编选过一本《十八家诗钞》，里面是他喜欢的诗人名句，从曹植到元好问，时间跨度很大，在魏晋到金朝之间。曾国藩总共选取十八位大诗人的六千余首诗，其初衷本来是作为“私家读本”，供族人阅读，后来这本书也曾公开出版，世人也可从中窥得曾国藩喜好的诗篇。

与常人相比，曾国藩读书的效率很高，勤奋是其重要原因。只要定下了读书计划，无论有多大的困难，曾国藩都会想方设法去完成。在一封家信中，他告诉家人：“近日体气日强，每天发奋用功，早起温经，读二十三史，下半日阅诗、古文。每日共可看八十页，皆过笔圈点，若有耽搁，则止看一半。”他还提醒自己刚刚参加完考试的弟弟们：“得不足喜，失不足忧，总以发愤读书为主。史宜日日看，不可间断。”

在治学方面，曾国藩的另一大优点是——无门户之见，因此他能做到兼容并包，将各种学派的认识和观点融会贯通。对于当时汉学崇尚考据、颜李倡导力行，曾国藩认为都不可取，他们这两派有矫枉过正的问题。特别是他们对理学的批判，含有浓重的门户之见，因噎废食，不足仿效。

曾国藩比较善于总结方法，在学习方面，他许多有价值的学习方法对后人有很大启发。关于如何消化和融会知识，曾国藩提出了一种“虚心涵泳”的方法。曾国藩曾经对“虚心涵泳”做过全面解释，具体来说：涵，如同春雨润花，如同渠水灌溉秧苗。雨润花，小则难透，大则离披，适中则涵濡而滋液；渠水灌溉秧苗，过小，水量不足，易干枯，过多易成涝，适中则涵养而勃兴。泳，如同鱼游水，如同人濯足。

“虚心涵泳”的意思是，对于那些真正善于读书的人，读书是一种极大的乐趣。曾国藩认为，书如雨露甘甜，每每读书，就像甘露流进心田，滋润着人，通过读书让人汲取营养的过程，非常令人着迷和陶醉，其中的惬意是无法用言语表达的。

在“虚心涵泳”的基础上，曾国藩还提出了另一种读书要领“切己体察”。“切己体察”，就是读书不只是要看着字面上的意思，更重要的是联系自己的实际生活去领会。只有“切己体察”才能深入地读懂书籍，才能举一反三，逐渐进入创作的天地，获得独特的见解。

他也时常告诫家人，在为学上，“若事勤思善问，何患不一日千里？”在为人上，“诸弟在家总宜教子侄守勤敬。吾在外既有权势，则家中子弟最易流于骄，流于佚，二字皆败家之道也”“勤则寿，逸则夭；勤则有材而见用，逸则无能而见弃；勤则博济斯民，而神史钦仰，逸则无补于人，而神鬼不歆。”

不过，曾国藩在从政之后，读书的时间相对减少。特别是随着曾国藩的官位不断跃升，其进德修业也不得不渐渐让位于公务，“人事日多，观书之时日少”。在紧张繁忙的公务之余，曾国藩读书习字仍不间断。除此之外，在访友拜客时，曾国藩也喜欢大谈诗文。偶尔他也会约上三五好友，一同去买书。但是相较于以前每日勤奋读书的光阴，曾国藩常常觉得日子在平庸中流逝。

道光二十五年（1845），曾国藩在给好友刘蓉的信中，明显表现出比以前少了很多雄心，“仆之所志，其大者盖欲行仁义于天下，使凡物各得其分；小者则欲寡过于身，行道于妻子，立不悖之言以垂教于宗族乡党。其有所成与，以此毕吾生焉；其无所成与，以此毕吾生焉”。颇得孟子“得志，泽加于民；不得志，修身见于世；穷则独善其身，达则兼善天下”的真义。

曾国藩在做学问的道路上并未走得太远。客观来看，曾国藩的学问在学术史上并非出类拔萃。按照钱穆的观点是，“切实处多，高明处少”。

这其中原因颇多，其中之一是曾国藩中年之后创建湘军，整日转战各地带兵打仗，他没有足够的时间和精力仔细研读。做学问毕竟是件苦差事，不光要有时间做保证，更重要的是静下心来，把每日读书的心得融会贯通，一点一滴累积下来，才能有所成就。

虽然后人在记录曾国藩与湘军的传奇故事时，都会提到他们上马杀敌下马读书，但这种说法究竟有多少演绎成分，很难分辨。另外，曾国藩的军事重担实在是要求他必须保证精力，即便再怎么抽时间读书，那也终归只是行军打仗期间，保持一种文人的读书风范而已。但是，不可否认的是，曾国藩在激励将士有所追求方面还是不遗余力的，他也非常赞成军人不只要行军打仗，同时也要读书以修习心性。

然而毕竟战场上不是一个做学术的场所。不仅是曾国藩，他的幕客与将帅，但凡长期浸淫在军中者，少有能做出大学问。况且在幕府的宾客当中，主要是以功名之士为多，纯粹读书之人很少。

另外，从其整个读书历程看，曾国藩个人的兴趣也明显偏于文学，而不在学术。虽然他也读《五礼通考》，也看典章制度，但其出发点主要是学习为官之道。曾国藩长期在京城做官，并且曾经兼任两个部门的侍郎，出于工作需要，他需要完整了解古今制度的变迁。事实上，曾国藩真正爱读的是诗文。实事求是地说，曾国藩的学问主要在于他的文学成就，有一种说法是，他开创了湘乡文派。

按照曾国藩的好友欧阳兆熊的说法，曾国藩的思想体系是“一生凡三变”，即早期崇儒，中期尚法，晚期尊道。曾国藩为学之道以读书做主轴，纵观其整个读书生涯，他从购书、择书、藏书到读书，每个步骤都一丝不苟。最难能可贵之处在于，曾国藩可以将读书与生活相互结合，堪称一代勤奋刻苦的楷模。许多近代政治人物都非常佩服曾国藩持之以恒的学习精神，青年时代的毛泽东说：“吾于近人，独服曾文正。”蒋介石则要求国民党军将领必须“认清历史，效法曾胡（曾国藩、胡林翼）”。

第三章　从团练大臣到组织湘军

一、太平军兴起

曾国藩在为官道路上与一个组织密不可分，那就是太平天国。曾国藩的功过、褒奖和责骂，很大程度上是在镇压太平天国运动的过程中产生的。

提到太平天国的起源，必须要从它的发起人讲起。在曾国藩高中进士前后，毗邻湖南的广东省，有一个后生，正在苦苦追求功名的道路上。这个人，未来不仅将晚清一潭死水的政局急剧搅动，更是改变了曾国藩的一生。此人名叫洪秀全。

洪秀全生于1814年，他本来不叫秀全，原名是仁坤，小名火秀。洪家祖先洪皓是南宋名臣，与岳飞属同一时期的民族英雄。洪皓的老家也不是广东，最早他居于今天的江苏省境内，后来洪家举家南迁至闽南，又迁居广东，最终在广州府花县落脚。

洪秀全的父亲洪镜扬是附近几个村的保正，母亲王氏，他还有两个哥哥洪仁发、洪仁达。洪家在当地虽称不上锦衣奢华，但过得还算宽裕。洪秀全从小就生得聪明伶俐，资质明显超越家中他人，一家人自然将光宗耀祖的希望寄托在他身上。7岁起，洪秀全开始在村中私塾上学，他刻苦用功，勤于学业，慢慢熟读四书五经及其他一些古籍。

由于书读得不错，洪秀全也受到老师和同学们的极大认可，在私塾苦读 7 年之后，洪家认为洪秀全已经具备考取功名的潜力。于是，从洪秀全 14 岁开始，他先后四次（1828 年、1836 年、1837 年、1843 年）赴花县、广州应试。然而事与愿违，洪秀全在老家还算得上聪明，但是跟其他地方的优秀人才相比，还是差了一截，几次考试他都没考中，都以落榜告终。

这让洪秀全备受打击，洪家也开始怀疑，之前对洪秀全的看法是否走了眼，这孩子能否成大业还是个问题。特别是第三次在广州落榜时，洪秀全已经不小了，是 25 岁的壮年。在封建时代，这个年纪早已该成家立业，有的早就当上了官，但反观洪秀全，还是一次一次地在准备考试的路上，经历不断的人生打击。洪秀全的心情可想而知，极其低落，他不知道未来该何去何从。

回到花县家中，他大病一场，一度长久昏迷。据说是“死去七日”，还魂后“俱讲天话”，他本人的说法则是，“在病中有一老人对他说，奉上天的旨意，命他到人间来斩妖除魔”。

大病初愈后，洪秀全想明白了，要想成就一番大事，必须把名字改掉。他自作主张，把名字从洪仁坤改名为洪秀全。如果仔细分析洪秀全三字，其实颇有讲究，特别是洪秀全本人对其名字的“说文解字”，后来成为他在创立“拜上帝教”时的一个联络暗语。

先说“洪”字，拆开来看是由“三八二十一”多个数字组成。日后，“三八二十一”便是“拜上帝教”的联络暗语。至于“秀全”二字，则由“禾”、“乃”、“人”、“王”组成，“禾”字与“我”字读音相近，四字组合起来则是“我乃人王”，言外之意就是，洪秀全是上帝派来的“领袖”。

说到太平天国的兴起，必须要提及洪秀全与《劝世良言》这本小册子的渊源。研究太平天国的中外学者普遍认为，《劝世良言》对洪秀全萌生创建拜上帝教的想法有极其重要的唤醒作用。

《劝世良言》的作者梁发，是广东高明县人，雕版印刷工人出身。1819 年，梁发回高明家中完婚。完婚之余，梁发无所事事。他写了只有 37 页的《救世录撮要略解》，内容主要是关于上帝的创造、拜偶像的罪恶，劝人做善事等自己的一些观点。很难想象梁发写这本小册子的目的。这本小册子完成后，梁发并未给他人看，只是放在身边。

直到 13 年后，1832 年，梁发突发其想，将原先写的《救世录撮要略解》汇集成约 10 万字的《劝世良言》。《劝世良言》共有 60 多个小节，穿插《圣经》中一些零星片段、章句，并附会以中国经书、传说和典故。《劝世良言》的一个核心观点是：强调拜上帝、不拜偶像，以及天堂地狱等观念。

梁发把《劝世良言》拿到广州给马礼逊看。马礼逊来自英国，他是西方派到中国大陆的第一位基督新教传教士。他在中国境内首次把《圣经》全译为中文并予以出版，使基督教经典得以完整地介绍到中国。马礼逊那时候一直想更加广泛地在中国传播基督教。当他看到梁发这本书后，觉得他的书写得不错，特别是在传播基督教方面大有裨益。他批准让人拿去雕版付印了 200 本。

按照最初计划，梁发准备将 200 本书带回家里分给村人，但没想到还没离开广州，梁发就被清政府的衙役逮捕，并遭到严刑拷打。那时候，清政府对中国人传播基督教还是非常忌惮，主要担心这些人结党营私，对清朝政权造成影响。因此，对于梁发这样私下传播基督教的人早有警惕，听说有这个人便下令拿下。然而，梁发此时也并没有犯下多大的罪孽，朝廷的用意也主要是吓唬他一下。梁发为了保命，赶紧找人四处打点，几乎花光了他多年的积蓄才算打通官府，将其释放。一出狱，梁发立刻被驱逐出广州城。

梁发写的书虽然没有大范围传播，但是谁也没有想到，几年之后，这本《劝世良言》意外地与洪秀全相遇了。那是在1836年，洪秀全正在广州参加第二次考试。当他在贡院附近布政使衙署外的大街走时，他看到有两个人非常奇怪，一个洋人结结巴巴地讲中文，旁边一个当地人则穿一件似乎是前明式样的“宽袖短袍”，头发则是“在头顶结成一束”。这个人对洪秀全说道：“你将位居至尊，但伤感致病，须忌之。”

第二天，洪秀全又见到这两人站在龙藏街上，比他们昨天站的地方还南面一点儿，但更近贡院。这次他们没跟洪秀全说话，其中一人递给洪秀全一本书。洪秀全接过来一看，正是梁发的《劝世良言》。

按照洪秀全族弟洪仁玕的说法，洪秀全拿到书后并没有在广州阅读。当他落榜后带着书回家，“稍一涉猎其目录”就没再看下去。洪秀全把《劝世良言》直接扔进了家里的书橱，从此也当没有这本书一样。直到1843年阴历五月，其表哥李敬芳到他家玩，在洪秀全的书斋闲坐时，发现了这本书，才让此书重见天日。

李敬芳粗略地翻了一下，觉得此书值得一读，便向洪秀全提出要求，想把书借回家里仔细翻阅。李敬芳看完书后大受启发，还书时他还特意提醒洪秀全，这书“内容奇异，大异寻常中国经书”，建议表哥仔细读一读。

洪秀全听了这番话，这才第一次仔仔细细地将《劝世良言》完整读下来。看完之后，洪秀全立刻感到全身上下的强烈震撼，因为这本书好像说中了他在梦里的情景。在过去几年时间里，洪秀全不断遇到类似上次落榜后大病期间的梦境，在梦里洪秀全频繁遇见一位可敬的老人，以及一位中年男子。人们叫中年男子为“长兄”。他还梦见了一些古代圣贤，有一次他甚至听到那位老人谴责孔夫子未能在经典古籍中宣扬他的存在。

《劝世良言》让洪秀全立刻将所有的梦境连接起来：那位可敬的老人就是上帝；兄长便是耶稣；庙宇和神龛中的那些偶像就是虚伪的妖魔。

洪秀全一时间“大彻大悟”，似乎他之前遭遇的所有人生挫折都有了解释。他总也想不通的困惑也有了答案。这本书赋予了洪秀全新的生命意义，他彻底放弃了考取功名的想法，决定开始信奉上帝，并与表弟互施洗礼。

既然信奉了上帝，洪秀全立刻开始宣讲新的教义。他首先劝化了邻居冯云山和自己的族弟洪仁玕。冯云山与洪秀全同岁，同为广东花县人。冯家与洪家相距三里，家境与洪秀全相比，更为富裕。据说冯家“有九厅十八井的房子，有田产二百亩左右，还有山林三百亩和瓦窑一间”。冯云山是后来太平天国运动中的重要人物。他不仅是最早的推动者，而且在最初传教的岁月里，冯云山才是真正的领袖。

除了在本村向熟人推介外，洪秀全的传教活动逐渐向外扩张。最初，洪秀全在广州附近传教，但遇到一些阻力，因为那时候洪秀全对基督教的理解也不深，他当众给人讲解教义时，许多问题自己都没明白，当然也讲不清楚。对于受众来说，很难理解这位频繁落榜的年轻人的思想。

1844 年，遇到挫折的洪秀全决定改换传教地点，他和冯云山转至广西，希望从那里开始他们伟大的事业。到达广西后，洪秀全不久便因为家里有事返回广东，只留下冯云山一人在当地寻找机会。

冯云山对传教这件事也非常上心。他不畏艰险，一个人跑进蛮荒的紫荆山，靠拾粪、打短工度日，并因不经意间流露出的才华，被读书富户曾槐生赏识，当上了私塾先生。私塾先生的身份大有好处，不光是周围民众对他尊重有加，官衙也对其放松了警惕。借此便利，冯云山开始大范围传播洪秀全的“拜上帝教”思想。

在紫荆山区里面，有一座山叫作平在山，是烧炭工人们散居的地方。冯云山传教的最大收获就是在这个地方。冯云山发现，在平在山烧炭的工人们生活困苦，他们常常食不充饥，衣不蔽体，浑身上下一文钱也没有。于是，这些工人成了冯云山传教的对象。

作为一名私塾先生，冯云山常常放下身段，跑到山里跟烧炭工人聊天，嘘寒问暖，让他们大受感动。在闲谈之中，冯云山不断提到“阎罗、菩萨都是妖精，唯有上帝爱护穷人”，告诉他们“大家都是兄弟姐妹，应该同拜上帝。拜了上帝，人人有衣有食，无灾无难”，工人们听后觉得很有道理，他们似乎一下子有了精神上的寄托。

听冯云山传教的工人越来越多，他们互相转告，让平在山的信徒慢慢多了起来，他们对洪秀全的“拜上帝教”尊崇备至。后来，这里的教会力量愈发壮大，这群烧炭工人甚至成为日后太平天国运动的中坚力量。在太平天国系统里，他们由于人数众多遂被称为“平在山勋旧”，著名的领袖杨秀清也是其中之一。

在传教之余，冯云山还有意刻画洪秀全的伟岸形象。他把洪秀全塑造成“奉天诛妖”的化身，告诉信徒他自己是“被洪秀全派到紫荆山的使者”。由于信徒们对冯云山非常信任，所以冯云山所说的话让他们深信不疑，洪秀全的“救世主”形象渐渐成形。其实，冯云山的用意很深，他故意将根本没在身边的洪秀全树为“一把手”，让人更容易相信一个远在天边的偶像，这样做的好处是更容易聚集人马，也容易形成神话。

冯云山在广西传教期间，洪秀全在家乡专注于写作。从 1845 年至 1846 年，洪秀全写下《原道醒世训》、《原道觉世训》、《百正歌》等作品。1847 年初，洪秀全到传教士罗孝全在广州的礼拜堂学习了几个月，要求受洗。然而，罗孝全不同意洪秀全对以前大病时所见“异象”的见解，并认为洪秀全对教义的认识不足够，拒绝为他施洗。

洪秀全碰了个钉子。这时候，洪秀全想到了远在广西的冯云山。无奈之下，1847 年 8 月，洪秀全再次回到广西。在回广西之前，洪秀全的想法一直是做个传教士，其目标是让更多民众皈依基督，信奉上帝。然而，当他再次回到广西时，这里发生的一切让他有了新的想法。

通过跟冯云山交流，洪秀全发现经过短短几年发展，冯云山在广西的传教活动做得有声有色。更让洪秀全意外的是，除此之外，冯云山的目标不仅限于传教本身，他在紫荆山已经开始物色险要地方，结识各路英雄好汉，并且组织一些群体性运动——比如号召信众打砸神庙佛像。冯云山已经按照他的思想完全将信众洗脑，即便洪秀全不去紫荆山，料定冯云山也会按部就班地起兵造反，而造反的前期准备已经完成得差不多了。

洪秀全来到紫荆山后，看到冯云山取得了巨大成就。同时，他发现，由于冯云山的刻意宣传，让信徒们对洪秀全已经有了强烈的崇拜感，他自己竟然在这里具有了崇高地位。这一切促使洪秀全开始动摇只做传教士的想法，他心里开始萌生了一个念头——与冯云山做一项更具挑战性的伟业。

洪秀全在广西安顿下来，一步一步推进他和冯云山的事业。对于原有的信徒们来说，有了精神领袖的实质性回归，广西的拜上帝教势力不断发展壮大。这期间，洪秀全和冯云山领导下的信众不可避免地与当地土著产生了矛盾。一次，冯云山吃了官司，所幸当地官员特别惧怕洋鬼子。冯云山巧妙地利用自己与洋人若即若离的关系，并且援引两广总督“传教合法化”的饬令，又搬出《圣经》对质，最终迫使官府判他无罪，以“无业游荡，遣返原籍”结案。颇具戏剧情节的是，冯云山不仅成功脱逃罪责，他还展现超强的传教能力，竟说服两个解差皈依了拜上帝教。

在拜上帝教逐渐壮大的过程里，发生于1846年和1847年的动乱，为这个教会组建民兵队伍提供了绝好机会。当时广西地区正闹饥荒，给一些盗匪提供了下手机会。这些盗匪趁火打劫，四处搜刮老百姓的财物，老百姓深受其害，但清政府却缺乏必要的武装力量应对，不能给老百姓提供保护。无奈中，村民们只好自己保护自己。他们加强军事训练，按照建制组成民兵队伍，保卫乡人财产及人身安全。拜上帝教看准了这个机会，立刻变身为准军事化武装，他们暗中采买武器，训练信徒，帮助这些百姓进行军事化管理。

1848 年，拜上帝教组织的军事武装开始与清政府下辖的军队发生冲突，所幸只是局部的小型战斗，并未引起更大范围的战争。不过，有那么一两次战斗中，拜上帝教的组织差一点儿遭到灭顶之灾，然后奇迹般地得到解救。在与官军的拉锯战中，拜上帝教内部逐渐出现一种声音：希望谋划立国大业，并且由洪秀全来担任领袖。此时的拜上帝教中，除了洪秀全和冯云山两位领导人之外，为了继续取信于信徒，杨秀清成为天父上帝的代言人，而耶稣救世主则通过萧朝贵发言。

领导人越来越多，让拜上帝教可以认真准备谋反的事宜。1850 年，洪秀全准备发动具有历史意义的金田起义。从年初开始，洪秀全等人就开始为起义做准备。这一年的农历六月，洪秀全和冯云山密藏在花洲山人村，遥控部署起义事项。他们下达团营令，要求各地拜上帝教成员变卖田产到金田集中。设在金田村的指挥部，则由杨秀清、韦昌辉、石达开一起掌控。洪秀全等人意识到，一旦公然与朝廷作对，必然会遭到对方的全面报复，其家人肯定会首先成为被迫害的对象。为了保险起见，拜上帝会的领袖们纷纷提前安置自己的家人，特别派人到广东把洪秀全和冯云山的亲属接到广西。

与此同时，洪秀全发动的百姓开始在金田、花洲、奇石、陆茵等处秘密打造武器，并加紧进行军事训练。为了筹集更多资金，拜上帝教的重要将领都展现出孤注一掷的气概，比如韦昌辉、胡以晃、石达开、周胜坤、余廷樟等，都愿意主动献出全部家资充当起义经费。

从总体情况看，拜上帝教的各个分支机构都开始高效动员，认真操练，并加大筹措钱粮的力度。最后，拜上帝教总共集结金田的男女老少共计两万人。这两万民众所携带钱物概交“圣库”，衣食全由“圣库”供给。拜上帝教的将领们按军制把前来团营的群众组织起来，实行男女别营，进行军事训练，准备武装起义。

不久之后，第一波武装冲突便发生了。冲突发生在思旺圩和蔡江村，当时，拜上帝教组织民众先后击溃前来镇压的清军。1850 年 12 月 25 日，清军总兵周凤岐派兵进犯金田，遭到教众奋力反击。拜上帝教取得完胜，不仅成功将来犯的清军击溃，还把清军 300 余人击毙，清江协副将伊克坦布阵亡。

这极大地鼓舞了拜上帝教的信心。半个月之后，1851 年 1 月 11 日，拜上帝教迎来领袖洪秀全的 38 岁寿诞。会众举行隆重的祝寿庆典，所有人齐集犀牛岭，并借这个值得庆贺的日子，正式决定誓师起义，向清王朝宣战。同时，太平天国颁布简明军律：一、遵条命；二、别男行女行；三、秋毫无犯；四、公心和傩，各遵头目约束；五、同心合力，不得临阵退缩。1 月 13 日全体将士蓄发易服，头裹红巾，从金田东山大湟江口出发，从此以后，震惊中外的太平天国革命正式拉开序幕。

虽然后人都说太平天国领导的军队为太平军，但金田起义时，还不叫太平军。关于“太平军”一称的产生，还有一段掌故。“太平军”这一提法源于太平天国从金田团营到定都的后半载。在这段长达 3 年的时间里，洪秀全领导下的造反活动一直以“太平”为号。不为人知的是，这支队伍最初并没有国号，洪秀全称“太平王”，后虽改称“天王”，建国号“太平天国”，但旗帜上写的始终有“太平”而无“天国”。之所以被称作“太平军”是拥护他们的老百姓一厢情愿的说法，他们看到总是打着“太平”旗号，就自然将洪秀全领导的军队叫作“太平军”了。

“太平天国”四个字出现得更晚，它第一次出现还是在 1854 年。这一年，洪秀全领兵攻克庐州，打出了“太平天国春官正丞相功勋加一等胡”的旗号，这是现有最早的“太平天国”字样出现于旗号上的记载。自此以后，关于“太平军”这一称号便较少在民间流传。对于洪秀全的支持者来说，他们更习惯用“天军”、“圣兵”、“西兵”、“长毛”等称呼。敌视太平军的人则给予其负面的称谓——“贼”或“匪”。只有一个地区例外，那就是他们早年曾经活动过的地方，那些拥护他们的老百姓，才仍将他们称为“太平军”。从某种程度上说，“太平军”这个称呼更具有自愿的成分，包含了民众发自内心对“太平”政权的认可。

太平天国被清朝“剿灭”之后，“太平军”这一说法便自然消亡。不过，过了几十年之后，“太平军”又重新出现。那是在清末民初时，当时的革命党人为号召同胞，便以太平天国事迹为反清先例，孙中山等革命党人又将“太平军”这一称呼推而广之，及至张学良于 1928 年末宣布东北易帜，国民政府在形式上于 1929 年完成了“统一”，南京国民党中央宣传部即于次年就禁止诬蔑太平天国案，函请内政部、教育部参考酌办，不久正式出台规定“嗣后如有记述太平史实者，禁止沿用粤贼诸称，而代以‘太平军’或相应之名称”。

从那时起，“太平军”成为太平天国军队的正式名称，并为史学研究者们沿用至今。

二、清政府

客观来看，太平天国并不是一夜之间拔地而起的。它的出现，有着深刻的历史背景，与清朝政府末期走向衰亡沉沦有直接关系。虽然太平天国运动爆发于清朝道光和咸丰年间，但其形成的土壤早在嘉庆时期就开始酝酿。其中，在嘉庆、道光时期的吏治危机，是罪魁祸首之一。那个时期的吏治危机已经全面侵蚀着大清王朝，使大清的统治岌岌可危。

如果从嘉庆 1800 年亲政算起到 1850 年道光逝世，正好 50 年。这 50 年间的吏治危机，突出表现在官员极其腐败且无能，致使清朝官场乌烟瘴气，人心不古，不思进取，官员个个只想为自己谋利，没有心思为国家服务，进而使得整个官场出现道德层面的集体堕落。

像历代封建王朝一样，清嘉庆、道光时期，中国自上而下依然信奉儒家的道德准则。无论是士绅阶层还是底层百姓，都将儒家伦理视为立身根本。官员更不用说，他们是儒家伦理的集大成者。在他们求得功名之后，必须以此道德准则要求自己，这在与同僚相处和处理政务时，都显得极为重要。

概括来看，儒家道德准则主要在四个方面发生作用，即仁政爱民、忠君爱国、廉洁奉公、公明勤俭。从外在表现看，仁政爱民与忠君爱国都是官员必须要落实到言行之中的事。这两项要求的合理性与必要性，在官方和民间也从未受到质疑。但是关于廉洁，慢慢成为官员难以做到的事。官员嘴上是勤廉节俭，背地里却大肆行贿受贿，与儒家伦理中的克己复礼完全背道而驰。

腐败自古就有，但从中国历史上看，没有哪一个朝代像清朝后期那样，到了无官不贪、有吏皆污的程度，这的确发人深思。清朝的腐败起源于康熙末年。按理说，康熙最初根本没想鼓励官员腐败，反而是他太想做一些事了。为什么这么说呢？原来是康熙即位之初，励精图治，推行大刀阔斧的改革，这样使得清朝快速壮大起来。为了对得起那些开国老臣，康熙实行“仁政”，他对待臣子比较宽松，所以纵容了满臣论资排辈、借支库银等。

康熙之后的雍正，手腕比较强硬。他看到官场的顽疾实在太多，所以在位十三年间，他下决心整顿吏治，他自己也勤于政务，锐意推动改革，这让他在位期间国家安定，风调雨顺。等到了乾隆，形势开始出现改变，官员又开始为所欲为，行贿受贿之风重来，腐败又来了“盛世”。乾隆好大喜功，喜欢粉饰太平，臣子们也趋之若鹜，个个攀比。乾隆末年，国家财政危机频繁出现，甚至出现国库空虚的情况。无奈之下，奸臣和绅提出“议罪银”的办法充盈国库，使得官场更加腐败，一些有罪的官员只要愿意花银子，便可免罪或者受到轻处。

乾隆的官场风气极大影响了后世。到了嘉庆、道光时期，官场的唯利是图已成风气，封建官员那种必须遵守的廉洁奉公道德准则，对大多数官员来说已形同虚设。做官必先问肥缺，“出任之始，先论一利字”。

嘉庆初年，官员上任前都要分析各种官位能够捞多少油水：“各揣乎肥瘠，及相率抵任矣，守令之心思不在民也，必先问一岁之陋规若何，属员之馈遗若何，钱粮之赢余若何，不幸而守令屡易，而部内之属员、辖下之富商大贾，以迄小民，亦大困矣。”官员的唯利是图已经到了明目张胆的地步，如京官刘彬士到浙江任巡抚时就公开说：“穷翰林出身，住京二十余年，负欠不少，今番须要还债。”人们都说他如“饿虎出林，急不能待”。

此时另一个更为严重的状况也一起出现——大批官员不顾朝廷禁令，以身试法，带头吸食鸦片，甚至贩卖鸦片。官员吸食鸦片有这样的背景：一是官员贪腐多了，手头有了多余闲钱，吸食鸦片就成了嗜好之一；二是官场风气不好，官员精神生活空虚，吸食鸦片就成了一个重要的精神寄托。

据史料记载，嘉庆年间，鸦片开始传入中国。1807 年，北京城内出现售卖鸦片事件。当嘉庆皇帝得知此事后，极为震怒，大为恼火，他责令官员严加查办。除了在京城严查，嘉庆皇帝还下令全国各级官员都要动员起来，坚决制止鸦片进入中国。当年年底，粤海关为此特别颁布禁烟令，除了重申外国人不准将鸦片运入中国外，还规定为外国船只承保的行商也要负连带责任。

总体来看，那时鸦片的传播正处于初期，清朝的处置方式还算得上严厉。而且，由于吸食鸦片人数不多，整个传播链条还算可控。特别是因为嘉庆皇帝比较重视，让下级官员也意识到控制鸦片的紧迫性。比如 1809 年，两广总督百龄在禁烟令中，再次加大了对行商的惩处力度：行商必须以书面形式，保证他们所担保的外国船上没有携带鸦片。如果保商胆敢与其串通售卖，不向官方报告，一经发觉，除拿捕该船并驱逐出境之外，担保的行商也将“逮捕法办，治以应得之罪，决不稍予宽贷”。

即便如此，百密难免一疏。1810年，北京城里又查获一个鸦片烟贩。嘉庆皇帝得知此事后，震怒不已。他一面对下级官员查处鸦片的力度开始怀疑，一面发布谕旨，要求北京各城门严查密访。紧接着，嘉庆皇帝要求广东、福建以更严格的态度加大查处力度，务求断其来源，不得敷衍了事，视中央律令为一纸空文。

皇帝号令一出，下级官员不敢怠慢。1811年初，松筠担任两广总督，他上任后的第一件事就是查处鸦片。这年6月26日，松筠在澳门约见了东印度公司广州管委会的负责人。松筠说，他已经收到皇上的特别谕旨，加强禁止鸦片买卖这种非法贸易，希望东印度公司合作，阻止这些危害无穷的鸦片。鸦片扩散的责任，无疑在东印度公司方面，因为鸦片主要来自不列颠殖民地……

表面上看，会谈进行得较为顺利，但其实东印度公司并不买清政府的账，他们已经深知清朝官场腐败无能的现实。会谈后，东印度公司撰写的一份报告指出："当我们注意到总督上述关于鸦片的谈话时，我们完全相信，这只不过是形式，而没有一点会采取任何有效步骤来查禁这一贸易的意思。众所周知，政府官员一直认为默许这种贸易是符合他们自身利益的。"

在这种背景下，鸦片商人经营鸦片越发大胆起来。鸦片商人的钻营，东印度公司方面的保护，连同清朝官员的腐败和失职，使得鸦片走私不但没有减少，反而日益发展。1815年，一起轰动一时的鸦片案在澳门爆发，鸦片贸易从此发生了重大变化。再往后，鸦片越发控制不住了。不仅官员吸食，连富贵人家也开始沾染这个恶习，整个中国似乎就要被鸦片这种东西打败。

更令人担心的是，由于吸食鸦片的大范围传播，再加上贪官、庸官和昏官充斥官场，导致这时另一官场病态的产生和泛滥：书吏的权力膨胀，差役的横行霸道。

书役是书吏和差役的简称。在徇私舞弊、贪赃枉法、鱼肉百姓等方面，两者有共同之处，但手段各有不同。书吏有文化，有官场办事经验，大多贪婪而狡诈；差役大多没有文化而有办事经验，大多贪婪而残忍。当时的问题是，这两者往往狼狈为奸，共同行贪腐之能事。

在清朝，由于满人当政，所以在高官中满人居多。但满人意识到面对如此庞大的汉人群体，必须想办法跟他们和睦相处。为了拉拢汉人，清政府往往将中低级官位配置汉人。表面上这是给了汉人从政机会，但仔细分析，这种设置存在先天性的问题：满人官员中有的连汉文都不懂，但权大位高；同时汉人官员升迁机会少，怨气大。满人由于不通汉文，所以经常依赖书役办事，书役的权力逐渐扩大。清代的许多官员本身腐败无能，又任意放纵书役，加之制度上的严重缺陷，致使书役横行无忌，目无法纪，而清政府又无力加以整顿，这从一个侧面反映了吏治腐败和道德危机。

官场还有一个现象就是酷烈虐民。本来，仁政爱民是封建官员为官从政的道德准则，但往往并没有切实履行。清朝到了嘉庆道光时期，由于官场风气太坏，进而使得私创非刑和广设班馆弥漫全国，其残酷性暴露无遗，酷烈虐民、草菅人命，反映出此时严重的司法腐败。

非刑是指律典未载而私造酷虐刑具及私施酷刑，即非法酷刑。非刑虽然是严加禁止的，但从实际情况看，私创滥用非刑的情况屡禁不止，其惨状令人触目惊心。非刑使用极其广泛，遍及全国；行使非刑的官员也非常普遍，包括刑部官、督抚、按察使、知府、知州、知县、州判、县丞、巡检、佐杂吏目及各种杂役，其中又以知府及以下一些小官和杂役为甚。行非刑的名目繁多，仅嘉庆道光朝实录所载的非刑就有五十多种。非刑的残酷程度更是无以复加，不知有多少无辜者死于非命。

除了内部腐败堕落，中国受到的外来袭扰也与日俱增。太平天国起义前十年正是中国百年屈辱史的开端，大清王朝朝纲崩乱、吏治败坏，土地兼并日趋严重。国防空虚，军备废弛，满朝官员相当一部分在忙着斗蝈蝈和吸大烟。

鸦片战争之后，老百姓的生活更加困苦。巨额的战争赔款，清朝全以捐税形式转嫁到民众身上。老百姓怨声载道，但也无可奈何，因为朝廷根本不顾及民众的感受。万般无奈之下，中国农村出现大批游民饥民，他们再不起来反抗就活不下去了，于是发动多次人民起义。从鸦片战争到太平天国起义前，见于记载的农民起义达 110 多次。

天灾和人祸往往同时出现，1846 年至 1851 年，黄河流域和长江流域各省的水旱灾害不断。特别是太平天国的发源地——广西地区更是水、旱、蝗灾连年不断。由于官员实在腐败无能，对于赈灾毫无办法，1849 年，长江六省大水灾为百年所未见，据估计直接受灾人数达 3000 万。1851 年，黄河在河南丰北厅三堡决口，大清国的一半国土都变成了一片泽国。

清政府救灾不力已经点燃了百姓的怒火，增加赋税更是在百姓的怒火上浇油。一时间群雄并起，许多民众揭竿而起，纷纷起来对抗当时岌岌可危的大清王朝。

其中最有代表性的，就是道光末年出现的天地会（又名三合会）。天地会最早在南方兴起，得到民众响应后，迅速在湖、湘、粤、桂、台湾等省发展开来，规模之大让清廷始料未及。清廷严禁秘密结社活动，但天地会反对满汉地主阶级封建统治的活动从未停止。天地会一直以“反清复汉，顺天行道，劫富济贫”等口号组织活动，最早在康熙年间就存在，其生命力极其顽强。

天地会的活动贯穿于清朝末年，他们曾经多次发动武装斗争，重要的有乾隆五十一年台湾林爽文起义，乾隆六十年台湾陈周全起义，嘉善起义。

鸦片战争后，天地会发动的武装起义影响更大。包括咸丰元年至五年广西大成国、升平天国起义，厦门小刀会起义及上海小刀会起义。其中太平天国时期，天地会的活动甚为活跃，其首领洪大全（焦亮）、罗大纲等都曾率领会众参加太平军，在两广地区天地会建立的大成国、升平天国、延陵国等短期政权，也配合了太平天国的斗争。

虽然清政府一直在努力铲除天地会的势力，怎奈天地会的群众基础太广，根本无法清除。清朝灭亡之后，据说天地会还曾资助过孙中山和黄兴的革命运动（孙中山也是天地会会员）。甚至解放后香港的“三合会”、“洪门”、“新义安”、“和胜和”、“14k”等黑社会组织都是天地会发展而来的，当然帮会的“劫富济贫”性质已经变了。

除天地会之外，清咸丰元年（1851）至清同治七年（1868）于黄河、淮河流域爆发的捻军，也是搅乱当时局势的一支比较大的起义军。捻军是19世纪初开始活动于皖、鲁、豫一带的农民秘密组织。捻军是由捻党（俗称捻子）起义转化而来。“捻”系皖北方言，所谓“捻”，从捻绳的意思而来，淮北农村有用几股麻捻成绳子的习惯，捻成的绳子可以做鞋底或他用，几股合为一股很结实，有团结起来有力量的意思，因此得名。

捻军活动分散，每一股称为一捻，少则几人、几十人，多则不过二三百人。越是荒年，人数越多，“居者为民，出者为捻”，多是一些生路艰难的农民群众。捻军以护送私盐为生，经常与清军发生冲突。清政府虽然一直严禁结捻，但是由于捻党是分散零星的武装活动，所以还没有把它视为大患。后来捻军逐步发展成大规模捻军起义，以皖北为中心，遍及豫东南、鲁西北、苏北、鄂北地区。这时候清政府才意识到捻军的恐怖和危害，但是再想把它铲除已然不可能了。

捻军著名首领有张乐行、赖文光、张宗禹、龚得树、苏添福、韩奇峰、侯士伟、王贯三等。捻军初期是“居则为民，出则为捻”，各自为战，互不统属。清咸丰五年（1855）秋，捻军各路首领在安徽亳州雉河集（今涡阳）会盟，推举张乐行为盟主，称大汉永王（一作大汉明王），建立黄、红、蓝、白、黑五旗军制，另外还有各种镶边旗，众至10万。在太平天国的中后期，捻军还曾加入太平军，成为太平军中很大的一股力量。

除了天地会和捻军，还有四川重庆一带的哥老会、上海的小刀会等民间团练组织，他们跟太平天国都有千丝万缕的联系。在太平天国运动中，他们与其互为依托，协同行动，极大地扰乱了清政府剿匪的部署。从另一方面说，之所以出现这么多反击清政府的民间组织，充分说明当时的官民矛盾相当尖锐。老百姓已经食不果腹，他们只有依靠民间组织抱团取暖。

在这样纷乱的大背景下，拜上帝教的出现也就不足为奇，在各种形式反抗的组织中，总会出现一支能够威胁清朝江山社稷的最强力量，太平天国就是那一个。太平天国的兴起，正伴随大清王朝的改朝换代，这也让清政府在应对时有些手足无措，进退失据。

最初对付太平军的是咸丰皇帝。咸丰皇帝是在1850年即位的。咸丰是清朝第七世皇帝，也是道光皇帝的第四子。咸丰帝在位11年，内忧外患，战乱频繁，没有过一天安宁的日子。

当然，咸丰皇帝在执政期间也做了一定的贡献。比如：惩治腐败、革新吏治、破格重用汉臣等。然而，终其十一年的执政，在兵临城下的紧要关头，他最终还是选择做了荒淫误国的昏君。有人称咸丰是“四无皇帝”，即无远见、无胆识、无才能、无作为，也有人说咸丰是“苦命”皇帝。

咸丰皇帝在登基不久后就发生了太平天国农民起义，之后又有英法联军进攻北京火烧圆明园。这么多前所未有的危机，根本不是咸丰皇帝能够处理得了的。1860年，在咸丰皇帝的昏庸领导下，大清帝国与英法俄侵略者签订了一系列不平等条约：中英《北京条约》、中法《北京条约》、中俄《北京条约》。

或许是处理政务能力太差，咸丰皇帝只得把精力转向了女色。据史料记载，咸丰帝“声色之好，本突过前朝”，且周围不乏貌美的嫔妃。仅有档案可查的皇妃即有最初的嫡皇后萨克达氏、后来晋封的皇后钮祜禄氏、懿贵妃那拉氏、丽妃他他拉氏及婉嫔、玫嫔、祺嫔、吉贵人、璷（fū）贵人、禧贵人、庆贵人、容贵人、玉贵人等。

有投机钻营之臣得知咸丰帝如此热衷于汉族女子后，不惜重金从江苏、浙江一带购买数十名妙龄美女，献与咸丰帝。有什么样的皇帝，必定就有什么样的大臣。见到咸丰皇帝如此贪恋女色，有大臣献媚说：“现在天下多乱，而圆明园又地处郊外，应加强警戒，可令这些女子每三个人为一拨，每晚在皇帝的寝宫周围打更巡逻。”咸丰皇帝自然懂得其中奥妙，得此方便条件，可以随时将这些“值勤警戒”的美女召入殿内，随意召幸。后来，咸丰帝干脆“金屋藏娇”，将其中四位特别美丽漂亮的女子加以位号，被称为“四春”，即牡丹春、杏花春、武陵春、海棠春。

与咸丰皇帝整日沉迷女色形成鲜明对比的是，清朝政务乏人问津，致使财政开始捉襟见肘。为了筹集镇压太平天国起义的军费，“移缓就急，提后尽前，罗掘之方，实已无微不尽”，仍然不能供应军需。在前线镇压起义的清军，“需用军饷，请拨孔急”。由于太平军先后占领长江中下游地区，军威所及，各省地丁、盐课、关税、杂赋都无法照旧征收，以致地丁多不足额，税课仅存虚名。

咸丰三年（1853）以后，随着战区不断扩大，清政府统治区日益缩小，原有各项税课每年收数较之旧额平均不到十之四五，而政府各种财政开支，几乎是成倍地在增长着。于是，清政府开始卖官鬻爵筹集官饷。“捐输”开办三年之后，收入大减于前。“捐输不可恃，乃乞恩于内帑”，将内务府所藏的金钟铜器大批熔化，尽可能移作官饷。清政府户部大臣为了筹集军饷，已经是无孔不入，而国库实在是捉襟见肘，到了山穷水尽的地步。

在财政危机空前加重的形势下，“滇铜亦因道梗不至”，铸造制钱的币材空前紧张。有官员提出，改革货币制度，以此聚敛社会财富。清政府接受了这一主张，把发行票钞，铸造大钱，作为应付军事财政开支的重要手段。

大钱和钞票的坏处不言而喻，即是造成严重的通货膨胀，尤以北京为最。咸丰四年（1854）夏天麦子大丰收，七月，北京城外每斤麦面不过制钱十六七文，而城中则每斤售价为三十七八文，其他各种食物也同样昂贵。其中根本原因在于，清政府在京城内强制推行大钱，而畿辅州县尚未通行，农民运麦入城换回大钱不能使用，因而使外来粮食日益减少，粮店因而纷纷歇业。在北京南城，数日之间，有 50 多家粮店关闭。除此之外，物价飞涨，军民异常困苦，京城军民身无衣、肚无食者不知多少。

货币改革既已名存实亡，为了挽救统治危机，咸丰帝想到了最后一招——重用曾国藩等汉族官僚，依靠他们训练指挥的汉族地主，用以平定愈发强大的太平天国和捻军起义。

三、母亡急返乡

自道光十九年（1839）曾国藩在京城做官之后，他屡次想回故乡省亲，但无奈公务繁忙，始终不能如愿。然而世事变迁，家中的老人也渐渐离去。道光二十六年（1846），曾国藩接到家中来信，得知祖母去世，他十分悲痛，再次萌生回家的念头，但因为朝中有事，他依然未能成行。

不过，即便不能回家，对于祖母如何安葬，曾国藩却有自己的看法。此时的曾国藩对风水有了些研究。对家中选择的祖母埋葬地点，他认为不甚理想，主要原因是靠水太近，不够开阔。道光二十七年正月十七日，他特意给祖父曾玉屏写信，希望将祖母改葬：“孙幸蒙祖父福佑，忝居士大夫之末，则祖母坟茔必须局面宏敞，其墓下拜扫之处须宽阔，其外须立诰封牌坊，又其外须立神道碑。木斗冲规模隘小，离河太近，无立牌坊及神道碑之地，是以孙不甚放心。意欲从容另寻一地，以图改葬，不求富贵吉祥，但求无水蚁无凶险，面前宏敞而已，不知大人以为如何？”

不过，祖父曾玉屏非常执着，并没有同意曾国藩改葬祖母的建议。曾国藩的风水研究或许有误，因为非常奇怪的是，祖母下葬半年后，虽然不曾按照曾国藩的建议改葬，曾家却是好运连连。曾国藩自己官升至二品不说，久有恶疾的祖父病也好了。曾家人普遍认为，这正是因为祖母葬到了风水宝地，曾国藩也信以为真，他也不再坚持改葬，在一封家书中，曾国藩称，祖母坟地“风水之好可知，万万不可改葬。若再改葬，则谓之不祥，且大不孝矣”。

祖母去世之后，曾家的太平日子没有过多久，曾国藩祖父的身体也垮了。或许是受到夫人去世的打击，1847 年春天，曾国藩的祖父曾玉屏身患重病，曾家最有威望的长者病倒，让全家人为之担忧。自幼受到祖父极深影响的曾国藩更是忧心不已，他多次写信给父母和弟弟，与他们商量治疗办法。

曾国藩再次有了回家的想法，然而回一次家谈何容易。首先是路途太远，从京城往返湘乡，行程需要三四个月，如果加上居家的一两个月，需时半年。按照清朝规定，曾国藩如果请长假必须“开缺”，也就是脱离现职，期满回京重新“补缺”。重新补缺往往需要一年左右时间，而且将来能否补上“优缺”，更难预料。这也是曾国藩长时间不想请假回家的重要原因，搞不好回家一次，几年都没事可做，未来的前程可能就此耽误。

除此之外，往返一次家乡的费用也令曾国藩头痛不已。曾国藩过得一直不宽裕，他在京城日常生活的开销已捉襟见肘，要想凑够回家的盘缠，必须再次借债。曾国藩对于自己的困苦也毫不隐藏，在给弟弟们的家书中明确说道自己有“三难”：“兄自去年接祖母讣后，即日日思抽身南归。无如欲为归计，有三难焉：现在京寓欠账五百多金，欲归则无钱还账，而来往途费亦须四百金，甚难措办。一难也。不带家眷而归，则恐我在家或有事留住，不能遽还京师，是两头牵扯；如带家眷，则途费更多，家中又无房屋。二难也。我一人回家，轻身快马，不过半年可以还京。第开缺之后，明年恐尚不能补缺，又须在京闲住一年。三难也。有此三难，是以踌躇不决。而梦寐之中，时时想念堂上老人，望诸弟将兄意详告祖父及父母。如堂上有望我回家之意，则弟书信与我，我概将家眷留在京师，我立即回家。如堂上老人全无望我归省之意，则我亦不敢轻举妄动。下次写信，务必详细书堂上各位老人之意。"

曾家老少都崇尚儒家传统，把做官看得比什么都重要。因此，曾国藩的难言之隐自然被家人理解，为了不妨碍他在京城为官，让他安心做事，曾国藩的父母特意写信叮嘱曾国藩，让他一意服官，不必挂念家中之事。曾国藩回复父母说："男前与朱家信言无时不思乡土，亦久宦之人所不免，故前次家信亦言之。今既承大人之命，男则一意服官，不敢违拗，不作是想矣。"

道光二十九年，曾国藩的父亲曾麟书年满六十岁。按照中国传统习俗，六十属大庆，曾家人要为曾麟书举办盛大的生日庆典。作为儿子，曾国藩依然归家不成，心中十分愧对家人，便决定在第二年请假回家，为父亲补办寿诞，他去信跟几位弟弟说："吾近于宦场，颇厌其繁俗而无补于国计民生，惟势之所处，求退不能。但愿得诸弟稍有进步，家中略有仰事之资，即思决志归养，以行吾素。今诸弟科第略迟，而吾在此间公私万事丛集，无人帮照。每一思之，未尝不作茫无畔岸之想也。吾现已定计于明年八月乞假归省，后年二月还京，专待家中回信详明见示。"不过，他第二年回家的愿望依然没有达成。

这之后不久，曾国藩的祖父曾玉屏抵挡不住病魔的侵袭，终于与世长辞了。曾国藩闻讯后悲痛不已，但他此时仍然来不及回家奔丧。不过，虽然无法回家，曾国藩还是向皇帝请了两个月假，在京城中的寓所为祖父穿孝，以尽最后的孝道。在这两个月里，曾国藩时常记起祖父在他年幼时给他的教导，每每记起当时的情景，都不禁潸然泪下。等到祖父正式下葬时，父亲曾麟书写信命曾国藩写篇文章，记述祖父的德行，树碑于墓道。此外，曾国藩还向亲友同僚发讣帖五百余从，并特别写上“谨遵遗命，赙仪概不敢领”。

在经历连续失去家人的悲痛时，曾国藩也没有忘记政务。虽然此时他还没有直接参与应对太平天国的决策中，但他本人非常关注太平军的动向。1852 年，太平军从永安突围，官军失利的消息传到北京后，曾国藩奉令与刑部官员讨论如何处置乌兰泰与赛尚阿，因为他们要对清军的失败负责。曾国藩认为主帅难辞其咎，对他们皇帝应该给予最严厉的惩罚。然而，对于刑部的处理意见，刚刚登基不久的咸丰皇帝并未采纳。

曾国藩一面处理朝中事务，一面记挂着家中的亲人。在过去的几年时间中，曾家人从湘乡也间或派人到京城看望曾国藩，曾国荃还与他小住了一段时间，但这些都不能解曾国藩的思乡之痛。

1852 年，曾国藩终于等来一个冠冕堂皇的回家理由，他被朝廷派往江西担任乡试主考官，并获准考试结束后可回乡探亲。曾国藩内心抑制不住的欣喜，离开家乡多年，终于可以回去看看自己的父母，见见自己的兄弟。6 月 24 日，曾国藩满怀期待地启程南行。一路上，他边读书边赶路，看到沿途的风光，想到完成公务后即将回家探望，内心的欢愉无法言喻。他乘坐官备马车，经直隶，过安徽。一个月之后，即 7 月 25 日，曾国藩行抵安徽太湖县境的小池驿时，他突然接到家中的急报——曾国藩的母亲江氏于 6 月 12 日去世了。这个消息犹如晴天霹雳，曾国藩听后无法接受，悲痛欲绝。

这时候，朝廷的公务已经不重要了，因为清廷强调“以孝治天下”，要求官民“移孝作忠”。回乡守制压倒朝廷公务，曾国藩此时终于有了充分理由，立即回乡奔丧，由九江改道西上。回乡之前，他还不忘向京城中的儿子安排吊丧事宜。曾国藩在写给儿子纪泽的家信中说：我出京时将一切家事面托毛寄云年伯，均蒙慨许。此时遭此大变，尔往叩求寄云年伯筹划一切，必能俯允。现在京寓并无银钱，分毫无出，不得不开吊收赙仪，以作家眷回南之路费……

曾国藩还叮嘱儿子：开吊散讣不可太滥，除同年、同乡、门生外，惟门簿上有来往者散之，此外不可散一分。其单请庞省三先生定。此系无途费，不得已而为之，不可滥也；即不滥，我已愧恨极矣！外间亲友，不能不讣告寄信，然尤不可滥……

此时，太平军正在内陆地区高歌猛进，曾国藩逆长江行至汉阳时，湖北巡抚常大淳便告诉他：长沙已被“粤匪围困”，曾国藩只得由水路改走旱路，经湘阴、宁乡而达湘乡。

9 月 22 日，曾国藩的母亲江太夫人被安葬在下腰里宅后，曾国藩得到消息称太平军已锐不可当。

湖南是太平天国战争早期的战略要地。1852 年 8 月，太平天国大军围攻长沙。长沙城危急之际，经人举荐，湖南巡抚张亮基聘请左宗棠为师爷，并将全部军事悉数托付给他。左宗棠立刻“昼夜调军食，治文书”、“区画守具”。太平军足足围攻了长沙三个月，让当地地主和富豪纷纷逃命，就连郭嵩焘兄弟及左宗棠兄弟也率眷属避入玉池山梓木洞。

1852 年底，太平军向湖北进军，“帆帜蔽江，所过城镇，望风披靡”。太平军曾三次攻占武汉，第一次便是在 1852 年底。1852 年 11 月 30 日，太平军撤长沙围转攻岳州，12 月 13 日占领岳州。太平军在攻克岳州时缴获大量军火，并以投军渔民及 5000 余只民船组成强大水师，水陆两军包括随军人员共 10 万之众，直逼武汉。

自 1852 年 6 月太平军进入湘南后，清军就在湖北开始设防备战。清政府拨银 30 万两作防堵军费，在汉阳、武昌、汉口居民及江上渔户中清查户口，实行十家联保。7月，设防堵总局于布政司署，令绅士募练勇1400人。太平军攻克岳州后，巡抚常大淳、提督双福大为恐慌，将防堵总局改为军需局，筹办军备，并于12月15日令城外及驻守金口兵勇全部集中城内固守。

1852年12月17日，太平军分水陆两路向湖北境内挺进。陆路于19日克蒲圻，经咸宁北上，23日兵临武昌城下，占据了城东南的钵盂山、洪山、小龟山、紫荆山，包围了文昌、望山、保安、中和、宾阳、忠孝、武胜等城门。天王洪秀全率水路大军于12月22日抵达武汉江面，当即由黄玉琨、林凤祥、李开芳、罗大纲等率领大军攻占武汉，歼守军800余人。

12月29日，太平军攻克汉口。汉阳沿河及汉口沿江大小船只悉为太平军控制，水师战斗力大大加强。太平军包围武昌城后，积极部署攻城，于城南长虹桥一带筑土墙、修坚垒，阻击由湘进鄂的清军援兵。29日夜，太平军以长竿举草人攻武胜门，1853年1月1日夜又攻观汉楼，1月5日夜趁大雨攻城，均未取得战果。太平军在强行攻城的同时，选定离向荣援军较远，且面临大江的文昌门挖掘地道。先在文昌门外挖3个洞，由洞及城墙挖掘地道直至城墙下面，用棉絮裹火药放置城墙下面的地道之中用中空长竹竿牵出引信，准备爆破城墙。

武昌清军慑于太平军强大攻势，闭城死守，严禁兵勇出击，仅有时派少量兵勇缒城而下，做骚扰性的攻击。1月12日黎明，文昌门下地道炸药引火爆炸，城墙炸塌20余丈，黄玉琨、林凤祥、李开芳、罗大纲等率军冲入城内，接着后续部队也从四面城墙乘云梯登城攻入，城内清军换上便衣纷纷奔逃，太平军迅速占领全城。巡抚常大淳自缢，按察使瑞元自刎，学政冯培元投井，提督双福、布政使梁星源被杀。武昌既克，太平军诸王均由汉口迁至武昌，天王居抚署，东王居藩署，北王居臬署，翼王居学政署。

对于湖北发生的局势，咸丰皇帝心急如焚。他无论如何也未料到，清军竟然如此不堪一击，眼看着太平军势如破竹，清军已经无力抵抗。咸丰皇帝不禁开始忧虑，如果太平军的进犯势头加快，势必很快直接威胁到京城的安危。然而，眼见着朝廷的兵将不堪重用，无奈之下，咸丰皇帝下令地方官举办团练，特意命令回到故乡的官员为团练大臣，利用人地两熟的便利，组织对抗太平军的地方武装。

咸丰皇帝的用意很明显，因为地方官员在属地人脉广泛，不仅地方乡绅买账，而且懂得当地风土人情，易于与各级兵将来往。加上其他地方官员的支持，容易在短时间内形成战斗力，以解朝廷的燃眉之急。从现实层面看，咸丰皇帝的这种考虑还是深谋远虑的，如果不是团练迅速组织起武力，太平天国很有可能会实现推翻清朝的宏愿，大清的历史也会被彻底改写。

在咸丰皇帝的直接动员下，一些地方大员相继被任命为团练大臣。1852 年 9 月，任命刑部尚书陈孚恩为江西团练大臣；1853 年 2 月，任命在家养病的广西巡抚周天爵为安徽团练大臣；不久，又命工部侍郎吕贤基办团练。从 1853 年 3 月到 4 月，一个月时间内，咸丰皇帝先后任命四十五人为团练大臣，仅山东一省就有十三人。

当然，清政府任命团练大臣有喜也有忧：地方部队固然可以抵挡太平军，但同时会让地方武装势力不断扩张，以至于朝廷无法管束，这也造就了清朝末年地方权力渐渐脱离中央控制的局面。比如各地兴办团练之后，先后出现湘军、淮军、湘系楚军等武装力量，它们日后都成为镇压太平天国的主力，在对太平天国运动的镇压中发挥了决定性作用。但是，太平天国起义被镇压后，这些地方武装如何处置就成了一个问题。此时，外来政权的忧虑就显现出来了。清王朝毕竟是满人建立的，他们最忌讳汉人掌兵，经过数次裁军，将十几万湘军裁撤到 6000 人。但在裁军过程中，却保留了李鸿章的淮军。后来捻军被镇压后，淮军遍及长江黄河流域，加上李鸿章掌握海军，地方权力已经过于膨胀，中央已无力扭转局面。

然而在太平军进犯最紧迫的时候，清政府可以选择的应对方式并没有很多。组织起能够抵挡太平军的地方武装，是他们的首要任务。

在众多兴办团练的大臣中，曾国藩也在其中。咸丰二年十一月末，湖南巡抚张亮基向曾国藩传达了一道咸丰的谕旨："前任丁忧侍郎曾国藩，籍隶湘乡，其于湖南地方人情自必熟悉。著该巡抚传旨，令基帮同办理本省团练乡民，搜查土匪诸事务，伊必尽力不负委任。钦此。"

按理说，此时曾国藩正在家中为母守丧，朝廷的一纸任命并不合乎常理。因为中国封建社会历来讲究"以孝治天下"，清代更有明文规定，无论多高职务的官员，父母死了必须离职守制，此谓丁忧。丁忧期间，丁忧的人不准为官，如无特殊原因，国家也不可以强招丁忧的人为官，因特殊原因国家强招丁忧的人为官，叫作"夺情"。

早在明朝，就有对官员丁忧的明文规定，"内外大小官员丁忧者，不许保奏夺情起复"。明代文官夺情起复者主要有阁臣、尚书、侍郎等一些政治人物。一些人因为一心想当官，不愿因为丁忧影响自己的仕途，便利用各种手段，营求夺情。明朝的张居正因为夺情的问题，曾经引起一连串的事件，《明史纪事本末·江陵柄政》："己卯，张居正父丧讣至，上以手谕宣慰……然亦无意留之。所善同年李幼孜等倡夺情之说，于是居正惑之，乃外乞守制，示意冯保，使勉留焉。"

按照清朝的官场通例，无论是否夺情，都会引起社会上的强烈反应。咸丰七年二月初四，曾国藩的父亲曾麟书去世，当时曾国藩正在襄办湘军，原本应该夺情，但他于二十一日离营回湘。为此左宗棠写信表达不满："《纲目》一书，于夺情题后一事，总以其人所处之时地为断，所以重纲常、维名教而警偷薄之俗也。至'金革之事无避'一语，经义直捷了当，更无可疑；诚以兵礼、丧礼同一凶事，并无所谓希荣忘哀之念；

而干戈之际，事机急迫，有万不能无变者。顺乎天理之正，即乎人心之安，则世俗所谓‘夺情’者，乃圣贤所谓‘遵礼’，又何拟议之有？”

这一次，曾国藩的母亲去世，曾国藩是否“夺情”也面临两难选择：如果此时出山，他不能尽守孝道，不仅让天下知识分子质疑，他自己的内心也将产生极大不安，更难以被曾家人接受；如果同意出山兴办团练，他也会面临巨大挑战，不光是此前曾国藩乃一介书生，从未参与带兵打仗，未来的种种困难也尚不可知。眼看着太平军势如破竹，曾国藩训练的军队能否抵挡住他们的进攻，这对他是个巨大考验。更关键的是，这有可能将改写曾国藩的整个仕途。

无论是于情于理，曾国藩都觉得此时去兴办团练不是一个好的选择。于是，曾国藩向张亮基去信婉言谢绝，并请他代转奏折，辞谢咸丰皇帝的圣意，并请求在籍守制三年。

然而就在此时，时局发生了突然变化。太平军进攻越发猛烈，他们已经攻克了武汉，湖南危在旦夕。张亮基不由得心急如焚，他认为此时只有曾国藩能够拯救湖南。于是，他特意托付曾国藩的好友郭嵩焘前去劝说。郭嵩焘不敢怠慢，马上去找老朋友。郭嵩焘赶到曾家时已是深夜，两人连夜深谈。面对郭嵩焘的请求，曾国藩还是初心不改，以守制为由，坚称不能主持团练。郭嵩焘则力止国藩曰：“公素具澄清之抱，今不乘时自效，如君王何？且墨经从戎，古制也。”郭嵩焘又以“古已有之”为据劝说曾国藩，但曾国藩仍不同意。

郭嵩焘见曾国藩固执己见，便准备去做曾国藩家人的工作。他跑去曾国藩的父亲曾麟书那里，与他商谈，讲明目前的利弊得失。曾麟书观念非常传统，觉得为了朝廷这个大家，当然应该舍弃小家，这也是做臣子的应尽之责。他非常同意郭嵩焘的观点，觉得曾国藩的考虑太过狭隘。曾麟书马上把曾国藩叫来，特意训诫一番，让他不要老想着自己的道德情操被外人如何评价，应该以国家的事务为重，不要总考虑个人得失，这才迫使曾国藩答应。表面上答应了，但曾国藩内心里还是不想动。当郭嵩焘走了之后，曾国藩仍在家里守孝，迟迟不肯出山。无奈之下，郭嵩焘和弟弟郭昆焘又跑了一趟曾家，再苦口婆心地劝说一番。曾国藩这下终于答应了，但他有个条件，那就是郭氏兄弟必须当他的幕僚长。郭家兄弟没办法，只好接受曾国藩的条件，至此曾国藩终于答应出山。

其实，早在答应之前，曾国藩对兴办团练的种种顾虑就跟周围朋友咨询过。曾国藩曾经给好友刘蓉写信说：国藩之所以迟迟赴局暗诸君子之后者，盖自七月二十五闻讣，至十一月初五始克释缟素而更墨经。若遽趋县城，既不可以缟素而入公门，又岂可竟更墨经，显干大戾。且局中要务，不外训练武艺，催收捐项二端。国藩于用兵行军之道，本不素讲，而平时训练，所谓拳经棍法不尚花法者，尤懵然如菽麦之不辨。而侧闻石樵先生之胆勇，及左右与罗山、赵、康、王、易诸君子之讲求切实，国藩寸衷自问，实不能及十分之二三。至于催促捐项，无论斩焉在疚，不可遽登人门，即使冒尔从事，而国藩少年故交，多非殷实之家，其稍有资力者，大抵闻名而不识面，一旦往而劝捐，人将有敬而远之之意，盖亦无当于事理。是以再四踌躇，迟迟未出。

既然答应出山，曾国藩必须把京城中的家眷安置好。12 月 15 日，曾国藩给内兄欧阳秉铨写信，请他前往京师，帮助将其家眷接回湘乡。曾国藩在信中坦言，自己在家服丧仅满四月，家中诸事尚未料理，此时若立即出山办理官事，则不孝之罪滋大。

他在信中还说："且所办之事亦难寻头绪，若其认真督办，必须遍走各县，号召绅耆，劝其捐资集事，恐为益仅十之二，而扰累者十之八；若不甚认真，不过安坐省城，使军需局内多一项供应，各官多一处应酬而已。再四思维，实无裨于国事，是以具折陈情，恳乞终制。"为了取得昔日友好对他内心苦楚的理解，他还将折稿寄到京师，请内兄转交相好中如袁、毛、黎、黄、王、袁、庞诸君，"尽可令其一阅。此外如邵蕙西、李少荃、王雁汀、吕鹤田有欲阅者，亦可一阅。盖欲使知交中谅我寸心，不必登诸荐牍，令我出而办事，陷于不孝也”。

客观上讲，作为一个从内心皈依传统经典文化的知识分子，从以上他出山前的种种顾虑看，曾国藩具有高于平庸官吏的眼光。他看出眼前这支气势汹汹的太平军，与历史上所有的叛军都不同：他们不仅要推翻清朝政权，并且要用自己的信仰——上帝来取名教而代之。曾国藩认为，太平军“举中国数千年来礼义人伦、诗书典则一旦扫地荡尽，此岂独我大清之变，乃开辟以来名教之奇变，我孔子孟子之所痛哭于九原！”

在做好了心理和实务准备之后，曾国藩正式开始兴办团练。

四、编练湘军

咸丰二年十二月十七日，回家四个月的曾国藩启程赴长沙，开始筹办团练。

说起团练，并不是清朝人发明的，在清朝之前，就有十分久远的团练历史。具体来看，团练是中国古代地方民兵制度，指在乡间的民兵，亦称乡兵。孙鼎臣据《周礼》：“今之团练乡兵，其遗意也”，“无比闾族党则伍两卒旅为乌合之兵；无保甲则乡兵为乌合之民”。

团练源于周朝时的保甲制，唐代时开始设有团练使一职，这类似民间的自卫队队长，以管理团练事务。宋代置诸州团练使，比较有名的团练官员是北宋文学家苏轼，他曾任黄州团练副使，更在团练任上写出为后人传诵的著名诗篇。明代取消团练使，改以按察使、兵备道分统团练诸务。但是团练管理下的民办力量照样能够发挥重要作用，比如顺治二年夏（1645 年 5 月），大顺军领袖李自成在湖北通山九宫山就是死于地主团练之手。

清政府对团练重新重视起来是在嘉庆帝时期。当时，白莲教起义令清廷头痛不已，一时间竟无法用正规军应对。因为当时的八旗、绿营严重腐化，扰民有余，但不足以御敌。合州知州龚景瀚上《坚壁清野并招抚议》，建议设置团练乡勇，令地方绅士训练乡勇，清查保甲，坚壁清野，地方自保。办团经费均来自民间，且由团练总练长掌握。鸦片战争时，团练更是发挥了抵御外敌入侵的作用。林则徐在广东三江各乡镇组织乡勇及民团抵抗英国海军，取得成功，自此团练正式开始被收编于正规军队。

在曾国藩的家乡湖南，兴办团练的传统更为久远。乾隆朝的傅鼐、道光朝的江忠源都以此名扬四海。曾国藩的出生地湘乡又是湖南兴办团练最早的县份之一，有过许多办团练的具体实践。像曾国藩的二弟曾国潢就组织过“安良会”，其目的主要在于对付聚众抢劫者。

事实上，当太平军进入湖南后，团练立刻就发挥了重要作用。湘乡县令朱孙诒知道单靠清军无力对抗，于是专门募勇千人，对他们进行提前培训，并布置战术，以便在衡州协助清军防堵。为了将这些人更好地组织，集中战斗力，县令朱孙诒还召集各地乡绅订立章程，在湘乡县城设立总团，在湘乡、永丰和娄底分设三个团练局。由于曾家在当地属名门望族，且有强大的人脉网络，朱孙诒请曾国藩的父亲曾麟书出面筹办，并让当地乡绅罗泽南、刘蓉协办湘乡团练。

曾国藩虽然未曾亲自参与，但是亲戚朋友的协办经验都是他取之不尽的财富，更让他了解到其中的利弊得失，为他日后在长沙办团练提供了不少帮助。

关于清政府为何允许地方开始办团练，也与其对太平天国束手无策有直接关系。太平天国起事后，清政府非常重视，曾经先后派李星沅、赛尚阿、徐广缙、向荣等多位将帅前往镇压，然而由于清政府极其昏庸腐败，当地百姓已经深恶痛绝，极大地失去民心。清政府不仅没有扑灭太平天国起义的火种，相反倒让太平军势如破竹，辖区迅速扩大，以致很快占有广西。

李星沅于道光三十年底至广西。他一到广西，广泛听取当地乡绅和官员意见，在对太平天国做了全面了解之后，他断定洪秀全等人来者不善，其目的绝不是只在广西境内闹事，野心之大可能推翻清政府。因此，李星沅急忙上书清廷，请求务必增强兵力，一鼓作气，聚而歼之。他还认为前方将帅“事权不一”，请派大将军出征统率。咸丰帝对他的说法并不欣赏，反而认为他故意夸大太平天国的威胁，并斥其推诿。忧惧交加的李星沅，不久卒于军中。

清政府存在的贪污腐败，以及军政中的种种弊端，一直看在曾国藩眼里。他在京城为官时就已有体认，清朝的军事力量体制极大地限制了战斗力的发挥。清朝的武装力量即国家的“经制兵”，主要由八旗兵和绿营兵两种构成。八旗和绿营都是一种世兵制度，兵皆世业，军士当兵吃粮，一家多口要靠俸饷度日，由于饷额有限，难以维持生计，其中旗营尤甚。

旗人很早就形成养尊处优的习惯，由于兵额固定，乾隆年间竟出现八丁一兵。为了照顾旗人生活，清政府只得扩大兵额，入营成了一种救济手段，甚至老人、儿童也列名兵籍，兵员的质量难以保证；另外，由于训练松弛，纪律涣散，战斗力如江河日下。

从入关后，八旗已开始腐化，至康熙年间，平定三藩之乱时，八旗兵已朽不可用。乾隆、嘉庆年间，镇压白莲教起义时，绿营的腐败也暴露出来。在两次鸦片战争以及镇压太平天国运动的过程中，八旗、绿营成了强弩之末。

无论是对清军体制的认知，还是对太平军的了解，曾国藩坚信，如果延续旧有道路，依照嘉庆年间的那种团练，不仅无济于事，更是死路一条。朝廷的正规军八旗、绿营既已丧失战斗力，如今必须“赤地新立”、“另起炉灶”，打造一支新式军队才是正途。

不过，对于办理何种军事力量，曾国藩并不能做主。事实上，朝廷在抵御太平军的同时，更害怕出现新的地方力量，因此，他们对团练的急速扩张也十分警惕。为了防止地方团练超越军队，咸丰帝在接连发下的办团练谕旨中，一再申明办兵原则，即不能取代正规军："著各该抚分饬所属，各就地方情形妥筹办理，并出示剀切晓谕，或筑寨浚濠，联村为堡；或严守险隘，密拿奸宄。无事则各安生业，有事则互卫身家。一切经费均归绅耆掌管，不假吏胥之手。所有团练壮丁，亦不得远行征调。"

咸丰皇帝似乎还在重复过去镇压白莲教起义时的做法，想依靠地方团练"驱民为寇"。咸丰皇帝认为，团练不脱离生产，不拿政府军饷，不离本土本乡，还要接受地方大吏的督促和管辖，因此团练大臣则只是帮同办理。

事实上，咸丰帝还是想把团练当作一支辅助作战力量。但是，曾国藩对此并不认同，他认为对付集中而强大的太平军，必须有一支强悍敢战的军队，这支军队目前只能依靠团练。依靠这支军队，如果太平军返回湖南，用其可以据城抵抗，守卫桑梓。假如太平军不来湖南，则可以出省作战，主动进攻。这支军队的来源，就是靠曾国藩募勇训练。

某种程度上，正是对于办理团练的理念胸有成竹，曾国藩才答应出山，他知道，如果好好训练，能够依靠团练成就他的一番大事业。咸丰二年十月二十二日，曾国藩从湘乡到达省城长沙的第二天，他就向朝廷递上早已拟好的奏折。在奏折中，曾国藩把他的想法详尽地禀告咸丰皇帝，他知道朝廷尚处于过去办团练的思维定式中，因此特别说明，团练虽然好，但今昔不同，因为嘉庆年间是官给发饷，现在需要乡绅自己出钱，弄不好会走向反面。他还指出湖南面临的问题极其严峻：长沙现今空虚，必须练兵才能缓急可恃。

最后，曾国藩在奏折中抛出自己的练兵计划：自军兴以来二年有余，时日不为不久，糜饷不为不多，调集大兵不为不众，而往往见贼逃溃，未闻有与之鏖战一场者；往往从后尾追，未闻有与之拦头一战者；其所用兵器，皆以大炮、鸟枪远远轰击，未闻有短兵相接以枪靶与之交锋者。其故何哉？皆由所用之兵未经训练，无胆无艺，故所向退怯也。今欲改弦更张，总宜以练兵为务。臣拟现在训练章程，宜参访前明戚继光、近人傅鼐成法，但求其精，不求其多；但求有济，不求速效。诚能实力操练，于土匪足资剿捕，即于省城防守，亦不无裨益。臣与抚臣熟商，意见相同。

此时清政府对太平军已无其他办法，虽然满朝文武对曾国藩的练兵计划并不确定，但如今只能对地方团练抱有最后的希望。总体来看，由于太平军逼迫得过紧，咸丰帝此时只能对曾国藩的主张表示同意，并令其“悉心办理，以资防剿”。

天时地利人和诸多条件，让曾国藩有了一展身手的机会。不过，在过去所有的为官经历中，曾国藩一直是一介文人，他怎么会带兵打仗呢？其实，别看曾国藩好像读了几十年书，但他对军事有自己的看法，比如他十分推崇戚继光的练兵法，这一次终于有了实践机会。早在太平军刚刚广西起事时，咸丰帝下诏求言，曾国藩就在《议汰兵疏》中说：“明臣戚继光练金华兵三千人，遂以荡平倭寇。臣书生愚见，以为今日论兵，正宜法此。”

曾国藩做事向来按部就班，非常讲究条理。既然圣上已然对他的练兵法做出首肯，他要做的第一步就是在长沙设立一个大团，并在所有县份设立募勇处。已在乡下作为民兵接受过某种训练的勇丁都可入伍，调来长沙接受应有的训练，然后暂时派往湖南各地镇压盗匪。

初办团练的曾国藩可以说是白手起家，他也明白仅仅靠自己是绝对办不成大事。为此，他特意邀他的同乡罗泽南出山帮忙。罗泽南比曾国藩大三四岁。他字仲岳，号梅泉，现今湖南双峰县石牛乡人。

之所以邀请罗泽南帮忙，主要是曾国藩看中了他的办团练经验。咸丰二年，太平军从广西窜入湖南。罗泽南以一介书生在乡操办团练，带领自己的弟子一班人组织起一千多人的队伍。正如他所说：“余以一介书生，倡提义旅，驱驰于吴、楚之间，而其一时之同事者，及门之士居多。共患难，履险蹈危，绝无顾惜，抑何不以厉害动其心耶？当天下无事之秋，士人率以文辞相尚，有言及身心性命之学者，人或以为迂。一旦有变，昔之所谓迂者，欲奋起而匡之救之，是殆所谓愚不可及者欤！亦由其义理之说，素明于中故。”

听到曾国藩的召唤，罗泽南立刻表示义不容辞。他马上带领着他训练的三营勇丁来到长沙，成为曾国藩新军的核心，中国历史上大名鼎鼎的“湘军”正式成立。

为了在成立之初就打造一支钢铁军队，曾国藩制定了一套烦琐的制度，要求部队遵守。这些规定事无巨细，因为曾国藩对军队严格执行纪律的必要性非常敏感，他不希望自己的军队像清朝的正规军那样毫无战斗力。

曾国藩对湘军的组织体制研究很深，按他最初的设想，湘军要想有所作为，起码得有官兵上万人。湘军大体上仿照明朝戚继光的营制，以营为基本单位，直接受“大帅”统辖（后增设统领，各统率若干营）。每营编营官一、哨官四、勇丁五百人，另配长夫一百八十人，合计每营六百八十五人。每哨设八队，火器队与刀矛队各半。火器主要有抬枪、鸟枪。全营有劈山炮队二，直隶于营官。

湘军水师筹组的时间略晚于陆师。水师每营编快蟹船一、长龙船十、舢板船十，共二十一只，员额为四百四十七人（1856年后，改制如下：裁快蟹船，长龙船减为八艘，舢板船增为二十二艘，全营共有船三十艘（每船炮位如旧），员额增至五百三十二人）。每只长龙船安炮七门，舢板船安炮四门，均为六百斤至千斤的洋炮。各船还配有火枪、刀矛，以备近战。此外，湘军还设有营务处和粮台，分别管理全军的军务与后勤。

在曾国藩看来，一支军队要想形成战斗力，团结是第一位的，因为只有团结才能在平时训练时做到尽心尽力，战时充分发挥，互相协作。据他的观察，太平军在团结方面就做到了极致，他们之所以能无往不胜，也在于他们的内部团结，因此“若非练兵万人，合成一心”，断难置此强敌之死命。除此之外，他认为选将与募兵极其重要，清朝的正规军就是在这个环节上出现严重问题。对于清朝官军之病，曾国藩的观点是，已“深入膏肓，牢不可破”，因此在招募新勇时，他要求“不杂一卒，不滥收一弁”，认为只有“特开生面，赤地新立”，才能“扫除陈迹”，练成劲旅。

曾国藩仿效“戚家军”的模式，士兵主要招募技艺娴熟、年轻力壮、朴实而有农夫士气者为上。那些一看上去就显得油头滑面，带有市井气和衙门气的人，一概不用。这些人平时就是出工不出力，当兵的目的也不会单纯，关键时候他们一定是率先做逃兵的人。曾国藩对招募军官也有要求，他的主要目标人群是地方聘绅士和文生，同时还要考察他们的政治、思想和身体条件。因为在曾国藩看来，这些人本来就是上层人士，能够读好书，处好邻里关系，在带兵打仗上一定不会输给常人。关于如何选拔军官，曾国藩在给朋友的信中曾经提出四条标准：带勇之人，第一要才堪治民，第二要不怕死，第三要不急名利，第四要耐受辛苦。

总体来看，湘军将领以湘乡籍人士为多，但是曾国藩特别避免“任人唯亲”。湘军统帅中，除了曾国藩、曾国荃兄弟，其他几位都不是湘乡人，如胡林翼是益阳人，左宗棠是湘阴人，彭玉麟是衡阳人，刘坤一是新宁人。

对于士兵也是一样，固然有“无湘不成军”一说，但并非意味着只有湘乡兵才是湘军主力。湖南除湘乡一县外，还有不少优质兵源地，如邵阳、湘西辰沅、衡阳等。曾国藩的湘军选兵标准是，尽量选用“朴实农夫”，而不要选用“城市油滑之人”，如长沙人。这固然有曾国藩的成见在里面，但就客观现实来看，农村人的确木讷少言，不太在乎功名得失。事实上，由于湘军训练得法，即使是“城市油滑之人”，一旦遭遇名将，也能训练成为雄师。

除了曾国藩作为湘军最高统帅统领全局外，书生领兵是湘军有战斗力的重要原因。事实上，后来成为湘军名将的塔齐布、多隆阿、刘松山、鲍超、杨载福等人虽是营弁或营兵出身，但都是经书生的选拔培养起来的，属于“有忠义血性之人”。

湘军的领导核心集团不单单是一个军事集团，实质上也是一个文化群体——理学经世派群体。据罗尔纲《湘军兵志》研究统计，湘军的统帅、统领、分统等指挥系统官员总计在可考的 179 人中，书生出身的 104 人，武途 75 人。在籍贯可考的 156 人中，湖南籍占 130 人，占总可考人数的八成多，其他省籍 26 人，不足二成。而武途出身的不过是担负偏裨的任务而已。

这个以书生为主的核心集团，受千年湖湘传统学风影响很深，他们把对程朱理学的坚定信仰和经世务实的作风融合一体。从湘军将领身上不难看出这一特征，他们既具有强烈的卫道精神，又对社会现实有较清醒的认识，这样的人往往能制定行之有效的策略方针，成为自己的取胜之道。

值得注意的是，湘军的将领多生自农村，长自农村，都注重农事，富有农本思想。曾国藩一再表现出愿以耕读世家守业安生的心态，在家书中，告诫诸弟儿辈，“但愿其为耕读孝友之家，不愿其为仕宦之家”。刘蓉将这种农本思想表现得最为清楚，他说：“盖天下大利，必归稼穑。四民之中，必使农居其三，而工商居其一，然后民生厚而财用足。”

湘军领袖大多都曾目睹务农的艰辛，非常了解民间疾苦，对广大农民的痛苦生活有较清楚的认识，并给予本阶级所允许范围内的同情。曾国藩在《备陈民间疾苦疏》中痛切陈词：“若农夫织妇终岁勤动，以成数石之粟，数尺之布；而富贵之家，终岁逸乐，不营一业，而食必珍羞，衣必锦绣，酣豢高眠，一呼百诺，此天下最不平之事，鬼神所不许也！”

正是基于这种经世重农者对农民状况、社会现实的清醒认识，湘军领袖能在以后与太平天国的战争中有效地争夺农民群众。曾国藩在《讨粤匪檄》中指责太平天国“农不能自耕以纳赋，而谓皆天王之田；商贾不能自贾以取息，而谓皆天王之货”，就是抓住了小农最希望保住私人经济的习惯心理；而“所过郡县，先毁寺庙，以至佛寺、道院、城隍、禳坛，无庙不焚，无像不灭，斯又鬼神所共愤怒，欲一雪此憾于冥冥之中者也”，又抓住了农民平时信鬼神的文化心理，都颇能切中要害，煽动起相当一部分的农民对太平天国的不满。

曾国藩深知厚饷养兵的道理，军队出战斗力的重要动力就是待遇丰厚。无论是农村来的还是城市来的，兵将打仗的首要目的还是赚钱养家。他们许多人也的确是因为生活困难，无法用其他手段谋生，才决定从军。因此，在确定勇丁月饷时，曾国藩特意做了一番实地调查，一定要满足士兵们的基本生活要求才行。他找来几位勇丁进行调查，得知他们在家务农一年的收入有十多两银子。他又对现行的绿营饷章进行了认真的计算，尽管绿营兵的月饷不多，但加上打仗时所发的行粮，每月也达到白银四两多。曾国藩认为，当兵的应该比种田的收入多三四倍，这样算来，每月就得发给他们白银四十两上下。

士兵的薪资确定之后，军官的待遇只能更好才行。对于湘军军官，曾国藩采用高薪养廉的政策。湘军中级军官每月纯收入可达一百五十两，全年一千八百两。跟正规军相比，薪资显然要高出许多。因为正规军高级军官一年还不到一千两，中级军官只有三五百两。单就中级军官来看，湘军就是正规军同级军官的三倍到六倍。如果看统率一万人的高级军官，曾国藩的湘军会给出每年五千四百两的天价薪资，这是国家正规军同级军官的六倍。这使得许多湘军军官单靠工资就发了财，比如湘军名将李续宾，带兵六年就积攒几万两白银。

薪饷的优厚刺激了湘军的发展，其兵源也就不成问题，当得知曾国藩在招人时，许多人都慕名前来报名。然而，因为筹集薪饷十分困难，湘军组建之初采用劝捐办法。咸丰三年刑部侍郎雷以诚在江北大营创立了厘金局，但曾国藩没有地方实权，只能继续采用劝捐和盐饷维持。直至咸丰八年，曾国藩复出才开设几个厘金局筹饷。咸丰十年，曾国藩出任两江总督有了地方实权后，才大设局、卡，广征厘金，自咸丰八年至同治三年所筹军银基本上来自厘金局。

为了解决薪饷一时难以筹集的矛盾，湘军采取发半饷的办法，一般只发五成饷，所以经常欠饷数月以至半年。因为带兵打仗过程中，难免会有士兵逃跑。为了防止士兵离营，湘军甚至有意拖欠军饷，或扣下大部分饷银存入公所，等士卒遣散或假归时进行核算，酌发部分现银以充川资，其余部分由粮台发一印票，至湖南后路粮台付清。

曾国藩还规定，如果士兵擅自离营，欠饷、存饷即被没收，不再发给。这样，士兵一方面没有回家的路费，另一方面又想得到应得的饷银，便不会轻易离营。同时曾国藩又规定，士兵一旦假归或遣散回家，就能领到一笔银两，这样也是吸引年轻人入伍的重要原因。曾国藩就是通过这种方式，既减轻了筹饷的困难，又防止了士兵的逃跑，还能引诱大批农民和书生踊跃应募。

曾国藩在实践过程中，也渐渐摸索出自己的带兵思想。作为本朝进士，曾国藩当然习惯用书生的思想来治理湘军。因为他领导下的将领大多数也是文人，他便十分强调将领对兵士的影响、帮带作用，尤其注重以义理来带兵。他说，带勇之法，用恩莫如用仁，用威莫如有礼。仁者，即所谓欲立立人，欲达达人也。待弁勇如待子弟之心，常望其成立，望其发达，则人知恩矣。礼者，即所谓无众寡，无大小，无敢慢，泰而不骄也。正其衣冠，尊其瞻礼，伊然人望而畏之，威而不猛也。持之以敬，临之以庄，无形无声之际，常有懔然难犯之象，则人知威矣。守此二者，虽蛮貊之邦行矣，何兵勇之不可治哉！

由于湘军的士兵多是农夫，文化程度不高，思想极易受到影响。王闿运所谓“国藩念营将积弊不可用，纯用书生为营官，率皆生员、文童，以忠诚相期奖”。曾国藩通过书生出身的将领将儒家思想灌输到士兵中去，因而对将领的训导尤其认真和严格。曾国藩说自己也不懂战阵之法，但不要紧，“书生以忠诚相期奖”，正如他在《林君殉难碑记》中所云：“我不知战，但知无走，平生久要，临难不苟”。这正是湘军精神的体现。

曾国藩在对湘军的训练中，没有采用效忠国家这一精神激励，而是利用湘军的宗族观念和乡土观念来加强军队的团结力。因为湘军的方言和地域文化浓厚，将领跟他们从国家层面宣教过于遥远，远不如以本地文化感召好用。久而久之，湘军可以不听清廷的命令，但是对曾国藩的指令，则是“一纸千里赴急”。

曾国藩一项著名的发明便是把“训”与“练”相区分。他嘴中的“训”，即教育、灌输、训导，“练”才是练阵法、习技艺、演方阵等。简而言之，“训”侧重于政治与思想方面，“练”侧重于军事与技艺方面。每逢三、八操练的日子，曾国藩还亲临校场训话，每次训讲“一时数刻之久”，反复开导万千百语。如《晓谕新募乡勇》保留了曾国藩“训”教的内容。

为配合精神训话，他还将“四书”、《孝经》下发到士兵手中，几乎把兵营变成学校：“常教士卒作字读书，书声琅琅，如家塾然。又时以义理反复训谕，若慈父之训其爱子，听者潸然泪下。”

长期的宣传感化自然会收到效果，特别是当受众缺乏独立的判断能力时，就更容易相信上级军官的伦理观念。当湘军的将领们自上而下将以封建伦常为核心的家规、营规、歌谣、精神训话等，向每一个士兵传递时，经过年复一年、锲而不舍的努力，湘军身上越来越挥之不去的、具有浓厚儒家色彩的军队形象，便越发清晰了。

五、抵抗太平军

曾国藩治下的湘军，之所以能够抵御太平天国，重要的是有江忠源这样的大将辅佐。

江忠源（1812—1854），字常儒，号岷樵，湖南新宁人。江忠源是湘军鼻祖，也是第一个战死沙场的湘军统帅。1851年，大学士赛尚阿赴广西镇压太平军。江忠源也被征调到军中，在这次镇压行动中，江忠源表现出非凡的指挥能力，而且临危不乱，颇有大将风范，因此深受副都统乌兰泰的器重。或许是这次广西之行鼓励了江忠源，他后来回乡召集乡兵五百人，组建楚勇，主要用来应对日后太平军的袭扰。楚勇又称楚军，它是日后湘军势力壮大的重要来源。

在太平军还没到来的时候，楚勇先有了一些检验战斗力的机会。对于本地一些小股农民的造反活动，楚勇扑灭得不费力气。等到他们成功镇压本地农民李源发进行的更大规模起义时，楚勇不仅积累了许多实战经验，而且更让主帅江忠源对率领一支军队越发变得熟稔。1852年，当太平军突围北上，进犯桂林时，江忠源信心百倍地准备迎战，他再次招募了一千士卒，并主动出击，与刘长佑昼夜兼程，赶赴广西。

乌兰泰此时已经战死，江忠源终于第一次有了独领一军的时机。他也确实展现了统帅应有的风范，他带领楚勇越战越勇，击溃了太平军的数次进攻。相比清军在太平军面前的不堪一击，楚勇的优点显而易见，他们由于训练得当，士气高昂，加之之前战斗累积的经验，很快就让他们成为与太平军势均力敌的一支地方武装力量。

楚勇不只在广西辗转作战，江忠源还带领他们在湖南、江西、贵州、四川等地，持续对太平军发起攻击。正是在这些地方的作战行动，让江忠源在第一线了解了战场情况，并且对太平军的作战战法有了直观感受。在曾国藩初练湘军时，他并无积累太多实战经验，反而经常从江忠源那里取得第一手的战场信息，江忠源对楚勇的训练方式也能给曾国藩提供灵感。

曾国藩对楚勇的吃苦耐劳和勇猛钦佩有加，在湘军建立的很长一段时间内，曾国藩都认为其战场作风与楚勇尚存在较大差距。一个典型实例对曾国藩印象深刻：太平军进攻长沙之时，靠近省城的宁乡和浏阳均发生了响应太平军的起义，尤以浏阳周国虞的“征义堂”起义势力最强、规模最大。浏阳当地有1万多民众在周国虞领导下揭竿而起，这对于军事力量脆弱的清政府来说犹如梦魇一般恐怖，但江忠源率领的楚勇出击时，竟然一战就将周国虞击败，令朝廷上下无不愕然。

然而，毕竟楚勇的数量和精力，以及作战半径都有限，即便作战能力再强，但总有鞭长莫及的时候。对于曾国藩来说，必须要打造自己的军队，不能只依靠楚勇。考验曾国藩新军的机会很快就来了。3月1日，造反军在耒阳与常宁集结，威胁嘉禾。800名楚勇与湘勇奉令前去镇压，这是一次成功的合作，两军合作默契，在衡山县轻易地将造反军击败。

此时，曾国藩恐怕还不能高兴得太早。虽然他取得了一些小规模战役的胜利，但他为之踌躇满志的湘军建设计划并非一帆风顺，最为严重的问题是军费不足，这导致他的后续训练和扩军方案难以如期实行。毫无疑问，作为抗击太平军的重要力量，曾国藩的团练军费理应由当今朝廷供给，然而咸丰皇帝治理下的清朝财政收入已是捉襟见肘。清政府拿出固定预算支持绿营军饷尚且不足，不可能为曾国藩这样一支半官方军事力量拨款。

曾国藩只能依靠自己的关系解决军费。不过，当时的湖南省官员与曾国藩关系也较为紧张，他们往往着眼于自己的利益，对曾国藩的日常需求处处掣肘，不能提供方便，当然也不可能为他慷慨解囊。对于曾国藩来说，钱太重要了，招兵买马，采购武器，日常给养，没有经费便寸步难行。曾国藩说："筹饷更难于督兵"，"大抵军政、吏治，非财用充足，竟无下手之处"。

更令湘军头痛的还有，在太平军起义的感召之下，全国各地百姓风起云涌，揭竿而起者比比皆是，对湘军的挑战此起彼伏，绵延不休。仅在湖南一省，就有道州天地会何贱苟起义；湘东有浏阳周国虞"征义堂"起义，攸县、茶陵、醴陵天地会起义；湘中有邵阳望云山起义，安化蓝田串子会起义，衡阳草市刘积厚起义；湘北有巴陵晏仲武起义。其中，尤其以周国虞和晏仲武两次起义规模较大。

在这种情况下，曾国藩备受压力。然而，对于当今朝廷来说，他们最担心的还是势力最强、突破速度最快的太平军。事实上，官军已经对太平军束手无策，毫无抵抗能力，他们只能寄希望各地进行的团练提供军事支持。咸丰帝催促曾国藩加快练兵，赶紧让湘军形成战斗力。曾国藩既不能违抗圣旨，又不能漠视地方上土匪横行的现实。在3月24日的一份奏折中，他明确告诉皇帝，最聪明而必要的做法是，首先剿灭湖南本地土匪，确保社会治安归于平稳，才能有基础向太平军出击。曾国藩认为，湖南的天地会已经形成较为严重的威胁，他们的大部分会党都加入了太平军，如果不加以铲除，必定留下后患。

当时，天地会是南方各省响应太平天国革命的主要力量，但他的影响力并非一上来就如此大。天地会最早创立于康熙十三年（1674），因其拜天为父，拜地为母，会员同为兄弟姐妹，故称天地会。参加天地会的成员主要是破产农民、手工业者和其他游民群众。天地会起自福建漳州地区，到18世纪末19世纪初已遍及福建、台湾、两广、湖南、江西、云贵等广大地区。太平天国起义后，各地天地会及其支派纷纷响应。

仅天地会一支力量就足够让朝廷头痛，更不要说其他名称古怪的会党，如串子会、红黑会、边钱会与香会等，加在一起让地方政府极其困扰。这些会党逐步形成大股武装，进入山区，成为危险的亡命之徒，在湖南的东南部和西南部尤为严重。

清政府明知他们的存在，却不敢加以镇压，因为其中一些地方武装已经过于强大。这些造反者目的并不相同，一些人以信奉某种宗教而聚集在一起，另一些则是以兄弟的名义相互结拜，还有一些人干脆以盗抢为宗旨。

更为严重的问题在于，一些暴徒也加入其中，让这些组织带有更加暴力的性质。在四处流窜和活动过程中，流浪汉和穷人成为他们源源不断的人力补充，让这些组织不断发展壮大，人数呈几何级数增长。按照理想的模式，如果想将这些扰乱社会秩序的组织彻底铲除，清朝应该派出正规军到每个县，让他们在当地驻扎下来，直至把所有危险组织瓦解，然后再向另一个县进军。

然而此时曾国藩的湘军，整体战斗力尚未形成，若将精力用于四处清剿暴民土匪，必将影响抗击太平军的更长远行动。更何况，这种清剿行动费时费力，要把一个县的反政府武装清除就要数月，要想把所有起义力量都消除掉，并非一朝一夕能够解决。在这种两难情况下，曾国藩想到一个应对之策——建立审案局。审案局的功能在于，根据被捕盗匪犯罪的严重性，审查案情并给予必要的惩罚。

让曾国藩始料未及的是，“审案局”引起湖南官场人士的极大不满，因为他将自布政使到各府州县长官的社会治安权收归自己名下，“巨案则自行汇奏，小者则惟吾专之”。在曾国藩眼里，那些贪图蝇头小利的地方官吏本就十分可耻，他对这些人的办案能力自然极不信任，所以常常越过他们，直接下达命令。他规定，任何人都可以捆送土匪流氓，不必经过过去那些层层手续，“一切勘转之文、解犯之费都行省去，宽以处分，假以便宜”。他办案的原则是：自行决定，从速处理，防止有人前来说情。

与此同时，江忠源的行动也并未停止。他正奉令率部沿江而下，前往南昌，帮助当地守军将太平军赶出湖南的后门。江忠源对水面作战一向有研究，他在路上给曾国藩写了一封信，提出他对水上作战的意见：只有一个办法可以打败太平军，那就是联合江西、湖北、湖南和安徽四省，共同建造上千艘战船，并从广东与福建调几千人来驾驶。当水师成功地平定长江地区以后，就可以攻打金陵、扬州与镇江，以便彻底肃清太平军。

这个建议引起了曾国藩的重视。但是曾国藩有自己的难处：因为朝廷对其扩军备战催促很急，朝廷的要求主要是希望曾国藩在陆军上加快扩张，而建立水师显然会耽搁时间。曾国藩仔细权衡：若要筹建水师必然拖延朝廷赋予湘军征剿太平军的进度，然而，如果这样换来的结果是，湘军能够远征得更为得力，对太平军造成更加致命的攻击，那么他没有理由不耽搁一阵。何况此时他还需要时间准备好陆军，以便将太平军与土匪赶出湖南。

某种程度上，曾国藩与江忠源在建立水师方面达成了一致。在这之后，江忠源在外作战过程中，又一次见识了太平军的实力，这让他在写给曾国藩又一封信函中提醒对方，只要太平军还能在长江上来去自由，那么官军就不可能获得长期的优势——其言外之意在于，舰队是必不可少的，建立水师迫在眉睫。

太平军正是尝到了拥有水面舰艇的好处。事实上，太平天国起义时并没有水师，但他们通过一次次战斗，却意外地增加了水面作战的能力。1852 年 10 月，太平军久攻长沙不下被迫撤出。其后，他们迅速攻下益阳城，这项战斗的一项收获是，战后数千只民船和大量船户加入了起义队伍。太平军以此为基础，建立了一支粗具规模的水营。几天后，水营的作用开始凸显，太平军用民船运军队到洞庭湖，攻占岳州。此役，太平军充分意识到水营在战斗中的重要作用，占领岳州后他们将五千余只民船和大量船户加入起义队伍。

太平天国的水师已经初具雏形。于是，东王杨秀清从参军的船户中挑选了湖南祁阳人士唐正才，任命他为典水匠，职同将军，统辖水营。自此，太平军建立了第一支水营。水营的力量不断发展并壮大，等到太平天国定都天京时，太平军水营共编为中、前、后、左、右五个军，后来扩编为九个军，共有官兵 112500 人，成为太平军的主要力量。

太平军水营建立后，迅速顺江而下。1953 年 1 月，太平军大小船数万只沿着长江南下，2 月即攻克南京，定都南京，改称天京。太平军所到之处是“帆幔蔽江，衔尾数千里……所向无前，乘风急驶，飘忽靡常，一日行数十里，处处使我猝不及防，所欲城池，不战即得，遍地金帛粮米……声势炫赫……几无御之之法”。清军在太平军的水营面前毫无招架之力，几乎未经交战便已分出胜负。

对于叛军在水师上的发展力度，清廷上下也看在眼里。长江中下游沿线一些官员对这种局面忧心不已，许多官员都提出了具体的建议。其中郭嵩焘更是大胆地认为，如果要和太平军争雄必须建设一支自己的水师，于是他很早就向江忠源提出建立水师的设想。在长沙操练湘勇的曾国藩也深有同感，认为“该匪以舟楫为巢穴，以掳掠为生涯，前在江西，近在湖北，凡伴水之区，城池无不摧毁。口岸不蹂躏，大小船无不掳掠，皆由舟师未备，无可何如”。

从实际作战情况看，曾国藩训练下的湘勇未来必然要转战长江沿岸各省，这些省份多是江河湖泊之地，在此地作战，必然和太平军水营发生恶战。如果要战胜太平军，必须打破太平军水营。要击败太平军水营最好的办法，当然是自己拥有一支水师。拥有一支较为强大的水师，就有了和太平军争夺长江制水权的资本。想明白了这些，曾国藩认为，建立水师必须得到当今皇帝的支持才行。于是，他向咸丰帝上书，表述建立水师的紧迫性。

咸丰帝此时正是最倚仗曾国藩的时候。对于他来说，相信曾国藩的能力成了最后的救命稻草，所以当听说曾国藩要筹集水师时，咸丰帝没有考虑太多便应允了。8月，曾国藩得到咸丰帝的批复，正式批准他的湘军水师建设计划，同时咸丰帝还督促曾国藩筹办船只、炮位，挑选水勇，组建水师。

不过，在皇帝答复之前，曾国藩遇到了不可避免的麻烦：民兵新军与正规军之间闹矛盾了。作为一支非正规军，湘军的出身就决定了他们跟正规军之间必然存在不可调和的矛盾。在爆发了一些小范围、低烈度的口角之后，8月17日，湘军与提督的标兵终于发生了一次大规模的械斗。曾国藩亲自责罚民兵，不出一个月，这两支部队又爆发了第二次骚乱，曾国藩要求提督按照军法处置。提督并没有按照他的要求执行。两晚之后，正规军出兵攻击塔齐布。此人指挥着曾国藩的部分部队。塔齐布防范不及，仓皇逃跑。整个过程中显得非常狼狈，幸好他情急之中躲在屋后的草丛里，好不容易才捡了一条性命。那些不法之徒烧毁了房屋，又来攻击曾国藩本人。正在此时，巡抚听到了喧闹声，他光着脚急忙跑到现场，努力规劝之下，闹事的士兵才罢手而去。

这件事发生之前，湘军与当地的清军已经发生过许多不愉快。要命的是，清军将领对手下士兵十分纵容，基本处于撒手不管的状况，这令曾国藩十分不满。曾国藩明知与官军的矛盾不可调和，既然如此，只能先避免与其正面接触为妙。为此，曾国藩已经在谋划换一处练兵的场所。上述一连串恶性冲突事件让他更加确信，必须尽早转移，他自己也加快了挑选新场所的计划。不久之后，他把自己的大营从长沙迁到衡州，那里有一个更为安静的练兵场所。曾国藩将新兵部署在湘东与湘南边界，用于镇压土匪，防止太平军从江西侵入湖南。

移师衡州之后，曾国藩正式开始编练水师。但是陆师的粮饷本来就不够，水师组建的经费更是问题。早在8月“清廷命骆秉章等仿照托罟式制造战船百余只。命两广总督叶名琛等购洋炮千余尊”。到9月并没有实质进展，也无法作战。为此，曾国藩奏称“两湖地方无一舟可以战舰，无一卒习于水师，现在总以为船为第一先务。筹备炮舰，招募水勇需银十余万两，湖南藩库仅存两万余两。有广东解往江南大营饷银十余万两，现留长沙，请将此项截留四万两，作为筹备炮船之费”。

朝廷因为急于建成水师，便迅速批准了曾国藩的请求。这之后，又命令湖南地方拨款三万两给曾国藩，这让曾国藩总算有了必要经费。与此同时，在后备物资方面，朝廷允许曾国藩可以截留槽米，用作军粮。这样一来，曾国藩基本解决了粮饷的燃眉之急。有了粮饷支持，曾国藩立刻开始水师和陆师的编练。

咸丰四年初，曾国藩水师的建设已经小有成就：“衡州船厂造新船241 艘，改造战船 120 艘，征用民船 100 余艘，自制和购买火炮 570 余门，招募官兵 5000 人，正式编为湘军水师，水师总统为褚汝航。”下辖10 个营，每营 500 人。

曾国藩编练湘军水师是仿照明代戚继光练兵方式先设官，再由官召兵，所以他建立了以各级将领为中心的对曾国藩负责的体制，具有很浓厚的私属性。此外，湘军水师和陆师都是独立体制。他们是作为两种独立兵种，水师不是陆军的附属，所以作战时很灵活。加之训练有素，装备先进，尽管人数不多，但战斗力却超强。

正在曾国藩积极编练水师的时候，1853 年下半年，安徽与湖北局势严重。尽管如此，曾国藩也无法一直沿江而下，他必须一边推进，一边肃清太平军，以巩固自己的阵地。为了应对太平军对湖北的围困，曾国藩已经与巡抚骆秉章、江忠源以及其他人通信，讨论联合数省力量坚守湖北的可能性。

之所以如此重视湖北的防卫，原因在于，曾国藩和他的同僚们十分清楚，武汉三镇是长江中游最有战略意义的地方，控扼着通往四川、广东与北方的通道。太平军越过安徽进抵黄州与巴河的目的，就是为了夺取并坚守武汉。控制住此地，就相当于掌控了直达金陵的江路。

曾国藩建议湖南与湖北军队联合阻止太平军再陷武昌，然后可以逐步将其赶出长江下游的几个要点，如果此后能将安徽与江西的力量动员起来，太平军终将被官军打垮。他跟江忠源、骆秉章等人商讨，制订了这个计划。

在筹备出征时间，曾国藩与其身边的人发生了一些分歧，特别是跟王鑫意见相左。说到此处，必须要提一下王鑫这个人。湘乡人王鑫行事颇为高调。他思维敏捷，爱发议论，声音洪亮，争论时总是盖过别人一头。在所有湘军将帅中，他是个性最为张扬的一位，就连左宗棠、胡林翼也比不上他。在湘军崛起的咸丰三年（1853），王鑫还只是个二十八岁的年轻人。

然而王鑫此时已经成为湘军里的重要将领。他做事十分务实，为了保卫长沙，王鑫提议组建一支军队，这得到巡抚与布政使的批准，让其建立 3000 人的武装。王鑫的原计划看上去不错，但在人数与装备规模方面，曾国藩并不认同，他觉得远远不够。

王鑫与曾国藩本来就有些不和，在派兵去增援江忠源问题上，两人就出现过分歧。这之后，王鑫的一次谎报军情又惹怒了湘军的最高统帅曾国藩。1854 年春天，王鑫与一些造反军打了一仗，击毙大约 30 人。他将此上报为一次大捷。在拟写联衔报告军事的奏疏时，曾国藩看了草稿，同意派发。但在正式送往朝廷的定稿中，左宗棠增删了部分内容，这样一改，就记述了一个虚假的胜仗。这令曾国藩十分震怒。

王鑫对湘军的出征有自己的看法，但此时的曾国藩，已经对他不像之前那样信任了。面对各种渠道得来的情报，曾国藩正在排除干扰，集中注意力，稳步推进他的建军计划。他的第一次远征很快就要到来。

第四章　攻打太平军从武昌下手

一、轻取武昌

1854 年 2 月，湘军正式开始进行第一次远征，与太平军展开正面厮杀。像所有历史上著名的将领出征一样，为了鼓舞将士的士气，主帅总要做一番动员。

出发前，曾国藩发表了一篇流传甚广的《讨粤匪檄》，文中称："举中国数千年礼义人伦诗书典则，一旦扫地荡尽，此岂独我大清之变，乃开辟以来名教之奇变。我孔子孟子所痛哭于九原，凡读书识字者，又乌可袖手安坐，不思一为之所也。自古生有功德，没则为神，王道治明，神道治幽，虽乱臣贼子，穷凶极恶，亦往往敬畏神祇，李自成至曲阜，不犯圣庙；张献忠至梓潼，亦祭文昌。粤匪焚郴州之学宫，毁宣圣之木主，十哲两庑，狼藉满地。自是所过郡县，先毁庙宇……以至佛寺道院，城隍社坛，无庙不焚，无像不灭，斯又鬼神所共愤怒，欲一雪此耻于冥冥中者也。"

如果仔细分析曾国藩这篇檄文的文本，可以看出他的立场与儒家传统一脉相承，也即站在捍卫中国主流道德文化的高度，大肆挞伐太平天国的所作所为。除此之外，曾国藩也不忘团结读书人，他动员读书人加入讨伐太平军的行列中来，其目的是为今后战胜太平军打下道义基础。

说句更加直接的话，曾国藩这番说辞还是为他作为朝廷重臣，替皇帝剿灭太平天国找到合法性，哪怕是为了自己在历史上留名也好，这篇剿匪檄文也是非常有必要的。

虽然鼓舞了手下人的士气，但曾国藩内心还是彷徨的，至少对于他来说，不知道这次远征是否一帆风顺。事实上，曾国藩这次出征前已经承受了很大的压力，他先前派出的探卒不断传来他不愿听到的消息，先是庐州失守，紧接着又是他极为倚重的楚军大将江忠源战死。随后，又有消息称，吴文镕出战黄州堵城大败。

这些坏消息让曾国藩的自信心受到了一些影响。不过，这反而提醒了曾国藩，不可贸然发动大规模出击，那样做的风险同样很大。对于湘军这样一支实战经验匮乏的新军来说，积累实战经验是当务之急。于是，曾国藩审时度势，让湘军在 3 月打了几个小胜仗，将太平军赶回到了岳州，这样极大地提高了队伍的自信心。随后，曾国藩率领湘军的整个水师乘胜追击，并与大约 4000 名陆军结合在一起，火速向岳州挺进。

与此同时，另一支人马也在对曾国藩的行动进行策应——骆秉章令王鑫率所部北进湘阴。正是由于王鑫的这次行动，导致了曾国藩的首次失利。

事情的经过是这样的：当时太平军见官军大举北上，来势汹汹，就决定不进行正面抗击，而是自动撤出湘阴和岳州，给王鑫留下两座空城。王鑫不知是计，他轻易击败湘阴本地会党后，立刻进驻岳州。连续拿下两座城池后，王鑫开始犯狂妄自大的毛病。他过于轻敌，决定继续挥师北进，打算一口气收复湖北的崇阳与通城。然而，他派出的前锋在羊楼司遇到了太平军南下攻击的大部队，交战之后，湘勇稍稍退却。王鑫听到消息，立刻带领主力赶到。他们花了好大力气才将太平军击退，救出了前锋。然而此时，太平军主力突然从四面杀来，使湘勇受到重创。

与此同时，太平军的水师也开始行动。他们当即上船，乘着北风向岳州驶进，王鑫急忙回军岳州守城。这时候，曾国藩的部将邹寿璋告诫王鑫，说岳州已是空城一座，没有粮食，无法防守。王鑫不听，执意要守。结果第二天，太平军派出主力开始攻城，王鑫出城迎战，又被太平军击败。

王鑫只好退回岳州城里，死守城池不出。太平军丝毫没有放松的迹象，反而派出兵力加紧攻城。由于城内没有粮食，湘勇一天没有进食，战斗力开始下降，眼看着就要将岳州拱手让出。万般无奈之下，王鑫派人给曾国藩的水师送信，请求他们登岸夹击。但是由于大风的关系，使得曾国藩的水师遭到严重破坏，几乎损失了一半实力。曾国藩为了保存水师实力，已经南撤，无法前来增援。湘勇看到救兵不来，丧失了继续战斗的信心。他们又累又饿，难以坚持抵抗。正在危急时刻，曾国藩突然派船来接他们撤走，王鑫羞愤交加，打算自刎，被部众簇拥突围而出。

这一仗，王鑫率领的兵将损失惨重。包括营官钟近濂、刘恪臣等十几人阵亡，王鑫自知难辞其咎，便主动写信给骆秉章自请处分，请求让他收集溃散的士卒，继续投入战斗。骆秉章奏报朝廷，得到批准："王鑫轻进失利，着即革职。该员平素剿贼尚属奋勉，着准其带勇，效力赎罪。"

曾国藩对于这场失利也非常懊恼。虽然他出手救了王鑫，但对王鑫极为不满。他不光对他大加申斥，更宣称要给他严厉的处分，方解心头之恨。多亏骆秉章和左宗棠对这个遭受挫折的年轻人寄予深切的同情，对他加以保护，王鑫才得以挺过这个难关。

对于曾国藩来说，失败并不是只有这一次。更让曾国藩沮丧的失败在靖港之战时出现。1854 年春天，太平军西征大军攻入湖南，很快便夺取了湘潭和靖港，兵锋直指长沙。面对省城危局，曾国藩马上在长沙召集军事会议，决定派出湘军主力进攻湘潭，以牵制太平军。作为主帅，曾国藩本人则带领余部镇守长沙。

然而，当大部队出发之后，原有的军事部署却突然发生了变化。原来是留守长沙的曾国藩收到了一个情报，这个情报是长沙城里的乡绅们提供的。这些乡绅听说太平军大举进军，非常担心他们攻入长沙后，让他们的财富丧失。于是想尽办法给曾国藩提供建议。他们说获得的一份情报显示，驻扎在靖港的太平军只有几百人，很容易打，曾国藩只要率领余部去便能大胜。曾国藩觉得这个建议不坏，靖港的太平军人数不多，如果自己前去轻易将其击败，不仅可以缓解长沙被围的局面，还可以用胜利提升湘潭前线的士气。经过一番衡量，曾国藩决定亲自带兵进攻靖港。

不过，此时的曾国藩其实并没有上前线战斗的经验。更何况，他手下的士兵多数是新兵，主力军都派去攻打湘潭了。尤其去靖港作战的水师，根本还是当初招募来的船夫和水手，都没打过仗，带领稚嫩的新兵上前线可是兵家大忌，但是正是因为第一次带兵打仗，曾国藩内心并没有什么顾忌，还是自信满满地启程奔赴靖港。

到达靖港时，天气条件表面上非常有利于曾国藩。当时刮着西南风，湘军战船毫不费力地接近了太平军的阵地。事实上，湘军战船多数没有动力，虽然靠自然风接近了太平军，但是却缺乏回旋转向的能力。结果直接冲到了太平军的营垒旁边，太平军抛出铁钩钩住船拉到岸边，展开陆战。

问题是，湘军派出的陆军作战能力也很差。他们上岸之后毫无准备，结果惨遭太平军的迎头痛击。由于湘军的士兵都是新兵，看到太平军士气如此勇猛立刻慌了手脚，仓促之下四散逃窜。湘军如潮水般败去，这让曾国藩气急败坏。他大喊，谁要逃跑，立刻斩首。据说，情急之下，曾国藩的确亲手杀死了几个逃跑的湘军士兵。

然而，败军总归无法抵挡。这一仗下来，湘军水师战船损失了三分之一，余下战船上的炮也损失了四分之一，加上兵员的死亡与逃窜，总体来看，湘军水师的一半都葬送在靖港之战中。

靖港之战是曾国藩组建湘军之后自己与太平军的第一次交锋，最后曾国藩大败亏输，气得直要跳河自杀。他两次打算跳水自尽，所幸每次都被身边的士兵救起，幸免于难。

即便如此，曾国藩仍然感觉愧对朝廷。更重要的是，这次失败对他是个严重打击，一贯自信满满，对自己领兵打仗能力非常有信心的曾国藩，开始严重怀疑自己。他了结自己生命的意愿无比强烈，他写的一个遗折充分说明了他的心迹："为臣力已竭，谨以身殉……臣愧愤之至，不特不能肃清下游江面，而且在本省屡次丧师失律，获罪甚重，无以对我君父。谨北向九叩首，恭折阙廷，即于某某日殉难。"

不只是曾国藩对自己产生怀疑，当他退到长沙时，周围的人也对曾国藩产生新的看法。因为这次失败影响太大，一些长沙官员都禁不住对他公开嘲笑，认为他带兵打仗的能力欠佳。

光是外人嘲笑他也就罢了，自己的家人这时候也来给曾国藩添乱。他的二弟曾国潢来到长沙，也跟他吵架。他在一封家书中写道："余近来因肝气太燥，动与人多所不合，所以办事多不能成。澄弟今日肝气尤旺，不能为我解事，反为我添许多唇舌争端。军中多一人不见其益，家中少一人则见其损。澄弟及诸弟以后尽可不来营，但在家中教训后辈。半耕半读，未明而起，同习劳苦，不习骄佚，则所以保家门而免劫数者，可以人力主之。望诸弟慎之又慎也。"

对于靖港一战的失利，曾国藩也总结过原因："是日风太顺，水太溜，进战则疾驶如飞，退回则寸步难挽，逮贼舟来逼，炮船牵挽维艰，或纵火自焚，或间以资贼，战舰失去三分之一，炮械失去四分之一。"

靖港之战败后，湘军的处境也变得极为不利起来。一些本来就跟曾国藩有过节的官员开始发难，比如布政使徐有壬、按察使陶恩培一同向骆秉章提议参劾曾国藩，并请先解散湘军。好在骆秉章此时还支持曾国藩，他回击说："曾公已自请议处，何烦再劾。你们只把失败归咎到他人头上，难道不想想现在太平军如何盛？如果没有曾公一军，派谁来守城！"因此不同意上折参奏。

就当众人齐声指责湘军时，曾国藩总算听到了好消息。湘潭传来塔齐布的捷报，他击败了石达开的部将林绍璋，勇克湘潭，歼敌无数。这一场胜利立刻化解了朝廷对湘军的质疑，那些要求解散湘军的声音终于销声匿迹了。

更重要的是，湘潭大捷基本解除了曾国藩的从政危机，缓和了满朝文武对他的苛责，甚至减轻了由于岳州与靖港失利而给曾国藩的处罚。如今，咸丰皇帝也有理由制止继续抨击曾国藩的文武百官，给湘军一些正面鼓励的支持，毕竟太平军是当下最重要的敌人，而湘军只不过是刚刚组建的新军，许多事情还需要磨合。咸丰帝此时迫切希望湘军能够迅速休整完毕，重开征伐，前往湖北、江西与安徽受到威胁的地区。

事实上，在咸丰皇帝心里，除了太平天国这一心腹大患外，全中国范围内都有不断闹事的叛军。比如咸丰四年（1854）八月，贵州桐梓一带爆发杨隆喜、舒裁缝等人领导的斋教起义，就让咸丰帝头疼不已。

斋教又称"老官斋教"，是由明教演变而来的秘密宗教组织，与白莲教联系密切，素有反清传统。斋教首领是杨隆喜，桐梓溱里九坝人。他利用斋教号召群众，聚集力量，密谋起事。他的合伙人是舒裁缝，为遵义大溪里芝麻坪人，以裁缝为业，走遍滇、黔。舒裁缝曾参加过咸丰四年初的杨元保起义，失败后潜回家乡，与杨隆喜结为密友。

两人对革命暴力活动一直情有独钟，也不甘心就此受到清朝的剥削统治，很快他们就商定，准备策划一场更大规模的反清起义暴动。1854年8月初，杨隆喜、舒裁缝等人在九坝聚集斋教教众及贫苦农民千余人，攻占桐梓县城。他们建立起义政权，以杨隆喜为都督大元帅，建号"江汉元年”，并发布檄文，痛斥满清暴政。两人的行为颇具蛊惑性，正值老百姓生活贫苦，地方政府腐败不堪，所以一下子就受到当地许多民众的支持。

除此之外，还有一支明确支援太平军的力量——上海小刀会起义。小刀会在中国近代史中赫赫有名，他们的起义发生在1853年至1855年间。其领导人是刘丽川等，他们的起义主要是领导上海人民反抗清朝封建统治和外国侵略。

小刀会起义背后，也有比较深刻的历史原因。那时，鸦片战争刚刚结束，上海一下子沦为“五口通商”口岸之一。这下苦了上海及其附近的各县人民，他们不断受到封建主义和外国资本主义双重压榨，食不果腹，日益贫困，濒临破产。一些不愿就此下去的民众开始起来反抗，“小刀会”就是看准了这个时机成立，并成为维系农民和手工业者的秘密团体，找寻各种机会发动对清朝的抗争行动。小刀会本质上属于天地会支派。

1853年8月17日，嘉定小刀会首领徐耀率该县农民捣毁县署，后与青浦小刀会首领周立春联合，并在其领导下，于9月5日再占嘉定。7日，上海小刀会领袖刘丽川、潘起亮乘上海城内举行祭祀大典之机发动起义，攻入县城，杀知县袁祖德、俘苏松太道吴健彰。起义军根据天地会“反清复明”宗旨，建立“大明国”，并公推刘丽川为“大明国统理政教招讨大元帅”，李咸池为平胡大都督，陈阿林为左元帅，林阿福为右元帅，潘起亮为飞虎将军。不久，刘丽川改称“太平天国统理政教招讨大元帅”，表示接受太平天国领导。

起义后，刘丽川、周立春为巩固政权，势力扩张至上海周边五县，声威大振。为取得太平天国支持，刘丽川原拟分军挺进镇江，与太平军会合。14日，潘起亮率上海义军一部会同嘉定义军王国初部西进，一度攻入太仓城，后遭知州蔡映斗、吴县知县丁国恩所部清军反击，被迫撤出。16日，王国初率义军再攻太仓，受挫退兵。自此，刘丽川放弃西进计划，太平军也始终未能与小刀会取得联系。

小刀会起义后，清廷急令钦差大臣、江南大营统帅向荣分兵镇压。向荣即派刑部主事刘存厚、参将秦如虎率兵勇1600人东下，会江南大营帮办军务署江苏巡抚许乃钊、按察使吉尔杭阿、署江南提督和春、总兵虎嵩林、知县丁国恩等部共计3500余人，合攻起义军。

清军自10月上旬起，连日向上海城进攻，均被起义军击退，乃改用穴地攻城，秘挖地道，埋放炸药。1854年2月6日，轰塌城北城墙，2000余名清军自缺口冲入，潘起亮率军反击，将清军赶出城外，并出城追杀，缴获火炮12门及大量其他军械。此后，起义军多次出击，迫使清军退出南郊，防御态势稍趋改善。5月25日晨，清军又将小南门城墙炸开，200名清军冲入城内，起义军反击，毙其40余人，将其赶出城外。

小刀会起义之初，英、美、法三国表面宣布“中立”。1854年4月4日，三国侵略者与清军发生“泥城之战”，趁机攫取上海海关控制权。6月，三国领事决定以武力强迫小刀会退出上海县城。7月，许乃钊以师久无功被革职，吉尔杭阿继任江苏巡抚，中外反动势力进一步勾结。9月，侵略者在县城与租界间高筑围墙，隔绝了义军运粮通道，同时将军舰及武装汽船5艘泊于黄浦江。12月9日，法军强拆起义军洋泾浜炮台，双方发生冲突，法战舰炮轰县城和小东门外义军炮台，公开镇压小刀会起义。

1855年1月6日，法军400人联合数千名清军进攻县城北门。起义军奋力作战，击退中外势力联合进攻。但由于长期困守孤城，形势日趋险恶。刘丽川见势难坚守，决定分路突围。16日夜，潘起亮率部分起义军由小东门突围，后抵镇江，加入太平军。17日夜，刘丽川率军由城西门突围，黎明行至虹桥，与清军虎嵩林部遭遇，激战身亡。次日，清军占领上海县城。

总体来看，上海小刀会起义支援了太平天国革命战争，打击了清王朝及外国侵略者。但起义后消极防御，长期困守孤城，显然是一大失策。

曾国藩非常了解全国各地的民众起义，但是此刻他无暇顾及这些，他一心用于湘军再次出征的准备工作中。他又建了新的船厂，准备制造更多船只，同时他也继续加强训练水师，研究太平军的进攻策略，以便在之后与其对垒中取得决定性胜利。

然而就在曾国藩准备之际，太平军也加快了进攻的步伐。他们已分布于洞庭湖西端的整个地区，并于 6 月 8 日攻占了龙阳，又于 6 月 11 日攻占了常德。此时，对付湖北陆上太平军的作战，主要由荆州将军满人官文指挥。

1854 年 6 月，曾国藩出于战略考虑，决心在进军湖北之前肃清湖南的太平军力量，其中特别要防止交通线被敌军截断。于是湘军水师与陆军分 3 路进兵。西路由胡林翼指挥，已经抵达常德，他的任务是将太平军击退，肃清那一地区的洞庭湖港湾。

湘军派出的中路将领是塔齐布与褚汝航，他们指挥水陆联军顺湘江而下，抵达岳州，并于 7 月 25 日收复该城。胡林翼先声夺人，他把湖区的敌军肃清之后，迅速赶往中路增援。第三路军从东路出击，通过陆路东进，过平江，抵达崇阳。此城位于湖北边界，距离武昌还有约一半路程。以岳州为目标的两路部队于 7 月 27 日遭遇了太平军几百艘船的舰队，将之击败。

经过此战，曾国藩原本以为太平军已经全线撤退，湖南境内应该已无太平军。他据此向朝廷奏报，但事实证明他弄错了。他的奏折刚刚送走，大批太平军又溯江而上，来到岳州，让曾国藩及其副手们忙活了将近两个月。不过，这次曾国藩取得了前所未有的胜利，他们打了 13 仗，赢了 12 仗。

在经历了这么多胜利之后，曾国藩总算积累了进攻湖北的信心。他的下一个雄心勃勃的目标就是武昌。1854 年 8 月下旬，曾国藩开始部署，慢慢对武昌形成包围，第一步，他攻下了武昌远郊的纸坊，紧接着他便准备进攻武汉。武汉由三部分组成，由长江、汉水分割，这其中武昌的位置最为重要。

此时，太平军正重兵防守武汉，他们总共派出两万人驻扎在武昌各个要地。此外，太平军的水上力量也前所未有地壮大，它现在有几千只船舰，并且还在武昌城外修筑了坚固的防御工程。

不过，太平军的劣势并不少。首先，太平军的舰船都是直接从老百姓手中拿下，多数都是将民船直接改装成作战舰船，船上军事设施不够健全，其作战能力也尚待检验；其次，太平军手中的武器装备较差，不仅是简陋不堪，更主要的是多是土炮，太平军也缺乏有经验的将领，临战指挥是个较大问题；最后，太平军已经遭遇两次惨败，失败的阴影笼罩着整个军队，其信心极其不足。

反观曾国藩这边，他率领下的湘军情况却要好很多，虽然其总兵力与太平军旗鼓相当，也是两万人，但重要的是，湘军的武器装备比太平军精良许多。虽然湘军水师在城陵矶惨败，但其陆军却获大胜，并最终攻下了城陵矶，这提振了整个湘军的士气。

曾国藩对敌我力量的对比十分清楚，这增强了他取得胜利的信心。根据对方水上力量薄弱的特点，曾国藩特意增加了水师的兵力，以便在攻击太平军时更加无坚不摧。曾国藩制订了水师作战的详细计划，具体来看，就是集中优势兵力各个击破。第一步，他派水师清理江面，控制水上交通要道，以此把太平军与武汉三镇的通路彻底堵死；第二步，他让水师与陆军联合，用炮火向太平军的营垒发起进攻；第三步，他把陆军的主要兵力用来攻击武昌，命令魁玉带领的湖北兵围攻汉阳。

8 月 21 日，水陆两军同时向太平军发起进攻。他们将太平军的五百多艘船舰击毁烧尽；塔齐布率领的陆军将洪山攻下，使位于武昌南面重要高地和“陆路汇总之处”得到控制。罗泽南率领的军队也在同一天将花园营垒攻下。这时，守城的太平军混乱极了，许多人纷纷弃城逃跑。

第二天，清军水师又击毁了数百只船舰，攻下了武昌和汉阳城外太平军的所有大小营垒。太平军一下子溃不成军，黄再兴大为吃惊，不敢恋战，第三天凌晨便弃城出逃。汉阳守军也在同一天弃城东走。第四天，湘军水师又乘机对未撤离的汉水太平军船队进行围攻，数千只船舰有的被烧毁，有的被击沉，无一能够幸免于难。

短短四天时间，湘军就取得前所未有的大胜。从双方损失对比来看，湘军只有二百多人伤亡，却一举将武汉重镇攻下。太平军付出了极大代价，两千多艘船舰被损，数千名士兵伤亡，武汉也因此失去控制权。

对汉阳与武昌的收复，清廷上下皆欢欣鼓舞，包括皇帝在内，对曾国藩的用兵能力又有了新的认识。而且好消息还不断传来，当太平军放弃江北后，他们开始靠近黄州，这说明太平军已经被湘军赶出了湖北。曾国藩也很快向咸丰皇帝正式奏报战况，在奏折中，他并没有极力显示自己的功劳，而是特别举荐了在武昌战斗中立下战功的部属。此外，以往被贬谪的官员也被他重新提起，希望朝廷恢复他们的官职。咸丰皇帝对曾国藩的表现十分满意，奖赏他戴单眼花翎，并任命其为湖北署理巡抚。

在取得了皇帝的重新信任后，曾国藩也开始向朝廷直接指出这次进攻武汉行动中的问题。10 月 21 日，曾国藩上书陈情，主要内容是抱怨湖北对军队支持不足。

此时，如果曾国藩接受署理巡抚的任命，他一直忧愁的问题很有可能得到改善，因为湖北巡抚对该省的经费会有直接的控制权。不过，曾国藩最终辞谢了湖北代理巡抚的任命。他的下一个目标是全心全意带领军队东下，兵分三路，先破田家镇，再进攻九江。

二、石达开大败湘军水师

对于敌我战斗的双方来说，总是一家欢乐一家愁。当清朝当政者欢欣鼓舞地迎接对太平军最大的一次胜利时，太平军这边却是一片愁云惨雾。这对于一支造反的武装力量来说，不啻为一次沉重打击。

武昌失守的消息传到天京当天，太平天国的重要领袖杨秀清十分吃惊，他没想到湘军竟然如此迅速地取得胜利。他开始认真对待湘军的统帅曾国藩，并且对于曾国藩的下一步计划变得忧心忡忡起来。

杨秀清想到的第一个作战部署就是，立刻命令燕王秦日纲前往田家镇布置守卫事宜。田家镇是一个具有战略地位的要冲。它坐落于九江上游约 65 公里，武汉下游 150 公里，广济县城西南约 40 公里的长江中下游北岸。田家镇与对岸半壁山和富池口互为掎角，是鄂、皖、赣的门户和入武汉之咽喉。由于两山夹峙，长江到此突然收窄，两岸相距只有 500 米左右，故有“划船过江十八桨”之说。

田家镇是一个有几千人口的大镇，水陆交通便利，自古以来就是长江北岸上的一个整体市井。田家镇在长江北岸，南岸是半壁山，半壁山和田家镇遥遥相望。太平军为了阻止湘军水师在长江通行，就在田家镇和半壁山之间做了一道障碍——两道铁链。这两道铁链一边连在半壁山崖上，另一边连在田家镇太平军的军营。然后，在山这边，镇那边，两边都连营四十多里，每边设五座炮台，在铁链下面又搭了一线浮桥，在浮桥上设置木排，一根根木头连在一块就是木排，木排上面列了很多尊大炮，对准上游。

田家镇向来易守难攻，此时作为守卫的一方，太平军似乎占据了心理优势。因为他们曾在这里击败清军的重要将领江忠源。这一次，太平军除了在这里设有重兵外，他们还有准备与湘军决一死战的决心。此外，为了以防万一，他们对于来犯的湘军还设置了多重防线，比如在田家镇的上游蕲州，太平军就设了阻止曾国藩东下的第一道防线，并且派了著名的年轻将领陈玉成在那里驻守。在田家镇，则是由燕王秦日纲在半壁山层层筑垒，并沿江安设大炮，以势在必得的决心阻止曾国藩。

无论太平军如何防范，曾国藩还是决心拿下田家镇。秋高气爽时，曾国藩启动了他的进攻计划。他亲自率领大军顺水扬帆，率师东下。当他的船只行至蕲州不远的道士滩时，曾国藩认为不能强攻，应该智取。他分析太平军的排兵布阵：陈玉成驻守的蕲州江面战船不多，陆军大部分驻军江南，似乎随时准备援助大冶、兴国两城。曾国藩想到了一个“声东击西”的战略，他命令塔齐布和罗泽南各率领陆师分别进攻兴国和大冶两城，引诱陈玉成派兵援助。他自己则率领全部水师乘此机会，猛冲过蕲州。

陈玉成果然中计了。当他得知塔齐布攻击兴国时，立刻率领人马前去增援。但行至半路，忽又听说罗泽南带兵进攻大冶，陈玉成很想再去大冶，但此时已经分身乏术。不过，总归不能见死不救，陈玉成不得不将兵力拆分，让一部赶紧去大冶援助，自己则继续向兴国挺进。没想到，还没等陈玉成赶到，塔齐布率先攻下兴国，陈玉成不得不率兵赶往大冶。谁知刚到半路，就遇到从大冶溃败下来的士兵报告说大冶已丢。陈玉成只得退回蕲州。曾国藩这一个计策就让陈玉成立即丢失了两个城池。

曾国藩早料到会出现这一幕。在陈玉成离开蕲州的时候，曾国藩会合李孟群的水师共二十营约一万人，冲破蕲州太平军水师防线。此役曾国藩率军取得完胜，太平军则一败涂地。

下一轮战斗紧接着又来了，地点是在长江南岸的半壁山。罗泽南、塔齐布在攻克兴国、大冶之后，合军进攻半壁山。11 月 20 日，湘军与太平军在半壁山下展开大战。此时的湘军借着之前的胜利已然士气大振，太平军正好相反，由于接连吃败仗，整个军心十分萎靡，不战先败的迹象十分明显。

果然，两军刚一交手，战场态势就十分明显。虽然太平军占尽地势的便利，但明显处于劣势。在激战了一段时间后，太平军感觉湘军的攻势太猛烈，长久下去恐怕会损失惨重，于是开始边战边退，直至退至山顶。太平军见势不妙，开始求助援军。然而三天之后，在援军的帮助下，太平军还是再次败给了湘军。这种情况下，太平军只能继续撤退，这次他们退至田家镇。自此，半壁山要隘被湘军占领，能够保护太平军的唯一凭借只有铁链了。

对于太平军这道防护，湘军也早做了准备。其中关于怎么破解太平军的铁链，湘军大将彭玉麟想了个办法：在冲锋舟上，放置一座铁匠用的炉子，一个风箱，以及斧头、钳子和锤子。江中铁链分为两种，一种是横的，比较粗；一种是竖的，连着下面浮桥，细一点。竖链，可以用斧头、钳子砍断；横链，则以风箱加温，用熔炉把它熔断。

除此之外，彭玉麟安排了进行掩护的船队，先锋舟只管往前冲，船上的人只管埋头做准备工作，不要还击，不要东张西望。做掩护的几十艘船，其中有炮船，炮船会对沿岸太平军进行轰击，吸引太平军的火力。先锋舟躲在中间，不发炮，太平军就不会用炮火来对付它，它就可以顺利到达铁链底下。这一招很聪明，但要付出代价，做掩护的船被击沉不少。实战证明，这个方法非常奏效，太平军的铁链断了。

当铁链断掉之后，杨载福急令船队顺江而下，抢先赶到武昌截断太平军船队的归路，然后再溯江而上，沿途放火，使太平军水师数千船只顿时化为火海。湘军取得田家镇大战的完胜。

田家镇战役以后，太平军九江以上的船只荡然无存，水师也基本瓦解了。湘军水师得手以后，乘胜追击，塔齐布、罗泽南陆师也赶来助攻，太平军险要尽失，士气大丧，不得不于12月3日撤出田家镇，向西退却。

田家镇之战对于曾国藩的湘军意义重大。湘军从此把水道打通，可以直逼九江城下。九江的战略地位十分重要，因为它处于长江的转折点，不把九江拿下来，就无法攻克下一个节点安庆。如果攻克安庆，恢复对天京的控制权就不再是梦想。

然而，曾国藩的军队没有想到的是，在九江有一个强大的敌人正在等待他们，他就是太平军的著名将领——石达开。

石达开小名亚达，绰号石敢当，广西贵县（今贵港）客家人。石达开不仅是太平天国一代名将，也是晚清中国的武学大家。在武学修为方面，《北平国术馆讲义》将他与许宣平、达摩祖师、宋太祖、岳武穆、张三丰、戚继光、甘凤池等人并论为中国历史上最杰出的拳术名家。

石达开在太平军中的上升速度极快，可以说是少壮派的杰出代表。他十九岁就当左军主将，二十岁封王。不过石达开三十二岁兵败大渡河，其人生经历了非常强烈的转折和变化。简而言之，石达开的前半程可以说是挥斥方遒，快意人生，而后半程则是众叛亲离，孤独寥落。

在太平军的进攻行动中，当1852年西王萧朝贵阵亡之后，打先锋的主将就是石达开。按照太平军的排兵布阵，从长沙、武汉到南京，石达开基本上都是坐在船上，指挥林凤祥、李开芳在前敌冲锋陷阵；杨秀清跟洪秀全在中军，韦昌辉当时一般是后卫。

别看石达开年轻，但他非常能打仗，而且又有谋略。所以当时清军都特别害怕石达开，清军听说有石达开坐镇，都会纷纷逃避，不敢跟他正面冲突。

此时的曾国藩凭借田家镇大捷之威，完全控制住了长江上游。他来不及停下休整队伍，就立即令彭玉麟率领水师，塔齐布率领陆师，向长沙中游的重镇九江进发。

九江“据三江之口，当四达之衢”。自古以来，被称之为“六朝重镇”、“吴楚雄关”。承平时期，这里是商贾云集的商埠，战争年代，这里是军事斗争的折冲要地。在中国两千多年的历史长河中，九江发生的大大小小战争数以百计。特别是北宋初至清咸丰882年间，九江发生了三次大的浩劫。每次劫难，均给九江造成了毁灭性的破坏。

杨秀清也深知九江的重要性，所以他才派遣太平天国的优秀将领石达开、罗大纲赶赴西线指挥。不过，当他们率军星夜兼程赶到九江时，前线太平军又告失利，连连退却。这样，太平军只好南渡长江，合力据守九江、湖口两城。

1854 年 12 月 8 日，曾国藩派遣水师前锋彭玉麟率军进至九江江面。这时，太平军主力大部集中于长江北岸，曾国藩命南路之塔齐布、罗泽南所部湘军于 12 月 9 日渡江。曾国藩亦于次日抵田家镇，指挥北岸的作战。当日，太平军冬官正丞相罗大纲也由江西饶州率军近万人渡江至九江对岸之小池口，支援秦日纲等部，抗击清军的进攻。12 月 20 日至 31 日，双方在鄂东双城驿、黄梅、濯港、孔垄驿，进行了一系列战斗，太平军连连失利，最后只得退入安徽境内。

1855 年 1 月 2 日，罗大纲率部渡江，退守湖口。这时，石达开已带领胡以晃等自安庆抵湖口，曾国藩也由田家镇进抵九江城外，湘军与太平军的主战场开始由江北移向江南。

湖口位于鄱阳湖入长江口之东岸，依山傍水，形势险要。湖口之西对岸为梅家洲，再西五十里，即为古城九江。

对于石达开来说，局势已经相当严峻。半年来，太平军屡次战败，失地千里，军心相当混乱。况且太平军在九江、湖口一线的部署兵力均远逊于田家镇，很难与获胜东下的湘军争锋。石达开分析，要战胜敌人，必须争取时间，因为湘军的精锐是其水师，它船坚、炮利，训练有素；反观太平军，船只虽多，几乎全由民船改建，负载小，炮质差。如果太平军不改造水师状况，以新式战舰来代替旧民船，就不能在千里大江中与湘军抗衡。

在此之前，咸丰皇帝曾经令四川、湖南、江西督造战舰。江西战舰造成后，由总兵赵如胜统率，停泊于鄱阳湖内的姑塘。为了增强水军的战斗力，石达开命太平军必须击败赵如胜军，以获取他们的船只。在太平军的猛烈攻击下，赵率船退扎吴城镇。太平军以九十人奇袭吴城镇，赵如胜四千余人闻风溃逃，石达开趁机俘夺了其战舰百余号，大小炮七百余尊，大大加强了水师的力量。

除此以外，石达开还在兵力上做了很大调整，命令殿前丞相右十二检点林启容坚守九江，东殿左三十一承宣黄文金坚守湖口；命田家镇大战时活动于江西、安徽以征粮的已革豫王胡以晃至湖口，罗大纲至九江对岸的小池口，直接投入了战斗。这样，集结在九江、湖口一线的太平军总数约有近两万人，仅比湘军略少。胜负的天平已经开始发生变化。

曾国藩也不甘示弱。为了集中力量进攻九江，湘军加紧从江北向南岸转移兵力。1 月 6 日，塔齐布部从上游琵琶亭渡江，次日移驻九江南门外。8 日，新任湖北按察使胡林翼也率黔勇两千赶到，分扎要隘。9 日，罗泽南部从下游白水港渡江。曾国藩又调副将王国才所部三千余人为预备队。这样，围攻九江的清军总兵力达到一万五千人。

1 月 29 日，大战正式打响。曾国藩下令再攻梅家洲，水师都司萧捷三、段莹器、孙昌国、游击黄翼升等，率长龙九号，舢板一百二十号，精锐之卒两千余，再次斩缆攻入鄱阳湖。

面对来势汹汹的清军，内湖的太平军水师且战且退，诱敌深入姑塘以下。湘军日暮不得归，择港湾暂时停泊。石达开见萧捷三等中计，立即在湖口和梅家洲之间修起两座浮桥，断了萧捷三等部的归路。

当天晚上，太平军潜入湘军大营放火，两岸数千陆军也紧密配合，用火箭、喷筒射向敌船。湘军没有舢板，“如鸟去翼，如虫去足，实觉无以自立”，不能抵御。士卒再不遵号令，纷纷挂帆上逃。虽然李孟群、彭玉麟百般阻止，也无济于事。次日，湘军水师全部败退到九江。太平军陆师也乘胜出击，打败了胡林翼、罗泽南部。曾国藩惊惶万状，将胡、罗和正在武穴养伤的杨载福等部火速调回九江。

在湖口大捷的同一天，江北秦日纲、韦俊、陈玉成所部太平军自安徽宿松西进，击败清军参将刘富成部，占领黄梅。2月2日，罗大纲派部进占九江对岸之小池口。曾国藩以“水师既陷于内河，陆军复挫于小池口”，遂调胡林翼、罗泽南二部由湖口回攻九江，驻于南岸官牌夹。

为了给湘军致命一击，2月11日夜，太平军由九江、小池口各抬数十只小划子入江，乘夜色发动猛攻。他们直攻曾国藩所乘的驾船拖罟，同时用喷筒火箭猛烧敌船队。

曾国藩显然毫无防备，面对太平军的突袭，他大惊失色，惊惶中投水自杀，后被侍从救起，拖上小舟，逃到罗泽南营中。这一仗曾国藩输得屁滚尿流，他所乘拖罟，连同船上的“上谕”、奏稿、文案、账目、书信和前一日才收到的御赐品——狐服黄马褂、白玉四喜扳指儿、白玉巴图鲁翎管、玉靶小刀、火镰等均被太平军缴获。湘军水师“辎重丧失，不复成军”。

太平军在湖口大胜后，并没有见好就收，反而乘胜反攻，由水陆沿江而上。他们接连拿下黄梅、广济、蕲州、黄州。

咸丰五年正月初七（1855年2月23日），太平军又重新占领汉阳城。清政府极度震惊，闻讯后急令曾国藩回师武汉。曾国藩接到圣旨，只得派胡林翼、王国才两部及彭玉麟、李孟群水师援救武汉。然而此时太平军对武汉包围甚紧，湘军的力量又单薄，加之他们刚刚战败，既没有休整，也没有取得胜利的信心，因此未能救得武汉。4月3日，武昌终被太平军攻克，湖北巡抚陶恩培被打死，湖广总督杨霈逃走。

九江之战极大扭转了太平军的颓势，也使得清军刚刚取得的战场优势不复存在。客观分析，九江大败的直接责任者应该是曾国藩。之前的屡战屡胜，已经让曾国藩不可避免地产生了轻敌的骄傲情绪。在曾国藩看来，太平军水师已被彻底摧垮，陆师也受到沉重打击，湖口、九江防御薄弱，石达开是“铜臭小儿，毫无知识”。曾国藩认为：“长江之险，我已扼其上游。金陵……所需米、石、油、煤等物，来路半已断绝”，不难“肃清江面，直捣金陵”。

因为骄傲轻敌，曾国藩不顾湘军半年来转战千里，将骄兵疲，其势已为强弩之末，不进行休整补充，匆忙投入战斗，舍弃了原来步步为营，稳扎稳打的原则。九江城尚未攻下，为了打通江西饷道，摧毁被太平军俘去的原江西舰队，竟然越过太平军手中的九江，东下攻湖口，于是水陆既形隔绝，兵力又被分散，两地不能兼顾，急功好利，犯了兵家大忌。

此外，在战略和战术上，湘军将领中存在着分歧，这也是导致战败的重要原因。比如水师统将李孟群就主张，逼迫太平军俘获的江西战船退到长江下游，减轻江西的压力，以后再慢慢收拾。彭玉麟则说，如果让这批敌船出了鄱阳湖口，后患无穷，不如将他们一举歼灭于鄱阳湖内。李孟群非湘军嫡系，他的主张受到湘军将领们的猛烈反对。曾国藩本人也同意彭玉麟的意见，主张先“剿灭”这批敌舰，断绝九江外援。最后，终于以惨败收场。

曾国藩更严重的失算是：全军东下，不留余地，湖北兵力本来就不算强，到九江后，当局势不妙时，又匆忙调来胡林翼、王国才较有战斗力的六千余人到江西参战，使得后方空虚。这种孤注一掷的战略，不仅是曾国藩临场指挥能力欠佳的体现，也是他们对太平军的力量估计不足。

对于太平军来说，在石达开领导之下，湖口之战的胜利极大提振了军心。更重要的是，它打破了曾国藩夺取九江、直逼金陵的企图，开始扭转太平军在西征战场上的被动态势。

三、塔齐布之死

湘军精锐溃不成军，这里面有多重因素。首先要归功于石达开指挥得当，在战场瞬息万变的情况下，能够选择最为合适的作战方案，而且他的协同能力强，太平军的其他部队对他的支持也非常有力；另一方面在于湘军自身，作为统帅的曾国藩，犯了轻敌的思想，他对于战场局势研判不够准确，临场应变能力也非常匮乏，以至于造成了湘军自出征以来的最大败仗。

曾国藩对于这次失败也悔恨不已，他也明白责任主要在于自己，因此将此次失利视为“平生四大惭（耻辱）”之一。咸丰五年正月十六日，曾国藩黯然回到江西省会南昌。

败军之将自然无颜面对江东父老。回到南昌后，曾国藩低调了很多，他闭门不出，整日在房间读书思考，地方官员也会见风使舵，知道曾国藩又遇到了挫折，于是也不像往日一般讨好他。曾国藩在南昌的最初日子里，苦苦思索兵败的原因，其他应酬一概不参加，生活过得既清苦又寂寥。曾国藩自己后来也说：“乙卯（咸丰五年）九江败后，赧颜走入江西，丙辰（六年）被困南昌，官绅人人目笑存之。”

在曾国藩思索战败教训的同时，战事也在一步步向南昌逼近。曾国藩不能不管，必须进行有效的应对。3 月 27 日，曾国藩指挥湘军从南昌起行，移驻吴城镇。4 月 13 日，他又把军队由吴城进驻南康。此时，江西的形势越来越危急，太平军集合大批兵力全力围攻。4 月下旬，局势进一步恶化，官军把守的义宁州被攻陷，省城南昌危在旦夕，全城开始戒备。为了应对可能发生的危机，巡抚陈启迈急调湘军回援南昌。

此时曾国藩驻南康，依旧闭门谢客。即便出门，也只是视察防务，与人很少交谈。他的另一员大将塔齐布则驻扎在九江附近，跟曾国藩一样，塔齐布在每日训练士兵之外，也在苦苦思索破解太平军的方法。他不断找来谋士商量对策，但很长时间内他和曾国藩一样，都是苦无良策。虽然曾国藩与塔齐布之间仅隔一个庐山，但由于太平军不时对两人的驻地发动袭击，二人都不敢远离营地太久，因此在长达半年时间内，两人只能通过信使联络，竟然没有见过一面。

以当时湘军和太平军的力量对比看，湘军陆师在江西有一两万人左右，人数并不算多。这些人用以攻击太平军不能算富余，加上此时的湘军战斗力不是最佳，因此日夜由塔齐布、罗泽南、李元度统领操练。

三人之中，作为曾国藩最信赖的大将塔齐布手下人最多，约有六千五百人。这一方面显示曾国藩对他的信任，另一面也显示出塔齐布的军事指挥才能的确出众，因此他也被赋予指挥湘军主力的重担，遇到重大军事行动他要担负起前线策划的重担。毫无疑问，在整个湘军的指挥序列中，塔齐布的地位最重要。曾国藩的另一位大将罗泽南地位次之，他率领三千五百人。李元度手中的人最少，只有平江勇两千人左右。

按照曾国藩的构想，太平军不可能一直保持旺盛战力，总有士气衰竭，需要调整的时候。另外，太平军的后勤补给一直是其软肋，对于湘军来说，只要能够坚持连续攻城，九江定可不日而下。于是曾国藩号令最优势的兵力都集中在九江方向，把最强的武器装备也调集起来，加紧攻城。太平军也积极应对，其守将仿佛看穿了曾国藩的心思，湘军越是猛烈围攻，太平军反而越是耐心构筑工事，坚守不出，硬是把一座九江城守得铜墙铁壁一般，使曾国藩的一切手段都无法得逞。

就在曾国藩为战事一筹莫展时，更大的打击来了——他的大将塔齐布由于久久不能攻下城池，于 8 月 3 日呕血而死。塔齐布对于曾国藩的重要性不言而喻，从湘军建立之初，塔齐布就是主要将领，除此之外，更是曾国藩屡次战斗的左膀右臂。

塔齐布是满洲镶黄旗人，字智亭。塔齐布的少年时代是在黑龙江度过的。按照满洲人的习俗，一个男子成丁之后都要练习骑射，练武艺，原因是他们世代为兵。当然这对于塔齐布也不例外，他从黑龙江入伍，然后随军转战各省，最后转到湖南。到了湖南，正好碰到曾国藩在长沙训练新军。曾国藩在操场上跟塔齐布见了面，互相交谈几句，这就让曾国藩刮目相看。他觉得塔齐布谈吐不错，比一般绿营将领强之百倍，便当即决定邀请他为湘军训练士兵。塔齐布很爽快地答应了。

塔齐布在湘军中提升很快，当然，这离不开曾国藩的赏识。当时长沙有一个副将叫清德，他一贯嫉妒塔齐布，总是恶意中伤塔齐布，还向朝廷诬告。但是，曾国藩一直坚信塔齐布的人品，还在关键时刻为塔齐布出头。他找出清德的一些问题，反而上奏把他给罢免了。为了证明塔齐布的清白，曾国藩不惜以身家性命在皇帝面前为塔齐布担保。要知道，在传统中国官场，人与人之间能够如此担保，算是最重要的信用。能让满清重臣曾国藩赌上身家为他作保，这的确说明了塔齐布的不同凡响之处。

事实上，在曾国藩内心中，对于塔齐布的出身十分赞赏——由于他是满人，彪悍勇敢，而且没有一般旗人和绿营军官身上的种种恶习。更重要的是，塔齐布与曾国藩意气相投，两人在许多重大问题上观点总能保持惊人的一致。

塔齐布左手背上刺了四个字：忠心报国。这并不是应付外人的观感所刺，而是塔齐布的真实感想。更有意思的，塔齐布出战时的形象十分威武，不管是湘军还是太平军中都很少见。出战时，塔齐布通常都会骑马，背上背一支火枪，腰间左右两边各配一把佩刀，左手拿一根套马杆。套马杆就是一根长竹竿，前面有一个绳索圈套，作战时，一是用来套对方的马，把马拉倒，把人从马上摔下来，有的时候就直接套住骑在马上的人。除此之外，塔齐布右手握一根长矛。利用这套装备，塔齐布在马上作战时，左手可以套人，右手可以戳人。如果坐骑出了事，自己被摔到地上，他就把这两件长兵器扔掉，抽出佩刀，解开火枪，继续战斗。塔齐布打仗还有一个特点，那就是他总是冲在士兵前面，不像很多军官，让士兵先冲，自己跟在后面。

塔齐布还有一个特长——侦察水平很高。他很重视侦察工作，每次重要战役之前，他要么登上高山，要么沿着河流，去看一看战地的形势。他不仅要看敌军扎营扎在什么地方，还特别留心敌营附近的形势。初期湘军作战极为讲究地势，譬如敌军扎营之处，周围环境如何，有没有办法直接对它进行攻击，战地附近有没有山谷，能不能把敌军引入谷中，周遭能否安设伏兵等等。同时，作为将领不仅要知晓敌方情况，己方的各种布置也要有全局谋划，这对战争的胜负至关重要。

因此，湘军每次作战，都要派人去看地势。塔齐布在这一点上非常固执，他从不让下级军官侦察，而是从来都是自己去看。这么做当然有道理，因为一支军队中，对作战判断最准确的肯定是统帅，他的能力也绝非普通士兵和将领所能比拟的。塔齐布每次都是自己孤身一人去看地形，而且，他每次去都穿戴极富个性的“制式装备”——背负火枪，腰间佩刀，左手套马杆，右手长矛。太平军远远见了他，只觉得威风凛凛，神勇不可近前，不敢去向他挑战。直到塔齐布逝世多年以后，曾国藩还要感慨，唉，现在的湘军，要找个侦探敌情察看地势如塔齐布那样的人，还真是没有。

正是由于塔齐布身上诸多别人难以企及的优点，他在军中上升速度极快。咸丰元年时，他已官至都司。第二年，他因为帮助守卫长沙有功，在抗拒太平军上表现勇猛，被升为游击署中军参将。

1853 年 7 月，曾国藩在推举他的时候赞赏其“忠勇可用”，随后朝廷下令封塔齐布为副将。塔齐布在湘军中如鱼得水、战功不断：1854 年 4 月，塔齐布率湘军协助胡林翼进犯湖北通城及崇阳一带并占通城；援助湘潭大败太平军，5 月攻克该城；7 月，塔齐布又与水师合力攻破岳州；10月，塔齐布又参与攻陷武昌之战。直到1855年，湘军屡攻九江失败后，塔齐布呕血而死。

塔齐布英年早逝，是曾国藩始料未及的事，更是对他湘军整体力量的致命打击。湘军正是用人之际，曾国藩好不容易培养出一个自己的左膀右臂，却未战先亡，死于疾病。曾国藩的悲痛难以言表，在塔齐布的灵柩边几度哭昏。醒来后，曾国藩亲自布置灵堂，并为塔齐布亲手书写一副挽联："大勇却慈祥，论古略同曹武惠；至诚相许与，有章曾荐郭汾阳。"

曾国藩对塔齐布的情感已经超出了上下级关系。为了表示自己的哀悼和痛惜之情，曾国藩竭尽所能妥善处理好塔齐布的后事。他命人从湘勇内银钱所拿出两千两银子，派人送给塔齐布仍健在的老母，以此安顿他的后事。对于塔齐布的灵柩，曾国藩也专门让副将玉山带三百弁兵护送，先到南昌公祭，然后再护送回原籍。曾国藩还亲自上书朝廷，为塔齐布请功。他在奏折里称，塔齐布在湘军的战功无数，希望朝廷给他功勋，并在长沙为其建专祠。

正当曾国藩忙于处理爱将的后事时，湘军又迎来一个危急时刻——太平军要借机突袭。

毋庸置疑，塔齐布的死对正在与湘军交手的太平军是个利好消息，太平军也从自己的渠道得到了这个消息。他们分析后认为，曾国藩由于失去大将，一定会慌了手脚，且无戒心，这正是一个乘虚而入偷袭湘军的绝好时机。于是，太平军果断发动进攻，力图取得出其不意的胜利。

其实，太平军完全估计错了曾国藩。自从上次战败后，曾国藩已经意识到无论何时，一名主帅必须保持清醒，顺境也好，逆境也罢，主帅就是要对全体将士负责，因为主帅的任何疏忽都会造成其他人的牺牲。即便是遭遇塔齐布去世这样的沉重打击，曾国藩也保持了极高警惕。当听说太平军突然来袭的消息时，曾国藩保持临危不乱，亲自指挥，合理部署湘军作战，一举击退了太平军。

无论怎样，曾国藩正遭遇湘军创建以来最严重的打击：九江惨败的阴影还未散去，塔齐布的去世又让湘军上下人心惶惶；再加上湘军的战斗力时好时坏，让人担忧。

不过，对于曾国藩来说，最大的担忧在于，自咸丰四年底湖口战败后，湘军水师不再以完整的形式存在，它正在被肢解为内湖外江两部分，这与湘军水师的建军目标似乎越来越远，更是与之前较为强大的战斗力不可同日而语。在与太平军水师的力量对比中已然处于下风。曾国藩认为，当务之急必须开始重建内湖水师。

在晚清，湘军水师的发展对于清朝海军的逐步壮大具有极其重要的作用。在曾国藩建湘军水师之前，清朝主要依靠鸦片战争前建立的中国旧式水师。旧时水师包含了“八旗”与“绿营”两个系统：八旗水师有黑龙江、齐齐哈尔、墨尔根、吉林、旅顺口、天津、京口、乍浦、广州、福州十个营，总兵力仅约一万人。绿营水师则有直隶、山东、江南、浙江、福建、广东六个外海水师及内陆的江南（长江）、浙江（钱塘江）、广东（珠江）、湖南、湖北、安徽、江西、广西等八个内河水师，实力远超过八旗。不过由于清朝整体的腐败昏庸，这两支水师力量也概莫能外，腐败与纪律松弛让他们的战斗力大打折扣。

清朝旧制水师的各水师营都由当地总督巡抚管辖，他们所使用的战船种类繁多，船型也复杂无比，外海战船就有 28 种，以“赶缯船”与“居船”为主，型式类似福建之容克船；内河战船更多达 30 到 40 种，以“唬船”与“哨船”为主。此外尚有“沙船”（装炮 10 门）、“巡船”、“红单船”（装炮 20 至 30 门）、“鸟船”、“霆船”等多种船型。规格如下：排水量不到 250 吨，长 11 丈余，宽 2 丈余，桅高 20 至 27 米；置前膛炮 10 门，乘员不到 100 人；船体为松杉木质制造，方形布帆。无论那一种船型都是行动迟缓，火炮射程近又不准，完全谈不上有什么战斗力。

清朝旧制水师从规模上看相当惊人。1840 年爆发第一次鸦片战争时，清朝全国水师的外海战船共约 930 艘，在广东、福建、浙江、江苏四省敌前的水师兵力共约 10 万人，大小战船约 700 多艘。除此之外，清朝还建设了陆地炮台，装备了两三千门的海岸防卫火炮。虽然气势惊人，由于训练的不足和实际战斗经验的匮乏，清朝水师在英国16艘现代化蒸汽战舰的面前完全不堪一击。

曾国藩的湘军水师是清朝的新式水师，他要与清朝的旧式水师完全区隔开来。不过，1853年11月，当曾国藩在衡州刚开始造战船时，他也完全不知道未来要建一支什么样的海上力量。曾国藩既不知船制，工匠也不懂得制造，就干脆仿照端午赛龙舟的船，以为战船。为了吸取地方经验，守备成名标从长沙跑来，告诉曾国藩广东快蟹船式和舢板船式的造船方法。褚汝航则从桂林过来，对曾国藩讲述了长龙船的制造方法。

咸丰四年春，湘军水师编成十营，曾国藩为定营制，他在咸丰五年写的水师得胜歌序里记水师营制的内容及订立的经过道："快蟹配四十五人，摇桨者二十八人，橹八人，长龙配二十四人，摇桨者十六人，橹四人，舢板配十四人，摇桨者十人，每船舵工一人，头工一人，炮手数人。四年五月，每船添立管驾者一人，名曰哨官。五年十月，每船于众桨手中置火弹手数人，于是规模略备。"

与太平军的水师相比，湘军水师有先天性的优势。首先，太平军水师都是以沿江所征民船、商船编成，虽多到数万只，但其更擅长运输，不擅长战斗。虽然太平军也对这些船经过简单改装，但其战场效力依然打了折扣。反观湘军水师，其战船都是依据专门用途建造而成，数量虽然不多，但其作战效能很高，且有很强的针对性。其次，太平军水师多是渔民商人出身，没有经过专门的训练，对于指挥水面船只作战毫无经验。湘军水师不同，由于曾国藩非常擅长组织训练，驾驶船舶的士兵对于操舟、作战、施用炮械等军事技能，掌握得极其精通，因而战斗力很强。此外，湘军的后勤补给优势是太平军无法比拟的。为了便于水师出战，曾国藩在湘鄂大后方建有常备船厂，专门从事修理、新制、补充及接济，这让水师在多方面能够得到源源不断的支持，相比来看，太平军完全忽视了这一点，致使其战船在损伤后，不能得到及时修理，战斗力也就很快减损。

由于曾国藩的严明训练，让湘军水师具有极强的战斗力，其战斗作风也变得凶悍绝伦。让这种作风显露无遗的是 1854 年 5 月 1 日的湘潭之战。这是太平军自广西出征后的首次大挫，也是湘军的首次大捷。湘军水师正是在此战中找到了自信，这对以后的十年久战影响很大。而且，从此之后，湘军水师的战斗作风日趋凶悍。

湘军水师不但作风凶悍，而且战术灵活，临战变化多端，让太平军常常摸不着头脑。比如，湘军水师善于将侦察、设伏、诱敌、歼灭等一系列作战程序有条不紊地完成，这主要得益于曾国藩的训练得当，让手下大将的条理性极强，每次出战时都会把每一步骤计划周详，让整个战事按照湘军的节奏一步一步发展。

湘军水师还会综合运用战略战术，善于分兵应敌，既能轮番进攻，又能组合出击。例如在 1854 年 7 月 30 日的战斗中“左营战艇驶近贼巢，转帆稍息；右营连樯继进，开炮数轮，亦转柁稍息；左营复进，如此更番叠战”。在敌疲我逸之后，“正副后营及先锋各船分两翼包住，并力向前”，取得了胜利。此外，湘军水师还擅长迂回包抄，曲线进攻。12 月 15 日在攻击九江对面的沙洲时，看到太平军营垒甚固，木城、炮台、大船、小划层层依护，于是湘军水师“顺流直下，冲过七八里之遥，始行急桨回攻”。太平军水师纷纷败退，湘军水师趁势合长围以包之，终于赢得了胜利。

湘军水师在长期征战中，进行了不断的补充和改良。特别是在武器装备的生产、改进方面，它在湖南的大本营给予了积极而又全面的支持。除曾国藩设置的船厂外，1854 年湖南在籍官员丁善庆、陈本钦、唐际盛、李概等人“始捐赀设船局，而黄冕专制炮以应征，军言船炮者，莫能及湖南”。

咸丰五年，曾国藩的水师已经到了不得不重建的时候。曾国藩到达南昌当天，先是安抚自己的士兵。他找来营官萧捷三，拿出仅存的一些银两，分发给跟随他的士兵，以示安抚。紧接着，曾国藩就开始谋划水师的造船计划。“楚师三局”立即投入制造炮位子药的工作。在籍候选知府刘于浔受命设立船厂，打造战船。

正月初五，曾国藩还向清廷上奏，表明湘军水师面临的处境。他在奏折里向皇帝诉苦，湘军水师如今被一分为二，战斗力大打折扣。如果此时为了应对太平军，朝廷再让湘军陆营频繁调动，往来于鄂、赣千里战线，整个湘军早晚会被瓦解。与此同时，曾国藩加紧水师重建计划。他致信江西按察使邓仁坤，拜托他负责造船及训练水师事宜。曾国藩称“即为江省计，亦万不可无水师”。他还命令在湖北新堤的造船厂，要不分昼夜，不惜任何代价尽快为他修复旧船、赶造新船。

曾国藩万万没有想到，屋漏偏逢连夜雨，正驻在浔江的外江水师突遇风暴，一下子损毁四十余号长龙、舢板等大船。除此之外，湘军水师还有多条被困在鄱阳湖内的舢板，曾国藩更是心急如焚。这些舢板没有辎重大船随行，不但无法冲出鄱阳湖，甚至连自身的生存都出现了很大困难。曾国藩知道时间不能久拖，他便亲自跑到南昌与巡抚陈启迈商量，央求他为湘军造长龙船三十号，交给内湖水师使用。经过一番努力，到1855年7月，湘军的外江水师又扩充到十营五千人。基本上恢复了原来的规模。同时，内湖水师也扩充到八营四千人，供给吃饭问题也基本得到解决。

四、湘军痛失罗泽南

曾国藩在1855年过得非常消沉。从年中开始的扩建水师计划刚入正轨，许多新战船也已开建，可是到了这年年底，湖南的局势突然危急了。

此时，湖南受到三方威胁。广东和广西又出现新的反叛力量，他们直接进入湘东南，威胁到湖南与江西两省；另一支势力强大的造反力量——捻军则直逼湘西；太平军则从湖北窥视湘西北。

迫于形势紧迫，湖南巡抚上奏朝廷，希望将曾国藩手下的大将罗泽南调来支援。但是对于曾国藩来说，罗泽南不可或缺，他也不同意让罗泽南调走。此时，罗泽南正在江西义宁带领一支人马驻防，这是曾国藩整个江西作战计划中的支柱之一。如果罗泽南撤出江西，将使得湘军在江西的作战方案完全失效，曾国藩必须重新制定，因此他激烈地反对罗泽南的调防。

曾国藩的反对起到了效果，咸丰皇帝也酌情考虑了曾国藩的建议。然而，朝廷也不准备将罗泽南“闲置”在江西。罗泽南还是被调走了，他被派往武昌。朝廷给他的命令是早日将武昌从太平军手中重新夺回，进而把太平军彻底赶出湖北。这一计划的深远目标则是，帮助清军尽快打通从武汉到湖口的长江水路。然而，令所有人没有想到的是，正是朝廷的这一纸调令，直接导致了罗泽南的阵亡。

提到罗泽南，必须要介绍一下他的身世。罗泽南字仲岳，号罗山，湖南双峰县石牛乡人。罗泽南是湘军始祖、教育名家、理学大儒，曾国藩推崇他为湘军宗师，梁启超更是认为罗泽南的治学优于曾国藩。

罗泽南从小就展现出非比寻常的学习能力。他聪明敏慧，四岁开始识字，六岁入私塾，很小就有过目不忘的才能。十一岁，罗泽南学会了作对联，他写的对联很有灵气，大人们见了都十分惊奇。据说有一次，他住处旁边有一个药房，药房的旁边是染房，他就即兴撰写了一副对联：“生活万家人命，染成五色文章”。罗泽南语出惊人，小小年纪就能写出这么一副奇思妙想的对联，听到的人无不惊叹。

在罗泽南成长过程中，家庭环境的影响发挥了极其重要的作用。特别是他的祖父罗拱诗，由于自幼家贫，没有读过多少书，靠“为人治贾”谋生，“生平深以不学为憾”，他把希望全部寄托在晚辈身上。不过，令人遗憾的是，罗拱诗的儿子罗嘉旦因家贫而废学，没有一展才能的机会。

儿子的遭遇让罗拱诗明白，若想改变后代世代为农的境地，必须改善家庭经济状况，只有具备了起码的经济基础，后代才有可能不再重蹈失学的覆辙。他于是加紧“自伐木竹诛茅，构屋里中，沽酒米为业”，“十余年中得鬻田十亩余”，慢慢地罗家家境开始改善。

罗家条件好了之后，便有条件让年青一代受到更好的教育。罗拱诗开始言传身教，悉心培养罗泽南。等到罗泽南四岁以后，罗拱诗即令他读“《四书章句集注》及五经注疏之有关于要义者”，并谆谆告诫说：“圣贤之书，吾虽不曾读，总是要人作好人，不要人作坏人，尔其慎之，勿陷为轻薄子也。”

然而罗家的好景不长，在罗泽南求学期间，罗家又开始贫苦起来。由于欠债太多，罗家不得不把 10 余亩田全部售出还债。家里入不敷出的时候越来越多，有时甚至连做饭的米都买不起。有人出于好意，劝罗拱诗不要坚持让罗泽南读书求取功名了，还不如让他的孙子赶紧赚钱养家，比如可以学一个园艺等其他技术，这样可以迅速就业，以便改善家里生活状况。这种说法被罗拱诗严词拒绝，他说：“吾不能以田地贻子孙，独不能以书贻之乎！”

罗拱诗开始拼命赚钱养家，想尽办法让罗泽南不辍学。在他的艰苦努力下，罗泽南终于完成学业。祖父的悉心呵护不仅让罗泽南自幼打下了良好的治学基础，更难能可贵的是，他懂得了“清苦自励”的要义。祖父的言传身教给他内心产生深远影响，使他未来无论在多么困难的境遇中，都能够奋发自立。罗泽南经常念及祖父对自己的爱护：“先大父之所以贻我后人者至矣。勤俭自持，乐善不倦，以生平未学之故，欲竟其志于后嗣，不以困苦易其心。积累之厚，曷其有极。”

在罗泽南家中，外祖父萧积璋及母亲萧氏也产生过积极影响。萧积璋，字季圭，号蔗圃老人。萧积璋擅长作诗，然而“潦倒场屋数十年”，始终没有考取功名，年近80岁时，“紫阳纲目，犹手不停披”。或许是自己没考取功名，萧积璋对子孙后代的教育特别重视。罗泽南刚刚学会走路时，萧积璋就嘱咐罗泽南的父亲说：“虽极不给，必资之读。”“泽南至，即举历代之兴亡得失，细为讲授。”

既然外祖父都十分在意罗泽南的学业，母亲萧氏重视儿子的教育就更加顺理成章了。萧氏自幼受到良好家风的熏陶，为人母以后“课子女整饬有法”，常以父亲萧积璋为榜样教育罗泽南，说：“尔外祖发愤读书，终身不得博一衿，曾不为之介意，士人益仰慕之，可见人之见重于世者，原不在乎科名，尔曹当有以自立也。”

正是在家人众望所归之下，罗泽南从小就选定了仕途作为毕生奋斗的目标。虽说这并未超出一般中国家庭的望子成龙模式，但这在那个时代来说，恐怕也是一个年轻人最佳的道路。不过，虽然罗泽南资质很高，但他考取功名的道路并不顺利。在19岁那一年，罗泽南应童子试不中，便开始回家授徒，开始了长达28年的设馆教书生涯。他先后在同里、湘乡县城、长沙等地坐馆。

罗泽南与一般教师不同，他善于将所思所想寓于课堂之上，其教授内容与方法别具一格，不仅应举业，而且授之以“六艺”（礼、乐、射、御、书、数）和经世致用之学，既习文，又习武，因此学子云集。他先后培养了王鑫、李续宾、李续宜、谢邦翰、曾国荃、曾国葆等高足，后来这些学生大多成为湘军名将。

道光九年，罗泽南在23岁那年，入读双峰书院。这在罗泽南的治学过程中，是一个重要转折点。在双峰书院，罗泽南从学同里桥亭流南塘举人陈权先生。陈权为名师张正笏第五子、举人张眉大的弟子，罗泽南顺理成章地成为正笏先生的三传弟子。

不只是在教育领域崭露头角，罗泽南也开始在家乡湘乡的公共事务中，变得举足轻重起来。清道光二十一年（1841），双峰书院新建文昌殿，主持书院者打算立像，便向罗泽南征求意见。罗泽南根据清初理学家陆陇其的《祀文昌论》答复说，应该立木主，不宜立像。书院主持者认为罗说得有道理，便没有立像。

随着罗泽南事业的不断发展，他在家中的地位开始重要起来，举凡重大事项族人都会向他请教。后来，罗泽南终于被推为罗氏宗族的领袖人物。清道光二十四年（1844），他倡议修祠祭祀始祖季一郎，“族众皆以为然”。宗祠由罗泽南主修，建成后又由他命名为思孝堂。

1847年，罗泽南人生中的另一大转折终于来了，在这年岁考中他被列为一等，补廪膳生，从此可以享受政府的补贴，还因此获取了为童生应试入学作保的权力。获取廪生这一身份极为重要，这让罗泽南有了接近官场的通行证。地方官开始频繁与他结交，一些退职回乡的官员也跟他变得熟识起来。一时间，罗泽南的人际交往圈子扩大了好多。

罗泽南由于在地方的政治影响力越来越大，他说话做事越来越有分量，加之他良好的官场关系，让他越发对地方事务产生干预的兴趣。当时吏治紊乱，一些胥役往往诬陷良民为盗，“俾倾其资以昭雪冤诬”，以致民不聊生。罗泽南认为自己有责任维护乡里百姓的利益，“乃为乡约，痛除诬陷之弊，乡俗以安”。

罗泽南频繁在地方抛头露面，又经常帮助乡里办事，让他的声名有了显著的提高。他学识渊博，对人宽厚，又兼具地方公共知识分子的情怀，自然会引起朝廷的关注。1850年，咸丰帝即位，按惯例诏各省每府、州、县、卫各举孝廉方正，赐六品服备用。罗泽南在湘乡已然名气很大，因此他顺理成章地被湘乡知县朱孙诒举荐。孝廉方正一般由地方士绅公举，经地方官甄别后上报朝廷，罗泽南之所以能够被选中，不只是因为他的才学，更因为他对地方事务的热衷。

此时的罗泽南，不仅仅是一名社会活动家，他的另一个身份——闻达湖湘的教育家更让他名气大增。最可资证明的是，许多来自湘乡、长沙的学子纷纷慕名投其门下，刘蓉说“从游者数百人”，绝对没有夸大。

他不但桃李满天下，他的著作《小学韵语》更是与《三字经》、《弟子规》并列为晚清启蒙教材，成为风行一时的蒙学宝典。《清儒学案》对罗泽南的评语是：“自唐确慎（唐鉴）提倡理学，湘南学者皆宗紫阳而黜姚江，罗山尤为切实，以醇儒为名将。”毫不夸张地说，同辈中既称得上“醇儒”，又能建丰功伟业者，在晚清及其理学史上也只有罗泽南与曾国藩两人。

1853 年，是罗泽南另一个人生的重大转折，这年他与曾国藩共同募兵成立湘军。关于湘军的初期创建者，曾国藩毫无疑问是领袖，但罗泽南的历史地位往往遭人忽视。毋庸置疑，曾国藩在历史上与湘军内部的影响远远大于罗泽南。但准确地说，曾国藩应该是湘军的统帅和领袖，却非宗师鼻祖，称不上“湘军之父”。江忠源虽是道、咸年间书生起兵出境作战第一人，但他只是“楚勇”的创始人。对于罗泽南的历史定位，曾国藩曾经给出较为权威的定位，他推崇罗泽南为湘军宗师。

第一个重要依据就是湘军将领的来源。湘军早期的将领中，许多都是罗泽南教育出来的湘乡经世派群体。在罗泽南的号召下，他们几乎没有犹豫就加入了湘军。他们一方面出于对老师的尊敬，另一方面也是对老师追寻目标的信任，从这个意义上说，湘军最早的精神领袖就是罗泽南。

就连曾国藩也不得不认可罗泽南的地位，他在罗泽南弟子李续宾的墓志铭《李忠武公神道碑》中称：“湘军之兴，威震海内。创之者罗忠节公泽南，大之者公也。”从这句话可以看出，曾国藩认为罗泽南就是湘军的创立者。

罗泽南也是湘乡团练主要组织者，更重要的是，湘乡团练的训练方法完全依照罗泽南的规划而实施。当时湘乡团练有三个重要人物：一个是湘乡知县朱孙诒，他的主要作用是发掘人才，上传下达，虽然他也有知人善用的过人才能，但终究只称得上尽心履职；第二个是秀才王錱，他是团练的具体组织者之一，但其人过于刚愎自用，又有些因循守旧，许多训练方法并不得当，却坚持不改，因此难堪大任。

作为三个重要人物之一，罗泽南发挥的作用比上述二人都要大得多，某种程度上说，正是他的训练思想给湘军的发展提供了方向。罗泽南一经加入湘军，就提出效仿戚继光之法进行团练。他确定营制，规定每营为 360 人。郭嵩焘所编刊的《罗山遗集》记载了罗泽南在湘乡团练时的情景："公仿戚氏法部署其众，教之击刺，勖以忠义，纪律肃然。"

彭玉麟的说法直接明了："王錱以诸生首练湘军。"说明在彭玉麟等湘军统领心里，湘军是在罗泽南、王錱主持的湘乡团练的基础上而成。湖南巡抚骆秉章于咸丰六年说"湘勇之朴勇敢战，实由该团而起"，而后又说"湘勇军律之精实基于此"，实际上就是以巡抚之名肯定湘乡团练对湘军崛起所作的贡献。俗语"无湘不成军"更是对湘军创始人罗泽南的赞誉。

"无湘不成军"之"湘"最初并非泛指湖南，而是特指湘乡，这句话缘由"无泽南，无湘军"、"无湘乡，不成军"衍变而来，是用来赞美罗泽南的，意谓他所率领的湘勇在当时的湖南省内是最精锐的部队，其原意是"无湘乡勇不成湖南军"，随着时间的推移，"湘"才演绎为"湖南"的意思。关于这一点，左宗棠的做法可以为证。左宗棠后受曾国藩之命襄办军务，招募兵勇，他将这支部队命名为楚军，就是想与曾国藩、罗泽南的湘军区别开来，这也从侧面说明湘军是指以湘乡勇为主体的部队。

湘军有别于官军的一大特点是"儒学治军"，罗泽南练兵时常常把他经世致用的思想贯彻下去，即便面对士兵，他也经常讲述易经。《清史稿》列传如此评价："湖南募勇出境剿贼，自江忠源始，曾国藩立湘军，则罗泽南实左右之。"

在湘军诸军之中，罗泽南指挥的军队绝对是陆师主力。他指挥下的军队特别讲究战略战术，以己之长攻敌之短，在他指挥下，湘军总能以少敌众，出奇制胜。罗泽南征战四年，攻下数十座城池，总共历经二百余战，几乎没有败绩，堪称战神。胡林翼评价“每战必先，忠勇冠时”，认为罗泽南对培养湘军“踔厉敢死”的风气起了表率作用。

罗泽南对军事研究很深，他不仅懂得带兵打仗，而且还在地形勘察与军事地图的绘制方面成为专家。在正式加入湘军之前，他就对地理方面有了许多研究，并写下不少著作。比较著名的一本著作是《皇舆要览》，里面写道“穷阴阳之变，旁及州域形势”。入军后，他主张要实地考察地形，选择有利地势来作战。后来每至一处新地方，必定勘定地形，绘制作战地图。其门下众弟子也深受其影响，李续宾共藏图一千四百五十一幅。

无数证据说明，在湘军早期的将领中，罗泽南是一位不可多得的全能型将领。他不只是敢于冲锋陷阵的将才，又是高瞻远瞩统揽全局的帅才。刘蓉说：“其后国藩之平太平天国根本战略，即罗氏之议也。”湘军许多重大决策都是罗泽南做出，当面对防守还是进退的生死抉择时，曾国藩总会征求罗泽南的意见，这凸显出曾国藩对罗泽南的器重。

美国学者恒慕义所编《清代名人传略》中的《罗泽南》认为：罗泽南“虽然是一位学者，却有经世之才，尤精于兵书战略”，他提出的“先收复武昌，然后九江，最后夺取南京”的战略是湘军对太平军作战“走向最后胜利的最重要的步骤之一”。对于罗泽南的战略卓识，曾国藩自己也说：“罗君胜算，虏在吾目中矣。”

就是这样一个曾国藩的左膀右臂，却早早地离他而去。1856年，罗泽南奉朝廷之命，参与“第三次武汉争夺战”战斗。罗泽南出师很顺利，他一举击败了守城太平军名将韦俊，接着便领军攻至武昌大东门（宾阳门）。然而，守在城里的太平军并不示弱，也没有仓皇逃跑，反而是紧急派出 1000 名士兵出门迎战。罗泽南与部队有点措手不及，一下子被太平军冲散在武昌市郊野外而迷路。

此时天空起了大雾，能见度极低。一名太平军少年兵拿打鸟铳射中了罗泽南的左额。罗泽南流血不止，躺倒在地长时间无人发觉。等到手下人发现罗泽南时，他已经奄奄一息。第二天，1856 年 3 月 8 日，罗泽南伤重不治而亡。罗泽南只留下只言片语的遗言：“……（天下）乱极更需镇定”，“所部湘军领导改予李续宾接”。

湘军痛失一名大将，曾国藩自然十分悲伤。不过，为了避免动摇军心，也不想给太平军以可乘之机，曾国藩将罗泽南死亡的消息封锁，秘不发丧。

在后来给咸丰皇帝的奏折中，曾国藩给这位昔日同袍以高度评价：他认为，罗泽南“与江忠源、塔奇布同时并起，而战功则较两人为尤著”。曾国藩既能公开认为罗泽南功劳在江忠源、塔齐布之上，凸显罗泽南在湘军中的作用。

不过，当曾国藩接连失去塔齐布和罗泽南两员大将后，他往后的日子将更加艰难了。

五、打虎要靠亲兄弟

如果从大历史的角度看，曾国藩带领湘军的过程中，在江西的几年是他人生最不顺利的时期。这期间，他的身边爱将相继去世，身边少了左膀右臂的支持，战事似乎也是起起伏伏。遭遇过九江惨败之后，曾国藩疲于在江西仅有的几个城池间据守。更要命的是，他在江西的活动得不到当地政府的有效支持，可以说是处处掣肘。

这中间的核心问题在于，曾国藩虽然贵为湘军统帅，负有“清剿”太平军的重大责任，但他在江西并没有实权。大清王朝的体制实行地方首长负责制，曾国藩并非地方官员，他只是咸丰皇帝特命的大臣。因此，在江西的实际权力掌握在总督和巡抚手中。这些官员全部是地方官僚体系中奋力厮杀出来的幸运儿，为了升上大权在握的岗位已经费尽心机，他们听从的只是比其更高一级的官员命令，因为只有上级才能决定他们未来的仕途。至于同僚之间，顶多是勉强维持表面上的友善与客气而已。

曾国藩与督抚们虽然同一级别，但毕竟只是个外来户。在地方官员眼里，曾国藩说不定第二天就要开赴其他省份，今后极有可能形同陌路。因此没有必要维系太过紧密的关系，至少从眼前利益看，曾国藩并不要紧，也不会给地方官员提供直接的便利。

更要命的是，曾国藩出山之后，咸丰皇帝只是给了曾国藩一个虚衔，他既没有提拔下属的权力，又很难左右地方官的命运。更何况他手中也缺钱，正常的粮食军饷都难以为继，更不要说安抚下级，应酬地方官更是绝无多余的预算。没钱的曾国藩自然抬不起头来，腰板也不硬，说话底气也差那么点事儿。然而，军事离不开民事，招兵、选将，购置武器，“处处与地方官相交涉”，而地方官却往往不予配合。

湘军出省作战实行就地筹饷政策，能否募集足够的军饷完全在地方负责人的配合度。按照清朝规定，江西省官僚系统负有供饷之责。但是，当时的江西巡抚陈启迈气度狭隘，认为曾国藩在江西已然给他增添许多麻烦，让他积极帮其募饷更是绝无可能。

在陈启迈眼里，曾国藩不过是一个办团练起家的在籍官员，地位等同士绅，要在江西吃自己的军饷，就必须对自己唯命是从。因此，他就像对本地的乡绅一样，对曾国藩、罗泽南等将领颐指气使，极为骄横，动不动就指出湘军在当地的不足，惹得曾国藩等湘军将领极为光火。

对此，曾国藩在奏折中有过这样的描述：“罗泽南克复广信以后，臣本欲调之折回饶州、都昌，以便与水师会攻湖口。陈启迈则调之防景德镇，又调之保护省城，臣均已曲从之矣。旋又调之西剿义宁，臣方复函允从，而陈启迈忽有调往湖口之信；臣又复函允从，陈启迈忽有仍调往义宁之信。”

依照曾国藩的个性，对于如此无礼的官员，忍气吞声就是了，也不屑于与他一般见识。然而，随着太平军的进攻加剧，战事越发吃紧，曾国藩若是一味忍让恐怕会耽误湘军剿匪大计。因此，陈启迈再对湘军指手画脚时，曾国藩拒不从命。这下惹火了陈启迈，他对曾国藩“多方掣肘，动以不肯给饷为词”。

既然寻求官家无望，曾国藩没办法，只好自己想办法在江西筹饷，这又侵犯了陈启迈的财政权。陈启迈想方设法刁难曾国藩，在他的授意之下，江西通省官员都与曾国藩针锋相对，处处为其设障：比如曾国藩想要对江西商人抽税，地方官员虽然无法阻拦，但是他们马上也对其强行抽税，商人也敢怒不敢言；曾国藩要是看中了某个地方士绅，希望将其招至麾下，地方官就扣住不放，甚至对接近曾的士绅实施打击报复。

更夸张的是，湘军给商人发放的执照也经常不被地方官承认，还说曾国藩“未奉明诏，不应称钦差字样”，又说他“曾经革职，不应专折奏事”，“系自请出征，不应支领官饷”。总体来看，江西整个地方官场都想尽办法阻挠湘军的正常活动开展，让曾国藩有被侮辱的感觉。曾国藩在江西数年间处处碰壁，“事事被人欺侮。故人得而玩易之也”，连与曾国藩积怨很深的王鑫也不无同情地说：“涤帅遭际若是，直令人急煞”，“涤帅所处真是不易”。

为了湘军的未来，曾国藩已经无法容忍。咸丰五年六月十二日，曾国藩以陈启迈“劣迹太多，恐怕贻误大局”为由上奏参劾。咸丰皇帝阅之大怒，他头一次听说这样的事情，面对太平军这样的头号威胁，竟然还有官员虚与委蛇。咸丰皇帝立刻下令，将陈启迈革职查办。

然而好景不长，老巡抚的下野并没有改变江西官场的生态。接替陈启迈任江西巡抚的文俊行事一如既往，他对曾国藩也没有太多好感。对于湘军在江西的各种行动，他也跟前任一样不仅不支持，还纠集各路官员设置障碍。甚至连曾国藩的兵勇也被人痛骂毒打，遭受侮辱。曾国藩对这段经历刻骨铭心，后来他在给朋友的信中回忆：“江西数载，人人以为诟病。”又形容当时的苦况说：“士饥将困，窘若拘囚，群疑众侮，积泪涨江，以夺此一关而不可得，何其苦也。”

曾国藩处处遭到掣肘并不是偶然的。这与咸丰皇帝对他不信任也有关系。按照常理看，一国之君总是不希望地方武装力量过于壮大，这将直接威胁到清朝的统治地位。曾国藩领导的湘军眼看一天比一天强大，在转战全国各地征讨太平军的过程中，也愈发得到民心，咸丰皇帝看在眼里，记在心里。他自然不希望其民望过于高涨，便有意用地方官员来打压曾国藩。曾国藩对这些不会不明，然而既然已经领兵开战，曾国藩深受儒家传统中的忠孝思想影响，一定要将皇帝赋予的使命完成。即便受到种种猜忌和质疑，他也从来没有动摇信心。

为了排遣自己的苦闷，有时候，曾国藩只能在日记中对自己倾诉：“昔在湖南、江西，几于通国不能相容，六七年间，浩然不欲复闻世事……虹贯荆卿之心，而见者以为淫氛。碧化苌宏之血，而览者以为顽石。古今同慨，我岂伊殊。屈原所以一沉而万世不复者，良有以也。”

曾国藩的悲伤、愁苦和委屈，都体现在他的字里行间。他甚至对好友刘蓉说：“所至龃龉，百不遂志。今计日且死矣，君他日志墓，如不为我一鸣此屈，泉下不瞑目也。”一向对曾国藩多加讥评的王闿运在编写《湘军志》时，也在日记中对曾国藩深表同情：“夜览涤公奏，其在江西时，实惩苦，令人泣下……涤公言：‘闻春风之怒号，则寸心欲碎；见贼船之上驶，则绕屋彷徨’，《出师表》无此沉痛！”

咸丰六年，曾国藩的境况愈发糟糕。他在这一年中，不只损失了罗泽南这员大将，他和湘军也一直身处险境之中。那时候，太平军强力围攻江西，曾国藩管辖的湘军实力不济，他只能占据南昌等几座孤城。曾国藩一面奋力抵抗太平军的进攻，一边苦苦等待援兵到来，然而，去往湖南和湖北的道路都被太平军阻隔，援军显得太过遥不可及。

五月，曾国藩见援军迟迟不到，便又一次向朝廷上奏，请求派援兵。他说："臣每念赣州天险，为古来必争之地，非得广东厚援，终恐不免疏虞。道途久梗，呼救无从。中宵念此，魂梦屡惊。合无吁恳皇上天恩，饬下广东督抚先拨一二千人，星速逾岭，保守赣州。先据上游，俟大队齐集，再图入援吉安。不独江西之幸，亦广东之先著也。"

更要命的是，曾国藩的粮草军饷也愈发不足，官兵的营养已经大打折扣，只能勉强维持温饱。为了积蓄力量，在等待援军到达之时，曾国藩一再嘱咐统兵将帅，不可轻易开仗，否则后勤供给不上，结果必然导致不战自败。他在写给彭鹏、罗萱的信中说："浪战浪追，为我军向来大弊。此次必须谋定而后战，切不可蛮攻蛮打，徒伤士卒。各路兵勇新合，与六琴太守熟计，均告以《得胜歌》之规模，庶几如一家之军。"

朝廷出于种种原因，终究没有给曾国藩援军。关键时刻，还是曾国藩的自家兄弟前来解救——他在期盼中迎来了弟弟曾国华的援军。

曾国藩的弟弟能够在紧急关头伸出援手，这一方面得益于曾家的家教传承，兄弟有难，自然互相帮助；另一方面也与曾国藩与弟弟们的感情深厚有关。曾国藩有四个弟弟，依次为国潢、国华、国荃、国葆，即他信中所称的澄弟、温弟、沅弟、季弟。几个弟弟的志向不同，但曾国藩对于他们每个人都十分关心。

四个弟弟中，只有曾国藩最小的弟弟曾国葆长期跟随兄长征战。事实上，早在曾国藩衡阳练兵时，就特意把曾国葆带在身边，一方面教他读书做人，另一面也让他学习带兵习武之道。曾国藩为了栽培弟弟，特意将其推荐给水师二大将杨载福、彭玉麟，后来曾国葆因为身体原因离营回乡。

在外人眼里，曾家兄弟有一个鲜明的特征，即争强好胜，永不服输。无论在何种境况下，不会有心灰意懒的情绪，总能在困境中找到解决问题的方法，用曾国藩的话说，“禀母德为多”。

前来援助曾国藩的曾国华，字温甫，族中排行第六，是曾国藩兄弟中比较聪明的一个。曾国华虽是曾国藩的亲弟弟，但并不在曾麟书门下长大，这是因为曾国藩的叔父曾骥云膝下无子，曾麟书便主动把曾国华自幼过继给曾骥云。然而，正是因为没有在父母身边长大，曾国藩对这位弟弟更加上心，经常写信嘘寒问暖，更注重与其交流做人治学的哲理，对其成长可谓关怀备至。

曾国藩困守南昌时，也偶尔会向家中亲人提起自己的苦闷，这自然让身在家乡的父亲曾麟书十分着急。他暗自思索帮助儿子的方法，想来想去，决定让曾国华前往湖北请援师。胡林翼得知情况后，也十分焦急，并立刻决定派人援助曾国藩。他特令知县刘腾鸿、刘连捷率湘勇一千五百名，同知吴坤修率彪勇七百人，参将普承尧率宝勇一千四百人，交曾国华总领，以援江西。除此之外，为了及时让曾国藩得知援军即将到来，胡林翼还招募了勇士携带蜡丸书信，突破太平军设置的封锁线，将信息传给曾国藩，才让他知道援军终于到了。更令曾国藩感到欣慰的是，率领援军的是他的胞弟曾国华，这让曾国藩终于松了一口气。

据曾国华本人在给家人的信中说：“男自揣本无带勇之材，而此次之冒昧任事，实因胡中丞、李都转之勤恳。而大兄在江西适逢警急，男若放为安坐，殊失急难之义。故与胡中丞密商，急作援江之举也。”曾国华骁勇善战，果然不负众望，他率三千多人的队伍，从武昌出发，一路上连克咸宁、蒲圻、崇阳、通城四县。遇到暴雨，曾国华也毫不停息，转战各处与太平军迎头作战。直到六月中旬，他又克新昌、上高，二十九日抵瑞州城外。

曾国藩得知曾国华已到城外后，大喜过望。他立刻派彭山屺等带勇四千，驰赴瑞州相迎。七月十五日，两军在瑞州城外会合。此时，来自广东的援军也已入守赣州，江西之围稍稍得到缓解。

此时，曾国藩的另一个弟弟、后来声名远扬的曾国荃也已踏上驰援兄长的征程。曾家总共有五个兄弟，除曾国藩学识武略样样精通外，其他几个弟弟中，就数九弟曾国荃的影响力高于其他三人。曾国荃的贡献不仅在于他帮助曾国藩打败了太平军，对于维持清朝社稷也功不可没，他本人对曾国藩的帮助也是最大的。

说起曾国荃来，他也是晚清有名的战将。曾国荃比曾国藩小 13 岁，生于道光四年。16 岁时，他跟着父亲到京师看望曾国藩。在与曾国藩共同居住的一段时间里，表现出非凡的学识和聪慧，让曾国藩大为诧异，原来弟弟竟然是个低调的人才，便对他十分赏识。道光二十二年(1842)，曾国荃离开京师回原籍，曾国藩送他到卢沟桥，以诗为别，写道:“辰君平，午君奇，屈指老沅真白眉。”

湖湘文化独特的理学传统和经世风气，以及曾国藩的言传身教，都对曾国荃政治理念的形成起到了极大作用。曾国荃“自谓是笃实一路人”，把治国经邦作为人生追求，但他科举之路很不顺意，咸丰二年，仅举优贡。

曾国藩被困南昌后，屡次请求朝廷增派援军无果。直到清政府决定起用长沙人黄冕为吉安知府，希望他可以带领援军帮助曾国藩。黄冕非常清楚，靠自己一人之力无法完成如此重任，他知道曾国藩的弟弟曾国荃带兵打仗十分精通，便紧急邀请曾国荃商谈对策。最后，两人商定以曾国荃为主帅，一起领兵赴援江西。

曾国荃“念兄国藩急，慨然曰:‘方吾兄战利，吾从未至营相视，今坐困一隅，义当往赴。君但能治饷，吾当自立一军，赴国家急。’”黄冕经请示湖南巡抚骆秉章后，决定请曾国荃招募一军，会同已革副将周凤山领军赴赣，定为吉字营。这年十月，曾国荃把罗泽南、李续宜的旧部也纳入军中，并且为了扩充军力，他还招募了不少新兵，总共会集了三千人。十一月，大军出湘入萍乡，军锋直指吉安，其军号曰“吉字营”。

然而，太平军早已料到清朝的援军早晚都会到来。他们凭险死守，让曾国荃攻城非常困难。曾国荃采取挖壕筑垒的战略，实行长围久困之策，终于攻破太平军的包围圈，一解曾国藩之困。

在众多湘军名将中，曾国荃绝对是后起之秀。特别是此役之后，曾国荃一战成名，其带领的“吉字营”之后又屡建奇功，慢慢成为曾国藩的嫡系部队。在以后湘军攻安庆，陷天京时，曾国荃都以挖壕围城取胜。

不过，曾国荃与曾国藩出山的动机不同。某种程度上，他之所以从军的最主要动机是援助兄长，要不是曾国藩陷于危难之中，恐怕他也不会加入湘军。另一个原因，当然也与他科举之路不顺有关。曾国荃并非正规科班出身，他的“优贡”不算科举正途，以至于同治十三年冬天奉诏入京的曾国荃与同年的优贡生聚会，会中有人提议辑刻《同年录》，要曾国荃作序。曾国荃在序中还表示，进士、举人、拔贡三途，萃行省之精英，前程甚懋，而优贡则“不敢望夫丰情”，“往往自渐形秽”。这充分说明，他对自己身上的“优贡”身份并不满意。

曾国荃的军事才能毋庸置疑，尤其是他非常擅长带兵，最喜欢采用“重赏重罚”的方法，打仗勇敢的受到重赏，不听话的、在战场退缩的则要重罚。并且他管理下属不拘小节，士兵们跟着他打仗无拘无束，比如只要他率军攻城之后便“允许劫掠三天”，这样做的目的是让下属士兵也能捞些实惠，所以他们都愿意跟他打仗。曾国荃属于粗中有细的将领，他尤其擅长使用铁桶阵，人称曾铁桶。他为人豪爽粗狂，脾气大，打起仗来不怕死，比较对当兵的胃口，所以当时人称“九帅”，在湘军中人望较高。

凡事有利必然也有弊，曾国荃的缺点在于治军不严，自己也手脚不干净，喜欢发战争财。而且他脾气十分暴躁，在与其他湘军将领及地方官员的交往中，刚愎骄傲，自恃甚高。这在政治上是大忌之一。除此之外，他也不懂收敛，目光短视。在他攻下天京之后，朝廷不但不以奖赏，反降谕指责他不应在破城当日夜晚返回雨花台大本营，责备他应对上千太平军将士突围负责。不久上谕又追查天京金银下落，命令曾国藩查清追回上缴。清廷的谕令对曾国荃毫不客气，点名痛道：“曾国藩以儒臣从戎，历年最久，战功最多，自能慎终如始，永保勋名。惟所部诸将，自曾国荃以下，均应由该大臣随时申儆，勿使骤胜而骄，庶可长承恩眷。”实际提醒曾氏兄弟如不知进退，便不能长承恩眷。

朱孔彰曾对曾国荃评语，“中兴拨乱，忠襄之勋烂焉”，确实如其所言，曾国荃所部吉字营在镇压太平军过程中功绩卓著，这与曾国荃喜利好功的性格分不开。他的这种性格特质无疑是驱使湘军吉字营成为令对手闻风丧胆的虎狼之师的合理解释之一。他麾下的骁将如李臣典、刘连捷、萧孚泗、鲍超之辈无不是凶狠逐利的亡命之徒，因此每遇恶战，如收复安庆和围攻天京，他们反而兴奋异常，都视作建功立业出人头地的绝佳机遇。

无论怎样说，曾国荃不啻为晚清政局上的名将重臣。他的出山，不只让曾国藩解开了江西之困，更让曾国藩在针对太平军的战争中有了更多可资使用的力量。

第五章　天京变乱逆转时局

一、太平天国内讧

在曾国藩弟弟的援军帮助下，曾国藩总算结束了自己被包围的局面。在江西，他领导的湘军虽然还没完全逆转战局，只是重新陷入与太平军的胶着状态，但好处是战事开始变得时好时坏，胜负互见，总不像头半年那样让人担忧。

然而，正当清朝的官员们不知如何为这场旷日持久的镇压叛军行动增加胜算时，1856 年 9 月，一个令曾国藩及其部属瞠目结舌的消息传来：太平天国的总部天京发生了内讧。这也成为太平天国由盛而衰的转折点。

天京内讧的起因主要源于东王与天王的矛盾。从太平天国的整体形势看，一直趋好。尤其是在太平军定都天京后，全军的将士革命热情更加高涨，军事实力日益强大。太平军不断在其他省份连连取得胜利，清军反而越来越受挫，很难组织起有效的反击，更难以对太平军形成致命性的攻击。随着战事的深入，太平军对清军的作战越发得心应手，游刃有余。又经过三年的苦战，太平军基本上稳定了长江中下游的局势。

然而，这一切利好局面并不能掩盖其潜在的危机。太平天国的矛盾并不在外部，而是在领导核心层。就像所有历朝历代的农民起义军一样，当打下江山后，立刻面临了领袖之间的分赃问题。太平天国虽然只是成了一半的伟业，但是其核心领导层中的天王洪秀全与东王杨秀清，矛盾却越来越深。

两人之间的不快其实早就存在。那是在1848年春，彼时太平天国运动方兴未艾，与洪秀全一起的合伙人冯云山被地方团练逮捕，送往广西知县门囚禁。当时，洪秀全人在广州，无法对广西进行直接指挥。教众一时群龙无首，处于一片混乱。眼看太平天国就要分崩离析。

此时，烧炭工出身的杨秀清异军突起，承担了太平军的领导责任。他用一种不可思议的方式，最终力挽狂澜，稳住了军心。那时侯，广西民间非常相信“附身”的说法。杨秀清就用这个概念，向教众宣称自己是天父耶和华附身，上帝要借用他的身体传达旨意。很多教众相信了他的说法，并且很快团结在他的周围，拜上帝教在险境中绝处逢生。

杨秀清身上的确有领袖的特质。他出身并不好，他出生于广西桂平市紫荆山平隘新村一个贫苦的农民家庭，父亲杨亚齐，母亲古氏。小时候杨秀清就命运多舛，早早就经历了人生的悲欢离合。他5岁丧父，9岁丧母，由伯父杨庆善抚养成人。这些经历让杨秀清比同龄人更早成熟，他对人间的悲喜自然有很深体会。

杨秀清成年后，不光没有书读，甚至也没有田地耕种，他只能以种山烧炭为业，经常要翻山越岭去卖炭，承受着商人的剥削，换回一升半斗米，过着饥寒交迫的生活。不过，在穷困环境中生活的经历，让杨秀清变得能够忍辱负重，而且深谙世故、善于交游。

1846年，在冯云山的影响下，杨秀清加入拜上帝教。起初，杨秀清只是普通成员，还未站到反清斗争的前列。不过，杨秀清是一个善于把握机会的人。自从1848年那次拜上帝教的危机后，杨秀清自称耶和华附身，成功将教众团结起来后，他在拜上帝教内部的威望大涨。其政治势力也借机提升，正式取得了代天父传旨的特殊地位，并一跃成为拜上帝教的领导者之一。

按太平天国自己发明的理论，天王洪秀全是上帝之子，是上帝派来解救人间的最高代表。但是，如果杨秀清自称“天父”“附身”，他就是代表耶和华，地位一下子就比“天王”洪秀全还要高。虽然当时领导层之间还没因为此事而公开争执，但这实际上将两人的隐患就此埋下。1851 年 12 月永安封王时，杨秀清晋爵东王，称九千岁，拥有节制诸王的权力，执掌军事最高指挥权。尽管在名义上看，东王杨秀清仍在天王洪秀全之下，但他时不时地以天父下凡的名义，直接越过洪秀全，给太平军部众发号施令。本来就权力欲很强的洪秀全虽然嘴上不说，但内心却极为不满。

定都天京之后，两人的矛盾越来越多。杨秀清已经开始明目张胆地反对太平天国的最高领袖洪秀全，且毫不克制。比如洪秀全想刊印新、旧约圣书，杨秀清却下令终止此事，洪秀全也无可奈何。杨秀清显然存心与他的顶头上司对着干，如果洪秀全想要否定孔孟学说，而杨秀清则予以肯定、支持，故意让天王下不来台。

杨秀清一直以天父的身份压制洪秀全，洪秀全的实际地位已经低于东王。杨秀清曾经借着抓住洪秀全的把柄，大演“天父下凡”的戏码，不仅恶语相向，逼迫洪秀全称他为万岁，而且以棍棒来惩罚洪秀全，甚至对其同党采用侮辱性的言辞。如此明目张胆的谋反，让洪秀全敢怒不敢言。

另一次事例更为夸张，当时杨秀清假装生病，要洪秀全前去探视。洪秀全本来并不想去，作为一国天子，总要顾及一点身份，委屈自己看望臣子总归不好听，而且要是传到众大臣耳朵里，让领袖的尊严何在？但是，洪秀全迫于杨秀清的势力太大，他只好忍气吞声，不得不去东王府看杨。这是洪秀全第一次走出自己的天王府，跑到杨秀清的卧室问候。然而，就是这样低三下四，杨秀清见洪秀全来了之后，还故意不理他，还低声说说，人家都说天无二日，人无二主，秦时二日相斗，这是为什么啊？

洪秀全大惊失色，杨秀清这是在赤裸裸地逼迫他退位，与谋反无异。洪秀全本来想发怒，但受制于在杨秀清的地盘，担心对方早已设下埋伏，对自己极为不利。他突然灵机一动，命令手下，赶紧对杨秀清九叩首，山呼东王万岁。

洪秀全的举动反而让杨秀清吓了一大跳。他的最初想法本不是直接加害洪秀全，只是想进一步让他下不来台，给天王一点羞辱，但洪秀全以退为进的做法反倒让他无话可说。杨秀清一下子面临两难处境，他如果此时正面接受洪秀全的部下称呼，安然当“万岁”，那便是公然地欺君犯上，即便获得皇位也名不正言不顺，很可能遭到所有人的反抗。要是承认自己之前的言语不当，那他也不甘心，说不定天王还趁机治他的罪。他见形势不妙，只好打起呼噜装睡下去。

洪秀全回到天王府后，吓得长时间缓不过来。探望杨秀清这次经历可谓绝处逢生，险些就回不来。他也开始思索，长此以往不是办法，必须要解决这个心腹大患，否则他的王位早晚被杨秀清拿下。于是，他赶紧密诏正在外线作战的北王韦昌辉、顶天侯秦日纲率部回京，与他们商量除掉杨秀清的计划。

1856 年 9 月 1 日，韦昌辉率亲信部队三千回天京。按照洪秀全的部署，他立即和已经回京的秦日纲见面，两人仔细规划了行动方案。他们为了防止夜长梦多，担心杨秀清的密探掌握洪秀全的动向，便立刻秘密封锁了通往东王府的街道，并让重兵包围了杨秀清的住宅，只等天王的正式命令。此时，杨秀清还浑然不觉。

等到一切安排停当，第二天凌晨，时机已到，韦昌辉率亲兵冲进东王府。杨秀清的守卫来不及防卫，便被韦昌辉轻易拿下。他们直接冲到杨秀清的卧房，此时，杨秀清还在睡梦中。韦昌辉破门而入，对前来阻挡的军士大喊："天王有命，杨秀清谋逆不轨，叫我立即诛杀之。"随后，韦昌辉进得房门，举刀刺入杨秀清的胸膛，顿时鲜血四溅，杨秀清倒地身亡。

韦昌辉做事心狠手辣，杀掉杨秀清并没有完，他还下令对杨秀清的家眷动手。他指挥士兵，把杨府的人全部找到，一个不留，包括他的家眷、亲戚、用人和所有的杂役，全部杀害。在那个早上，东王府尸首遍地，惨绝人寰。

洪秀全没有到东王府，他只是在天王府遥控指挥着这一切。当消息传来，杨秀清已经被杀，天王大喜过望，心腹之患终于除掉，从此可以安心做太平天国首领。然而，当他听说韦昌辉不顾众人劝说，把杨秀清的家眷杀得一个不剩时，洪秀全极为不满。他内心中还是有些不忍，他只是想针对杨秀清本人，并不想滥杀无辜。况且此事传到太平天国的将士中间，岂不玷污了洪秀全的名声。太平天国的内部团结也将不复存在。洪秀全一怒之下，便立即在天王府召集众将，要给韦昌辉以鞭刑的处罚。韦昌辉自知理亏，表面上同意，但却提出一个条件，受刑时要杨秀清的部属前往观看，这对他们是个安慰。

洪秀全并不了解韦昌辉想干什么，便胡乱同意了他的建议。谁知这一切，早在韦昌辉安排之中。等到韦昌辉受刑那天，他早早就把亲信部队藏在暗处，并让杨秀清的五千部属放下武器进入事先安排好的两座空房中，自己则跪在行刑台上准备受刑。行刑刚开始，隐藏的兵士就冲了进来，对手无寸铁的东王部属大开杀戒，五千将士无一幸免。随后，韦昌辉又下令围剿杨秀清的部属。他在天京城中，四处寻找，这之后的两个多月中，天京处于血雨腥风之中，两三万太平军将士惨遭杀害。

韦昌辉的暴行已经在天京城内变得骇人听闻，洪秀全对此到了忍无可忍的地步。此时，他唯一可以依靠的只有石达开了。然而，此时的石达开并不在天京，他如今正在武昌前线指挥作战。当他接到洪秀全的密令后火速回京。回到天京后，他立刻前去质问韦昌辉："太平天国不为东王而亡，恐怕要为你而亡了。"韦昌辉则完全不把石达开放在眼里，他回击道："我是奉天王之命行事，你敢怎么样？"说完便转身就走。

韦昌辉知道石达开来者不善，一定是要替天王修理自己。因此，他想还不如先下手为强。他决定想办法除掉这个心头大患。就在这一天夜里，韦昌辉率军包围了翼王府，准备进去抓人。所幸石达开提前得到消息，在韦昌辉率人赶来之前，已经从小门逃走。石达开连夜逃离天京，因为走得太过匆忙，他的一家老少并没有来得及带走，这又成了韦昌辉发泄仇恨的靶子。韦昌辉见抓石达开已然不成，便像对待杨秀清一样，下令将石达开的家属全部杀死。

石达开回到安庆，听闻自己的家小被杀，悲愤交加。他上书天王洪秀全，历数韦昌辉的罪行，并请求天王杀掉韦昌辉，以平民愤。除此之外，他已经暗暗集结军队，准备讨伐韦昌辉。

天京城内此时已是风声鹤唳。韦昌辉滥杀无辜的行为已经引起众多太平军将士和平民百姓的不满，纷纷要求天王杀掉韦昌辉。洪秀全眼看民众抗议的声浪越发高涨，如果再不处理，局面将无法收拾。这不仅会威胁到自己的执政地位和安危，整个太平天国的存亡也将是个问题。于是，洪秀全命令太平军将士"合朝同心"，抓获韦昌辉及其死党。

不过，韦昌辉的眼线实在太多，他提前得到了消息，火速出逃，结果被洪秀全派人抓回。韦昌辉的父亲韦元玠及全家老小全部被杀，只有他的弟弟韦俊此时在武昌与清军作战得以幸免，而后，韦俊投降了清军。韦昌辉被活捉后，天王下令将他五马分尸，并割下他的首级送到翼王石达开的军中，以接石达开回京。为了一泄天国军民的愤怒，天王再次下令：将韦昌辉的尸体剐成肉块，每块两寸见方。悬挂在天京城内格栅示众，上面标明："北奸肉，只准看，不准取。"

石达开见到韦昌辉已除，便返回天京。不过，他回来发现，洪秀全对他也开始不信任了。特别是洪秀全由于之前被杨秀清排挤的阴影仍在，如今更加担心石达开专权，抢夺自己的权力。石达开是个聪明人，他不仅擅长带兵打仗，也会察言观色。在人际关系处理上，他也会拉拢人心、招揽人才，曾国藩说他“凶、悍、诡”，其智力和志向远在其他人之上。特别可贵的是，石达开对洪秀全的那套东西，颇不以为然，既然两人不投机，石达开心想还不如去前线，于是便有了离开之意。

洪秀全故意冷落石达开，不给他安排重要事务，而是将大权分给亲信，其中军权分给李秀成等人，政权则分给了洪秀全的胞兄洪仁发、洪仁达，军政能力俱佳的石达开，反而闲居天京，无所事事。

洪秀全的胞兄洪仁发、洪仁达本来就好大喜功，贪图享乐，在得到洪秀全赋予的权力后，更加无法无天，不将石达开放在眼里，处处排挤他。年轻气盛的石达开渐渐难以忍受。有一天，他手下有个谋士见他如此烦恼，便建言说，大王既然深得军心，何必在此受制于人？中原不易拿下，何不挺进四川，做一番当年刘玄德的鼎足之业？

石达开听了觉得此话有道理，既然在天京得不到重用，还不如远走他乡。石达开便决心离开天京，自立门户。然而，石达开此时在天京已经深得民心，并且是太平天国中最可依赖的将领了。听说石达开要走，许多天京百姓十分不舍，纷纷劝他留下。石达开也不傻，为了将自己离开的理由告诉天下，他特意发了一个榜，历数自己在天京受到的不公正待遇，并且呼吁有愿意随他去的老战士加入他的军中。这一招果然有效，在他一路离开天京的路上，不断有老战士加入，最后算了算，竟然有十万人之众。石达开只是稍稍利用了一下民意，就不费力气地扩充了军事力量。

经过此轮变动后，太平天国元气大伤。石达开走后，太平天国只剩下两个能人协助洪秀全领导天国事业，一个是陈玉成，另一个是李秀成。李秀成即后来的忠王，是太平天国末期唯一的支柱。李秀成在广西加入太平军，当时他只是一名列兵，1854年在石达开的安徽作战中效力，后来随部攻打向荣的部队，于1856年随部将清军赶到丹阳。此后他奉命指挥安徽的重要作战，不久之后被封了王。此人头脑清醒，忠于职守，直到最后一刻。他也不怕向天王本人表达通常是理智的看法。

天京事变的发生，对太平军与清朝的战争具有极其重要的意义。这件事究其原因，洪秀全负有首要责任。洪秀全是太平天国的领袖，在法理上居于领导地位，他的一言一行直接决定了太平天国的发展方向。在天京事件中，他的责任在于无法从制度上保证领导集团内部的团结。另一层原因在于，太平军普遍由农民构成，他们长时间保持封建宗法思想，家长制扩大到皇权主义在所难免。皇权主义原则本身就意味等级服从的不平等，这无疑是破坏革命队伍团结、导致分裂的因素。

洪秀全个人的好大喜功也极其致命。太平天国刚刚在天京定都，甚至太平军还在城外与清军鏖战时，洪秀全就开始为自己今后的生活打算，他急不可待地动用上万军民拆毁大批民房，修建天王府。天王府“城周围十余里，墙高数丈，内外两重”，“雕琢精巧，金碧辉煌”，“五彩缤纷，侈丽无匹”。这不只动摇了军心，更让太平天国的贫民百姓极为不满，加剧了他们对天王的不信任感。

除此之外，洪秀全精神生活匮乏，不懂上进，完全沉迷于声色享乐之中，他花了许多精力制定了一套旨在约束后妃、维护宫廷秩序的制度。以他为后妃们制定的“十该打”和“四不准”为例，足以显示他的革命精神严重消损。据史载，天京天王府“其中约有妇女千百，男贼仅洪逆一人，其中淫恶可知也”。

从41岁进天京到52岁自尽，洪秀全完全沉迷于女色中。他在其间既没有出过城门一步，也不亲自指挥作战。11年中，仅颁布过25篇诏书，而且1854年至1858年是空白，5年竟然未发一诏。连曾国藩也感到奇怪：“洪逆深居简出，从无出令之事。”

1856年发生的天京变乱，是天平天国运动由胜利发展到走向衰落失败的转折点。它不只搞垮了领导核心，东王杨秀清被杀，北王韦昌辉遭诛，翼王石达开出走，太平军的力量也大为削弱。经天京变乱中的互相残杀，仅东王部属被杀就有两万人，其他各王的部众也有损耗，死者中不少文臣武将。石达开虽然仍然在带兵于前线打仗，但是已经成为单独势力，极大降低了整体效力。

更严重的后果在于，天京事变摧毁了太平天国的信仰支柱。太平天国是披着宗教外装的一场革命。在当时特定条件下，拜上帝教起到了交融革命理想、维持革命信仰的作用。经天京变乱表明，他们以德标榜的“以天父真道，蓄万众一心”的说教，失去了权威性和说服力，人们不能不对以往的信仰产生怀疑，对革命的前途产生忧虑。太平天国的信仰支柱不能像过去那样坚固了，某种程度上代表了太平天国在政治思想上的破产。从清军幸灾乐祸的一首歌谣，可以看出情况的严重性：“天父杀天兄，江山打不通，长毛非正立，依旧让咸丰。”

从大的历史发展脉络看，1856年，天京的内乱大大削弱了太平天国运动。此时，只要清政府抓住有利时机，集中力量攻击天京，太平天国定会土崩瓦解。然而，太平天国内乱到达顶峰时，官军的士气也遭到严重打击，曾国藩又受困于江西，否则官军的彻底胜利，与太平天国运动的毁灭就是不可避免的了。

二、曾家遭遇家变

天京事变之后，太平天国的整个态势都不好了。虽然清军并没有乘虚而入，单就太平天国本身来看，此时的状况也大不如前。核心问题在于，过去能够凝聚人心的东西不在了，上自高级将领，下至普通士兵，都对天王洪秀全的权威地位开始质疑。洪秀全所宣扬的神话似乎已经过去，即便他再重复也不再动听，整个太平军内部充斥着一股不信任的空气。

洪秀全也了解这些变化。为了巩固已有的胜利成果，太平天国也开始改变以往咄咄逼人的进攻态势，更加注重防御。比较明显的迹象是，他们加固了天京城墙，增派了更多力量守卫，以及让更多的眼线遍布四周，以防遭遇清军的突然袭击。

太平天国的担心不是多余的。就在短短数月之后，清军开始在天京的南部发力。他们把原先的江南大营重新扩充力量，以增强对太平天国的威慑力。

江南大营建于 1853 年 3 月，太平天国在天京定都之后。当时清军为了长期围剿太平军，决定在天京周边建立屯兵聚集地。一个是东郊江南大营，另一个是扬州的江北大营。按照清军的设想，这两个大营可以彼此呼应，在威胁天京之余，还可以对镇江和瓜洲实施围堵，并且让太平军只能据守原地，不能进军苏南地区，特别是苏州和常州。

1855 年后，形势变得对太平军非常不利。一方面，太平军北伐军遭遇重挫，主要力量都已损毁。另一方面，在湖北和江西，西征军情况略好，但在安徽太平府等地陆续失守，这直接影响了粮食运输。面对如此处境，洪秀全认为只有主动出击，才能摆脱困境。他决定集中太平天国的主要兵力，全力向江北和江南大营进攻。

1856 年，太平军一举攻破江北和江南大营，让天京的危局得到缓解。然而，这并非一劳永逸地解决问题，主要在于太平军并没有全部歼灭清军，他们只是局部突破，把清军打散而已，这种打法为日后的清军卷土重来留下了巨大隐患。

果然，在 1857 年之初，太平天国内讧引发的内耗大增时，清军江南大营也重新焕发生机。清军张国梁部率军开始北上，他们一路厮杀，在对镇江进行进攻时，没有遭遇太多抵抗，就直接将其攻克，随后他们的势力开始逼向天京。

在江西，太平军的境况也愈发糟糕。主要原因是曾国藩摆脱了困局，成功突破了太平军的围剿，并且开始组织力量进行反击。清军的反击让太平军遭受极大打击，在江西驻守的太平军几乎全部被瓦解，硕果仅存的力量极其有限，如湖口、九江等地，但他们孤立无援，并无可依靠的支援力量。湖北情况更糟，韦昌辉被杀后，他的弟弟韦俊在守卫武昌时受到极大影响。他或许是受到哥哥被杀的刺激，指挥乏力，调兵无术，干脆弃城而逃。这让湘军大将胡林翼一举夺回了武昌，并进而扭转清军的颓势。

太平军与清军的水上力量对比也开始发生明显变化。从 1856 年底开始，湘军水师就开始发挥威力，他们顺江东下，接连将黄州、蕲州、大冶、兴国等地拿下。到此为止，太平军彻底失去了对湖北的控制能力。对于太平军来说，湖北已经不再是他们的根据地，紧接着，江西九江又被湘军攻克。

正当战局发生逆转、对清军呈现有利态势时，曾国藩的身体却出现了问题。原来是曾国藩的眼疾愈发严重，已经到了“竟日不能开视”的程度。

曾国藩身体一直不好，从少年时就经常生病，各种小病大病不断，药不离口，可以说他一生都在跟病痛作斗争。比如在道光二十五年时，曾国藩莫名其妙地患上了牛皮癣。这种病到现代社会都是顽疾，更不要说在晚清。患上此病后，曾国藩只要军事上遭遇挫折，晚上就会全身瘙痒不已，非常痛苦。这种病看似不致命，但它长期存在会让人的意志力消磨，会觉得“无生人之乐”。曾国藩在日记中经常提到牛皮癣对他的影响，其中“遍身疮癣，且痛且痒”的词句时常出现。

除此之外，曾国藩的肺病也让他险些丧命。那是在他染上牛皮癣次年六月，曾国藩那时刚到京城参加了散馆考试，大约半年之后，曾国藩突然得了肺病。肺病在那个时代是不治之症，染上肺病几乎百分之九十的人都要丧命。曾国藩似乎吉星高照，他碰巧遇到了一位名医，对方妙手回春，让他捡回来一条命。

曾国藩的耳朵还不好，经常出现耳鸣现象。中医认为，耳鸣的发病原因多半是肝和肾的毛病。曾国藩长期患有耳鸣，只要战事吃紧，夜里熬夜，便会持续发作，让他疼痛难当。至于眼睛上的问题，更加麻烦，这在他平时看书时表现特别明显，严重时连寸大的字都读起来困难。这些小毛病有时候夹杂起来，让曾国藩常常夜不能寐，辗转反侧睡不着，以致他曾经不得不叹息：“余多年不获美睡。”

连年征战加上清军形势一直欠佳，曾国藩的眼疾闹得很厉害。如今战局刚有起色，他眼睛疼得却更厉害了，以致不能带兵指挥打仗。曾国藩无奈，只好向咸丰皇帝请假一月，在军中耐心调养。

其实，生病的人是无法安心休养的。对于曾国藩这样身负国家重托的朝廷重臣，更不可能不顾太平军与清廷仍在交战的局势。他一边了解战局，内心也有些想念家中的父亲，毕竟他已经好多年没回家了。正当烦闷之时，一个噩耗传来，他的父亲曾麟书在 1857 年 2 月 27 日去世。

这无异于一记晴天霹雳，时刻挂念父亲的曾国藩，却突然接到与父亲诀别的消息，内心的悲痛难以表达。他不等皇帝批准，便紧急携弟弟曾国华回乡奔丧。他在给皇帝的奏折中，主要表达了自己出于孝道，必须回去的理由，另外他也在安抚咸丰皇帝，如今他的离去并不影响大局。

谁知咸丰皇帝还是更在意战局，他知道曾国藩对于整个对太平军的行动中，发挥了不可替代的作用。于是，他并没有允许曾国藩在家守制三年的请求，但是给了他三个月假，并且不许开缺。实际上，咸丰皇帝出尔反尔，他对战事太着急了，没等曾国藩在家待满三个月，便命令他赶紧返回军营，以应对前线战局。曾国藩对于父亲有着极深的感情，他自己的做人准则不容许他不尽孝道。因此，他再次请求咸丰，希望给他三年假期，为父亲守丧。他向皇帝表达了不愿意回军营的理由：自古带兵者，从未有他的困难大。领兵打仗却没有军权，自己“虽居兵部堂官之位，而事权反不如提镇”。

此处有必要介绍一下清朝官员的休假制度。最早清朝并没有固定的休假制度，对于一名官员来说，最基本的要求就是日夜为百姓操劳。但是，清朝自鸦片战争以后，由于西方人大量涌入，把先进的文化和观念带入，其中也包括西方人的休假制度。因为洋人每周日休息一天，清朝也越来越接受周休一日的习惯。

除了官员在法定节假日休息外，当然也可以“临时请假”。请假的制度在中国历史上存在更为久远，从唐代延续下来的规矩包括：父母住在三千里外，每隔三年有三十日的定省假（不包括旅程）。父母在五百里外，每隔五年有十五日的定省假；儿女行婚礼时，有九天假期，不包括旅程。父母亲去世，强迫解官三年，如果是军职，则为一百天。

按照唐朝传下来的规章制度看，曾国藩作为军职官员，皇帝给假三个月并不算苛刻，但是曾国藩一是感觉对父母的亏欠太多，他们在世时就没有太多陪伴，去世后若是不能守孝三年，于自己内心感情上接受不了；二是曾国藩久困于江西，在与太平军的战斗中身心俱疲，而且由于朝廷各级官员的掣肘，曾国藩受过太多的委屈，他存心想借此机会向咸丰皇帝诉苦，便坚持要求请假三年。

过去几年，曾国藩领导的湘军确实受尽了委屈。表面上，清朝赋予湘军重任，把湖南、湖北和江西三省的抗击太平军重任，都交给了曾国藩。但却并没有给予他们相应的待遇。如果跟清朝正规军相比，先是从编制上就没有正眼看待他们，他们充其量只能算是雇佣兵。因为没有编制，带兵打仗的湘军将领没有上升空间，即便打了胜仗，朝廷也不会给他们一官半职，这让湘军将士极为不满。

湘军充其量只能算是地方武装力量，它与正规部队八旗和绿营军不可同日而语。虽然战斗力数湘军最强，但只有八旗和绿营部队享受吃皇粮的待遇。曾国藩的湘军属于民间，这就决定了他们必须要自己筹集粮饷，虽然国家也有一些政策支持，让湘军可以在战争地区临时征收厘金。除此之外，剩余粮饷则需要湖南和其他省份帮忙解决。由于一些省份极其不配合，曾国藩在筹集粮饷方面饱尝人间冷暖，几次都因筹借不到粮饷而困苦不已。

湘军虽然四处出击作战，但是直到攻下太平天国的首都天京，湘军陆军一直没有获得国家编制。湘军承担的虽是出省作战的重大军事任务，但并不享受相应的待遇，比如地方官员就不必非要接待湘军不可。另外，湘军军中连个正式印信都没有，毫无正规军的风范，这也充分说明湘军遭受的冷落之深，已经让湘军上下怨声载道。曾国藩体会更深，委屈一直憋在心里，并无机会向外人诉说。

曾国藩借向皇帝请假机会，把几年来的委屈在折中表露无遗，他把自己的情况说得非常具体，比如如果他在江西带兵没有对应的官职，那他无法有效执行调兵打仗的权力，还不如让江西巡抚和提督带兵作战。

对于曾国藩的诉求，咸丰皇帝并没有批准。咸丰皇帝并不同情曾国藩的遭遇，他只想着怎么才能让曾国藩赶紧回来，继续带兵打仗。在他看来，曾国藩这是借机向他要权，实际情况如何，并不一定真如曾国藩所言。咸丰皇帝当然也有盘算，眼看太平军势力已今不如昔，未来清军越来越取得胜利的优势，他不必非要依靠曾国藩进行对抗。况且，如果这次接受曾国藩的要挟，会给其他官员开启不好的范例，如果别人也来要权，他该如何是好？

正是出于上述考量，咸丰皇帝最后竟然改变了初衷，同意曾国藩在家守制三年的请求，顺水推舟地批准曾国藩的奏折，并安慰他安心在家休养，不要挂念其他。曾国藩眼看所求之事成为事实，他也不管皇帝到底怎么想的，此时的他，更挂念家乡的亲人，于是立刻离开湘军回到故乡。

作为湘军领袖，曾国藩突然告假回家，并不是所有人都能理解。他身边的将军侍从自然无话可说，非常理解这位主帅的心思。但是，对于当时昏暗腐败的清朝官场来说，其他人并不这么看。江西和湖南许多官员就跳出来指责他，认为此时前方战事仍十分紧张，曾国藩却放下军务，回家过闲日子，这不仅有违军人职责，更有负皇帝重托，严重些说，曾国藩的行为已经与临阵脱逃没有区别。更让曾国藩伤心的是，他身边的一些朋友也来指责他，包括他的湖南老乡左宗棠也认为曾国藩缺乏职业道德。

此时的曾国藩已经顾不得那么多，即便他听到了这些消息，他也只当作笑话而已。在度过了最初丧父的悲伤后，他开始反思自己。由于身体不好，再加上前途不明，他在家中感到前所未有的孤独。过了些日子，曾国藩幡然醒悟，胡思乱想总不是办法，既然在家里要待一段时间，索性静下心来做些其他事情。他便开始研究起老子和庄子，试图从这方面找到生活的信心。

老庄哲学和儒家哲学是中国文化的两大中流砥柱。老子的思想体系在于“自然”二字。老学是一种以“自然之道”一以贯之的思想体系，主张“道法自然”，要求人类顺应“自然之道”，返璞归真，以“自然”、“无为”作为社会、人生的理想状态。庄学则十分注重个人作为主体的精神或心理状态。它探讨的是人如何获得完全的精神自由和开放独立的人格，追求的是人在去常知、忘情欲，内心虚静明觉的状态下的一种逍遥自得，是人与大自然融为一体后的忘我境界。庄子强调“无名”、“无功”、“无己”，只有摆脱名利外物的困扰，超越自我的存在，才能做到“无累”，也才能实现精神的无限自由。

曾国藩通过对老庄哲学的研究，发现自己有不少未曾意识到的问题。曾国藩受世俗影响很深，还是太希望成功，并不能保持一个平常心态，遵循事物本来的发展规则。由于事情常常不能如愿，自己反而感觉十分烦恼，这还是对功名利禄有所企图。若要内心变得平静，必须要做到去除各种杂念，按照自己的真实愿望做事。

同时，曾国藩也在寻找自己办事常常不顺的原因，“长傲、多言二弊，历观前世卿大夫兴衰及近日官场所以致祸之由，未尝不视此二者为枢机”，“历观名公巨卿，多以长傲、多言二端而败家丧生。天下古今之才人，皆以一傲字致败；天下古今之庸人，皆以一惰字致败”。

曾国藩在家守制这段时光非常重要。这不光是他人生一个短暂的休息，对自己的思想有了一次全面检视和梳理，同时，他也对人生许多疑惑有了答案，修正了自己以儒学入世立身的世界观。曾国藩变得越发通达了。

他也开始审视自己身上的弱点，比如在待人接物方面仍有不足，太坚持旧有观点。在这之后，曾国藩曾经给弟弟写信，提到自己的处世方式已经发生变化：“兄自问，近年得力唯有一个‘悔’字诀。兄昔年自负本领甚大，又每见得人家不是。自大彻大悟之后，乃知人应以能立能达为体。立者，发愤自强，站得住也；达者，办事圆融，行得通也。”

曾国藩的这种认识，让他在官场中的态度也发生扭转。以往，他对官场的阿谀奉承十分看不惯，更不喜欢溜须拍马，行贿受贿。至于看到许多官员为了自己升官，四处托人打点，上下走动，他不仅不屑于做，更是不想与这些人为伍。在曾国藩看来，这些行为有违他的做人准则。

但经过这次内心的思索，他对自己不再抱有太高奢望，他也认识到仅凭一己之力，无力扭转这种大风气。清朝官场这些陋习，是长久积累下来的，某种程度上也反映了整个朝廷的没落和腐败。既然改变不了，曾国藩想还不如尽量适应它。适应不是迎合、跟从，而是首先能够用一种不带歧视和贬低的态度观察它，同时又能保持自己的独立性，并且学会跟这些不良的人和事相处。只有如此，他才不会处处受气，内心也不会感到孤独和难过。只要任何事情都有一个尺度，这些红尘琐事便不会影响到他未来的人生发展道路。

想清楚了这么多问题后，曾国藩在家的日子也不觉得孤独和困苦了，反而感觉到有巨大的收获。正当曾国藩想更加深入地了解自己的问题时，朝廷的命令又来了。原来皇帝又改变了想法。

虽然朝廷批准曾国藩可以守制三年，然而战场的形势却实在不允许，前线需要曾国藩回来。曾国藩只是在家待了一年半，咸丰皇帝便要他重新出山。这一次，曾国藩改变了之前的固执己见，反而欣然接受了皇帝的指令。

那时候，天京事变的发生让清政府过于乐观估计了战事的走向。他们本以为太平天国已经日薄西山，很难再组织起大规模的攻击，不日就会被清军彻底“剿灭”。然而，坏消息很快传来，江南大营再次被太平军攻陷，清朝围攻恐吓天京的大局发生逆转。太平军不仅重新翻身，更是基本控制了富庶的江南地区，让清政府的赋税和漕粮都遭到阻碍。

清政府开始陷入无法抉择的两难处境，要么继续跟太平天国周旋到底，但其社稷江山可能不保；要么让湘军壮大，依靠其能征善战消灭太平天国。咸丰皇帝权衡再三，社稷江山显然比争权夺利更为要紧，更何况，湘军无论怎么发展，毕竟是在皇权控制之下。于是，他便下令曾国藩重新出山，并任命曾国藩署理两江总督，让他掌握更重要的权力以加大对军队的控制。

历史的发展颇为诡异，湘军集团起起伏伏，在清朝封建体制的巨大阴影之下，完全不能左右自己的命运。但是，无心插柳柳成荫，本来无意，湘军却意外地重新获得实权，这在某种程度上全部依赖太平天国给清朝政权带来巨大危机。

于是，咸丰八年六月初七，在家守制一年半之后，曾国藩再度出山，他由湘乡动身赴浙江，开启一段新的人生旅途。

三、三河之败

再次领兵出征的曾国藩，并不轻松。因为对于曾国藩来说，石达开如今是太平天国中最有威胁的将领。

自从石达开被迫离开天京后，洪秀全面临的战局更加危急。在太平军的各个战场，形势都很紧张，时常需要派兵救援。此时洪秀全唯一可用的石达开虽然屡次出击救助其他将领，无奈分身乏术，不可能面面俱到。

石达开也不想时刻围绕洪秀全转，他也有自己的盘算。1857 年 5 月下旬、石达开率领少数队伍离开天京，“由南门走出……在雨花台讲道（即‘讲道理’）三天，遂不回城，径往安徽”。6 月 2 日，“由铜井渡江逃往江北”。6 月 9 日，“道经该州安徽无为，前住上游，到处张贴伪示”。6 月 16 日，“屯军安庆”。

石达开在安庆停留的时间很长，前后待了三个多月，其目的主要是扩充军备，并进行必要的休整。石达开在安庆又募集了好几万士兵，在对他们进行必要的军事训练后，这才开始下一步的军事行动——南援江西。

石达开驰援江西的举动，事实上早已经被清军料到了。江西的清朝将领在给皇帝的奏折中说：“江西乃石达开窜扰之方，党羽甚多。一呼百应，且米粮充足。就近裹胁楚、广悍匪，足以横行。效揣度贼情，必先窜回江右。”

实际上当时江西军情十分紧急，太平军在江西的重要据点临江府与吉安府都被清军重兵围困，动弹不得。因此他们日夜盼望援军。这两地被困之后，太平军在江西的总指挥部已经被迫转移到赣东的抚州。石达开既然选择江西作为远征的第一个目标，必先到抚州。以后再以抚州为进军基地，进援临江府和吉安府。

1857 年 9 月，石达开正式进军江西。在临行前向洪秀全表明自己的意图：他希望李秀成等人率领数十万将士向长江下游进发，陈玉成等人则回到天京，以确保太平天国首都的安全，他自己的使命则是“赴援江西，进军浙江”，以开辟另外一个战场，牵制清军。

最初，石达开部所向披靡，让清军猝不及防。他冲垮了福兴、李定太等部的拦截，后续部队源源不断，很快他便于 11 月间抵达抚州。

按照石达开原先的构想，他必须先解决临江之围，夺回失守的袁州、瑞州，这样才会让清军失去阵脚，并打乱其原有的部署，从而一举重新夺回江西战场的主导权。这样一来，石达开将取得有利局面，方便南下夺得吉安，从而可以威胁驻守南昌的清军。如果向北出兵，则可以直抵九江，进而西征太平天国控制过的武汉。控制武汉将具有标志性的意义，某种程度上说，可与太平天国在石达开主持西征时的全盛时期相媲美，那时的战局也必将彻底扭转。

然而，事情并未如石达开所愿。石达开要想解救赣西，前提必须是要渡过赣江才行。此时的太平军已今非昔比，更何况，横渡赣江并非容易的事儿。这主要原因在于太平军西征失败后，其水师力量严重削弱，已经没有可以与清军抗衡的水上力量。而且，为了抗衡太平军在江上进攻的意图，清军在赣江上布控了大量水面力量。这让石达开在水上渡江的计划几乎腰斩。

石达开渡江不成，只好向南前进到三曲滩。三曲滩夏天水较深，到了冬天水流减速，变得很浅。石达开准备利用这一便利条件，直接渡水过江。谁曾料到，清军早已进行过战局排练，认为石达开唯有从三曲滩方可过江，便提早在此设防，并且派重兵在江面上围堵。石达开别无他法，即便面临清军强大防御力量也只能硬着头皮迎战。石达开亲自上阵指挥，一拨太平军上前被击溃，石达开便下令另一拨递补。清军掌握天时地利，并摸透了石达开的阵法，让太平军死伤惨重。双方激战 17 天，太平军伤亡数量越来越大，已经到了承受的极限。石达开见状继续强攻恐伤及主力，便下令停止渡江，并退回抚州。

虽然渡江受挫，但让石达开欣慰的是，赣西局势稍差，但赣东仍然掌握在太平军手里。如果以此地为基础，石达开要想建立起一个较为稳固的基地，还是存在极大可能性。一旦赣东根据地建立，将会极大牵制清军力量，清军必将集结优势兵力前来讨伐，从而可以把首都天京的困局迎刃解开。太平军也可以在这种局面下寻求新的胜利机会。

石达开的想法并非天方夜谭，事实上，如今的太平军虽然实力有所削弱，但远未到立即失败的时刻。太平军的将领大部分还在战场上厮杀，他们大多在安徽、江西与福建等地与清军苦苦周旋。

太平天国最令人担忧的是首都天京的组织核心。由于失去了一大批开国元勋，洪秀全运筹帷幄的能力遭到极大减损。唯一让他庆幸的是，天王手下还有几位年轻的将领仍忠心耿耿，他们不遗余力地辅佐洪秀全维持好不容易到手的江山。这几位年轻将领中，最令人瞩目的是忠王李秀成。李秀成在广西加入太平军时还只是默默无闻的大头兵。后来在连年的征战中，李秀成表现出一名将领该有的果决与善战，这让他很快脱颖而出，并最终在天京事变之后，成为天国中举足轻重的将领。

洪秀全大多时间并不理会朝政。1858 年阴历一月，是为数不多的天王表现自己执政方略的机会。在毫无征兆的情况下，洪秀全发表了一份文告，其中通篇是在描写太平天国取得的丰功伟绩。特别记录了满人篡位之后犯下的恶行，以及太平天国行为的正当性。文中也不忘对太平军将士进行鼓励，告诉他们只要坚持与清军死战到底，必能建立起大一统的国家政权。这篇文字的另一个功能是向全国昭告如今的将领是哪些，包括英王陈玉成、豫王胡以晃、赞王蒙得恩、辅王杨辅清、忠王李秀成等七位。

仔细分析如今的太平军将领，其领兵打仗的能力并不差。问题在于天王洪秀全的执政地位不稳，老百姓对他以往的宗教迷信开始褪去，而他也无法用其他足以鼓舞百姓的手段重获民心，这就为将来的太平军征战埋下深刻的危机。

此时清军对太平天国的威胁正在加剧。在夺得江南大营后，清军以此为据点，开始发起对天京的新一轮攻击，让洪秀全惊恐不已。当石达开在 1858 年初驻军江西抚州时，福兴奏称："据俘获之太平军人供称，天王以天京被围，数次派员赴抚州求援于石达开，达开乃统全军分为六起，号称十余万，拟直攻苏杭，以分金陵之势。"

实际上，这是石达开为了大局而不顾之前罅隙的表现。为了一解天京困局，石达开将自己的大部分兵力留在江西，用以开辟根据地，然后再分派两支人马，一支号称进入都昌，然后顺势袭击户口，其目的在于支持九江的太平军；另一支则向湖北南部进军，其指向是武汉。石达开自己则另辟蹊径，深入浙江腹地，以吸引清军主力来"围剿"，为首都天京解开困局。

对于石达开进军浙江这一突然行动，历史上有很多人表示无法理解。有些历史学家以为，石达开这是无目的的落荒逃跑，并无太多计划性，属于"流寇"行动。但从咸丰七年九月德兴阿向清廷的奏片中有关的内容看来，石达开在安庆时就已拟定"赴援江西"与进军浙江的作战计划。片中说："……又抄得石逆由安庆寄与洪逆伪章一纸，内有令贼党李寿（秀）成会合张洛行领数十万贼分扰下游，又调贼党陈玉成、洪仁常、洪春元、韦俊、杨来清等各率贼数万及五六千不等概回金陵。并欲赴援江西、窜扰浙江等语。"由此看来。石达开在赴援江西不利之后，便进军浙江，绝非无计划的流窜，而是早已决定的配合天京解围战事的有计划的军事行动。

苏浙地区向来以富饶多产而著称。无论是在明朝，还是在清朝，都是当朝重要的财税基地。清军围困天京的重要目的就是利用江南大营的建立，阻隔太平军的粮食和后勤补给。石达开为救天京，另辟浙江战场可以说是一步妙棋：一方面可以吸引天京的清军，让天京的太平军可以突围；另一方面，他可以另辟太平天国的后方基地，如果占领杭州，则在苏南以外重新开辟了后勤补给基地，并且让苏南和浙江连为一体，造成使天京“永奠磐石之安”的局面。

清政府当然也深知浙江的重要性。对于石达开突然进犯，咸丰帝大为惊恐。他尤为担心的是，石达开如果由衢州、寿昌向北深入，或者在金华、严州附近顺流而下，将使得杭州非常危险。为了对付来犯的太平军，清朝赶紧将各路大军调集浙江，共同对付这个令人望而生畏的对手石达开。

石达开从 1858 年 2 月 26 日离开抚州，到 4 月 20 日进围浙江衢州，前后不过一个多月、长驱三百余公里、打破了十几座城市，基本上是直线进军。

具体来看石达开的浙江进军计划，有许多可圈可点之处。比如他攻克江山后，石达开采用了声东击西的战术，他把人马分为两路，一路由他自己率领，进攻衢州；另一路人马则由部将石镇吉率领，一路向北挺进。衢州的地理位置十分重要，它是通往杭州的关键通道，如果太平军打通了这条线路，之后再取杭州将会是易如反掌。然而清军在此地的部署力量不足，听闻石达开率军前来攻城，各地救兵纷纷前来救援。

四面八方的将士在短时间内涌进衢州，使得守城的清军数量急剧攀升，最后竟然达到两万人。然而，即便人数众多，但由于仓促调集起来，清军并没有进行有效的整合与演练。面对石达开的狂攻，清军还没有还击就先乱了阵脚，被太平军杀得血肉横飞。清军总兵饶廷选连连吃败仗，整个军心一片低迷，他不断写信向周围的清军求助。浙江巡抚和江南大营都得到了他的信件，信中他把石达开描绘得十分凶悍，表示自己已经支持不住，希望友军火速派人来救。

咸丰帝也了解石达开的厉害，知道必须增派更多士兵方可阻隔太平军的深入。咸丰帝特意给予周天受提督衔，督办浙江防剿事宜。咸丰帝也对之前的抗击太平军行动不甚满意，对于剿办不力的将领福兴，咸丰帝也毫不手软将其革职，并拔去花翎。

与此同时，石达开的另一路大军也毫不含糊，由石镇吉率领的大军，采用避实就虚的战法，他们并没有强行向衢州进攻，而是绕开这座清军重兵把守的城池，迅速北进。他们先后将遂昌、松阳、处州攻破。随后太平军又乘胜追击，一路追讨清军主力，并在银场将清军打得四散逃窜。这之后，太平军又连克缙云、永康、武义等地，所到之处势如破竹。

面对如此被动的局面，咸丰帝赶紧起用湘军大将李续宾，无奈李续宾正与陈玉成鏖战，并僵持不下，无法去浙江主持军务。此时，咸丰帝才想起曾国藩来。

其实，朝廷本来不想让曾国藩重新掌握兵权，因为对于曾国藩的疑惧，朝廷已经积习已久。恰逢曾国藩丧父在家丁忧，咸丰帝本想彻底将他打入冷宫。没想到太平天国的势力开始回涨，清朝现有将领越来越无法应对局面。在石达开进入江西时，兵科给事中李鹤年就力主曾国藩出山，他上书咸丰帝，希望曾国藩赶紧赴江西办理军务，无奈奏折石沉大海，毫无回音。胡林翼也曾上书朝廷，希望曾国藩复出，但朝廷仍然置之不理。

当石达开兵发浙江之后，清朝大将们感到灾难临头，此次太平军的威胁远非以往可比。包括胡林翼、官文等将领再次上奏朝廷，希望曾国藩尽快出山，骆秉章甚至直接把利害向咸丰帝挑明："贼中著名头目能为患者，无过石达开、陈玉成两逆。……逆贼陈玉成一股，尚可无虑。惟石达开率大股窜浙，诸军多系零星杂凑，气势未完，将领无久练之兵，统帅无素习之将，望其指挥如意固已为难。况石逆狡猾凶顽，十倍他贼，无论惯于避贼如福兴者，断难遏其凶；补勇如邓绍良、周天受，恐亦非石逆之敌。”各种条件的作用力一起，终于迫使咸丰皇帝下定决心，让曾国藩重新掌握军权，以抗击太平军。

1858年，7月17日，曾国藩遵令从老家湘乡出发，10天后他到达了湖南省会长沙。在那里，他与巡抚与左宗棠交换了对时局的看法，对下一步如何用兵进行了事先布置。他命令驻扎在江西的湘军，通过抚州向浙江推进，以给石达开施加压力。他自己则奔赴武昌，他还要对局势进行广泛调研。在武昌，他见到了老友胡林翼，两人见面分外兴奋。老朋友之间心有灵犀一点通，双方交换看法后，发觉他们对战局的发展方向有极为一致的看法，胡林翼对曾国藩表示，他将尽可能地对其进行支持，特别是在后勤补给方面，将确保曾国藩的军队得到必要的粮食供应。曾国藩听了这番话，感到莫大的欣慰，他对抗击太平军的行动总算有了些底。

曾国藩与胡林翼的会见持续时间很长，总共有10天之久。这充分表明，曾国藩对这位老朋友的信任，以及对即将到来的恶战的重视。这之后，曾国藩又顺长江而下，到达一个叫巴河的地方。在巴河，他见到了弟弟曾国华，以及湘军的大将李续宾、李续宜、彭玉麟等人。除此之外，一些湘军相熟的低级别将领得知曾国藩出山，纷纷前来拜见。曾国藩除了与他们略叙过往发生的事外，主要与他们探讨战事。

曾国藩的下一站是九江。这一站，曾国藩是纯粹因私到访，他为了纪念老部下塔齐布，曾国藩特意在九江下船，到塔齐布的祠堂前祭奠一番。曾国藩感慨无限，时过境迁，跟他一起征战沙场的老部下已有多位去世，如果塔齐布尚在，无疑他的抗击太平军大计将有更多回旋余地。

按照原先计划，曾国藩打算从江西东部进入浙江，以抵挡在那里疯狂进攻的石达开。当他在南昌与江西巡抚耆龄会谈后，便乘船东下。船行至江西东部的河口时，曾国藩突然接到圣旨，命令他不要去浙江，而改去福建。于是，曾国藩在9月21日又返回弋阳。将近一个月之后，

1858 年 10 月 15 日，曾国藩终于抵达福建建昌府城，在那里，曾国藩一待就是小半年。

在曾国藩驻建昌之前，曾国藩的弟弟曾国荃已经围困江西吉安有一年之久。曾国荃与太平军进行了拉锯战，但无奈太平军十分顽固地守卫着城池，牢固不破。这年阴历八月中秋之日，曾国荃终于攻陷吉安。

从此以后，战局发生明显变化，在江西，太平军除了占据景德镇之外，再无别的地盘。湘军已经牢牢地控制住了对江西的主导权，曾国荃到建昌见过曾国藩之后，便暂回湘乡老家休养。

当曾国藩在应对石达开时，远在天京的洪秀全也在调整。特别是自石达开出走以后，满朝文武对于洪秀全任命自己的两个兄弟为王极为不满，纷纷要求将他们撤掉王位。无奈之下，洪秀全废除了兄弟安王洪仁达和福王洪仁发的王爵，同时提拔蒙得恩、林绍璋、李春发主持朝政。在指挥打仗方面，洪秀全令陈玉成为前军主将，让李秀成作为后军主将，李秀成的堂弟李世贤为左军主将，韦昌辉的弟弟韦俊为右军主将。过了一段时间，洪秀全又抛开前嫌，让杨秀清的弟弟杨辅清作为中军主将。

这次调整让太平天国的上层总算稳定下来。在洪秀全起用的新人当中，李秀成和陈玉成无疑是领军人物。果然，他们二人马上承担起防卫天京的重任。1858 年 8 月，李秀成和陈玉成集合太平军重要将领在安徽枞阳开会，共同商讨解决天京之困的方法。太平军的将领们分析，此时敌我力量对比已经今非昔比，太平军明显处于下风，如想对清军进行致命一击，不能进行分兵作战。最后，会议决定采取分进合击的战术，把太平军的优势兵力都集中起来，强攻清军的江北大营。

主意已定，太平军随即展开行动，陈玉成指挥大军从湖北和安徽方向一路向东，猛攻清军，最终一举攻破庐州（今合肥）。在此之后，陈玉成与李秀成两军会合，实力大增。他们先是在乌衣击败德兴阿和胜保军，紧接着又乘胜追击，在江浦击败冯子材部。这之后，太平军轻取浦口，歼灭清军两万余人。至此清军的江北大营被全线击溃，天京之困终于得到化解。

清军的江北大营垮掉之后，洪秀全总算可以喘口气了。不过，洪秀全认为必须乘胜追击，要尽快将太平军的优势扩大。对于陈玉成来说，他首当其冲的敌人便是威胁越来越大的湘军，这其中湘军的李续宾部更是陈玉成的主攻方向。

对于曾国藩来说，眼看着太平军的大军压境，可是屋漏偏逢连夜雨，正当曾国藩急需用人之际，湘军的重要将领胡林翼又因母丧丁忧。曾国藩对此忧心忡忡，他担心的是湘军的战略支持受到损害，因为如果胡林翼离开湖北，湖广总督官文必然会刁难湘军，湘军的行动也必然处处受到制约。

事实上，曾国藩此番出山仍然没有得到实权，咸丰帝还在暗中提防他的湘军势力扩大，威胁到清朝统治。所以曾国藩在正式加入战斗前，特意去拜访了胡林翼。实践证明，胡林翼这位老友确实不负重托，他在军事后勤方面愿意给曾国藩以最大支持。这时胡林翼突然离开前线，显然是曾国藩不愿意看到的。曾国藩在写给曾国荃的信中说："水陆数万人皆仗胡公以生以成，一旦失所依倚，关系甚重。"

曾国藩显然万般不舍胡林翼，就当胡林翼回到湖南时，曾国藩写信给左宗棠时又提道："润公已到家否？渠再造江、汉糜烂之区，变为富强，意量之远，魄力之大，中枢似尚知之未尽。守制不出，自是正理，然以时势、物望揆之，又似非得终请者。弟处之事，自润公出位，全局皆呆，恒自哂也。"

最让曾国藩忧心的其实是李续宾的军队。此时，李续宾领导的湘军归湖北指挥，任何后勤补给完全要仰仗当地政府的支持。与此同时，在安徽北部，官军派遣的满人钦差大臣胜保虽然名义上在与太平军殊死搏斗，但却在内心十分忌妒湘军。他们十分渴望李续宾的部队出现差池，以便凸显官军在对抗太平军中发挥的重要作用。

曾国藩对此心知肚明，他即便不明说，但十分担心官军倾轧湘军，便赶忙给李续宾和曾国华写信，告诉他们凡事务必小心，让他们在攻占安庆后，不要孤军一路向北，最好跟水师一起行动，方可保证安全。做出上述安排之后，曾国藩还是觉得忐忑不安，觉得心中没底，于是他又写信给李续宾的弟弟李续宜。曾国藩告诉他，李续宾虽然作战经验丰富，兵强马壮，但切记不能分开力量，否则将势单力孤，很容易被敌军突破。

然而，此时的局势已经不能被曾国藩左右，说得再多也是鞭长莫及。当咸丰帝听说庐州（今合肥）失守，他内心十分焦急，担心太平军就此声势逐渐壮大。特别是如果太平军与捻军会合之后，将会直接威胁大清朝京城的安全，到时恐怕会遭遇万劫不复的局面。咸丰帝有意让李续宾驰援，但唯恐他腹背受敌。然而，居心叵测的钦差大臣胜保又起歹意，连续秘密上奏，指责李续宾赴援迟缓。这让咸丰帝痛下决心，他在十天之内连续七次下诏，命李续宾迅速赴援。

将在外君命有所不受，此时的李续宾恐怕正遭遇如此处境。虽说他领导的部队有八千人之众，但因为之前疲于作战，没有得到应有的休养，即便能够冲破太平军的层层防线，攻下庐州恐怕仍是天方夜谭。李续宾是那种典型的职业军人，无论他自己怎么判断局势，最终会遵从上级指令。既然皇帝的圣旨已出，李续宾无法抗命，只得带领疲惫的湘军向庐州方向一路进攻。

在最初的几场战役中，李续宾的部队势头还不错，他们先是在 9 月 21 日占领了安徽太湖，27 日占潜山。到了 10 月 13 日，他们跟太平军经过一番血战，占据了桐城，随后他们又轻取舒城。

李续宾部的下一个目标是三河镇，谁也没曾想到，正是在这里，形势发生了逆转。三河镇地理位置十分要紧，它的方位在界河（今丰乐河）南岸，东临巢湖，是庐州的重要屏障。三河镇本来没有城墙，但太平军将其占领后，为防御清军攻势，特意筑起了城墙。该镇凭河设险，囤积了大量的粮草和军火，用以向庐州、天京的太平军供给，因此三河镇从军事和经济角度看，都十分重要。

因为三河镇的战略地位十分关键，太平军也从来不敢怠慢对此地的防范。当 10 月 24 日，陈玉成接到湘军进攻安徽的报告时，立刻展开部署，他本人则直接赶回三河镇增援。与此同时，在向洪秀全报告时，陈玉成要求太平军的另一位大将李秀成一起协防。陈、李两军再一次合并，在对抗李续宾的先期就占据了上风。

李续宾本人深知局势的危险，但他此时已经别无选择，也不可能就此退去，而是直向三河镇进攻。11 月 3 日，李续宾率领 6000 名湘军到达三河镇外围，休整一天后，他们在 11 月 7 日，分兵三路发起进攻。太平军早有准备，特别依靠早已修筑的城墙工事抵挡湘军。湘军奋力攻击，遭遇太平军的顽强抵抗，但同时也大量歼灭太平军士兵。双方均有大量人员伤亡。

太平军见湘军攻击太猛，便主动放弃外城，回撤到镇内，等待太平军其他援军的到来。此时，陈玉成和李秀成率领太平军人马先后赶到三河镇周边，至此太平军已经将 10 万人马聚集于此地，对李续宾的军队形成毫无疑问的不对称优势。

面对如此危局，湘军中的一些将领开始发生动摇，有人建议李续宾不要再强攻三河镇，不如先退守桐城再作打算。然而李续宾向来骁勇善战，对于太平军也并无惧色，他不听众人劝阻，坚持进攻。

11 月 15 日深夜，李续宾派人分左、右、中三路偷袭金牛镇。第二天黎明时分，当一支湘军行军至樊家渡王家祠堂时，与守卫在此的陈玉成军遭遇。陈玉成并没有强行与其厮杀，而是用少量军力吸引对方正面主力，同时派人迂回包抄其后路，夹击之下，这些湘军慌乱之中失去了章法，想要后退又已被太平军堵住后路。

李续宾得知大队被围，赶紧亲自领人前去救援。太平军防御能力极佳，李续宾反复冲击都是无功而返。此时，正在白石山的李秀成部，也赶来增援太平军。驻守三河镇的吴定规也率部出镇合击湘军，湘军一时处于三面夹击之下，形势十分危险。李续宾见势不妙，逃回大营，并传令各部坚守待援。

太平军不屈不挠，乘胜追击，用重兵围住李续宾的大营。经过连续作战，李续宾无法突围，也没有等到援兵。当夜，李续宾在混战中被太平军击毙。太平军击毙湘军主将并不算完，又连续围攻剩余湘军，直到18日，太平军一举歼灭湘军近6000人。太平军取得了三河镇战役的大胜。

对于太平军来说，之所以能够取得三河大捷，完全是因为太平天国前所未有的团结。陈玉成和李秀两位年轻将领能够精诚合作，准确研判局势，指挥得当，加上两军联合，产生了极强的战斗力。在对李续宾部形成压倒性优势后，获胜自然是顺理成章的事。三河大捷对太平军的意义重大，不仅阻挠湘军向东进犯的企图，更重要的是鼓舞了士气，巩固了太平军在安徽中部的根据地，对于稳定江北战局，保证天京安全和物资供应，都具有重大的战略意义。

反观湘军，三河镇之败可吸取的经验和教训非常之多，其中首要原因便是孤军深入，犯险冒进。湘军的惨败让满朝文武十分惊愕，他们没想到会遭遇如此惨败，咸丰帝听到后“不觉陨涕”。曾国藩更是“哀恸慎膺，减食数日”。胡林翼则哀叹说：“三河败后，军气已寒，非岁月之间所能复振。”胡林翼还说：“三河溃败之后，元气尽伤，四年纠合之精锐，覆于一旦，而且敢战之才，明达足智之士，亦凋丧殆尽。”由此可见，三河镇的失败对清政府打击极大。

四、曾国藩与李鸿章

三河大捷后，对太平军的士气产生极大鼓舞。他们乘胜向南继续追击，把之前湘军夺下的舒城、桐城一一夺回。围困安庆的湘军也闻讯后撤，太平军不费吹灰之力便重新掌控安庆。

这对于曾国藩来说不啻为重重一击。从 1858 年冬天开始，曾国藩一直处于极度的忧患之中。他对于未来征讨太平军的信心又有所动摇，至于湘军是否能够继续发展壮大，他也说不清楚。1859 年 1 月，曾国藩还在为三河之败心情郁闷时，李鸿章——这个曾国藩毕生最得意的门生来到建昌大营，投奔于他。

提到李鸿章，可以说是晚清政府中的名臣。李鸿章更为让人记住的是，他也是洋务运动的主要领导人之一。李鸿章祖籍安徽合肥，世人喜欢尊称他为李中堂，也叫他李合肥。他本名章铜，字渐甫或子黻，号少荃（泉），晚年自号仪叟，别号省心，谥文忠。

李鸿章与曾国藩相识还是因为他的父亲李文安的关系。当年，李文安碰巧和曾国藩在同一年考中进士，两人便有了“同年”之谊。虽然谈不上有多深的交情，但在旧时中国科举制度的影响下，同年之间多少有些惺惺相惜的友情，在异常险恶的官场上，同年往往也会私下有些照顾。

父亲做官自然对李鸿章产生极深影响。况且李鸿章从小就资质过人，熟读古书，立志求得功名利禄。1843 年，李鸿章入京考举人时，其踌躇满志的精神从他写的诗中就可体现：“丈夫只手把吴钩，意气高于百尺楼。一万年来谁著史，三千里外欲封侯。”不过，这年李鸿章并未如愿，他并没有考中举人。直到 1844 年，李鸿章再次到京城考试，他如愿考中。

李鸿章考取举人后，照例要在京城四处拜访父亲的亲朋好友，特别是在朝中已有一定名望的官员。曾国藩此时无论是做文章还是为人处世，都在朝廷中有较好口碑。加上父亲李文安的引荐，李鸿章自然急忙拜访曾国藩，并且谦虚地拜曾国藩为老师。

曾国藩第一次见李鸿章是在 1845 年，于北京的碾儿胡同。从外表看，曾国藩就觉得李鸿章是个可造之材。用现在话说，李鸿章是个标准的美男子，他身高一米八，在旧时中国可谓鹤立鸡群。著名摄影家约翰·汤姆逊曾给李鸿章拍照，他回忆说："他有 6 英尺高，举止稳健而高贵，相貌极为英俊，眼睛乌黑而又具洞察力，嘴唇上有两撇深棕色的胡子，显示出坚定的决心。"

因为有同年的情谊，曾国藩对李文安的儿子自然也另眼相看。李鸿章当时 23 岁，尚未蓄须，长身玉立，五官俊美，言谈文雅，举止倜傥，在曾国藩这样阅人高手看来，真是人中龙凤。在交谈中，曾国藩发现李鸿章出口成章，做的文章也功力不浅，欣赏之情溢于言表。

在京城期间，李鸿章常常向曾国藩请教。曾国藩在指点他诗文写作之外，也给他讲述在朝廷的为官之道。此外，曾国藩还悉心向李鸿章传授经世哲学。有一次，曾国藩染了肺病，在报国寺静养了好长时间。李鸿章对待恩师情深意重，以学生的身份对曾国藩仔细照料，让曾国藩在病榻中感受到了久违的亲人般的温暖。等他病好之后，曾国藩对李鸿章的印象更是好了很多。

1853 年，太平军在中原所向披靡，先是攻占武汉，然后就顺着长江东下，轻取安徽省城安庆。咸丰帝见势不好，加上官军战斗力匮乏，便命令各地兴起团练风潮。在曾国藩于长沙兴办团练的同时，朝廷特命工部左侍郎吕贤基在安徽办团练。李鸿章对于眼前抗击太平军的大势也有认知，知道这也是自己一展身手的大好机会，便积极踊跃地要求参与。朝廷便命令他随同吕贤基帮办。

李鸿章本来踌躇满志，要大干一场，在这乱局中显示出自己的才干。然而事与愿违，安徽团练的领军人并不中用，对于带兵打仗更是毫无半点经验。尤其是领头的吕贤基，还没有把安徽的团练组建成形，就兵败身死。另一位大将江源虽然比吕贤基强不少，但是时运不济。他刚到安徽，就遭遇太平军一轮猛攻。虽然他率人奋勇抵抗，无奈寡不敌众，且组织战斗毫无章法，最后也落得兵败身死的厄运。

经过几年经营，安徽的团练并没有多大起色。李鸿章见此地已经很难施展自己的抱负，便萌生了去意。此时，曾国藩领导的湘军已经风生水起，不只对太平军来说已经是一支实力强大的作战力量，在清政府眼里，也是首屈一指的王牌部队。咸丰皇帝抗击太平军的最重要依赖，就是湘军。李鸿章便有了投奔老师的想法。

李鸿章给曾国藩写了一封信，信中他表达了自己在安徽多年未能成功的抑郁，并希望跟随老师抗击太平军的想法。本来，李鸿章以为曾国藩很快就能答应他的请求，毕竟两人的师生情谊还在。然而，信件寄出一月，都没有收到曾国藩的回音。李鸿章非常焦急，就特意请一位朋友帮忙打探消息。这位朋友跑到曾国藩面前，大为描述了一番李鸿章的优点和长处，并且劝告曾国藩，如果重用李鸿章一定会对湘军的事业有所帮助。

曾国藩表面上对这位朋友的赞扬都点头称是，也时不时夸奖李鸿章。但他最后表示，李鸿章虽然有才，但是来到他这里恐怕埋没了人才，怕耽误了对方的前程。李鸿章的朋友也不傻，知道曾国藩意在推辞，便又苦劝了一番，晓之以理动之以情，最后终于让曾国藩答应了。

其实，曾国藩之所以收留李鸿章时较为勉强，主要是他认为李鸿章虽然属人中龙凤，但身上一些缺陷仍待磨炼。鉴于李鸿章如此执着地要跟随自己，曾国藩考虑，等他来了再好好开导他。

1859 年 1 月 13 日，李鸿章终于来到梦寐以求的曾国藩身边。曾国藩在几天前的日记中也写道，听说正在路途中的李鸿章已过广信，用不了多久就会抵达曾国藩的大营，他心中十分高兴。毕竟曾国藩此时正处于曾国华和李续宾阵亡后的哀伤中，李鸿章的到来，无疑将为他未来的事业增添一臂之力。因此，当李鸿章一到曾国藩的大营，曾国藩便在当天下午与李鸿章深谈。晚上，两人聊兴甚浓，又邀上王闿运一起深谈至三更才停。

第二天，李鸿章又与曾国藩谈及当前清军面临的局势，包括如何对太平军进行作战的具体想法。此后的几天时间里，两人谈话的内容十分广泛，不只是论及时局更有对整理军务的具体观点。

对于李鸿章个性的缺陷，曾国藩也有意要磨炼他。曾国藩跟李鸿章其实是两种人，曾国藩严于律己，对人对事对己要求都很严格。比如吃饭、办事、睡觉，都有一套严格的程序。像曾国藩睡觉就很早，起床也早，很多事情就办得十分有效率。但是李鸿章不同，他就喜欢睡到日上三竿，许多军务因此就被耽误下来。

有一次，曾国藩想给李鸿章一点教训。一天早上，曾国藩已经准备吃饭了，看到李鸿章还没有起床，便派人去喊他。李鸿章开始不愿意起床，便推托说自己生病了，曾国藩知道他在撒谎，便三番五次地派人去叫他。到最后，李鸿章看没有办法了，只好硬着头皮起来，跑到曾国藩跟前。曾国藩并没有理他，而是宣布开始吃饭。

一直等到吃完饭之后，他才把李鸿章叫来说，你在我这里做事，需要了解我待人接物有一个大原则，就是“诚”字。说完这句话，曾国藩并没有仔细给他解释，而是扭头就走，把李鸿章晾在那里。李鸿章明白曾国藩生气了，便回去之后仔细反省自己到底是哪里有疏失。这之后，他也越来越注意自己的行为举止，渐渐取得了曾国藩的信赖。

李鸿章到曾国藩营刚好一个月的时候，曾国藩见他已经渐渐熟悉军营情况，心性也好了很多，便决定委以重任。他让李鸿章赴淮北招募训练骑兵，以便将来对付常与太平军联合作战的捻军。虽然最终因为淮北局势动荡，李鸿章并没有将此事办成，但这件事已经凸显出曾国藩已经十分信任李鸿章，开始有意地培养他。

总体来看，曾国藩与李鸿章身上有许多共同点。他们都是在战乱中回乡办团练，都有过狼狈不堪、屡战屡败的受创阶段；他们都很执着，死战不退，终以文人身份成就军功，马上封侯；他们都深谙官场规则与潜规则，有效编织着庞杂而敏感的官场人脉网络，在异族统治下达到了汉人官员能够达到的巅峰。

但是，他们也有很多的不同之处，比如曾国藩是严肃的，而且自律甚严，李鸿章则更为诙谐，不拘小节；曾国藩很实在，李鸿章则有些不实在，如果说曾国藩宽厚近乎迂，那么李鸿章就是灵巧趋于诈了。后人概括说，曾国藩的性格中，有股湖南人的蛮气，“打掉牙和血吞”，李鸿章则有些江淮人的痞气，“时以诙笑解纷难”。

在建昌居住期间，曾国藩除了接待了李鸿章外，他并没有闲着。他一面指挥军队与太平军的主力石达开作战，另一面，他又指挥人马与杨秀清的弟弟杨辅清作战。三河镇大败的阴影仍没有散去，清军一方普遍出现士气低迷的状况。在对阵太平军时表现得信心十分不足，取胜欲望也大打折扣。最为直接的例证是在鄂皖边界，清军由于缺乏有效的防御，导致太平军大批涌入江西，特别是在景德镇聚集了大量太平军。

面对这样的局势，湖南巡抚骆秉章更担心自己的安危。他研判，太平军有可能从安徽大举西进，先是侵占湖北，然后转而攻入湖南，那时他将无以应付。为了避免出现上述无可挽回的局面，骆秉章认为只有曾国藩能够阻止这一情况的发生。他上书朝廷，希望能够把曾国藩派往安徽，在那里力阻太平军向湖北方向移动。

不过，这只是骆秉章一厢情愿的计划，曾国藩并不想挥师安徽，从全局出发，他更担心江西的局势。在向朝廷的回复中，他表达了对江西局势的看法。在他看来，江西诸地方中，最有战略价值的是婺源与景德镇。如果太平军一举攻克这两个城市，无疑取得了战略优势地位。下一步太平军便可以这两个城市为据点，顺利占领广西的饶州和广信、皖南的徽州与浙江的衢州四府。

曾国藩认为，清政府此时若不采取必要的措施，三个区域将陷入进退失据的困境。第一个便是景德镇，如果占领这个地方，太平军将把鄱阳湖和湖口地区牢牢地控制在手中。第二个区域是巢湖以北的庐州、凤阳与淮河地区，这个区域的重要性在于，太平军与捻军如果在那里会合，将会形成难以想象的更强战斗力，这个代价是清军无法承受的。第三个区域是巢湖以南，太平军已经取得了该地方部分区域的控制权，将来要是控制整个区域，将对清军形成致命威胁。

曾国藩对于如此局势，早就有了自己的构想。对于安徽的局势，他也认为应该加强控制，必须用部分兵力阻止太平军的进一步扩张。他计划将 3 万兵力部署在安徽江北地区，让都兴阿、李续宜与鲍超指挥；他自己则指挥两万人驻扎江西，与太平军在此地争夺战略主导权。按照上述部署，曾国藩自认为就可以控制江西北部。

为了就近指挥景德镇的战事，曾国藩必须要离开住了长达半年之久的建昌了。虽然有些不舍，毕竟在建昌的日子相对悠闲。在指挥打仗之余，这段日子是他难得放松情绪的时候了。然而，战事就在眼前，曾国藩必须一往无前才行。1859 年 3 月 16 日，曾国藩离开建昌来到抚州。

曾国藩预估景德镇的兵力有些不足，便邀请弟弟曾国荃前来帮忙。两个月之后，曾国荃重新出山，从老家湘乡赶到抚州。曾国藩让他依然率领曾经的吉字营，这样更方便指挥。除此之外，曾国藩又把新招募的湘勇配给他，总共凑了五千八百人，加入进攻景德镇的战斗。

为了锻炼李鸿章的领兵打仗能力，曾国藩特意命他随同曾国荃一起前往。经过激烈的战斗，湘军于 1859 年 7 月 13 日攻占景德镇，太平军被迫撤退到安徽。

对于现在的太平军来说，唯一可以仰仗的大将便是石达开了，石达开也是曾国藩最大的心头之患。在太平天国历史上，石达开及其远征军的活动是其浓墨重彩的一笔。石达开活动过的地区极为广泛，几乎覆盖大半个中国，包括江苏、安徽、江西、浙江、福建、广东、湖南、广西、湖北、四川、贵州、云南、陕西、甘肃共14省。时间跨度长达六年，从1857年6月离开天京算起，一直到1863年6月在大渡河畔覆军为止，其行程数万里，在太平天国军事行动中是首屈一指的。

石达开的六年远征，可以依据时间划分为三阶段。第一个阶段从1857年5月开始，石达开离开天京一直到1859年2月，石达开率领太平军在江西南安府池江镇住宅。在第一阶段的远征，其实充其量只能算是近征。因为石达开只是率领他自己的部队在太平天国控制的区域活动，包括安徽、江西、浙江、福建四省境。这段时间内，石达开的活动主要是游击式的，并没有明确的目标，充其量只是对太平军的其他军事行动的呼应而已。

自1859年2月离开池江镇后，石达开远征行动进入第二阶段。此阶段与第一阶段的明显不同之处在于，石达开有了明确的战略目标，就是计划远征到四川，建立新的根据地。因此，当他离开池江镇后，准备依次夺取他前进道路上的各个战略要地，以便将兵力接力式地输送到四川去。第一步，他要夺取的城池是湖南宝庆，石达开计划将它攻下后，进而向西入川。

石达开所到之处让清军闻风丧胆。1859年5月，当石达开率领号称二三十万大军围攻宝庆时，整个湖南和湖北都大为惊诧。当石达开领兵打到曾国藩的老家湘乡时，曾国藩十分紧张。曾国藩担心家人的安危，甚至与在老家的曾国潢商讨，是否举家迁移以便躲避可能的战争灾害。

为了防患于未然，曾国藩调兵遣将，一点也不敢懈怠。他命令萧启江率领人马追着石达开攻击，还让李续宜带领他的五千人马回到湖南增援。不过，对于石达开来说，虽然看上去进攻湖南的声势很大，但他的目标并不在于取得湖南的控制权。因为石达开心里清楚，即便他占领了湖南，但曾国藩长期在湖南经营，有深厚的地方势力，那将对石达开的控制产生极大影响。石达开的目标非常明确，他就是要进军四川。

清政府也渐渐明白了石达开的意图。朝廷上下对石达开远征的行动十分紧张，比如胡林翼就认为，石达开占领四川的后果不堪设想。不要说长江上游的天险失去，更要命的是石达开将切断清政府税赋的来源，让清军的前线供给彻底中断。更为要命的是，在湖北的局势上，陈玉成很有可能与石达开展开配合，造成东西两面夹击的情况，那时清军将十分被动。

对于曾国藩来说，主动请缨援川可能是政治生涯中一个绝好的机会。一方面，从整个战略格局上，曾国藩赴川将有效地遏制太平军的势力扩张；另一方面，此时四川总督的位置上正好有个空缺，因为原总督王庆云调任两广总督，曾国藩此时入川将顺理成章地获得这个职位。

此项人事任命，必须由下级官员力推才行。胡林翼由于是众所周知的曾国藩亲信，此时不便出面。于是，胡林翼便想办法让总督官文写了一份奏折，恳请皇帝派曾国藩到四川。

然而，让曾国藩始料未及的是，咸丰皇帝虽然同意曾国藩入川，但并没有给他总督的位子。1859 年 7 月 3 日，曾国藩接到圣旨，但由于没有得到预想的政治待遇，曾国藩不太想入川了。

当然，曾国藩绝不能公然拒绝皇帝的这项安排，他也给自己找了许多不能入川的理由。比如，他在给曾国荃的信中就说，如果他要去四川，必定带走大批主力作战力量，像在江西战场的曾国荃部、张运兰部必须带走，这样的结果必然造成江西局面的改变。不仅已经到手的景德镇面临被重新夺回的危险，抚州、建昌也难免落到敌人手中。这还是最好的局面，如果太平军乘胜追击，江西失守的地方可能远比预想的多。

曾国藩的心思当然不能被一般士兵知道，除了告诉弟弟，他只告诉了李鸿章。经过一番权衡，曾国藩上奏说，目前兵力不足，暂时难以入蜀，而且一旦带兵西行，太平军可能乘虚攻湖口、九江，危及整个江西甚至湖北，所以暂时难以抽身到四川。

与此同时，石达开在湖南久攻宝庆不下。特别是后续粮草不能跟进，而湘军的后援力量源源不断地到来，让太平军的信心全无。面对困局，石达开放弃了宝庆，决定退回广西以整军备。既然石达开暂时不会从湖南进军四川，总算让曾国藩找到了不去四川的最佳借口。

当石达开退回广西时，太平军在安徽的行动却取得了长足进展。他们击败了安徽巡抚翁同书的抵抗，这让咸丰皇帝大为惊慌。因为太平军如果再向北发展，将会直接威胁大清朝的首都北京。加上太平军时常与捻军合作，如果两军合作北上，其威胁程度将会倍增。于是，当巡抚官文上书请求曾国藩支援安徽时，咸丰皇帝没有太多考虑就答应了。

对于曾国藩来说，既然已经不想去四川，到安徽也是不错的选择，他便欣然答应。9 月 7 日，曾国藩乘船抵达湖北黄州，胡林翼正驻守此地，两人连续密谈八天之后，曾国藩才又沿长江缓缓上行。9 月中旬，曾国藩到达武昌。在与巡抚官文交换了对局势的看法后，曾国藩对于未来战场的研判更加富有自信。这之后，他便沿着长江起航，奔向安徽这个新的战场。

五、鏖战安徽

按照曾国藩和胡林翼的计划，攻打安徽必须多管齐下。

他们设计了四条攻击线路：第一路由曾国藩率领，但实际是曾国荃的军队作为主力，从宿松、石牌方向直接向安庆发起攻击；第二路由多隆阿、鲍超领军，由太湖和潜山一线，向桐城进攻；第三路由胡林翼领军，从湖北英山和安徽霍山发起攻击，目标也是桐城；第四路则采取迂回策略，让李续宜率领军队先往北到河南商城、固始，然后攻打庐州。

曾国藩最先率军出击。1859 年 11 月 26 日，曾国藩领军抵达湖北黄梅，十天之后，他们又顺利到达安徽宿松。摆在曾国藩面前的第一道坎是太湖，此太湖并非江苏太湖。此太湖位于长江以北，安徽境内，对于曾国藩来说，太湖是由湖北进军安庆的必经之路，曾国藩必须要拿下。

在曾国藩到来之前，清军已经围攻太湖一年有余。虽然久攻不下，但曾国藩并不担心太平军在此地驻守的一万守军。他更担心的是陈玉成——如果湘军攻击太湖而陈玉成来救援，他们的胜算将会大大降低。

让曾国藩最为担心的事情还是发生了。太平天国已经意识到失去太湖的危险性，所以不惜一切代价也要跟湘军在这里交战。1860 年 1 月中旬，陈玉成联合了捻军龚得树率领的军队，向太湖增援。太平军据称有十万大军之多，来势汹汹，直接向鲍超所率领的部队攻击。曾国藩只好水来土掩，全力迎战太平军。这也成为曾国藩和胡林翼进攻安徽以后，遭遇的第一场较大规模的战斗。

1860 年 1 月 13 日，战斗正式打响，太平军猛烈攻击鲍超部。双方拼得你死我活，互有损伤。湘军伤亡人员尤其多，一天时间之内就损失了一千三百人。在太平军这方，为了尽快攻克湘军，陈玉成也下达死令，让太平军也有极大损伤，至少七千人在首日的战斗中伤亡。

面对如此严重的伤亡，陈玉成并没有放弃攻击的决心。他命令数万太平军把鲍超的军队死死围住，日夜不停歇地攻击。此外，陈玉成还想借此切断鲍超的后勤补给，让其粮食和饮用水都来不及向前线输送，假以时日，鲍超必定不攻自破。

鲍超的军队经受了严峻的考验。在战火中，士兵们只能找到合适的掩体抵挡太平军的炮火狂攻；战事稍微有所停歇时，鲍超就会下令士兵们赶紧运送补给物资，以维持日常的生活需要。太平军整整将鲍超的军队围困了六天六夜，这期间鲍超的军队无法向外通报电文，让这支部队经历了极大损失，总共三千五百人的军队，六天就伤亡了一千多人。

曾国藩见局势危急，眼看单凭鲍超一己之力已无力抵抗太平军的攻击，便紧急增派援军。他派多隆阿和蒋凝学率领的湘军奔赴鲍超驻地。

根据湘军的计划，反攻定于 2 月 16 日这天发起。多隆阿指挥的湘军发动反击，对陈玉成的驻地进行猛攻。太平军的驻地、军火和后勤补给物资等等，都遭到大火侵袭，一时间太平军全线溃败。陈玉成见湘军的气势已经超过太平军，便萌生退意。

此时，太平天国的首都天京遭遇清军的攻击，洪秀全担心不已，便命令陈玉成回京救驾。陈玉成见状便不再恋战，将太湖、潜山完全让给了湘军，这让曾国藩、胡林翼终于取得安徽境内的第一场胜利。

取得太湖大捷，对于曾国藩来说非常重要，这不仅极大增强了湘军前进的信心，在战略上也让湘军取得了一定优势。有了太湖作为支点，曾国藩下一步的目标就是安庆。

曾国藩和胡林翼对于太湖之战的功臣多隆阿和鲍超两人越来越寄予厚望，为了让这两员大将担任进军安庆的主力，曾国藩决定给他们配备更多士兵。不过，此时曾国藩进军安庆的节奏却被太平军的其他军事行动打乱了。主要是李秀成正在率领太平军攻打浙江，这对于清朝政府来说非常忧虑，因为浙江是清政府后勤补给的大本营。一旦浙江失守，未来清政府将无法持续向太平军作战。

与此同时，新任浙江巡抚罗遵殿手中无兵，对于即将到来的太平军他很难进行抵抗。朝廷此刻唯一可以调动的军力只有曾国藩和胡林翼领导的军队了。朝廷命令他们派兵，也得到了曾胡二人的同意。然而战事发展得实在太过迅速，曾国藩的湘军有些远水解不了近渴——没等到湘军动身，李秀成已经攻克了杭州，而浙江巡抚罗遵殿也落得兵败身死的命运。

另外，湘军在经历了太湖之战后，也急需休整。一些军备和后勤补给物资也亟待补充。负责进军安庆的大将鲍超请假回乡，同时另外一员大将李续宜也未抵达湘军，致使缺少领军大将的湘军无法前行。

老实说，曾国藩并不着急，他不想让自己的湘军过度损耗，但是有人不答应。位于北京的清政府却非常想让湘军尽快进攻天京。看到朝廷这么着急用人，曾国藩适时地推荐了他一直属意的将领——左宗棠。

提到左宗棠，称得上与曾国藩一样的晚清豪杰。他们都为清朝中兴立下汗马功劳。后人将他们二人，以及胡林翼和彭玉麟称为大清“中兴四大名臣”。

在左宗棠整个人生事业发展道路上，曾国藩是他的贵人。左宗棠从小聪明，年幼时就显示了过人的天赋，全家都对他寄予厚望。1827 年，左宗棠应长沙府试，顺利地考取了第二名。这让左宗棠对自己的信心大增，这之后他的学识日益精进，不光熟读中国经典，他对各种文化知识，如历史、地理、军事等等门类都有所涉猎。

在往后的几年，左宗棠的好运气还时刻伴随着他。1830 年，左宗棠先是进入长沙城南书院读书，读了一年，他又进入湘水校经堂。左宗棠给老师和同学的印象深刻，不只是学习刻苦，其成绩也相当稳定，有 7 次考试他都考取了第一名。这让他有了应有的回报。在随后长沙进行的乡试中，他顺利考取。

然而造化弄人，在乡试中的成功只让他短暂地高兴了一阵子，因为在随后他六年连续赴京参加会试，都没有录取，这让他大为伤心。即便如此，左宗棠并没有如同以往一些屡试不中的文人那样，要么游山玩水，要么纵情声色，他坚持读书、做学问，并且其学识渐渐得到了一些颇有名望的人士的赞赏。

事实上，在左宗棠只有 18 岁时，长沙著名务实派官员贺长龄接见他时，就对他格外客气，“以国士见待”。以抗击外国鸦片闻名的官员林则徐也对左宗棠十分青睐。1849 年，林则徐恰好经过长沙，他早就听说左宗棠的大名，便找他来见面。两人相谈甚欢，整夜都在讨论对整个国家局势的看法。当谈到西北军政事务的话题时，林则徐发觉这个年轻人的想法相当成熟，竟然与自己的观点不谋而合。

这番会见让林则徐对左宗棠大加赞赏。为了表达心意，临走时，林则徐特意写了一副流传后世的对联，送给了左宗棠：“苟利国家生死以，岂因祸福避趋之。”林则徐后来对左宗棠念念不忘，即便在他临终时，还让自己的儿子代写遗书，向咸丰皇帝举荐左宗棠，并赞其为“绝世奇才”、“非凡之才”。

面对如此多的褒奖，左宗棠也知道自己对于国家具有价值，他只是需要等待一个出山的机会。太平天国的出现，让左宗棠有了施展抱负的机会。1852 年，太平天国进攻湖南，对长沙形成合围之势。在郭嵩焘等人的劝进下，左宗棠加入湖南巡抚张亮基的团队。张亮基对左宗棠也十分欣赏，并将重大的军事重担交给了左宗棠。左宗棠也不负重望，“昼夜调军食，治文书”、“区画守具”，他对于抗击太平军有自己独到的想法，这些也都得到巡抚张亮基的认同。清军将围困长沙的太平军击溃，左宗棠一战成名。

此时，曾国藩也开始与左宗棠有了交往。本来两人就是老乡，当左宗棠在帮张亮基打理军务时，曾国藩正在湖南办湘军。两人主要是公务原因，经常通书信和公文。因为两人都对对方的大名听闻已久，虽然并没有在一起共事，但是经过这段时间的接触，对彼此的好感度有了显著增强。

1854 年 3 月，左宗棠再一次显示出了自己的非凡才干。他帮助湖南巡抚骆秉章掌管军务，在长达 6 年的时间里，左宗棠的悉心经营和辅佐，让湖南形势大为改善，不仅对太平军的战斗连战连捷，全省社会也治理得井井有条。

左宗棠的突出表现引得不少人的赞誉，一些达官贵人纷纷保举他，咸丰皇帝也已经听到有人说的“天下不可一日无湖南，湖南不可一日无左宗棠”赞语。不过，树大招风，也有些苟且之人对左宗棠心生嫉妒，比如湖南水州镇总兵樊燮对左宗棠构陷，险些让他性命不保。幸好胡林翼、郭嵩焘等人相助，才让左宗棠摆脱困境。

1860年，当曾国藩围攻安徽时，把左宗棠带在了身边。前线形势越发紧张，由于各线都要开战，一时到了无领军将领可用的情况。当朝廷命令曾国藩攻打天京时，曾国藩就想到了身边的左宗棠。于是，曾国藩顺水推舟，向皇上举荐左宗棠，并称赞左宗棠“明耐苦，晓畅兵机”，并建议咸丰皇帝，当非常用人之际，应破格录用，这样对反击太平军的时局大有好处。

由于曾国藩的极力推荐，左宗棠被清朝任命为四品京堂候补、襄办。不过，还没等到圣旨正式到来，曾国藩认为左宗棠有更需要他做的事——回湖南组建一支新军，以补充日益减损的作战力量。左宗棠也十分同意曾国藩的看法，便即刻起身，返回湖南。

正当曾国藩苦于没有帮手时，5月17日，他的弟弟曾国荃来了。曾国藩经过研判时局，决定派曾国荃率军进攻集贤关。然而，曾国荃带人刚刚出发时，一件改变曾国藩仕途命运的事情发生了——绿营兵围困天京的江南大营被太平军彻底摧毁了。

既然江南大营已经失去，清政府的正规军中就没有了抗击太平军的力量。如果将视线放在整个清政府的各种军队，只有湘军可以与太平天国一决雌雄。为此，咸丰帝已经顾不上对曾国藩的提防，不得不重用他。1860年6月8日，北京传下皇帝的圣旨：曾国藩着先行赏加兵部尚书衔，迅速驰往江苏，署理两江总督。

咸丰皇帝之所以给予曾国藩如此关键的官职，一个重要目的是——催促他尽快收复丢失的城市，比如太平天国虎视眈眈的浙江，有许多城市危在旦夕。曾国藩却并不同意皇帝的观点，他在奏折中向咸丰皇帝解释：在他收复安庆之前，其他城市并不在他的救援选项之列。虽然浙江和江苏危在旦夕，但对于他来说，控制住安徽南部和江西显得更为迫切。

对于曾国藩来说，近在眼前的任务是攻下祁门，所以他并不能前往江苏抗击太平军。曾国藩举荐了另一个得力干将——李鸿章，希望朝廷让他出任江苏巡抚（同时控制淮扬水师）。此时，李鸿章的官职是道台，但他已经在这个岗位上表现出卓越的能力，冷静，谋划能力强，在带兵打仗方面显得游刃有余。

还没等到皇帝正式任命，曾国藩已经让他暂时代巡抚之职。从此以后，一直默默无闻的李鸿章开始走上政治前台。而且，在这个沿海省份，李鸿章因为长期要与外国人打交道，注定获得比其他在京城做官的官员更多的关注度。

对于江苏的局势，朝廷显然比曾国藩更加焦急。在对于失去的城市苏州、常州上，咸丰皇帝渴望收复的愿望比曾国藩更迫切。上谕已经几次催促曾国藩尽快派人到江苏，因为太平军不只控制了江苏的重镇，并且有明确的迹象显示，他们有可能一路向北，一直打到北京。那样将会直接威胁到清朝江山社稷的统治。

某种程度上，朝廷的忧虑可以理解。因为除了太平军以外，另一支越来越头痛的力量来自英法联军。就是在1860年，英法联军稳步向北京推进。他们先是在8月2日在中国大陆登陆，十天之后，他们又干净利落地击败了僧格林沁的蒙古军队。两个月之后，英法联军终于抵达北京。

更令朝廷担心的是，已经有确凿的情报显示，太平军正谋划北上。天王已经向忠王下达命令，让他尽快北进，如果遇到满人就一扫而光。唯一可以让清政府庆幸的是，忠王并没有听从洪秀全的指令，忠王对战局有自己的盘算。因为连续作战，忠王手下的士兵已经大量折损，他认为此时正是去江西征募新兵的绝佳机会。对于忠王不服从自己的命令，天王虽然大加斥责，但也毫无办法。

即便局势危急，曾国藩仍然不能分身。在他看来，如果前往浙江，必须要将宁国与广德城池攻下。因为这两座城市担负防御天京的重任，曾国藩只有攻取这两城，才会真正地吸引洪秀全的兵力。不过，眼下曾国藩并没有可以支配的兵力，因此驰援浙江显得更是遥不可及。

对于曾国藩来说，他更为现实的选择是派出张运兰、宋国永与李元度指挥的12000人，稍稍增援一下宁国。可惜，曾国藩的军队行进太慢，某种程度上也是因为太平军的势不可当。在曾国藩的军队到达之前，宁国就已经陷落。曾国藩对此痛心不已。另一个让他担忧的战况又出现了，10月9日，太平军在击败李元度之后，攻占了徽州。太平军的势力已经越来越逼近曾国藩所处的祁门基地。

祁门越来越被孤立了。太平军先是占领了景德镇，从西面对曾国藩形成威慑；忠王又在南面攻下了婺源，并从那里一路向南攻击，一直到了玉山。短短的半个月时间里，曾国藩在祁门陷入与太平军的胶着状态。更为糟糕的情况是，湘军的补给交通也被太平军切断了。幸好有左宗棠和鲍超一起出兵，好不容易维系着一条景德镇到祁门的道路。

为了保障主帅的安全，有人劝说曾国藩先回江西，等待时机再与太平军决战，但曾国藩考虑后认为，此时决不能退缩，以免影响全军将士的士气。

大清帝国的其他地方，也正面临太平军的全面攻击。一支由广东出发的太平军正在攻击江西南部，长江上的湖口则面临较大被攻陷的危险。

曾国藩已经顾不了那么多了。他内心中一直希望攻取安庆，即便在此危急时刻，他也没有调用曾国荃在安庆的军队。他反而命令他的弟弟持续对安庆发动攻击。一场进攻安庆的总攻马上就要上演了。

第六章　清政府里的洋务派

一、攻克安庆

安庆古称舒州，别称宜城，位于安徽省西南部。安庆在战略上向来是兵家必争之地，因为它所处位置极佳——长江下游北岸、皖河入江处，很早就被民众称为“万里长江此封喉，吴楚分疆第一州”。

作为太平天国进兵天京的必经之路，安庆很早就在太平军攻打的目标城市名单中。1853 年 2 月 24 日，安庆被太平军占领，一个月之后，太平军就攻克天京。从此，太平天国派重兵守卫安庆，将它作为防御首都天京的西大门。

正是看到了安庆的战略地位，曾国藩才不惜一切代价要把安庆收复。为了做好万全准备，1859 年冬，曾国藩为进攻安庆制定了详细的规划，他安排了四路大军围攻安庆。战斗打响后，曾国藩下令从枞阳方向攻起。1860 年 5 月，清军水师提督杨载福在安庆下游重镇枞阳发起强大攻势。然而太平军对此早有防范，面对湘军的凌厉攻势，能够从容守住。

正在清军一筹莫展之际，这时太平军一员叛军将领韦俊出现了。韦俊是北王韦昌辉的亲弟弟，族中排行十二。在金田起义后跟随洪秀全北上，不断立有战功。1856 年北王韦昌辉被诛杀，韦俊一直对太平天国怀恨在心，只是迫于生存，便一直忍辱负重，仍在太平军中。当曾国藩率军强攻时，他知道机会来了，便顺势选择了投敌。

湘军当然欢迎对方的重要将领投降，对于他们来说，要找到突破枞阳的方法时间极其紧迫。在与清军沟通之后，韦俊得知清军要水陆两路一起进攻枞阳。他想了一个办法，从枞阳附近的罗德洲和下首的堤坝引水进入后湖，让清军不费吹灰之力，便从水陆两路一起攻入枞阳。当时的太平军守将是连添福和万宗胜，由于猝不及防，即便他们奋起带兵反抗，还是不敌清军的猛烈攻击。6 月 20 日，枞阳沦陷，这意味着战略要地安庆受到严峻考验。

从战略上看，湘军占领枞阳之后，驻扎在安庆的太平军便无法与前方取得联系，供给也断了。为了彻底将安庆团团围住，曾国荃想到了一条更加缜密的策略。1860 年 8 月，曾国荃发现自己的军营储存了不少过期的粮食，这些粮食此时已经无法给士兵吃了，搞不好吃了会闹肚子。他便将米分发给周围的饥民，让他们围着安庆挖了两条壕沟。外面那条沟的作用是抵御援兵，让太平军不好直接越过；里面那条则是围困安庆的守军，让他们很难突围。

反观太平军，他们也绝不会让湘军轻易将安庆拿到手，尤其是安庆的太平军守将叶芸，他不仅骁勇善战，更是对太平军绝对忠诚。叶芸手下有一万多士兵，他一面稳固安庆防御工事，一面将士兵进行适当调配，把主力用于正面防守，其他用作后备，以应对湘军发起的突然进攻。

对于湘军来说，也深知安庆之于太平军的重要性。曾国藩也做好了各种心理预设，他认为洪秀全必定全力防守安庆。他的想法是，不急于将安庆攻打下来，而是先在安庆周边拉开阵势，做好强攻的态度，等到太平军派援军到来时，再一举将其击溃。

在太平军的重要将领陈玉成看来，湘军的想法他也了然于胸。不过，安庆对他本人来说至关重要，这不光是他自己的固有地盘，更重要的是陈玉成的家眷也在安庆城内。保护一家老小的安危是他无可推卸的责任。无论出于哪种理由，他都要不惜一切代价将安庆守住。

太平军已经发觉曾国藩这次是有备而来，他们不想直接回救安庆，而是根据洪仁玕的提议，用攻击湘军其他战略要地的方式让围困安庆的湘军主力回援。具体方案是，分别让陈玉成和李秀成从江南和江北两路，直取武汉，这其实与当时攻破江南大营的方法如出一辙。

这个计划设计得不错，但没想到一实施就出了岔子。陈玉成刚刚领兵出征，就把原来的计划打乱了。当时是在 1860 年 9 月底，陈玉成率领十万太平军浩浩荡荡地从天京出发。他本来的计划是进攻淮北，希望把安徽巡抚翁同书据守的寿州拿下。然而事情跟他想的大不一样。对于寿州的进攻并不顺利，久攻不下之后，陈玉成放弃了西行的计划，改道直接向安庆奔袭而去。

湘军早就料到太平军的援兵早晚都会到，便提早布置了两万多人守株待兔。一路人马由多隆阿统领，他率军驻守在桐城附近的挂车河，另一路人马则由李续宜带领，他的军队驻守在青草塥。

等到陈玉成率军进入到桐城西南三十里的挂车河时，李继宜率先发难，在此地与太平军展开正面厮杀。与此同时，多隆阿指挥骑兵也杀向太平军。这些骑兵把陈玉成的士兵冲得七零八落，让他无法组织起有效的进攻。面对湘军的重重阻力，陈玉成眼看前进无望，便放弃了南下的打算。

此时，洪秀全这位太平天国的最高指挥者，还是决定之前合围武汉的计划不能改变，这或许也是解救安庆的唯一办法。尤其是听说陈玉成在安庆附近遭到湘军的埋伏后，便命令英王放弃进攻安庆的打算，而是经太湖、英山、霍山等地进军湖北；洪秀全还给忠王李秀成施加压力，让他尽快率领长江南岸的太平军主力，途经江西入湖北。太平军希望两路大军从两个方向钳制住清军，把清军的老巢武汉一举击破。

1860年秋天，忠王李秀成率先对清军发难。他率领的南路大军从太平县出发，经繁昌、石台而入黟县，一路所向披靡，清军守备完全不能抵挡，竟让李秀成一举进攻到距离曾国藩祁门指挥部六十里路外。按照太平军一往无前的气势，湘军恐怕难以抵挡李秀成的进攻，曾国藩也认为，此时无法抵抗李秀成，他甚至已经写了一封遗书，准备一旦被击败便自尽。

可惜的是，上天并没有眷顾太平军，李秀成并没有看清敌我双方的实力对比，他并没有乘胜攻取祁门，也没有按照洪秀全最先设计的那样，继续向湖北进军，而是擅自转往江西。曾国藩的危险就这样解除了，这让曾国藩几乎是捡回一条命来。

至于太平军进攻武汉的另一路大军——陈玉成率领的部队，是在1861年3月向武昌进军的。他们这一路也很顺利，攻城拔寨，所向披靡，只用了12天时间就把英山和霍山拿下。在进入湖北之后，陈玉成又一举将黄州攻克，此时距离他出征仅仅过了18天。

对于清军来说，此时的局势十分危急。特别是当太平军逼近武昌时，守城的清军完全乱了阵脚，认为武昌城必亡无疑。不仅士兵无心恋战，就连主将都在打算退路。即便对于久经沙场的湘军将领胡林翼来说，眼前的太平军也来者不善。他虽然心急如焚，但是深知守卫在武昌的湘军真实战力几何，是抵挡不住太平军的。他甚至已经做好了武昌失守的准备了。

眼看清军失去武昌已成定局，没想到半路杀出个程咬金，外国人突然出现，他们帮了清政府的忙。这主要是因为英国海军提督何伯以及参赞巴夏礼出手，他们以“保障外商贸易”为名，阻挠太平军前进。太平军对于外国人还是忌惮三分，特别是怕在外交上一旦惹毛了对方，很可能让他们腹背受敌。某种程度上，清军正是利用太平军的这种心理弱势，利用外国势力把太平军阻挡在了武昌城外，清军获得暂时无忧的局势。

从1861年初的局势来看，湘军处于守势，而太平军则处于有利的攻势。太平军的优势在于，它把自己的主力部队——英王、忠王、侍王率领的军队全面拉开，对清军形成了全线攻击的态势。特别是在安庆，太平军对清军已经构成强大的威胁。与此同时，干王对华东的控制愈发牢固，他还不断扩充军人数量，百忙之中到湖南接收新加入太平军的士兵。

对于曾国藩来说，态势非常不利。曾国藩还被困在祁门，无法施展更多的战略行动。他的弟弟曾国荃在安庆城外，面对太平军的严密防守也没有更多办法，想要短时间内攻城看来很难。在江西南部，清军实际上已经控制不了当地局势，致使相当多的太平军可以自由出入这一区域，这令曾国藩十分困扰。他只好将本来要奔赴湖北与太平军对决的鲍超调往南昌，曾国藩希望借助鲍超解除太平军对抚州与建昌的威胁。

曾国藩的另一位大将左宗棠也遇到了困难。当他刚一离开驻地景德镇，往乐平方向进发时，太平军便得到了准确的消息。4月9日，太平军迅速攻占了景德镇，让左宗棠的基地拱手让人。

曾国藩自己开展的军事行动也很不顺利，当他在七天之后向徽州发起攻击时，因为准备不足，也没有必胜的信心，结果竟以失败告终。曾国藩几乎陷入了绝境，他向前线部队的供给路线已经被太平军切断，就连占据的城市也所剩无几——只有祁门、黟县与休宁。

即便面临如此令人沮丧的局面，湘军的统帅曾国藩也始终保持冷静，他明白太平军的意图，之所以太平军兴师动众地攻打武昌，其主要目的就是让清军将围攻安庆的部队调离，以减轻太平军坚守安庆的压力。曾国藩太清楚这些了，他坚持不调派，宁可让武昌险些失守。曾国藩已经看出，太平军非常担心安庆失守，虽然太平军还想保住江西、湖北和湖南，因为那几个省份是太平军的后勤补给基地，但其战略地位还是不如安庆。这反而坚定了曾国藩要把安庆攻下来的决心。

湘军始终保持着对安庆的攻势。不过，曾国藩也不想久拖不决，在1861年5月末，一个发动猛攻的机会来了。当时，陈玉成到天京请求救兵，清军敏锐地发现了这一时机，认为是太平军防守空虚的时候，便集结了相当多的军事力量向太平军阵地赤冈岭发起攻击。守在这里的四千名太平军奋勇抵抗，但清军的攻势太过猛烈，加上他们又完全将太平军孤立开来，让其粮草无法得到及时供应，一周后，清军将其攻破。随后，清军又向菱湖北岸的太平军营垒发起攻势，这一次，清军再次使用了遏止太平军供给线的策略，这让八千守军依然遭遇粮食耗尽的结果，最后他们不得不向曾国荃投降。心狠手辣的曾国荃并没有善待他们，将其全部斩首。

此时，湘军扫除了安庆城外的一切屏障。即便是安庆城内的太平军向外的通信，也被湘军一一截获。从信件的内容看，信心全无的太平军已经完全丧失了战斗力，粮食储存也到了临界点，随时面临全线崩溃的可能。这让曾国荃确信，已经到了攻城的最佳时机。

7月8日，湘军顺利突破了安庆的外部防线，不过，此时发生的一件事却让曾国藩非常懊恼，那就是他的心腹爱将左宗棠得到皇上旨意，要把他调往浙江，这个调遣将破坏曾国藩的攻打安庆计划。气急败坏的曾国藩违抗了圣旨，认为左宗棠的转移将破坏他的进攻体系。为了同样的原因，对于圣旨要求将彭玉麟调任广东按察使，曾国藩也予以抗拒，他此时的核心目标就是安庆。

太平军在8月25日这天，终于等到了久久盼望的救兵。陈玉成指挥着十万大军，对安庆实施援助。陈玉成实施正面强行突击的策略，他让太平军将士都背着茅草，直接向清军发起攻击。当太平军进攻到清军挖掘的壕沟时，茅草便派上了用场，他们把茅草填充进去，便可以越过壕沟突围。太平军的行动遭遇了清军的顽强封锁，他们在壕沟附近与太平军展开肉搏，双方死伤惨重，太平军尤其损失巨大。尸体遍布壕沟周围，有很多士兵被杀后随同茅草一起被填进了壕沟，其景象惨不忍睹。

在正面进攻的同时，安庆城中的守将吴定彩另辟蹊径，他带领一批精锐将士从西门绕过壕沟，向东猛攻清军的新垒。对于太平军的出击，曾国藩命令清军奋勇抵抗，他甚至要求决不能后退半步，对于临阵脱逃的清军一律格杀勿论。就是这样，太平军和湘军在安庆城外展开了几个昼夜的厮杀，其间死伤惨重，血流成河。

安庆城内的太平军渐渐失去了抵抗力。由于粮食短缺，他们许多人不得不找树皮、树叶填充自己的肚子，许多人长期挨饿而死。面对太平军大势已去的绝好时机，清军在安庆马山脚下挖掘了一条地道，一直将其挖掘到安庆城内，并且通过地道运送了大批弹药到城门。9月5日，清军发起最后的进攻，大量炸药爆炸之后，安庆城被炸开许多缺口，清军终于击破安庆。守卫安庆的太平军已剩下两万人，即便奋勇抵抗，也全部被清军杀死。

清军历经两年艰苦磨难，终于将安庆城攻克，曾国藩的喜悦之情溢于言表。在攻破安庆城的当晚，他就写家信对弟弟说："郭弁到，接喜信，知本日卯刻克复安庆。是时恰值日月合璧、五星联珠。钦天监于五日具奏，以为非常祥瑞。今皖城按时应验，国家中兴，庶有冀乎！大界之事，王二王三之话均算得矣。余于初二三日坐长龙赴安庆。惟此间银不满六千金，欲凑万金犒赏将士，弟处可设法办得四千金否？"

对于安庆的失守，太平天国也非常懊恼，以至于洪仁玕后来回忆说："我军最重大之损失，乃是安庆落在清军之手。此城实为天京之锁钥而保障其安全者。一落在妖（指清方），即可为攻我之基础。安庆一失，沿途至天京之城相继陷落不可复守矣。安庆一日无恙，则天京一日无险。"

安庆对于湘军的重要性马上显现，这不只是在士气上增加了湘军的信心，更在战略上增加了湘军进攻的砝码。在攻占安庆之后，多隆阿紧接着就占领了桐城。随后，湘军水师又把安徽池州拿下。到了10月，攻占安庆的功臣之一曾国荃再次率军东进，他接连占领泥汊口、无为州、运漕镇等地。

反观太平军一方，因为安庆失守，让本来有利的进攻局面全面逆转。洪秀全对于负责的将领也十分不满，他把陈玉成和洪仁玕革职，让整个太平军的士气极其低落。

从太平军的防守策略上，的确有许多值得检讨的地方：首先是出在指挥者的身上，太平军中除了陈玉成竭力防守外，其他守城将领并不十分积极，这让整个士气深受其害；其次，关键部署中许多将领擅自决断，比如陈玉成、李秀成放弃合攻湖北计划，这让战略情势发生了逆转；最后，太平军的指挥不当，尤其没有一个统领所有将领的总指挥。反观湘军，在曾国藩的全面领导下，审时度势，把局势一步步从守势变成了攻势。

太平军以上所有的这些错误，最终导致了安庆的失守。安庆失守事关重大，从此以后，太平天国革命形势急转直下，败势已经越来越无法挽回。

二、咸丰之死

重新占领安庆让清政府总算缓了一口气。对于此役中的功臣，朝廷也少不了加官晋爵。作为已经拥有太子少保衔的胡林翼，又加太子太保衔；曾国藩加太子少保衔，他的弟弟曾国荃是加布政使衔。朝廷的赏赐涉及面极广，就连能力十分一般、才能极差的湖广总督官文也晋升到了太子太保衔。

1861年9月11日，曾国藩正式率军进入安庆，标志着清政府重新接管该城。曾国藩在安庆设立了临时两江总督府，以方便办公和处理政事。本来接管安庆是一件很令人值得兴奋的事，曾国藩决心先安顿一阵子，再想想未来的计划。没想到，一件令他十分难过的事情突然发生了——湖北巡抚胡林翼去世了。胡林翼在过去曾国藩多年的征战中，一直是他的坚强后盾。如今，这位多年的老友去世，对于曾国藩无异于晴天霹雳。

要知道，在湘军集团中，与曾国藩一样，胡林翼也是绝对不可替代的。他不仅懂战法，会指挥，而且还懂经济和理政。人们将胡林翼、曾国藩与左宗棠称为大清“中兴三名臣”，是有绝对充分的理由的。当时在晚清，胡林翼的才学和口碑非常高，且在湘军日常作战指挥中，他往往起了决定性作用，许多人都认为，他的才能要在曾国藩和左宗棠之上。晚清名士慈铭说胡林翼“老谋深识，烛照不遗，固中兴第一流人”，晚清大学者王闿运说“中兴之业，实基自胡”，沈卓然认为胡林翼应位列同治中兴功首，《清史稿》评价他：长于综核，干济冠时。

曾国藩也十分钦佩这位知己。平日里，他遇到重大作战行动时，都要征求胡林翼的意见，胡林翼总能从不同角度给曾国藩提出建议。虽然两人并不总是观点一致，但曾国藩对于胡林翼的见识还是非常佩服。两人私交也非常好，只要见面必定把酒言欢。在外人面前，曾国藩也经常夸赞胡林翼，甚至他在给皇帝的奏折中称赞“润芝（胡林翼）才力过国藩十倍”。对于胡林翼所取得的功绩，曾国藩曾经直言不讳地说“变风气为第一，而荡平疆土二千里次之”。

李鸿章对于曾胡二人也尊崇有加。特别是在李鸿章晚年时，在与友人闲谈时，言必称“先师曾文正公”与“前辈胡文忠公”（胡林翼谥文忠），显示了他对这两位师长的尊敬。毫无疑问，胡林翼在清朝知识分子和官场中，都有极好的声誉，像唐文治在《胡文忠公语录序》中就有两句评价非常贴切：“此其量，江海之量；此其心，江海之心也。”《清史稿》特别认可胡林翼在识才、爱才和用才方面的修为，说他“驭将以诚，因材而造就之，多以功名显……”

最让人可惜的是，胡林翼英年早逝，他只活了49岁，这导致后人对他并不熟悉，在中兴名臣中的名气也自然没有另外两人大。要是他寿命够长，他的才能必将有更大的发挥。相比较而言，“中兴三名臣”中的另外两位，曾国藩享寿61岁，左宗棠活了73岁，这让他们的经历更多，也更为世人所知。晚清不少评论家都认为，如果胡林翼没有早死，他的成就应该不在曾国藩之下。

胡林翼死于1861年9月30日，这距离曾国藩进驻安庆还不足一月。胡林翼死后，朝廷谥其文忠，追加太子少保，兵部侍郎。

对于老朋友的死，没有比曾国藩更痛心的了。曾国藩在1861年9月写的《日记》中就曾感慨道：“赤心以忧国家，小心以事友生，苦心以调护诸将，天下宁复有斯人哉！”曾国藩还赞胡林翼“忧国之诚，进德之猛，好贤之笃，驭将之厚，吏治之精，无善不备，无日不新，同时辈流，固无其匹，即求之古人中，亦不可多得”，其评价之高，在曾国藩论人之语中，是绝无仅有的。

坏消息其实不止这一个。在胡林翼死前一个月，皇帝咸丰也去世了。1861年8月22日，咸丰皇帝死于他的逃难地热河，即如今的河北承德避暑山庄。

咸丰皇帝作为一国之君，突然死亡对整个战局可不是什么好事。虽然他在位时也饱受争议，但毕竟能够稳住军心。客观上说，咸丰皇帝并没有赶上一个好的时代，他执政时期可谓战乱频仍，不光是国内发生此起彼伏的起义，国外势力也接踵而来。最令咸丰皇帝困扰的当然是太平天国，在他刚即位时，洪秀全就在广西领导了农民起义。紧接着，全国其他一些省份也受到了鼓舞，接连发生起义，比如皖豫两省的捻军、上海的小刀会、广东广西的天地会、贵州的苗民回民、云南的回民等等。他们多出于贫困而造反，对于清朝的统治已无半点信心，誓要将清朝统治掀翻。

正当咸丰为国内局势忙得焦头烂额之际，英、法两国又来给他添乱。两国于1856年再次对华宣战，发动了第二次鸦片战争。与此同时，俄国也趁机挑事。这几个国家的侵略，让清朝完全乱了章法，一味媾和的心态导致了清政府一步步退让，被迫签订了《天津条约》、《北京条约》、《瑷珲条约》等不平等条约，这不仅让中国割让了大批领土，更关键的是被迫对外国开放门户，让中国彻底坠入半殖民地半封建社会的深渊。

面对如此乱局，咸丰皇帝却表现出治国理政能力的极其羸弱。他不仅无力解决国内此起彼伏的农民军起义，更是对国库空虚、军务废弛、吏治腐败毫无办法。在一筹莫展之时，咸丰帝选择了放弃责任，沉湎于声色。

关于咸丰皇帝的风流韵事民间有很多版本，但是有一个故事成为影响中国近代史的事实。他刚刚当上皇帝第二年，心里就开始惦记挑选更多的妃子，他下令挑选秀女入宫。在众多秀女中，咸丰皇帝最为宠爱一个名叫叶赫那拉·玉兰的姑娘。这个姑娘就是日后的慈禧太后，直接决定了晚清的许多重大历史事件。

选了这么多秀女之后，咸丰皇帝并没有满足，他后来又不断从满、蒙两族的官宦人家挑选秀女，其中最受宠爱的是牡丹春、杏花春、武林春、海棠春四人，时人称之为“四春娘娘”，居于圆明园。

在咸丰皇帝的昏庸无度之下，清朝政权已经到了摇摇欲坠的边缘，这是造成他死亡的直接原因。1860年9月，英法联军逼近北京，清朝政府大惊失措。咸丰皇帝别无他法，认为保命是第一要务，便慌忙携带皇后和那拉氏、四春娘娘等宫眷一百多人，逃往热河避暑山庄。

不久，英法联军攻入北京，在京城大肆毁坏建筑，最臭名昭著的便是纵火烧毁了有“万园之园”之称的圆明园，这是中国几千年来极其羞辱的一件事。这之后，清政府为了维系政权，在派恭亲王奕䜣和侵略军谈判时，白白割让了许多自己的利益，这样才勉强获得了清朝政府的苟延残喘。

即便如此，咸丰皇帝恍如惊弓之鸟，依然不敢回到北京，以各种理由作为推托，赖在热河不走。1861 年 7 月，或许是过于担惊受怕，咸丰皇帝开始生病，虽然有御医诊治，但病情并不见好转，反而越来越严重。咸丰皇帝自知留给自己的时间已经不多，便宣召载垣、端华、肃顺、景寿等八位大臣进寝室接受顾命，下令立长子载淳为皇太子。咸丰皇帝告诉八名大臣，皇太子由于太过年幼，希望他们尽心辅佐。第二天，咸丰皇帝病逝。

咸丰皇帝临死的时候，命他唯一的儿子、只有六岁的载淳继承皇帝位，由辅政八大臣或“顾命八大臣”全力辅佐。就是咸丰皇帝的这一安排，留下了祸根。因为八大臣也有帮派，其核心是咸丰帝生前宠信的肃顺。但是，咸丰皇帝十分宠爱的慈禧太后并不甘心这种政治安排。在她权力欲望的推动下，她和恭亲王奕䜣联合起来，通过“北京政变”获得了朝廷的真正实权。从此以后，两宫太后垂帘听政，恭亲王奕䜣辅政。真正的实权渐渐落到慈禧太后手中。

咸丰帝所设计的权力架构，一下子全部被推翻了。就连咸丰皇帝以往的从政策略也跟着改变。本质上看，咸丰皇帝有些故步自封，从心底里就不喜欢跟外国打交道，他喜欢活在自己的千秋大梦中。但是慈禧太后不同，虽然只是一介女流，但是她认为中国必须应对来自西方的挑战，即便非常不情愿。从这一点上看，慈禧太后的格局比咸丰帝要大。要是咸丰帝早早就愿意正眼看待西方的崛起，中国在与西方的对决中就不会败得那么惨了。

慈禧掌权之后，在她的极力影响下，奕䜣也变成一个愿意与外国人交往的高级官员。奕䜣在 1861 年初就主持设立总理各国事务衙门，简称总理衙门，就是为了方便与世界打交道。与此同时，奕䜣也具有接纳西方先进事物的胸怀，对待西洋各国强盛的那些东西，如洋枪大炮、远洋轮船、机器工厂等等，也没有大部分清朝官员的那种鄙夷和恐惧，反而坚持认为中国都要学这些东西。

这样一来，在清朝统治集团内部，出现了一大批较为开明的官员，他们的特征是比较接纳西方先进文化和知识，主张利用西方先进的生产技术，摆脱目前国家遇到的困境，然后才能强兵富国。从中国历史的发展脉络看，这些官员被称为“洋务派”。

“洋务派”在中央层面以奕䜣为带头，他们靠近权力核心，能够直接向慈禧太后建言；地方层面则是以掌握实际权力的总督和巡抚为主，虽然他们远离权力核心，但是他们的优势是行动能力强，可以直接从事工业生产活动。慈溪太后虽然比咸丰皇帝更愿意与西方打交道，但内心深处还是有些保守，这导致洋务派不敢在朝廷中枢明目张胆地活动，因此奕䜣就主要依靠地方的大员帮忙。总理衙门主要起到了在中央推动洋务运动的作用，地方的具体操盘者则是曾国藩、李鸿章、左宗棠、张之洞等人。

在得到慈禧太后的默许后，洋务派的活动越来越大胆，及至后来，他们掀起了一场以“师夷长技以自强”为目的的洋务运动。洋务运动的口号是“自强”、“求富”，其主要方式是尽快学习西方先进技术，创办一些中国自己的军事和民用工业，以期将中国快速带进现代化的轨道。在洋务派的积极推动下，中国一大批近代军事工业建立起来，这包括安庆内军械所、江南制造总局等等。除此之外，一批民用工业如汉阳铁厂、湖北织布局等等，也都组建起来。

洋务派还在海防方面做文章，他们建立了北洋、南洋、福建三支海军，这是中国现代海军开始的先声。洋务派更重视中国人的受教育状况，他们创办的新式学堂如京师同文馆，后来蜚声海外，另外，他们也派留学生出国，直接向国外学习先进的文化和知识。一时之间，中国的经济、军事和教育等各方面，在洋务派的积极推动下，变得有声有色起来。

洋务运动当然也有弊端。从体制上看，这些洋务派创办的企业还是具有浓厚的封建主义色彩，同时他们又极其依赖西方技术，并不具备现代企业的基本雏形。这让中国的工业、海防和军事，不得不在工业技术、资本乃至管理上受帝国主义的左右和牵制。这也就不可避免地加深了帝国主义对中国政治、军事和经济的控制。

虽然愿意与西方打交道，但是在对待外来侵略者方面，慈禧一直是主战派。早在1860年，慈禧就向咸丰皇帝主张抗击英法联军，这是有历史可查的。在慈禧当政期间，其实对于外来侵略一直都是主张还击的，只是她的时运不济，屡战屡败，屡败屡战。清朝战败了就做小伏低，跟外国人签署投降协议，割地赔款，搞得国人骂声一片。但是慈禧还是有优点的，她能够知人善任，对于有才华，能够为国家出力的官员，她能够委以重任。否则像曾国藩、李鸿章、张之洞和左宗棠这样的名臣，是不可能在晚清时候一展身手的。

咸丰皇帝死后，整个朝野都有剧烈变化。除了与西方打交道愈发频繁，慈禧太后在内政上也很有一套。她对内管制极严，奉行强硬路线，特别是她非常憎恨国内农民起义，对于以太平天国为首的叛军，慈禧太后主张强力镇压。在策略上她用以汉制汉的方法，对外则借师助剿。

慈禧太后深知，太平军作战十分勇敢，且在多年的征战过程中形成了比较成熟的战法，因此清军想一下子将其歼灭也并不容易。慈禧太后知道打仗关键在于主帅，所以她很注重用人，她将满汉人的功用各自发挥到极致，让善于打仗的汉人去前线卖命，不懂打仗的满人则负责不那么重要的职位，专门挟制汉人。

对于湘军集团，慈禧太后和奕䜣也一改咸丰帝那种过于谨慎的态度，表现出超越以往的信任。特别是当局势稳定下来，慈禧太后已经全面控制清朝政权后，马上就出面安抚曾国藩。

11月20日，朝廷发出上谕：钦差大臣两江总督曾国藩，着统辖江苏、安徽、江西三省，并浙江全省军务，所有四省巡抚、提镇以下各官，悉归节制。浙江军务，着杭州将军瑞昌帮办。并着曾国藩速饬太常寺卿左宗棠驰赴浙江剿办贼匪，浙江省提镇以下各官，均归左宗棠调遣。钦此。

清政府突然让曾国藩节制四省军事，这在以往是不可想象的事。对于一个汉族官员来说，给他这么大的实际权力不只是受满族统治者的信任。这种举动的背后，其实是清政府急于向满朝文武显示英明，从而凝聚地方官员人心的举动，更重要的是，慈禧太后急于消灭太平天国，她环顾四周，认为只有曾国藩的湘军能完成此重任。

事实上，对于朝廷发生的政变，曾国藩并不知道。他从来也不关心这些事儿，跟肃顺也无私人来往。北京政变发生在 11 月 2 日，8 日肃顺被砍头，可是直到 12 月 15 日，他收到节制四省军务的上谕，又收到清廷将肃顺等正法的上谕，才得知此事。

曾国藩对此事十分意外，他在日记中写道：“又抄示奏片一件，不知何人所奏。中有云，载垣等明正典刑，人心欣悦云云。骇悉赞襄政务怡亲王等俱已正法，不知是何日事，又不知犯何罪，戾罹此大戮也！”等到李鸿章来时，曾国藩又与他谈论此事，“京城政本之地，不知近有他变否，为之悚仄忧惶”。

与曾国藩步步高升同步，湘军不少将领此时都得到提拔。除了已经去世的胡林翼外，李续宜接替胡成为湖北巡抚，彭玉麟做了安徽巡抚，刘长佑则在广西巡抚任上，骆秉章当了四川总督，毛鸿宾为湖南巡抚。湘军的军队已经四处开花，占据了长江两岸许多重要城市。曾国藩即便受此重任，他还牢记祖训，一再提醒自己谦恭。对于节制浙江军务，他两次请辞，但朝廷坚持让其掌管浙江，他才勉强答应。

从此以后，曾国藩身上背负的担子更重了，至于前途如何，他自己也说不清楚。

三、李鸿章组建淮军

清朝政府夺得安庆的胜利喜悦没有持续多久，其他的挑战就来了。如今，让慈禧太后忧心忡忡的是华东地区。当朝廷接到太平军进攻浙江的消息时，慈禧太后一下子慌了手脚。她想来想去，唯一可以依靠的只有曾国藩。她命令曾国藩赶紧派左宗棠援助，但因为种种原因，援兵还没有抵达杭州，便已经被太平军夺走。

清政府虽然有些埋怨曾国藩，但也无可奈何。事实上，曾国藩也有自己的难处。几员大将都在各地征战，的确一时抽不出人手。更让清政府担心的是，太平军夺得杭州的控制权后，又开始觊觎上海，这让慈禧太后寝食难安。

随着太平军对华东地区的控制程度加深，曾国藩不能坐视不管了。为了扩充军事力量以应对太平天国对上海的威胁，曾国藩力推建立一支新的军事力量——淮军。

建立新军这件事说来话长，可以追溯到曾国藩准备攻打安庆之前。本来，曾国藩对上海比较重视，认为它是重要的通商口岸，必须控制在清政府手中。然而，在布置上海的防控方面，曾国藩出现了一个疏失。当时，负责上海防卫的江苏巡抚薛焕不懂作战，但又好大喜功，不仅无法合理调配手中的三万兵力，而且任凭太平军在上海横冲直撞。

薛焕险些就将上海丢掉，幸好洋人出面帮忙，才勉强将上海保住。而当太平天国控制杭州之后，其对上海的压力又开始增加起来，清政府再想保住上海变得十分困难。由于上海滩早已是开放的通商口岸，以及在上海滩遍布各处的租界地，才让太平军一时无法攻进去。不过李秀成率领的太平军正在苏州，距离上海很近，形势变得十分紧急。

在上海最着急的是那些官绅，他们担心一旦政权更替，自己的财产和性命都不保。为了免遭厄运，这些官绅紧急成立了“中外会防局”，其目的是借助于洋人的影响力，用武力保护他们的安全；另一方面，他们也赶紧选出代表——清名臣浙江巡抚钱宝琛的儿子钱鼎铭，求助于曾国藩。为了表达心意，他们甚至募集来20万两白银，让钱鼎铭带着前往安庆。

抵达安庆之后，钱鼎铭对曾国藩表述得十分恳请，说上海的官绅们十分盼望湘军前往，此时已经到了千钧一发的时刻。说到动情之处，钱鼎铭甚至掉下眼泪来。为了恳求曾国藩出兵，钱鼎铭还带来一封苏州名人冯桂芬写的信。冯桂芬也是李鸿章的同年进士，在信中冯桂芬说，上海是江南的膏腴之地，商业发达。在那里，每月可筹到银饷60万两以上。上海的官绅们十分清楚，此时湘军最需要的就是钱，他们希望用巨大的经济好处促使曾国藩帮忙。

除了晓之以情，钱鼎铭也知道得用些关系才行。他利用父亲钱宝琛与曾国藩、李鸿章之父李文安曾经都是同年进士的关系，大加称赞父辈们的学识人品，并回忆当年他们之间的友谊，想以此让曾国藩和李鸿章及早出兵。

曾国藩何尝不想援助上海，他也十分清楚上海地理位置的重要性。但曾国藩自己的苦衷却不好明讲：如果全力援助，需要从安庆千里迢迢派遣不少兵力前往，派兵不够完全于事无补。但是，如果兵力派出太多，势必导致安庆守备空虚，一旦遭遇太平军的偷袭，将十分危险。更何况，太平天国的首都天京距离上海并不远，曾国藩还肩负攻打天京的重任。一旦将主力派往上海，将面临无人可用的窘境。

正当曾国藩犹豫不决时，朝廷的上谕到了，慈禧太后命令曾国藩向上海发兵。既然圣旨已到，曾国藩再没有理由推脱了。问题的关键是，他到底派哪支部队前往上海呢？

曾国藩最信赖的是他的弟弟曾国荃。他最初想让曾国荃前去上海，不过弟弟的目标却在天京，他一心想将太平天国的老巢端掉，在给曾国藩的信里说："松、沪财赋甲天下，筹饷易。然贼巢在金陵，急攻其巢，必以全力援救，而后苏、杭可图。愿任其难者。"

曾国藩不想勉强弟弟，便想到了他的同乡陈士杰。29 岁那年，陈士杰被选职为户部七品官。1851 年，陈士杰的父亲去世，他在回家丁忧期间，投入老家镇压农民起义的斗争。后来他又加入曾国藩领导的湘军，在各种军事作战行动中，他表现得沉稳踏实，深得曾国藩好感。

当曾国藩命令陈士杰准备援助上海时，陈士杰并没有丝毫犹豫。他马上在家乡开始招兵买马，并且展开全方位训练。不过，兵马准备得差不多了，朝廷几次下圣旨催促他出征，陈士杰就是不动。曾国藩有些不解，便找他来问到底是什么原因。陈士杰长时间一句话不说，只是跪在地上，这让曾国藩更着急了。他让陈士杰直接讲明不出兵的原因，陈士杰只好说："援沪之兵早已训就，只是微职上有 90 岁的老母，万一微职战场上丢了性命，老母是万万承受不了这种打击的，因此……"

原来是陈士杰要照顾老母。曾国藩很奇怪，他怎么不早说呢？要知道，曾国藩本来就是个孝顺之人，他对陈士杰的想法也感同身受，便不再强迫他援助上海。他没有办法，只好命令距离上海很近的清军总兵冯子材火速援沪。不过，这个军令不知道什么原因，一直没有得到冯子材的回音。

万般无奈之下，曾国藩唯一依靠的只有李鸿章了。很早的时候，曾国藩就发现，淮北一带民风朴实强悍，如果让有能力的将领加以训练，就可以练成一支强军。从另一方面讲，经过连年征战，湘军也已经显示出疲态，迫切需要有一支生力军作为替补。在曾国藩心里，训练这支军队的人选早就确定，除了李鸿章并没有别人。

从李鸿章这方面来看，他也愿意独立率领一支人马。自从进入曾国藩的幕府中后，虽然深受重视，但充其量只是一个谋士的角色，并没有独当一面过。在安庆之战后，李鸿章官到四品，说起来也是高官，但也只是个虚职。虽然曾国藩凡遇到重大决策时，都会征求李鸿章的意见，但毕竟不是自己当家做主。李鸿章急需一个机会证明自己，而组建淮军、援助上海，便是一个施展他带兵打仗的绝好契机。

李鸿章接下重任后，马上就开始建军行动。对于他来说，第一步当然是招兵买马。为此，他回到合肥，因为那里是他过去和父亲李文安兴办团练的地方。早年间，他和父亲曾经在肥东、肥西办团练，并且打了一些胜仗，积累了不少人脉。李鸿章派他的弟弟李鹤章去肥东，四处寻访当年跟他们一起打仗的旧部，将他们再次招至麾下。李鸿章自己则跑到肥西，找到团练首领张树声，请他帮忙。

多年以来，江淮一直就不太平。不只有太平军频繁骚扰，捻军的出现也让当地百姓困扰不已。官军并没有太多能力对当地山寨施加保护，这些寨子便自己组织团练，用以自保。在长时间对太平军和捻军的斗争中，各山寨之间又形成协防关系，一方有事时，另一方也会帮忙。张树声的父亲张荫谷就是在这种状况下，与李鸿章的父亲李文安结识成了“好弟兄”。有了父辈的关系，李鸿章在与张树声打交道时便非常便利。

江淮子弟保持着一股江湖义气，只要感情在，什么事情都可以一起做。张树声早就知道李鸿章的大名，并一直想找机会交往，没想到李鸿章自己找上门来，一时大喜过望。听明李鸿章的来意后，他当即表示同意，而且马上将其属下爱将刘铭传及周盛传、周盛波兄弟叫来。张树声、刘铭传及周氏兄弟曾结拜为弟兄，如今听说李鸿章要他们入伙，都十分高兴。

李鸿章还找了一个人，那就是当年与他父亲一起办团练，后来被太平军杀害的吴廷香的儿子。吴廷香的儿子名叫吴长庆，非常勇猛善战，自从父亲死后，他一直发誓要给父亲报仇。他自己也组织了一批人马，当李鸿章找他入伙时，与他一拍即合，随即率领自己的人马加入淮军。

除了招募猛将强兵，李鸿章的淮军也需要谋士。他在家乡找到一位奇才——周馥。周馥自幼家贫，但这不妨碍他读书好学。而且，让李鸿章十分欣赏的是，周馥写得一手好字，这在李鸿章看来十分难得。李鸿章认为，字如其人，字写得好证明他为人处世也不坏。果然，在周馥后来跟随李鸿章的过程里，恪尽职守，尽心尽力，还一直陪伴李鸿章走到生命的终点。同时，李鸿章还找到一些谋士蒯德模、蒯德标，这让淮军的队伍一下子壮大起来。

李鸿章兄弟募兵的速度惊人，短短两个月时间内，已经有两万人愿意加入淮军。不过，虽然人数众多，但这些人距离形成作战力还有一段距离。不要说他们基本的列队行军不会，就连外观看上去也高矮不齐，形色滑稽。只不过他们有个共同特征，就是每个人头上都有一条毛巾。

对于李鸿章的组织能力，曾国藩十分欣赏。虽然真实战斗力还有待检验，但曾国藩还是希望赶紧将他们派往上海。为了有效区分淮军的各支武装，曾国藩根据其营官的姓名分成五个营，潘鼎新带领的淮军为“鼎字营”，刘铭传部称“铭字营”，吴长庆部称“庆字营”，张遇春部称“春字营”，张树声部称“树字营”。这五个营有个共同特征，其营官都与李鸿章同乡，而且他们都对太平军恨之入骨。

正当李鸿章在组建江淮乡勇时，朝廷传来信息，原来是他们一方面催促曾国藩尽快发兵东援，另一方面清廷已在上海“借夷助剿”，即向洋人借师，用以镇压太平军。

清政府早就有借助洋人力量的想法。1852 年，当太平军进攻楚南时，清政府中就有人提出建议，让洋人派“火轮船入江助剿”，不过，那次建议并未实施。第二年，当太平军兵临南京时，上海道台吴健彰奉巡抚杨文定之命，向上海美、英、法领事请求援助，希望外国兵船出动，以帮助清军固守南京。

不过，那时候洋人对于太平军还摸不清，不敢随便答应清政府的要求。经过第二次鸦片战争，外国人对中国的情况已经非常熟悉，便迫切希望通过各种途径对中国加以控制，帮助清朝政府剿匪便是其中一个重要方式。咸丰十年九月，《北京条约》刚一签字，法使葛罗即表示，法国愿意帮助清廷“攻剿反逆”。俄国人紧跟着也表态，说俄国愿意为清军“教铸枪炮”，并派兵镇压太平军。

1861年，越来越多国家提出愿意帮助清朝“剿除”太平军的威胁，像英、美两国都表达了这一愿望。清朝中的许多大臣认为此举可行，特别是清军的力量越来越难以抵挡太平军多点进攻时，洋人的出手显得尤为及时。当年十一月，太平军攻克宁波、杭州，形势十分危急，上海已经危在旦夕。在这种情况下，清政府终于下定决心，颁布“借师助剿”的决策。

从表面上看，曾国藩对于“借夷助剿”并不反对，但他非常担心这种做法产生的副作用。比如借助洋人只是权宜之计，一旦让其洋枪队得到发展，将来对清政府将是严重威胁。在意识到洋枪队的危害性之后，曾国藩上奏朝廷称：洋枪队至多只能在上海城内执行防务，指望洋枪队出击进剿，这是万万使不得的。不过，清政府已经无人可用，此时正希望借助洋枪队收复苏州。

面对如此紧急情势，曾国藩命令李鸿章的淮军赶紧奔赴上海。关于淮军的训练方法，曾国藩认为可以从湘军身上借鉴。在安庆，他向李鸿章建议，淮军的装备、粮饷及训练方式应该完全照搬湘军模式，武器装备则主要是刀矛、小枪，还有少量的重型武器，如抬炮、小炮、劈山炮。

为了保证淮军的安全，从1862年4月5日起，李鸿章率领淮军先后分七批陆续运抵黄浦江。淮军抵达上海后，李鸿章对其布防已经有了周密细致的安排，很快便将上海牢牢控制。加上此时的李鸿章已受理江苏巡抚之职，集军政大权于一身，地位日渐巩固。

在上海期间，淮军也不忘继续扩充力量，因为最初招募的两万人根本不够用。特别是上海地域广阔，十三个营的兵力无法完成繁重的日常公务。李鸿章便通过回乡招募、改编前江苏巡抚薛焕所部防军、借将带兵、收编两淮团练和太平军降众等方式积极扩充营伍，一举增加了三十多个营。与此同时，李鸿章还加紧演练战法，全面提高淮军的作战能力。

淮军刚到上海时，许多百姓对其其貌不扬的装束，颇似散兵游勇式的武装，非常不以为然。甚至许多洋人见到淮军简朴的着装时，直接嘲笑起来，辄“笑指为乞丐”。李鸿章曰：“兵贵能战，非徒饰观？迨吾一试，笑未晚也。”

很快，淮军证明自己的机会到了。1862 年 6 月中旬，淮军在上海虹桥、徐家汇等地经过苦战，取得了一连几场胜利，捕杀太平军三千余人。这让上海百姓大为赞赏，洋人对他们也刮目相看了，皆“以拇指示之”。

经过与太平军的多次交手，淮军渐渐沿袭了湘军的优良作风，能够找准对方的弱点，经常取得胜利。总体上，在对付太平军过程中，李鸿章采取了“用沪平吴”的战略。李鸿章认为防御上海是第一位的，所以他把主要兵力放在上海的防御方面，有了这个作为基础，淮军便四面出击，以配合湘军作战。

淮军从 1862 年 3 月创建至 1864 年 7 月先后收复了被太平军占领的城池有南汇、江阴、无锡、苏州、宜兴、溧阳、嘉兴、常州、平湖、海盐、长兴、湖州、广德等二十多个府州县，杀戮和诱降了大批太平军将士，大大削弱了太平军有生力量，对湘军攻陷天京发挥了极其重要的作用，以至朝廷在“论功行赏”时，封李鸿章为一等肃毅伯，并赏戴双眼花翎。

最初，淮军以十三营的兵力进驻上海时，谁都没想到未来它会变成怎样。但是，等到太平天国的都城天京陷落时，淮军的势力已经空前壮大，它已经成为一支近一百二十营，六七万人的强大武装。后来，淮军在清政府中的地位与日俱增，太平天国败亡之后，淮军又成为清政府“剿捻”的主力军。

四、洋人与太平天国

太平天国已经慢慢走向了末路。但纵观整个太平天国的兴起、兴盛，到衰亡，洋人在其中起的作用不容小觑。

对于局外人来说，由于限于看待太平天国运动的不同视角，他们所认知的太平天国运动也不尽相同。比如对于共产主义的创始人马克思来说，他最初对中国出现太平天国运动十分兴奋，在其 1957 年出版的《马克思恩格斯论中国》写道：“在全世界似乎都处在沉静状态的时候，中国和桌子都开始跳起舞来鼓励大家了。”

马克思是以“革命”的视角来看待这场运动的，在他看来，太平天国至少是一场有声有色的革命，这对于推翻中国封建旧有制度来说总归是益处。但是他没有客观看待太平天国运动的弊端性，这让其只能看到太平天国的积极一面，而无法意识到其消极一面。

对于西方传教士来说，他们的视角是“宗教传播”，西方商人则站在“经济利益”的角度认识太平天国，政客们则以“政治利益”为视角。虽然视角各不相同，但在太平天国如火如荼的时代，只要他们密切接触洪秀全和他领导的运动，他们都会得出一样的结论，这个披着基督教外衣的政权跟他们想象的完全不同，他们自己也会感到无比失望。

如果仔细分析太平天国领袖的文化基因，洪秀全在专制环境下长大，他所受的教育也是中国传统的儒家教育，这让他的造反和起义目标非常简单——他就是想“做皇帝”，“生杀由天子，诸官莫得违”。他的拜上帝教虽然披着基督教的外衣，打着传递基督教福音的幌子，但其本质与白莲教等秘密教门类似，就是利用宗教将人民裹挟进来，依靠大众的力量以实现他自己的政治抱负。

这让当时在中国的外国传教士们不免产生误解。在未与太平天国运动接触以前，传教士只是道听途说，加上自己的合理想象，以为太平军都是虔诚的基督徒。这些外国人对太平天国的仅有印象均来自道听途说，这也使得很多传教士产生错觉，以为打着基督教旗号造反的太平军都是虔诚的基督徒，传教的春天就此到来。

外国传教士完全错了，他们是太不了解中国历史了，也根本没有吃透中国人的文化基因。太平天国并非为了传教而立，他们在对待外国传教士上并无多少优待，也没有给他们任何制度上的空间。早年在香港结识洪仁玕，后来曾前往天京的慕维廉牧师曾写道，洪秀全自始至终就从没希望外国传教士插手。按照他的构想，科举考试就是传播基督教的好途径。在太平天国建立之后，举凡通过考试进入官场的人，都要以《圣经》作为基本知识，考试也以《圣经》为本，分数的高低将直接决定他们未来职务的大小，这些官员在任职时也同时肩负传播基督教的重任，可谓一举两得。

在没有进入天京之前，许多传教士很难了解洪秀全的真实意图。他们都怀有美好的幻想，直到他们来到天京后才发现，与其说拜上帝教是以西方文化为基础的运动，倒不如说它是与明清时期各种秘密教门并无二致的帮派运动。洪秀全仿佛是这个帮派的头子，太平天国则是洪秀全及其信徒所建立的一个神权国家。

许多传教士后来都改变了看法，他们对太平天国运动再无好感，反而认为太平天国和拜上帝教是异端，是对基督教的亵渎。美国传教士霍姆斯说："我曾期望他们的教义，尽管是粗糙的，也许总会包含一些基督教的原理。可是，我感到遗憾，我发现根本没有什么基督教的原理在内，只是徒具基督教的虚名，并且加以滥用，把它当作一种令人憎恶的偶像崇拜制度而已。"

对于当时的外国政府来说，他们的眼里只有利益。当时的大背景是，外国政府正在介入中国事务，他们想尽各种办法想从中国攫取利益。当太平天国运动刚刚兴起时，外国政府最初很难预料是好是坏，因此，他们只是持观望态度。然而令外国人无法预料的是，仅仅两年时间，太平天国运动就迅速发展，一路高歌猛进，甚至占领了南京。昔日十分强大的清政府，似乎变得不堪一击。当太平天国短短两年便定都南京、与清政府分庭抗礼时，各国开始对太平天国另眼相看了。不过，随着外国政府陆续与太平天国的将领们接触之后，他们发现，太平天国无论在政治还是信仰上，跟他们明显不是“一路人”。

最先被惹恼的是英国人，英国也是率先与太平天国接触的外国政府。1853 年 3 月，英国驻香港总督文翰打算访问天京。他在乘军舰出发之前，特意给太平天国发了一封书面照会。接到照会的东王杨秀清对于英国人也没有太客气，马上代表太平天国给他回了一封“高高在上”的诰谕，称“尔海外英民不远万里而来，归顺我朝，不仅天朝将士兵卒踊跃欢迎，即上天之天父天兄，亦当嘉汝忠义也。兹特降谕：准尔英酋，带尔人民，自由出入，随意进退，无论协助我天兵歼灭妖敌，或照常经营商业，悉听其便。深望尔等能随吾人勤事天王，以立功业而报答天父之深恩”。

其中，诰谕里最刺眼的字眼是“归顺我朝”，这显然是把英国人当作臣子来看待。英国人岂能容忍如此羞辱，文翰马上回复了一封措辞强硬的照会，绝不在口头上输给太平天国。

英国人受辱没过多久，法国人也到太平天国那里碰了一鼻子灰。那是在几个月后，法国公使布尔布隆率领几位神父南格禄、葛必达等前往天京访问。这次访问本来是就一些宗教问题交换看法，但整个过程并不愉快。问题似乎出在法国人身上，主要是在会谈结束后，布尔布隆在留给对方代表秦日纲的字条里，措辞语句引起了太平天国将领的极大反感。原来是布尔布隆犯了个致命错误，他在便条中称清朝的最高统治者咸丰为“皇帝”，要知道太平天国之所以造反，主要的目的就是推翻咸丰皇帝的统治。法国人的这一无心疏忽，在天京的将领看来，无异于大逆不道，更是对太平天国的轻蔑。将领们群情激奋，险些就要毒打留下交流宗教问题的两位法国神父。

除了英法，美国人到天京的访问也十分不愉快。美国驻华公使麦莲前往天京访问时，由舰长布嘉南照会。太平天国的回复是：“尔等果能敬天识主，我天朝视天下为一家，合万国为一体，自必念尔等之悃忱，准尔年年进贡，岁岁来朝，方得为天国之臣民，永沐天翰之恩泽。”这种口吻使得布嘉南十分不满，愤而暂止照会。

种种迹象表明，太平天国建国之后，在对外交往上显得极为稚嫩，特别是写给外国人的照会上，到处都是充满蔑视的词句，这显然不是一个正常国家政权所为。当然，透过这些细节，洋人也渐渐明白，洪秀全等人对于传播基督教并无太大兴趣，他们所有的努力只不过是要推翻清朝政权而已。

美国驻华公使麦莲就对太平天国极为恼怒，他曾公开宣称：“目前我是绝对不可能同他们进行令人满意的交往的，除非接受他们下述离奇的教义：中国和美国是一个国家，全人类是一个民族，都应接受太平王的统治；美国公使成为太平王的公使，美国公民成为他的臣民；作为来自远方的兄弟带来贵重礼物和贡品，以示臣服于天王。”翻译裨治文则认为，“这个王的集团还自称是世界的统治者”，麦莲也认为“他们既不信仰，也不了解基督教”。

1854 年 7 月，英国驻华官员更替。文翰卸任，由约翰 · 包令接替他。或许是临走之前文翰并没有向他的接替者讲明，太平天国是个怎样的政权。约翰 · 包令又重新燃起跟太平天国打交道的愿望。他派自己的儿子洛文 · 包令和翻译麦华陀访问天京。

这次访问照样非常不愉快，而且它充分暴露了太平天国在传播宗教方面的无知和无所作为。为了探讨宗教问题，麦华陀给东王杨秀清的信中提出了三十个问题，结果杨秀清让石达开和黄玉昆的回答令人啼笑皆非。比如在他们看来，上帝就应该长着红胡子，穿着黑龙袍；上帝有很多儿子，洪秀全就是其中之一；上帝和耶稣都结了婚，有“天妈天嫂”；认为太平天国的圣旨与《圣经》一样权威神圣……

麦华陀对太平天国彻底失望了。他刚刚回到上海，马上就此行写出一份报告，报告涉及多个层面，在军事上，“扬子江北岸叛军的形势是不稳定的”；在对外政策上，太平军“是极端排外的”，在通商方面，“贸易是完全不存在的”。

在一点点了解太平天国之后，外国政府认为太平天国完全不可信赖。他们既不能完全替代清政府掌握中国的政权，在对外交往上也缺乏诚意，必定会成为外国政府攫取中国利益的绊脚石。于是，外国政府转而与清政府合作，帮助他们剿除太平军。

1858 年，英国人率先发难，他们派出军舰，由额尔金率领直闯长江，一直到天京城外。对于英国人来袭，太平军针锋相对，直接予以开炮轰击，双方“火器互攻，甚为稠密”。让人颇感意外的是，太平天国事后对于英国人的骚扰息事宁人，洪秀全甚至做出了让步。他为了表达诚意，竟然将开炮的太平军将士斩首，并派遣专使道歉，认为额尔金之行是“西洋番弟朝上帝”，“万国扶朕在天台”。

后来，外国政府对太平天国越来越失望，最终他们和清政府联合在一起，共同镇压太平军。为此，清政府还和外国势力联合组建了一支雇佣军，名为洋枪队。

洋枪队是美国人华尔倡导成立的。1860 年，华尔招募了流浪在上海的 200 余名西洋盲流，组成一支雇佣军。首次战役在青浦打响，不过洋枪队却吃了败仗。这之后，华尔有点心灰意懒，他把洋枪队的大部分人都遣散走了，只留下了一些精锐力量充作洋枪队的指挥官。后来，他又想方设法扩大洋枪队的规模，先是以一批菲律宾人作为主干力量，后来他又招募了不少中国人。

这之后，洋枪队的声势竟然越来越大，1860 年 7 月至 9 月间，洋枪队在上海多地与太平军发生冲突。无奈人员数量还是少于对方，且没有经过正规训练，结果都是被陈玉成打得大败。清政府见洋枪队发展受限，关键还在于兵器和人员不足，便倾囊相助。清政府不惜花重金用在洋枪队身上，帮他们购买了新式枪炮，此外还帮他们增加兵员，使其作战能力明显增强。

检验洋枪队实际战斗能力的时候很快就来了。1862 年 2 月初，太平军李秀成第二次率兵进攻上海。洋枪队此次增加了不少经验，他们用优势兵力在松江一带连续击败了太平军的进攻，这让清政府极为高兴。认为之前的投资有了回报，便将洋枪队首领华尔升为三品官，洋枪队从此也换了一个更为吉利的名字——常胜军。

此时常胜军人数虽达 5000 人，但与太平军作战中的成绩开始并不好，经常一连几场战斗都以失败告终。此时，英国人出现了。英国将军斯特维利有一个更为野心勃勃的计划，他决定与华尔并联合另一支小型法国军队，将上海 30 英里内的太平天国势力全部驱逐出去。这一计划取得了明显效果，一些原本被太平军占领的地方，如嘉定、青浦等等，在这次外国军队联合行动中回归到洋枪队手中。

不过，坏消息是洋枪队的首领华尔在对慈溪攻击时阵亡。于是，洋枪队马上就面临一个现实的问题，谁能出任下一任队长呢？李鸿章作为江苏巡抚，对洋枪队的后继指挥官发生了极大影响力。他特意告诉斯特维利，指派英国军官来指挥洋枪队。斯特维利选择了戈登。

戈登担任队长后，洋枪队依然活跃。1864 年 5 月，洋枪队完成了他们的最后一个使命：攻克常州。从整个战局来看，在苏南战场，清军已经牢牢控制了局势，胜利近在眼前。洋枪队已经毫无存在的意义。

戈登是一个识时务者，他主动要求遣散“常胜军”。对于李鸿章来说，他早就想裁撤“常胜军”，正好做了顺水人情。1864 年 5 月 31 日，常胜军在昆山解散，全体军官辞去了在清军中的职务。李鸿章见缝插针，把洋枪队的部分精锐部队和大部分武器装备全面接管，直接将其编入淮军，大大提高了淮军的战斗能力。

其实，由于对中国国内不同势力的看法不尽一致，外国人在帮助清政府镇压太平军的同时，其实还有一些人帮助太平军闹革命。对于这些参加革命的外国友人，太平天国的领导人给他们比较亲昵的称号，叫作“洋兄弟”。据史料记载，太平天国的外籍军人有数百人，忠王李秀成手下的洋人志愿军就有 200 人左右。这些人来自欧洲、美洲、澳洲、非洲，来自非洲的战士就有五六十人之多，来自欧美的有 13 人，其中英国 5 人，美国 4 人，法国 2 人，意大利 1 人，希腊 1 人。有 6 人在战斗中牺牲，这数字还不包括他们的家属，如英国人呤德烈（F.A.Lindley）的夫人玛丽。

洋人的参与极大增强了太平军的战斗力。特别是洋人使用各种洋枪、洋炮，从武器配备上让太平军已经不再是一支靠冷兵器作战的军队，某种程度上已经与世界的现代化接轨。

说来有趣，在这些投奔太平天国的外国人中，许多人并不是抱有远大理想而加入，而是在战争中恰好开了小差而进入太平军。外国人加入太平军后，在战争中表现得十分勇猛，甚至一点都不输给中国人。这令太平军的将领刮目相看，后来就有意招募一些外国人加入，其中还包括数量不少的黑人。

外国军队对于开小差的军人也十分头痛。为了避免这种情况的发生，英国政府甚至不得不找太平军来要人。有一次，英军有三名黑人投靠太平军。英军再次找到太平军的将领，希望对方把这三人引渡给英方。但是太平军可不吃这一套，明确拒绝了英国人。

虽然外国人在太平军和清军的连年战争中，发挥了无可比拟的作用。但随着太平军走向失败，他们也都走到了历史的尽头。

五、建立安庆军械所

曾国藩在进军天京之前，还做了一件震惊中外的大事——创办安庆内军械所。安庆内军械所又称安庆军械所，它创办的意义重大——这是中国第一次完全依靠自己的力量建成的军事工业。除此之外，它也是洋务运动第一次成功的实践，为其后的蓬勃发展奠定了良好的基础。

曾国藩到安庆后做了很多事情。当然，为了更无后顾之忧，第一件事曾国藩先是安排好了自己的家眷。1861 年 9 月 11 日，曾国藩正式进入安庆，借住在太平天国英王府中。历经如此大的战乱，英王府中的设施已经破坏殆尽，曾国藩没法直接入住。对于行军匆匆的曾国藩来说，他也不可能随身带太多生活用品。因此，为曾国藩筹备家居用品，就成了庐州知府唐景皋的首要任务。唐知府做事细心，在战后虽然购买东西还不算方便，但他还是想尽办法，买来大批日用品，包括家具、被褥、锅碗瓢盆等等，几乎能想到的生活必需品他都采购齐全了。

对于属下的好意，曾国藩非常坚持自己的原则。在他看来，这虽属官场惯例，但他并不需要这么多东西。但他也不好驳了下级的面子，为了给唐知府个台阶下，他收了七张草席。他还特意写信给唐知府说："顷接手书，复承惠贶多珍，锡比百朋，情殷千尺，至以为感。惟各物嫌于过费，万不敢当。谨领草席七种，取藉茅无咎，连茹汇征之象，且祝灾区遗黎咸登衽席，颂使君生成之绩也。余件奉璧，即希查收。"

曾国藩是一个对生活细节不太在意的人。身为军中统帅，他关心的是能否打胜仗，士兵少点伤亡，至于住什么地方根本不在他的考虑范围之内。跟随曾国藩很多年的下属都了解他这一点。1862 年，幕僚方宗诚（桐城人）来到曾国藩身边，他就亲眼见识了曾国藩的寝室："当公夫人未来皖时，宴彭雪芹侍郎于内室，招予陪饮。见室中惟木榻一，竹床二，竹枕二，此外一二衣箱，无他物也。”

在解决了住的地方之后，曾国藩想把在家乡的亲人接过来。同治二年（1863）曾国藩之妻欧阳夫人、两个儿子及两个女儿女婿，被曾国藩接到了安庆。

跟外界想象的不同，曾国藩兄弟分家之后，家里过得并不富裕。对于曾家来说，主要是靠分家时获得的五十五亩田地生活。以前，曾国藩的家人还可以跟着吃大锅饭，即便有时做得不好，但至少能保证不饿肚子。但自从分家以后，曾家生活水平直线下降。这主要出在曾国藩身上，他不往家里寄钱。

曾国藩对自己要求很严格，曾经立下规矩“以廉率属，以俭持家，誓不以军中一钱寄家用”。这下可害苦了他的家人，曾国藩幼女曾纪芬就曾经回忆说：“先公在军时，先母居乡，手中竟无零钱可用。拮据情形，为他人所不谅，以为督抚大帅之家不应窘乏若此。其时乡间有言，修善堂杀一猪之油，止能供三日之食；黄金堂杀一鸡之油，亦须作三日之用。修善堂者，先叔澄侯公所居，因办理乡团公事客多，常饭数桌。黄金堂则先母所居之宅也。即此可知先母节俭之情形矣。”

让欧阳夫人没想到的是，她和孩子到安庆跟随曾国藩，并没有改善太多生活。某种程度上说，住在总督府的日子，还没有在乡下好过。首先就是钱不够花，曾国藩给夫人的零用钱很少，据记载，欧阳夫人月费仅四千铜钱，折银二两，儿媳则减半。对于住在城里的人来说，这些钱显然不够日常开销。曾国藩的幼女曾纪芬曾经回忆说：“初文正在日，家中人给月费二缗，尔时物价虽贱，亦苦不足，稍涉奢华之物不能买，亦不敢买也。欧阳太夫人偶唤卖京货之妪入署，且为文正公所呵，他无论矣。”

曾国藩对于夫人乱花钱也十分在意。欧阳夫人刚来总督府后发现，因为家大业大，仆人明显不够用了。总督府中本来只有两个女仆，一个是欧阳夫人从湘乡老家带来的老妪，另一个是大女儿身边的小丫鬟。为了弥补人手不足的情况，欧阳夫人花十多钱买了一个女仆，这令曾国藩大为光火："房中粗事亦取办于母氏房中村妪，乃于安庆以十余缗买一婢，为文正所知，大加申斥。"面对丈夫的恼羞成怒，欧阳夫人只好"遂以转赠仲嫂母家郭氏"。

面对家庭日常开销费用拮据，仆人太少的窘境，曾国藩的家眷只好自己想办法过好日子了，"文正驭家严肃守俭若此，嫂氏及诸姊等梳妆不敢假手于婢媪也"。曾家的女人们每天一睁眼，就开始进行各类体力劳动，包括洗衣服、腌咸菜、缝衣做鞋等等。通过他们艰辛的努力，日子总算慢慢走上了正轨。

在安置家眷的同时，曾国藩必须要忙些正事了。实际上，他在心里早就开始筹备建立安庆军械所了。安庆是"桐城派"的故乡，曾国藩向以桐城派弟子自居。曾国藩深知，要做成大事，人才是第一位的。曾国藩一到安庆，就开始通过各种关系找愿意跟他做事的人才。这其中，曾国藩尤其想挖掘懂技术、会办军工企业的人。江苏巡抚薛焕听到这个消息后，便将当时国内一流科学家徐寿、华衡芳等推荐给曾国藩。

徐寿、华衡芳都是常州金匮县（今属无锡）人。最早的时候，徐寿也是一门心思想通过科举进入仕途。后来，在寻求功名的道路上，感觉科举实在用处不大，倒不如自然科学救国来得快。他便开始研究自然科学，尤其是化学和物理。

除了学得扎实外，徐寿的动手能力特别强，特别是在乐器的制作和使用上表现得非常突出。一天，他正在为人修理乐器，被华衡芳父亲华翼纶看见。徐寿的技艺让华翼纶大为惊叹，觉得他是一个难得的人才。于是，便把儿子华衡芳介绍与他相识。华衡芳的长处是数学好，虽然年龄上比徐寿小了十五岁，但是这并不妨碍两人交流。仅仅第一次见面，两个人便相谈甚欢，大有一见如故的感觉。

后来，两个人关系更加密切，一起结伴到上海学习近代西方科学技术。那时鸦片战争刚结束没多久，西方列强的战舰给予中国人极大刺激，这也让徐、华二人萌生出建造舰船的动力。他们为此搜集了不少轮船制造方面的资料。

曾国藩见到徐、华二人之后，了解到他们各自具有的非凡技术能力，而且对造船已经很有研究，便委任他们为幕僚，与吴嘉廉、龚云棠及徐寿之子徐建寅等试制轮船，并勉励他们“勿存畏怯，耐心试造。凡需造船材料及设备，尽可索用”。为了确保工程顺利，曾国藩让湘军水军将领蔡国祥任督造，以便及时为徐寿等人提供各种服务。

造船首先要造蒸汽机，对于曾国藩来说，并没有现成的经验可以拿来用。没有办法，徐寿、华衡芳等仅仅依靠所学的西方汽机原理与图形，运用自己在数学、物理学等方面的知识，潜心摸索。遇到想不通的重大问题，他们只好彻夜不眠，想尽各种办法找到解决方案，“必求涣然冰释而后已”。至于设备，他们也只能完全自己靠手工制造。

1862 年，由中国人自己制造的第一台蒸汽机研制成功。曾国藩十分兴奋，在观看后记道：“同治元年七月初四日，华衡芳、徐寿所作火轮船之机来此试演。其法以火蒸气贯入筒。筒中三窍。闭前二窍则气入前窍，其机自退而轮行上弦；闭后二窍则气入后窍，其机自进而轮行下弦。火愈大则气愈盛，机之进退如飞，轮行亦如飞。约试演一时。”

蒸汽机试制成功之后，曾国藩的下一个目标是直接建造轮船。曾国藩做了一下分工，他让徐寿主要负责“造器置机”，华衡芳则主要负责“推求动理”、“测算汽机”，吴嘉廉、龚云裳、吴建寅等人也参加了研制，承担了相应的工作。

经过连续多日的赶工，一整套造船所需的基本机械设备被制造出来了。有了设备，工程进展得更快。不到一年，曾国藩的安庆内军械所取得了另一大成就——他们完成了轮船模型的研制。据当时上海的英文报纸《字林西报》报道："消磨一年之时间，以置备国产工具、器材，绘制设计图案，而于同治二年十月（1863年11月）造成一艘螺旋式之汽船。试航，仅能行驶一华里，即因蒸汽耗尽而完全停顿。"

第一次失败并不奇怪。对于这个挫折，徐寿和华衡芳并没有灰心，而是积极寻求解决的方案。经过检查，他们发现主要是因为蒸汽输送不畅导致动力不足。针对存在的问题，他们立即重新设计制造了蒸汽机汽锅，并对轮船船身进行了改进，使动力大大提高。困扰他们的难题解开了，这之后，工程进展越来越顺利，终于他们制造了一艘可以供人乘坐的样轮。

1864年1月28日，曾国藩在这一天十分高兴，因为由他自己督造的中国第一艘木质轮船下水试航。对这次试航的情况，曾国藩记道："看蔡国祥驾驶新造之小火轮，船长约二丈八九尺。因坐至江中，行八九里。约计一个时辰可行二十五六里。试造此船，将以此放大，续造多矣。"

安庆内军械所"造船置机"的成功，坚定了曾国藩"师洋技而用之"和"求强，求富"的信心。其更重要的意义在于，给予当时的洋务运动以极大信心，为今后洋务运动的风起云涌打下了坚实基础。

为了进一步发展军事工业，他在安庆接见了中国第一位留美学者容闳。容闳从小就在澳门接受西式教育，1847年容闳到美国留学，八年之后，他学成回国。最开始，容闳并没有来投奔曾国藩，而是跑到天京太平天国处，希望能够帮他们推动新政。太平天国的将领们并没有看重这位留洋归来的学者，这迫使容闳只好转向太平天国的对手——曾国藩，以求谋个职位。

对于曾经跑到对手一方的经历，曾国藩并没有计较。反而通过跟容闳聊天，曾国藩发现他是一个难得的人才。于是，曾国藩决定委派容闳到美国采购新式机器，以便建设更大规模的武器制造工厂。与此同时，徐寿、华衡芳继续在原有的基础上“放大”制造新式轮船。

1864年夏，清军攻陷太平天国最后的堡垒天京。当年年底，安庆内军械所随同曾国藩迁往南京，次年初与苏州制炮局合并组建为金陵机器制造局。时至今日，曾国藩创办的安庆内军械所已经遗迹难寻，但由曾国藩在安庆所开创的中国近代造船业和军事工业，却已成为中国近代史上难以磨灭的一道印记。

在安庆期间，曾国藩还做成了另一件事——阻止安庆开埠。中国沿长江一线的城市开埠，主要始于第二次鸦片战争。第二次鸦片战争发生时，安庆正处于太平天国控制之中。西方列强也想让安庆开埠，他们在与太平天国多次军事交流后，提出金陵、镇江、安庆开埠的要求。不过，那时正赶上太平天国与西方关系恶化，因此断然拒绝了西方列强的要求。

当安庆被曾国藩攻陷之后，西方列强还没有放弃将其开埠的想法。于是，西方国家使者向清政府提出口岸开放要求，最先英国公使向清廷提出“准开安庆；在彼居住，准许船只装载货物贸易往来”。之后，英国公使又向清朝恭亲王提出“以安庆、芜湖、大通为准许外轮持汉口或九江护照装运茶叶的地方”。

此时的清朝政府十分软弱，面对外国列强要求，只好安排英国人赫德与两江总督曾国藩商谈。《曾文正公日记》中对这次谈判也有记载：“同治元年十壹月廿日巳正英吉利总税务司赫德来见议安庆大通芜湖新添三口之事午初余出城至船上回拜。”

在曾国藩的心目中，安庆算得上是长江上最重要的城市，其战略地位比金陵、武昌还要重要，当然不可轻易开放给西方。同治二年（1862）三月二十四日曾国藩给其弟曾国荃家信中写道：“沅弟左右：……吾但能保沿江最要之城隘（安庆），则大局必日振也。”

在曾国藩的阻挠之下，安庆总算没有一时开埠。这之后，先后有官文、李鸿章、裕禄等清廷大员力争阻止安庆开埠，使得长江中下游沿江口岸商埠首尾不连。无奈，清政府的光辉已经日薄西山，一日不如一日。最终在李鸿章去世后，清政府被迫在1902年9月5日签定《续议通商行船条约》，同意长沙、万县、安庆、惠州及江门为通商口岸。

第七章　走向末路的太平天国

一、大兵围攻天京

1862 年，清军对太平天国的攻势并没有如预期般猛烈，这主要是由于天气太热，并且因为气温持续偏高导致的瘟疫，严重影响了清军的作战计划。清军受此影响极大，大批在安徽、浙江与天京附近的官兵，因为瘟疫死亡。除此以外，更多士兵身体出现病状，无法从事正常的作战任务。

屋漏偏逢连夜雨，本来清军还想趁此时机稍作休整，但他们突然发现，另一支反政府武装——捻军给清军带来的麻烦越来越大。他们在北方频繁骚扰清军，这极大地牵扯了清朝当政者的精力。

为了同时对付太平军和捻军两股力量，已经动身回家守丧的李续宜，被朝廷委以重任，他以钦差大臣的身份，联合清朝在山东、河南、直隶等地的军事力量，共同抵挡叛军的袭扰。另一名大将胜保也参与到这场行动中，他也被任命为钦差大臣，并且前往陕西，那里的叛军活动也十分猖獗。在诸多将领的共同努力下，捻军引起的骚乱得到了暂时缓解。

1862 年的这场瘟疫影响严重，主要在于它持续的时间太长，这让清军完全不能保持足够的战斗力。到了下半年，瘟疫还没有散去，反而是在 10 月，宁国、天京、湖州和池州的状况特别糟糕。许多清军的将领也难逃瘟疫，比如鲍超与张运兰就得了重病，卧床不起，无法带兵。

这些消息让曾国藩愈发对前景感到悲观，他担心太平军借机对他领导的军队趁火打劫。现实比他预料的还要糟糕，在一份情报中，曾国藩得到确定的消息：太平军要利用瘟疫做文章，他们计划派出三路人马，攻打清军。最让曾国藩感到揪心的是，这三支队伍中的一支，将进攻正在金陵城外雨花台的曾国荃。

传言很快被证实。10 月 13 日，太平军发动攻势，由忠王李秀成亲自率领的一路太平军，向曾国荃驻扎地发动袭击。另有一路太平军将矛头对准了鲍超，他们的行动超乎寻常的顺利，很快，太平军就在新河庄取得了大捷，并在半个月后攻占了宁国县。

面对这些险境，曾国藩心急如焚，但他自己又帮不上什么忙，只好求助于朝廷。11 月 3 日，曾国藩上书皇帝，历数他当下遭遇的困难：首先是曾国荃在雨花台的处境，反复被太平军攻击，随时有被瓦解的风险；其次是他担心太平军的新动向，或许敌人有可能从宁国向江西进攻，这势必将直接威胁到曾国藩军队的后方；太平军还有可能觊觎长江的控制权，最有可能发动这一攻势的是小丹阳的太平军；最后一项担忧是针对捻军的，对方很有可能与太平军展开合作，从河南通过湖北杀到安徽，其目的是为天京解围。

不过，过于对未来抱有悲观态度的曾国藩，并没有看到他所担心的事情发生，这是由许多因素造成的。当然，他对弟弟的处境的忧虑并非多余，曾国荃果然在雨花台遭受了太平军的持续攻击，并且损失惨重。

更可怕的是，曾国荃险些在太平军的强攻之下全军覆没。在太平军对曾国荃攻击的 46 天时间里，李秀成和太平天国的其他将领轮番增援，力图一举将曾国荃消灭。太平军甚至不再使用冷兵器时代的主力武器——大刀长矛，而是直接借用西洋军队使用的最新武器——迫击炮发射外国炮弹。这些落在清军中的炮弹不仅威力无穷，而且极具震撼效果，在炸死清军士兵的同时，更将清军将士的信心几乎全部瓦解。

所幸曾国荃临阵指挥能力出众，面对敌人的疯狂攻势，并没有乱了方寸。更重要的是，他的哥哥曾国藩给了他最强有力的支持。在最困难的日子里，曾国藩还是想方设法维持曾国荃粮路的畅通。遇到情况紧急时分，曾国藩比曾国荃还要着急，他放弃了一贯坚持的原则，同意白齐文及其“常胜军”代替程学启赶来援助。不过，因为各种原因，白齐文也没有赶到雨花台帮助曾国荃。这让曾国藩不得不另想出路，他建议曾国荃放弃雨花台的防御，撤退到芜湖附近，以避免骨干力量的损伤。曾国荃并没有听从哥哥的建议，而是咬牙坚持到底。出人意料的是，11 月 26 日，曾国荃最后打赢了这场拉锯战，成功将太平军击退。

然而，对于双方来说，这场 46 天的战事却是代价惨重，两方共有数千人伤亡。朝廷却对于结果非常满意，皇帝也清楚，要不是曾家兄弟二人精诚合作，太平军的计划早就得逞了。皇帝因而十分高兴，赏赐曾国荃黄马褂和其他物质奖励。曾国藩的另一个弟弟曾贞干也获得了奖赏，他被赐给知府官衔。但遗憾的是，在朝廷将谕旨颁给他的当天，他就因伤离开人世。清朝政府又给他授予了按察使衔，以表彰他做出的贡献。

这场战役之后，曾国藩明显恢复了信心，进而他开始部署清军对太平军的反扑。他先将一支部队派往庐州，在那里，太平军还在持续对清军发起攻击，曾国藩想利用援军力量缓解那里的危机。与此同时，在天京以南，太平军还在寻找突破口。他们向西进攻，进而占据了祁门。由于无法长期保证祁门的守卫力量，太平军只好放弃了该城。

清军的另外两员大将却获得连续胜利。1863 年，左宗棠在年初攻占了严州，李鸿章则占领了常熟。

与此相对应，太平天国的颓势日益浮现。被人遗忘很久的翼王石达开终于有了消息，但这次并不是什么好消息——他被俘虏了。事情的经过是这样的，在相当长的一段时间里，石达开一直在四川游走。这个太平天国的作战高手，非常善于打游击战，这让他在几次与清军的交手中取胜。然而清军并没有善罢甘休，他们又调集了将近 10 万兵力来对付这个心腹大患。面对这么强大的兵力，石达开且战且退，最后被迫撤到云南，继续过着四处迁徙的生活。

清军继续想方设法对石达开进行“围剿”，机会出现在 1863 年 1 月 9 日。清军根据难得的情报，得知石达开正率领着五六千的士兵出现在松林。这一次，官军以迅雷不及掩耳之势向太平军发动攻击。石达开并没有提前防范，结果损失惨重，他自己负伤后被清军俘虏。清军将他押解到四川省会成都，并没有打算赦免他，在一个月之后，清军将这位叱咤风云的太平天国将领，连同他手下的两千名部属一起处死。石达开的死具有极其重要的标志意义，从广西杀出的最后一个太平天国元勋王爷也阵亡了。

力量总是此消彼长。当太平天国开始走下坡路时，清政府便开始占据主动。从 1863 年年初开始，清廷的战场形势变得有所改善。江西、安徽与湖北的清军都表现出色，他们在阻止太平军退向华中方面发挥了至关重要的作用。与此同时，清军还力阻捻军与北上的太平军实现联合。

太平军的主要力量仍然聚集在天京。为了迎接即将到来的天京决战，1863 年 3 月，曾国藩从安庆出发，准备到天京以外的各地巡视战场，以便制定一个详细的攻打天京方案。

第一站，曾国藩先去了芜湖，在那里他与当地的守将彭玉麟进行了交流。随后，在 3 月 24 日，曾国藩的第二站来到了天京城外的雨花台。他一方面看望了弟弟曾国荃，另一方面对将来如何攻击天京城，进行了细致的思考。

通过这次巡视，曾国藩了解到前线真实的作战环境。在众多外部影响环节中，曾国藩既看到了有利的因素，也看到潜在的危险。后来，他在书面报告中详细地记录下这次巡视的感受，让人忧虑的情况包括：首先，村民们的生活非常悲惨，为了生存，江边上的村民已经往岛上逃亡，许多人在岛上找不到食品，以致饿死；其次，太平军的粮食供给可能会出现大问题，最明显的例证是在浙江与江苏两地，许多田地荒芜，如果粮食供给链被切断，太平军很有可能向江西撤退；最后，虽然清军已经重新夺回了安徽与浙江的控制权，但在巡视中发现，这两个地方仍然遭到太平军的骚扰，这让农民无法进行正常耕种，此种现象必须得到重视。

当然，曾国藩发现这中间也有许多有利因素，主要包括：首先，粮食的匮乏固然造成太平军极有可能向江西撤退，但与此同时，这也使得太平军的战斗力大打折扣；其次，清朝政府仍然掌握着几个重要的战略支点，比如金陵以东和以南的大多数堡垒；最后，这也是最令人高兴的是，虽然未来局势难以预料，但清军官兵的斗志却十分昂扬，士气也极其高涨，全军上下有一种势将太平军攻克的决心和信心。

这些有利因素加起来，让曾国藩有决心进行一场与太平天国的决一死战。进入 1863 年 5 月以后，形势越发对曾国藩有利起来。首先是李鸿章传来了好消息，他到上海以后，已经渐渐站住了脚跟。主要原因在于，李鸿章让淮军迅速壮大力量，把原江苏巡抚薛焕的数万人马收入囊中。淮军后来又大幅更新装备，把许多西洋武器纳入进来，其后战斗力得到大幅提升。在经过几场胜仗之后，淮军信心大增，也令上海的洋人另眼相看。从此以后，洋人对李鸿章不敢小瞧，而是视其为未来清朝的希望之星。

在浙江，左宗棠的进展也非常顺利。他先是和蒋益澧自衢州向杭州进攻，随后又连续占领金华、义乌、诸暨、桐庐等地，他们的下一个目标是杭州西南方向的富阳。这让朝廷也非常欣喜，为了鼓励左宗棠，5 月 5 日，皇帝下谕旨将左宗棠升为闽浙总督。

现在，全要看天京周围的将领了。对于驻扎在天京城外的曾国荃来说，下一步便是确定需要采取怎样的策略，才能攻下天京城。但是，天京显然并不容易攻破，且不说它本来就是虎踞龙盘之地，地势险要，易守难攻，很难短时间内将其占领。而且，在太平天国占据此地后，清军多年来依靠江南和江北大营，持续围攻金陵，都没有攻破，可见太平军在守卫方面已经有了丰富经验。

曾国藩也深知这一点，在对方已经做好万全准备之时，强攻只能带来更大损失。他的想法是，断掉太平军的粮食供给，到时金陵城自然不攻自破。他在信中说："贼之粮路将绝，除开仗别无生路，我军则断粮路为要着，不在日日苦战也。"

此时，曾国荃在对阵天京作战中已经成为绝对的主力。最有力的说明是，在5月5日，清政府不光任命左宗棠为闽浙总督，同时还任命曾国荃为浙江巡抚。此时的曾国荃必须留在金陵作战，因而他的浙江巡抚一职不得不由左宗棠代理。事实上，曾国荃对当官并没有太多兴趣，觉得官位太高只会树大招风，引来更多麻烦。他在给哥哥曾国藩的信中说"乱世功名之际尤为难处"。对于曾国荃不愿当浙江巡抚的意愿，清政府当然是挽留一番，不过最终还是让他继续当巡抚。

作为巡抚，曾国荃首先要学会如何写奏折。曾国藩身居高位多年，自然义不容辞地担负起老师的角色。他告诉曾国荃，湘系的奏折质量较高，这主要来自浙江的左宗棠、上海的李鸿章以及湖南的郭嵩焘。曾国藩认为，要想学会写奏折，必须多看，至少看两遍以上，主要看奏折里如何谋篇布局，把自己想要表达的思想层层推进地展现出来；其次要看奏折的遣词造句，处处有讲究，事事要留心，这样才能写出好奏折来。

曾国藩还不忘提醒弟弟，写奏折还有一个不成文的规矩，小事不要总写奏折，皇帝也嫌烦，只要大事禀报就够了，比如打了胜仗，一定要立即通报皇帝。"平日千仗万仗不奏，届时奏此一仗，方为恰好"，曾国藩坦言，这样做，会让朝廷觉得曾国荃比较会做官，懂得分寸拿捏。

写奏折只是做官的一方面，真正要紧的还是看政绩如何。曾国荃当然明白这点，或许是升职起到了作用，他对于攻克天京的意愿愈发强烈。1863 年 6 月 13 日，曾国荃率军开始猛攻天京城。曾国荃将兵力集中主要攻击太平军雨花台石城及天京城南门外九座堡垒。在曾国荃的压力之下，本来守卫两处的太平军一步步退让，直到退到天京城内。这正好中了曾国荃的计谋，他就是希望采取瓮中捉鳖的办法，切断太平军跟外部的联系，以便将其困死在天京城内。曾国荃的策略立竿见影，很快，下关的壁垒由杨载福与彭玉麟攻下，并在随后攻占了长千桥。

忠王面对太平军的劣势非常惶恐，他自己写道：雨花台又失，京内惊慌。那时天王差官捧诏召我回京……那时和州又败，江浦失守，官兵纷乱。……自此回来，九帅克我雨花台，营垒扎坚，不能再复，兵又无粮，扎脚不住，自散下苏州、浙江，此举前后失去战士数万余人，因我一人之失锐，而国之危也。

忠王敏锐地看到了太平天国已经无力回天，也绝不能将天京城守住，如今唯一能保住自己性命的办法就是放弃金陵。如今的情势已经十分危急，是忠王征战多年所没有遇见的。清军正从东、南、西三个方向大举进攻，而且粮食供给线路也被切断。但是，天王洪秀全并不顾及这些，也听不进忠王的意见，认为他是在扰乱军心。他发誓要与金陵城共存亡。

但是，曾国荃的包围圈越来越紧，直到完全把天京城包围住。曾国藩见势头很好，认为是大举进攻的时候了，便又叫来鲍超前来支援。

转眼到了 1864 年，清军仍然保持对天京城的围困状态。2 月 28 日，李秀成想突破清军的封锁线，他率领人马攻击钟山南麓的朱洪章营盘。无奈朱洪章早有准备，对于太平军进行猛烈反击，不仅将李秀成的部队击退，并且还趁势夺取钟山之巅的太平军堡垒天保城。太平军见此不妙，只好退回城内。在随后的两天时间内，太平军想再次夺回失地，发动了反攻，但结果都是无功而返。到此为止，金陵城四个方向已经全部被曾国荃包围。

此时，在天京城内的天王洪秀全也开始焦虑不已。虽然有 88 个妻妾，但面对此种情势，他再也没心思过荒淫无度的生活了。没过多久，这位一手建立太平天国的农民起义军领袖洪秀全就死了。长时间以来，关于其死因史学界有不同看法。

在二十世纪六十年代以前，大多数的观点认为，洪秀全是自杀身亡。作为太平天国后期的主要将领，李秀成的说法具有较高的可信度。特别是洪秀全去世时，李秀成还在天京主持防卫作战任务，他非常了解天王的一举一动。曾国藩刊刻的《李秀成自述》中，言及洪秀全之死："天王（洪秀全）斯时焦急，日日烦躁，即以四月二十七日服毒而亡。"

曾国藩自己也觉得洪秀全是自杀，他在同年 7 月 26 日的奏稿中说："首逆洪秀全实系本年五月间，官军猛攻时，服毒而死。"后来他又在奏折里称："有伪宫婢者，系道州黄姓女子，即手埋逆尸者也，臣亲加讯问，据供，洪秀全生前，经年不见臣僚，四月二十七日因官军急攻，服毒身死，秘不发丧。而城里群贼，城外官兵，宣传已遍，十余日始行宣布。"

根据上述资料，显然有很多人相信了洪秀全是"服毒自杀"。不过，二十世纪六十年代初，藏在曾国藩家中达一百多年的《湘乡曾八本堂·李秀成亲供手迹》正式影印发行，其中明确记述洪秀全是病死的："此时大概三月将尾，四月将初之候，斯时我在东门城上，天王斯时已病甚重，四月二十一日（天历）而故。""此人之病，不食药方，任病任好，不好亦不服药也。是以四月二十一日而亡。……天王之病，因食咁露病起，又不肯食药方，故而死也。"

有学者指出，这一记述当是可靠的，因为曾国藩刊刻的《李秀成自述》，是经曾国藩篡改过的。《洪仁玕自述》的后半部分中说洪秀全自杀，恐非洪仁玕本意，因为后半部分是由外人译出，原稿已失。从此以后，大多数学者都确信洪秀全是病死的。

无论怎样，洪秀全在清军的狂攻之下，死了。他生于1814年，死时正好五十岁。洪秀全的死具有标志性意义，太平天国的缔造者既已亡故，太平天国的事业也接近尾声了。

二、攻克天京

对于天京城，湘军愈发头疼了。长时间攻不下，湘军开始采取封锁的战略，重点是对进出天京城的水路进行封锁。

像民船如果通行，规定必须三日通行一次，且必须以编队的形式，湘军全程护送，以防太平军借机突围。对于外国船只，则不受此限制，湘军对它们也无可奈何，便想了另一个办法：采用高价收购的办法，预先在上、下游将洋船上粮食购买一空，这样导致外国运输粮食的船只没有必要进入天京城。这些方法起到了作用，粮食本就十分短缺的天京城内顿时陷入混乱状态，民众无以为生，万般无奈之下开始吃野草充饥。

对于湘军的围困办法，太平天国也开始想新的应对之道。洪秀全死后，幼天王洪天贵福即位。他即位后马上改组城防指挥系统，设立了六个主帅负责全城防御，其中李秀成为大主帅，全权负责整个防御系统。

太平天国的事业虽然已经日薄西山，明显在走下坡路，但是，由于主帅李秀成忠心耿耿，在整个布防方面尽心尽责，相当得力。湘军虽然持续围困，但并不能在短时间内将天京城攻克，曾国藩在奏折中也向皇帝说明原委，他提到了湘军目前面临的种种困难，并且承认城内太平军“坚忍异常”。

天京城在湘军围困之下，粮食补给是个大问题，就算吃野草也难维持，万般无奈之下，李秀成放出城内大批妇女儿童。4月1日，天京城内放出了4000名妇女，太平军希望清军会可怜这些忍饥挨饿的妇女，给他们一些粮食，让他们不至于很快死去。太平军的这一方法确实有效，湘军出于人道主义考虑，有选择地给了这些妇女儿童一些食物，因为这些人并非太平军，不会给整个战局带来不利影响。

到此时为止，湘军攻打天京城的办法还不算多，虽然有少量西洋武器，但只能起到恐吓太平军的作用，无助于将其攻克。按照过去湘军攻城的经验，比如李续宾部攻占九江、曾国荃攻占安庆，方法都差不多，都是采取以围攻换取战略优势的办法，等到守军精疲力竭，没有攻击之时，湘军再通过挖地道的办法，轰塌城墙，从缺口冲入。曾国荃攻打天京，依然用挖地道的方法破城，但是，在多年的打交道过程中，太平军对付地道很有经验，于是双方在城墙内外展开了一场“地道战”。

其实，自从 1864 年以来，湘军一直在寻找通过地道攻城的办法，但是太平军早已防范湘军这手，致使湘军的努力白白浪费。湘军已经挖了 33 处地道，有时地道还没完工，挖到一半就出现质量问题，比如坍塌，导致大批湘军士兵无处逃亡，被活活埋在地下。

为了防止湘军靠地道攻城，太平军也在城内四处挖地道。他们挖地道是为了发现湘军的动向，只要与湘军地道相遇，他们立刻往对方地道里放热水，灌烟、灌热水，导致大批湘军士兵被困住。据统计，每次只要太平军每发现对方一个地道，湘军几十甚至上百人就要因此丧命，损失极其惨重。

太平军之所以对付地道如此有经验，这主要缘于他们的主帅李秀成在多年与清军对抗过程中，形成了一整套观察对方挖地道迹象的经验。比如李秀成特别会观察土地，如果地上的野草比较枯黄，这说明地底下肯定有地道，这样会让草的水分供应不足。于是他就下令部下检查地下，经常一查就中，湘军许多士兵都是因为李秀成的一双眼睛而丧命的。

有时候，湘军也是时运不济，几乎要成功了，却遭遇偶然因素。比如有一次，太平军士兵把枪随便插入地下，却惊觉地下是空的。那时候，湘军的地道已经接近城墙，几乎要大功告成。太平军士兵既然发现地面下面有问题，马上检查，立刻将在地下的湘军士兵全数歼灭。

太平军能够抵御湘军地道有个前提，那便是整个防守态势处于优势，一旦形势逆转就很难保证每次都能发现了。5 月 21 日，战场形势发生突变，天京城外最后一座要塞——地保城被湘军攻陷。从此以后，除了中关以外，天京城外已经完全被湘军控制，太平军的所有据点都被攻占。

这之后，湘军开始加大地道攻势，日夜在东、北两面开挖地道，曾国荃希望多点开花，让太平军无法防范，打它个措手不及，在乱局中炸毁天京城垣。其中金川门一带刘连捷部挖了三条，神策门以北张诗日部挖了两条，神策门正对面朱南桂部挖了六条之多。

最先获得突破的地点正是神策门。先是一条地道被湘军引爆，但由于位置欠佳，并没有伤及城垣；六月初四，神策门另一条地道将城垣轰开一道豁口，但太平军对此早有防范，他们准备了大批火药，等到清军冲入豁口后，太平军立刻将火药抛向清军的敢死队，令这些清军活活被烧死。

为了攻取天京，湘军损失惨重。前一批人倒下，下一批人必须充上去。此时显示出湘军训练的血性——为了获得胜利不惜一切代价。曾国藩在 6 月 25 日的奏报中，也如实向上禀报，为了攻取天京城，已有四千余湘军官兵因此而丧命。

作为前线的指挥官，曾国藩的弟弟曾国荃心里更不好受。长时间围困天京，各种办法都用尽，就是拿不下来，面对不断报来的伤亡数字，曾国荃焦虑不已。他一度因此而失眠，而且脾气也非常大，动不动就发火，甚至暴跳如雷，他的部下都会特意在他心情好的时候汇报战况，生怕他生气。曾国藩见状也非常担心弟弟，他想到要解开当下面临的困局，唯有请李鸿章来帮忙不可。

在过去的一整个冬季里，李鸿章与左宗棠都取得了令人瞩目的成绩。这一方面归功于两人的确有带兵打仗的本领，相形之下，曾国荃在金陵的遭遇就显得挫折太多。这种对比极大刺激了曾国藩的内心，他当然也妒忌李鸿章和左宗棠取得的成就，这样很容易把他比下去。曾国藩必须想办法，让这两员猛将前往金陵帮忙，只有尽快将天京攻克，他自己在朝廷前面的荣耀才可以保住，进而维护整个湘军在清军中的地位。早在2月时，他就写信告诉曾国荃：他已把程学启将军调过来，如果必要的话，他还会邀请李鸿章本人前往金陵。

对于朝廷来说，也想尽快把天京拿下，当然希望李鸿章能去帮忙。但是，李鸿章深谙官场规则，他既不想与曾国藩交恶，但也深知去金陵驰援将是一个吃力不讨好的差事。任务艰巨自不待言，而且攻克金陵势必要与曾国荃争功，他也不想两面不讨好。所以迟迟不动。

曾国藩也深知这位部下的心思，但天京久攻不下，也只有找李鸿章来这一良方。6月18日，曾国藩在给曾国荃的信中说："夜来又细思，少荃（李鸿章）会剿金陵，好处甚多，其不好处不过占美名而已。后之论者曰：润（胡林翼）克鄂省，迪（李续宾）克九江，沅（曾国荃）克安庆，少荃克苏州，季高（左宗棠）克杭州，金陵一城沅与泉（李鸿章）各克其半而已。此亦非甚坏之名也。何必全克而后为美名哉？人又何必占天下之第一美名哉？如弟必不求助于人，迁延日久，肝愈燥，脾愈弱，必成内伤，兄弟二人皆将后悔。"

他给在老家的弟弟的信中，也时常表现出自己对金陵战事的忧虑："常州于初六日克复，丹阳于初八日克复，江苏全省只剩金陵一城未克耳。沅弟忧灼殊深，肝疾颇深，余常常以信解之。"

为了安抚弟弟曾国荃，他在6月15日的信中特意告诉曾国荃说，他已经写信给李鸿章，并且明确告诉曾国荃，如果李鸿章来了，金陵的攻克就意味着分享荣誉；若未能攻克，也意味着要分担责任。

李鸿章还是迟迟不动。但是他这时又找出一个更加冠冕堂皇的借口，说他要前往浙江援助左宗棠。但其时，左宗棠已经完全能够控制住浙江的局势，并不需要李鸿章的帮忙。李鸿章只是找了个借口而已，但曾国藩也知道李鸿章的意思，并没有直接戳破他，反而在7月13日的信中，赞许李鸿章："少泉信阅过，其片稿则已抄寄余处矣。观少泉屡次奏咨信函，似始终不欲来攻金陵。若深知弟军之千辛万苦，不欲分此垂成之功者。诚能如此存心，则过人远矣。"

事实上，李鸿章也并非完全置若罔闻。他知道不能一直保持按兵不动，对于老师曾国藩来说，这已经到了事关荣誉的关键一战，他身为学生必须有所表示才能说得过去。此时，曾国藩的湘军正遭遇巨大的财政危机，为了维持对天京的攻势，必须保证兵力攻击和后勤保障，但这些都需要巨大的开支。特别是凡是有士兵阵亡，湘军还要向其家属提供抚恤金，这也是不小的一笔开支。然而，清政府却并不想给予湘军太多财政支持，曾国藩只好自己想办法。

李鸿章深知曾国藩的处境，也知道他不好直接开口要钱。虽然人马不能及时赶往金陵，但他拿出了23.8万两银子帮助曾国藩支付巨大的开支。这笔款子中，5万两发给了江西的鲍超，4万两留在安庆的军需部门，13万两分给金陵，供给围攻该城的部队。虽然这笔钱仍是不够，但总算一解曾国藩的燃眉之急。

财政上得到缓解后，曾国荃更加孤注一掷。自从湘军夺得天保城后，曾国荃攻击更加猛烈。他把主攻方向定在城东，城东的钟山是金陵的制高点，地理位置极佳，如果攻占钟山，既可以占据绝佳的守卫点，同时也可以俯瞰全城状况，掌握战场最新动态，可谓极好的瞭望哨。

不过，湘军此时却面临另一困难，就是金陵城外还有一处制高点——富贵山。富贵山俗称龙脖子，也是一处地理位置极好的守卫地点。太平军在这里建有地堡城，此时尚在太平军的控制之中。太平军依靠富贵山极大掩护了守城的军士，让湘军无法靠近。

但是，当湘军占据天保后，便开始用大炮猛攻地堡城。湘军日夜不停打炮，终于在7月3日，地堡城被攻克。此时，湘军距离太平军守卫的城墙只有数丈的距离。湘军随后在地堡城筑垒，与太平军互攻，战况惨烈，湘军总兵衔营官陈万胜被太平军火药烧死，总兵衔哨官王绍羲被炮子洞穿腹部而死。

湘军自从占据地堡之后，慢慢取得主动权。他们不断轰击城墙，城墙上的矮堞被击溃，这样让太平军在城墙上的守卫愈发困难，甚至没有办法立足。不过，即便在如此艰巨的状态中，太平军坚持守卫城墙，致使湘军一时无法爬到城墙上。

太平军还在苦苦支撑，这让曾国荃不得不想更多的办法。7月13日，曾国荃命每个士兵准备湿柴草一担，合起来五六万担。他们趁着太平军不能站立城上射击，迅速地把这些柴草堆积城墙下，柴草有两种作用，一是可以掩护挖地道的湘军，另一个作用是一旦地道不成，湘军可以踏着柴草强攻上城。

就在大功即将告成之际，李鸿章终于来了。7月18日，李鸿章准备派兵会攻的咨文来到曾国荃大营，咨文里说，李鸿章将在19日派兵前来支援曾国荃。曾国荃大喜，马上进行全军总动员，他把李鸿章的咨文传示诸将说："他人至矣，艰苦二年以与人耶？"诸将齐声说："愿尽死力！"于是曾国荃布置分四路攻城。

7月19日中午，湘军从四个方向向天京城发起总攻。他们先是点燃埋在地道内的数万斤火药，火药威力巨大，声如巨雷，一起将城墙炸毁。城墙在巨大的威力下倒塌，大量砖石落下，许多等待攻城的湘军甚至躲闪不及，被落下的石头砸伤。

城墙终于被炸开了一个大大的缺口，湘军担任第三队的武明良及时发现，马上带人冲进城内。后续的湘军见状随即跟上，大批湘军人马后来如潮水般不断涌进城内，并分头向西、北、南三个方向杀去。

与此同时，湘军在天京城外其他方向也发起进攻。太平军得知一门已失，其他守军也无心恋战，很多人弃城而去。傍晚，湘军攻破了全城所有的城门。不过，一些忠贞的太平军仍然负隅顽抗，他们拼命抵抗，打不过湘军，许多太平军甚至自刎，或者自焚以明志，并大呼“城中弗留半片烂布与妖享用”。

作为太平军最后的主帅，李秀成看到大势已去，便率领人马保护幼主出城。至此，天京城终于被攻克。

三、大量屠杀

湘军攻克天京之后，面对的太平天国的最重要人物已经不是天王洪秀全，而是李秀成。虽然在破城之前，李秀成还拼尽全力指挥防守，但眼见天京已破，知道回天乏术，便准备护送幼主逃跑。

此时的湘军并不知道洪秀全已经死了的消息，他们满以为洪秀全还在，因为李秀成也十分担心走漏风声，便严密封锁洪秀全去世的消息。湘军攻入天京时，曾国藩和曾国荃一直挂念着要怎么找到洪秀全，但完全不知道他的儿子已经执掌大权。

此时，李秀成体现出忠于太平天国以及洪秀全的超凡忠贞。他为了保护幼主，完全不顾自己的安危，率领上千名士兵保护幼天王冒死突出重围。为了让幼主能够成功逃脱，李秀成还舍身取义，宁可自己乘一般的马，而把自己身边的好马让给幼主，他自己拼死力往外重闯。

由于湘军围堵地过于严密，加上李秀成的马不是战马。他边打边跑，体力渐渐不支，马也成了废马，走路尚可，要想驰骋飞奔已然不可能。李秀成只好弃马步行。李秀成走到最后身边只有两三个随从，还有一包金子。正是这包金子让他惹来了麻烦。当他们逃到一个荒山上，在一个破庙里歇脚时，一群想要发战争财的村民打起了他们的主意。按照以往，李秀成对付这帮村民不在话下，然而时至今日，他不仅没有太多武器，而且人数上也不占优势，只能被村民们团团围住。

这伙村民抢夺了李秀成的财物后，也没有好好商量怎么分配，竟然因为分赃不均而扭打起来。最后，他们把李秀成扭送到了清军大营之中。李秀成逃跑的计划就此落空，竟然如此窝囊地被清军抓住。据解放初期金陵市文物保管委员会派人实地调查，查出捕送李秀成为首的两个农民姓名，一个叫王小二，一个叫陶大来。李秀成一世英名，最后逃难落魄，万没想到栽在两个贪财的农民手中。

7 月 23 日，李秀成被押到曾国荃大营。曾国荃听到之后大喜，多年来最重要的对手终于被捉到，竟然来得如此不可思议。曾国荃当然对李秀成也是咬牙痛恨，毕竟让他围困天京这么久，损失了如此多的将士，他想尽量痛苦地结束李秀成的生命。

曾国荃命令下人准备好刀和锥等兵器刑具，他直接将这些刑具放在了李秀成面前，先是恐吓对方，然后打算一刀一刀将其处死。似乎只有用这种方法，才能偿还湘军在对抗太平军中付出的伤亡。就在曾国荃准备动手之前，有人将此事告诉了湘军的幕僚赵烈文。赵烈文闻讯大惊，他知道曾国荃这么做后患无穷，关键是无法向朝廷说明原委，如果朝廷还想对李秀成有别的处置方法，因而怪罪起曾国荃甚至湘军来，就更麻烦了。于是，他赶紧去曾国荃帐中劝解，希望他不要动手。

曾国荃此时已经完全听不进别人的话，他一心想把李秀成除掉而后快，他甚至已经让士兵割李秀成臂上的肉，鲜血已经慢慢流出。此时，洪秀全之兄洪仁达被带到，曾国荃对他也是恨之入骨，便命令士兵把同样的刑具摆在洪仁达面前，他打算按照对李秀成的办法，慢慢把洪仁达处死。

赵烈文见无法劝解，便悄悄退出。但当他走之后，曾国荃终于冷静下来，明白赵烈文的良苦用心，此时杀李秀成只能图一时之快，对于自己对于湘军，都没有什么好处，只能让其他人觉得他心狠手辣，睚眦必报。他命人赶紧把赵烈文找来说：“此人缓诛亦可，吾恐有献俘等事，将益朝廷骄也。”两人最后决定，这事非常重大，还是等到曾国藩来拿主意比较稳妥。

过了几天，曾国藩赶到曾国荃的帐中。他认为，李秀成被活捉很有价值，应该逼迫他写出关于太平天国的许多内幕，这些内容可以为清军借鉴，也可以总结过去他们到底犯下了哪些错误。在曾国藩的劝说之下，李秀成并没有更多选择，便开始按照曾的要求写“自述”。李秀成用了八九天的时间来写了自述，内容很多，总共有七万多字。

这个自述为后人了解太平天国起到非常重要的参考价值。仔细分析这份自述，大概包括几个方面：关于金田起义的情况；“天京事变”是怎么发生的；六解天京之围的整个状况；太平军在上海等地与“常胜军”交战的情况；为太平天国的军政民政做辩解；太平天国为什么会失败，是哪些因素决定的；他自己要为曾国藩收服太平军余部的愿望。

李秀成写的关于太平天国的内容相对客观，但是里面的“供词”，以及最后他被迫写的曾国藩“收降”太平军余部的想法，却使得他在身后广遭非议。极左学者更是以此把他定性为贪生怕死的叛徒。

李秀成在写完自述后，关于怎么处置他，曾国藩还询问过不少人的意见。每个人有不同的想法，赵烈文说：“此贼甚狡，不宜使入都。”但是，总体来说，李秀成肯定没法继续活下来。曾国藩最终在 8 月 19 日，即同治三年的七月初六日，将李秀成处死。

处死李秀成之后，曾国藩另一个任务是找到洪秀全的下落。由于不知道洪秀全已死，当湘军攻入天京城后，将城内各个角落搜索个遍，也没找到洪秀全的人影。直到 7 月 30 日，湘军总兵熊登武得到一个太平军黄姓宫女告密，这才知道洪秀全已死。这位宫女给湘军指引，让曾国荃从天王府的大殿内挖出了洪秀全的尸体。

其实不只是对湘军竭尽全力保密，洪秀全也不想让自己的信徒知道，他要死了。临死之前，洪秀全早为自己安排好了后事，他让人用十几层厚布，在自己死后将自己裹得严严实实。湘军找到洪秀全的尸体后，把包裹着的厚布撕开来，抬着到曾国藩面前。

虽然曾国藩跟洪秀全打了多年的仗，自己为此付出的代价极大，但他也从来没见过洪秀全本人。如今看到这位仇人的真面目，曾国藩内心也受到不小冲击，他曾经专门在日记中记录下当时自己看到的景象："胡须微白可数，头秃无发，左臂股左膀尚有肉，遍身用黄缎绣龙袍包裹。"

很难想象曾国藩有多么仇恨洪秀全，对手已死，但曾国藩并不想就此放过。8月1日，曾国藩以最严厉的方式对待："戮尸，举烈火而焚之！"曾国藩命令人将洪秀全的尸体剁得粉碎，之后，又将肉泥拌进火药里，再将炮弹发射出去，让洪秀全从此消失在空气中。似乎唯有以此方法，方解曾国藩多年来付出的代价。

除了处置洪秀全和李秀成这两个重要敌人，曾国藩攻取天京之后的另一项任务是寻找宝藏。在攻入天京之前，他早就听说天京城内藏有大量宝藏，所以，他一进城就命令士兵赶紧寻找。

不过，令人失望的是，即便湘军翻遍整个城市的所有角落，他们也没有发现有什么宝库。直到湘军审讯了一些抓获的太平军士兵，才知道，原来太平天国根本没有宝库，外界流传的宝库不过是天王私藏的一些财物而已。然而，在天京被攻陷后，太平军许多士兵已经把天王的财物瓜分一空，带着它们逃跑了。

曾国荃气不过，得知手下湘军从一些太平军士兵手里夺取了一些宝物，便想没收手下人的所得。但是曾国藩听后，并不同意弟弟的这种做法，他的理由是："勇丁所得贼赃，多寡不齐，按名勒缴，弱者刑求而不得，强者抗令而遁逃，所抵之饷无几，徒损政体而失士心。"于是他下令：只有敌军窖藏的财宝，才须报官充公。

处理完这几件事后，湘军在天京展开了一场骇人听闻的烧杀抢掠活动。这些活动手段残忍，影响恶劣，极大地降低了曾国藩和他领导的湘军的威信，甚至在后代的历史中，也对他贬低很多。有历史记载是这么说的：湘军冲入天京后，“见人即杀，见屋即烧，子女玉帛，扫数悉入于湘军”；致令“秦淮长河，尸首如麻”。

关于烧，从湘军进入天京城的那一刻开始，他们就四处放火。凡是士兵冲到哪里，火就在哪里点。无论民房还是太平天国的官府，湘军并不加以区分，只要见到就点火。湘军放火并不分白天还是晚上，到了当天的傍晚时分，整个天京城已经变成一片火海，“烟起数十道，屯结空中不散，如火山，紫绛色”。

之所以湘军如此大规模地放火，主要在于他们的士兵四处抢掠，希望用火作为灭迹的工具。即便是天下似乎已经是他们的了，在天京城，也不再是太平天国的天下了，但人的心里总是有做贼心虚的感觉，这让湘军官兵每次在抢劫完一个地方后，便一定要用火把现场全部烧毁。在这种心理推动下，天京城的火烧了七八天，一直到突然天降大雨，才将火势扑灭。湘军放过火的金陵城受到巨大损坏，房屋烧毁的不计其数，许多著名建筑和历史古迹也遭到严重破坏。

湘军另一项任务是杀人，这其实也是湘军的主要任务之一。当然，湘军最初针对的对象是太平军，只要是碰到太平天国的士兵，无论老幼，湘军一律杀死。然而，此时太平军可杀的人毕竟有限，因为连续地抵挡湘军的进攻，大部分人已经在战争中阵亡。据估计，湘军攻入天京时，剩下的太平军只有三四千人。而且，这些人有些趁乱逃跑了，有些也战死了，所以许多湘军士兵开始将矛头对准了平民百姓。一些无辜百姓惨遭杀害。事实上，湘军在攻入天京的当晚，基本上就把天京城控制住了。虽然有个别地方在抵抗，但总体来说已经没有大股太平军人马对抗湘军，但是湘军却一连杀了10天人，可谓惨绝人寰的大屠杀。

虽然湘军杀人的手段和方式各不相同，但背后的目的无非是抢劫和奸淫妇女，杀人只是为了收拾残局，免除责任。这场屠杀后来有很多证据可以证明，其中曾国藩的幕僚赵烈文的日记或许很有说服力。他在日记中这么说，城破5日之后，仍然是“尸骸塞路，臭不可闻”；又说“计破城后，精壮长毛除抗拒时被斩杀外，其余死者寥寥。大半为兵勇扛抬什物出城，或引各勇挖窖，得后即行纵敌。城上四面缢不老广贼匪不知若干。其老弱本地人民不能挑担又无窖可挖者，尽情杀死。沿街死者十之九皆老者，其幼孩未满二三岁者亦斫戮以为戏，匍匐道上。妇女四十岁以下者一人俱无，老者无不伤，或十余刀，数十九，哀号之声达于四远。其乱如此，可为发指。”湘军到底杀了多少人呢？据英人呤唎在《太平天国革命亲历记》中说：大约有3万多人，且都是无辜的男、女、儿童。

另一是抢劫。湘军常年饱受财务短缺的危机，朝廷也不给他们充足的军饷，总是让他们自筹资金。在连年对天平军的征战中，湘军已经出现严重的财政不足。所以，一进入天京城，四处搜刮财物就成为所有人的默契。当然，第一步他们先是对准了王府，毫无疑问，最有钱的当然是太平天国的领导阶层。湘军哪怕是掘地三尺，也要把太平天国的重要将领的财宝找出来。找完之后还不算完，湘军开始对准平民百姓，挨家挨户地抢财物。有些湘军甚至连老百姓的坟墓也不放过，把它挖开来找，连不少建筑物上的木料也被拆下来，被湘军装船运回湘南。

抢掠财物少不了争斗，要是碰上太平军反抗，就直接杀掉，甚至也杀老百姓。湘军抢财物已经红了眼，甚至彼此之间也会为了财物争斗、死伤。天京城破的10余日内，街上经常出现湘军士兵成群结队火并的情景。参与抢劫的湘军覆盖面极广，不只是攻城的一线部队，甚至在城外养伤的老弱病残也不甘示弱，放弃休息加入到抢夺的大军中。此外，曾国荃身边的警卫人员原本职责是守卫，但是此时也顾不了很多，包括各棚长夫厮役等非作战人员，都一拥而入，在天京城内到处找值钱的东西。湘军中也有些文人，他们虽然不能直接参与抢劫，但也见钱眼开，许多人纷纷用低价争购士兵抢来的赃物。“各员自文案以至外差诸人，则人置一簏，有得辄开簏藏纳，客至则侧身障之，丑态可掬。”

湘军的另一大罪恶是淫。湘军中多数是壮年男子，大多未婚，即便已婚也与妻子聚少离多。进入天京城内，许多湘军在烧、杀、抢的同时，开始发泄自己的生理欲望，见到妇女就任意糟蹋。

此时，湘军的军纪再无半点作用。但凡他们见到年轻女子，便随意闯入其民宅内，随意奸淫。甚至走在大街上，公然拽曳青年女子，“哀号之声不忍闻”。一时之间，天京城内的妇女莫不谈湘军色变，只要40岁以下的妇女，几乎全被他们奸淫或掳掠回湘南贩卖。当时在长江上，有许多满载赃物和妇女的船只，都是湘军雇的，在震天动地的哭骂声中押这些船只回湖南。许多老年人痛哭不已，他们为救女儿或儿媳，与湘军争执而被杀害。

毫无疑问，曾国藩兄弟对于这场浩劫负有不可推卸的责任。他们目睹了这一过程的发生和发展，在整个过程中，他们也不闻不问，甚至采取默许的态度。曾国藩的许多亲信甚至参与其中，曾国荃“也于此中获资数千万”，“除报效若干外，其余皆辇于家”。

经过此番浩劫，天京城已经惨不忍睹，妻离子散，满目疮痍，遍地破砖烂瓦，就连曾国藩自己也不得不承认说，自五季之后生灵涂炭殆无逾于今日。李鸿章署理两江总督后，面对这幅残破景象也感到“善后无着手”，说“一座空城，四周荒田”，“无屋、无人、无钱是管，葛居此亦当束手”，似居百年之后度旧。其残破可想而知。

不过，即便犯下滔天罪行，曾国藩领导的湘军还是受到朝廷的嘉奖。在论功行赏时，曾国荃被赐封一等侯爵，赏戴双眼花翎；鲍超被封为男爵；李鸿章成为一等伯爵，赏戴双眼花翎。

对曾国藩的褒奖更是不吝各种溢美之词，上谕如此写道：钦差大臣协办大学士两江总督曾国藩，自咸丰三年（原文为“咸丰四年”，此处依据岳麓书社出版的《曾国藩全集》照录。——译注）在湖南首倡团练，创立舟师，与塔齐布、罗泽南等屡建殊功，保全湖南郡县，克复武汉等城，肃清江西全境。东征以来，由宿松克潜山、太湖，进驻祁门，迭复徽州郡县，遂拔安庆省城，以为根本；分檄水陆将士，规复下游州郡。兹幸大功告成，逆首诛锄，实由该大臣筹策无遗，谋勇兼备，知人善任，调度得宜。曾国藩着加恩赏加太子太保衔，赐封一等侯爵，世袭罔替，并赏戴双眼花翎。

虽然天京陷落了，但坦白说，太平天国还没有完全消亡。太平天国还有一些余部散落在各处，一些将领和王爷指挥着自己的部队盘踞下来，继续跟清军周旋，其中以江西、浙江最为显著。在鄂皖边界，太平军又与捻军联合，他们时不时发起一些小规模冲突，使附近的农村不得安宁。

清军也对于这些太平军的残余部队四处“围剿”。8 月 7 日，在江西的太平军被清军击败，4 万人不是被杀就是被俘。随后，清军又连续攻占了几座县城，接受了数万名太平军投降。太平军已经被打散，许多人与常人无异。他们四处逃难，跑到江西南部边界。为了抵御太平军，清朝政府下令赣南各府及相邻的福建、广东两省立刻进入警戒状态。

在浙江，战事也接近尾声。负责处理浙江军务的左宗棠，受到了李鸿章与法国部队的援助。8 月 28 日，他们合力攻占了太平军最后一个大堡垒湖州，紧接着又攻占了安吉县，至此，浙江全省都在清政府控制之下。

在所有逃窜的太平军中，清军还挂念一个人——幼天王。天京陷落时，幼天王幸亏李秀成的忠诚，才在仓皇中逃过了官军的警戒。他在 8 月 8 日抵达安徽广德，受到在那里的太平军的热烈拥护。后来，他们从广德、湖州出发进入江西，试图和当时最强大的一支太平军——侍王李世贤部会师，却被清军团团堵截。

8月28日，幼天王在江西石城杨家牌遭到清军夜袭，太平军被击溃，他本人在山岭里乱转了6天后，本想混在难民中脱逃，结果被清军搜获。

然而，当清军将幼天王擒获后，对他的身份产生许多怀疑。因为这位幼主实在是名不副实，不仅连骡马都分不清，甚至连自己的籍贯也说不明白，简直是一个十足的"弱智少年"。后来，洪天贵福也担心清军不相信他，一口气写了10份文件，包括供词、给洪秀全的请安本章，太平天国官员名单，洪秀全的宫廷八卦，这些内容清军闻所未闻，而且真实性非常高，由不得清军不信他。

洪天贵福的求生欲望是非常强的，虽然他也知道，希望微乎其微。他甚至写了几首打油诗，不过，在刚刚写完打油诗那天，1864年11月18日，他即被凌迟处死。可以说，这是世界上最惨绝人寰的处死方式：他被清军绑上牛车，四根长钉将他的四肢与牛车上的木桩钉在了一起，惨呼之声不绝于耳。到市曹后凌迟示众，两名刽子手割十刀一吆喝，从头面开始，一直割到小腿，从早晨割到傍晚，中午用稀粥喂食洪天贵福，共计1003刀方毙命，其哀号之声响彻整个市曹。

到此为止，太平天国运动彻底消亡了。虽然还有一些太平军转战于广东与福建，但他们已经是强弩之末，渐渐地都被清军剿杀了。

四、裁撤湘军

太平天国无疑是清朝的心头大患，刹那间，这个对政权最大的威胁突然消失，清朝上下自然欢欣鼓舞。然而，对于皇帝来说，他并不是那么开心。原因在于，如果"剿灭"太平天国的是满族将领当然是让人欣慰的，但事实却是，清朝最大的敌人是由一位汉人官员领导下的军队消灭，这不能不让人感到忧虑。更何况，对于湘军这样的地方势力崛起，清朝有足够的教训可以铭记，比如三藩之乱就总是萦绕在清朝统治者的心头，让他们必须对湘军提高警惕。

其实，无论是皇帝、文武百官还是普通老百姓，他们都很清楚，曾国藩借助消灭太平天国的声势，已经在清朝声名鹊起。虽然他一再想办法对朝廷表示忠心，但所有人都在担心，作为一名汉人，他是否藏着谋反之心。

清廷想立刻削弱曾国藩的力量，最直接的矛头就是他手下的湘军。从清朝当政者的角度来看，裁减湘军似乎有充足的理由，因为最早清朝湘军本是为镇压太平天国而催生的，但镇压太平天国是个一次性工程，太平天国既然已亡，湘军存在的理由何在？如果是想作为国家的军队而存在，湘军也没有获得足够的正当性，因为此时八旗和绿营虽然徒有外壳，但他们还是名正言顺的清朝正式军队。

对于湘军的最高统帅曾国藩来说，他对自己的军队所处的态势十分清楚。他也不是一个喜欢陶醉在胜利中的人，多年来的为官经历让他明白官场的险恶。关于未来自己和湘军何去何从，他立刻陷入了“大难即将临头，吾辈必须谨慎从事”的冷静思考中。

除去亮丽的光环，曾国藩更了解湘军内部面临的重重矛盾。比如经过连年征战，士兵没有得到有效更替，湘军的老化程度正在加速，“行营既久，暮气已深，行军打仗已成为强弩之末”，特别是在跟太平天国作战的末期，湘军为了有效打击太平军，不得不经常与地方的匪帮联系与合作，曾国藩“恐酿祸端”。还有一个问题，是湘军高层领导内部的团结问题，在攻打太平天国的末期渐渐显露，多年来维持的一派和谐的统率机构开始出现裂痕，这也严重影响了湘军的作战效能。

当然，湘军自始至终一直面临一个结构性困境，就是薪饷问题。虽然是清朝皇帝亲自下令组建湘军，但在财政上并没有足够的支持，而且因为只是将其视为朝廷的辅助军事力量，湘军不得不自己筹集后勤供给。多年来的征战中，湘军的将领为了保证正常作战的需要，已经动员了各自所有的人脉关系，也想尽了各种办法，比如开设厘金、倡行捐输、收盐茶税、拔丁漕银、请求协济、提取关税等等，但这些手段只能是解决燃眉之急，不能从根本上解决湘军的经济困难。太平天国灭亡时，湘军面临的处境没有变得更好，反而越发艰难了。

第一个困难来自于湘军的后方基地湖南。湖南一直是湘军后勤供给的大本营，然而此时的湖南，却开始面临财力匮乏、支出困难的窘境。作为湘军的发源地，湘军将帅里有太多湖南省的资源和关系，所以在过去十多年抗击太平天国运动的战争中，湖南一直肩负着支援湘军的重担。不过，十四年的筹防筹剿，可谓一场艰苦卓绝的拉锯战，每次大型战斗都要在全省掘地三尺，四处找钱，可以说湖南省府库早已被折腾得倾荡无遗。

湖南的主政官员为了给湘军筹集军饷早已捉襟见肘、苦不堪言。1857 年，湖南巡抚路秉章就奏称："军兴以来，湖南前解军需首办防堵迄今七年，财力久弹，官民交困，而用兵之多，军需之繁，日增一日，用兵为时既久，悉索已空，现在积欠各营及援师口粮……已逾四十万两，军士枕戈待哺，众口嗷嗷，库款荡然无从维掘，此湖南饷需匮竭势难再支之实在情形也。"同时湖南在此期间还多次饱受战火的洗礼，经济遭到重创。随着湘军日渐成为清廷镇压太平军的主力，大量的湘籍精壮劳动力卷入湘军队伍，使得全省从事农业、手工业生产的劳动力锐减，从而削弱了湖南全省的商品经济势力。

第二个困难是，湘军不断扩大，总人数一路攀升，相应所需的饷费也越来越大。曾国藩是官场老手，善于辗转腾挪，为了维系湘军的日常运作，他已经使尽了全力，但在维系巨额军费方面日渐吃力。用数字来说明这个问题最形象，比如在湘军建立最初，整个军人数量还不算多，水陆两军加起来大概有一万七千人，每个月需要的饷费约八万两。但是，经过十几年的发展，湘军的人数增加了十倍多。在天京攻陷后，不算其他部队，单论曾国藩直辖的湘军人数就超过了十二万，按照先前每人需要的月薪比例，光曾国藩直属部队每月就要 60 万两，整个湘军的需求更是高达 200 万两。这么大的饷银需求，湖南一个省肯定满足不了，曾国藩三番五次请求朝廷予以支持，截留解京漕折银。虽然一再打压湘军，但是朝廷此时更需要湘军帮助它将太平军击败，以维系摇摇欲坠的江山社稷，所以不得不答应曾国藩的请求。

不过，另一个新问题出现了，那就是因为多年的征战，清朝中央政府已经渐渐不能控制财权，往往需要看各省眼色行事。因为，作为国家主要经济收入的厘金，根本不受中央控制而是完全由各省督抚支配，除此之外，原本应缴国库的地丁漕折、关税、盐课等项银两也被督抚截留。这导致了朝廷虽然也想支持湘军，但是往往力有不逮，拿不出湘军所需要的那么多薪饷来。这也让曾国藩大加抱怨："臣等因本军饷项支绌，先后奏请于上海抽厘者一次，请拨上海关税银二次，协经江苏督抚议驳，未待筹款拨来江；广东协款，亦以道途梗阻不克解至。江苏本省则八郡沦陷，钱漕运输无从措手，臣等日夜焦灼，毫无良策。虽复频奏征饷四川、广东，率为其督抚所持，所望十不偿一二。

第三个问题是因为欠饷银所引发的。在湘军攻打太平天国的后期，欠饷问题愈发突出，许多士兵因此没钱吃饭，没钱看病，导致许多士兵哗变，这让曾国藩头疼不已。这其实也是曾国藩裁军的重要原因。因为长期解决不了饷银问题，湘军军心明显不稳，虽然曾国藩屡次让他手下的大将做安抚工作，但无论怎么说也抵不过饿肚子、生病。许多湘军士兵忍受不了便逃走，极大地影响了湘军作战能力。1860 年 12 月，曾国藩被困于祁门，在很大程度上受乏饷的制约，曾国藩为此忧心忡忡，"无日不在危机骇浪之中"。士兵的饷费是一拖再拖，最后甚至采取了以盐抵饷、以钞抵饷，或以官额学额抵饷等应急措施来缓解士兵的鼓噪。

更让曾国藩担心的是，由于久战缺饷粮，营中病疫也流行起来，而且一年比一年严重。同治三年，湘军出现大面积的伤病现象，很多人甚至不请假直接离开了军营。那些一时不走的，多半是因为身体太虚弱，走不了。当时湘军驻地宁国府城内外，经常出现病死尸体随便停在街上的现象，而且因为没人收尸，场面惨不忍睹。还有一些中级军官，由于自己领不到足够的饷银，便随意扣发营官克扣士兵饷费的现象十分严重，恶化了官兵之间的关系，由此削弱了士兵的锐气。所以早在湘军攻克金陵前，曾国藩就一再表明其裁撤湘军之理："裁一勇即节一勇之糜费，亦即销无穷之后患。"

还有一个让曾国藩下令裁军的原因是，长期的从政经历，让曾国藩深信"军精则国富"的道理。在太平天国被推翻之后，曾国藩以为，国家此时的重心应该从战时转向平时，当务之急是增加国力，发展生产，维系那么多的军队没有必要，而且会拖累社会。所以，曾国藩下决心裁撤湘军。

按照当时的湘军人员构成，还包括淮军，两者总共加起来有三十万人。不过，并不是所有的湘军分支都要裁。比如左宗棠率领的四五万人，早在他任闽浙总督时就完全脱离了曾国藩的指挥，此次裁军跟他并没有关系。特别是朝廷此时还想重用左宗棠，用他来抗衡正在上升的曾国藩势力，所以并不要求左宗棠削弱力量。湘军还有一批人马，此时已经进入四川、广西、贵州等地，他们已经不直接受到曾国藩的领导，此次裁减也不在之列。朝廷最担心的，并且特别希望曾国藩裁减的主要是他直接指挥的十二万人。这十二万人中，朝廷最想裁减的则是曾国荃直接指挥的五万余人。

朝廷命令湘军缩减，曾国藩又同意这么做，因此裁军行动没有理由进展得不快。湘军攻占金陵不足一月时，8 月 14 日，曾国藩下令裁撤曾国荃直接指挥的湘军二万五千人，其中主要有原为曾国荃部属的一万余人，萧庆衍部九千余人，降将韦俊部二千五百人。这时裁人还有个便利，因为攻打金陵耗尽了湘军的元气，许多将领士兵也无心继续留在军中。尤其是目睹了同僚战死的惨剧后，更想远离这些居无定所的日子，于是许多人自愿离开军队。

除此之外，曾国荃手下的两员大将之一李臣典病死，萧孚泗因父亲去世丁忧开缺，让安排高级将领的去处方面也很顺利。至于留下的军队，留一万余人由张诗日、彭毓橘统带守金陵，还有一万五千人由刘连捷、朱洪章、朱南桂统带，他们将来的计划是在皖南和皖北四处打游击。

裁军出人意料的顺利，这不仅是曾国藩没想到的事，连清政府都有些措手不及。朝廷最初比较担心，这么多人一下子离开军队，会不会心生怨念而起来闹事，要是谋反就更麻烦了。且不说刚刚肃清的太平天国还让清朝政府心有余悸，更早之前的嘉庆年间白莲教造反，朝廷就吃过大亏。当时，嘉庆帝决定用兵勇镇压，镇压完成之后把许多兵勇裁减，导致他们不满而闹事。

为了防范类似的悲剧重演，朝廷赶紧向曾国藩发出一道紧急指令，可以一步步地裁减，不要急于求成。具体做法就是分两步走，第一步是先裁老弱病残，让年轻力壮的士兵继续留下来参战，安抚他们的情绪。第二步是等到这些剩余的太平军和捻军被“剿灭”后，再裁减湘军的精干力量。不过，朝廷的这一想法并没有得到曾国藩的支持，曾国藩坚持要裁一起裁。因为曾国藩非常了解他的子弟兵，当年在招募湘勇入伙时，他选的都是乡里的农民，有业者多，无根者少，只要发足欠饷，不会有什么问题。

朝廷还提了个建议，离开湘军的人，如果愿意，可以去补绿营兵额。但从实际情况看，这种提议也严重不靠谱，因为跟绿营相比，湘军饷银多得多，绿营饷银只有湘军的三分之一。这么少的钱不可能留住人，湘军士兵宁可回老家种田，也不想去绿营那个毫无前途的地方。

当然，从根本上看，曾国藩拒绝朝廷建议的主要原因，还是希望不要引起朝廷的戒心，说裁就裁，省得将来还要受人指责。基于这种想法，曾国藩在后来的许多年时间里，无论朝廷怎么说，他坚持裁减湘军不动摇。后来除了刘松山部随左宗棠远征西北外，几乎裁得一个不剩。

曾国藩能够这么坚决地裁军，并不是说他已经完全放弃了自己的中坚军事力量，他还有一个重要的依靠——李鸿章领导的淮军。虽然太平天国已灭，但其余部还在全国各地活动，对清朝统治还在发生影响。此外，捻军也非常活跃，这些都是皇帝潜在的隐忧。一旦这些势力对清朝的统治发生威胁时，绝对不能依靠清朝的正规军八旗和绿营，能够仰仗的只有淮军。

其实，在李鸿章最初组建淮军时，曾国藩就有将来为自己保留后备力量的用意。在淮军的发展过程中，曾国藩明显对其有所倾斜，竭尽所能调集优势资源，予以支持。比如在李鸿章刚赴上海时，淮军也缺钱，曾国藩决定将上海所出的饷银，先给淮军，其次给镇江冯子材的江南大营残部，最后才给曾国藩指挥的湘军。

曾国藩对淮军的作战和训练也非常重视，始终把战斗力看得极重，特意叮嘱李鸿章，一定把淮军训练好之后再出战，战则必须胜。他还在信中反复告诫李鸿章："湘淮各营官，志气甚好，战守则除程学启外，皆太生疏，难当大敌。一年之内，阁下与各营官必须形影不离，卧薪尝胆，朝夕告诫。俾淮勇皆成劲旅，皆有誉望。目下可使合肥健儿慕义归正，将来可恃淮勇以平捻匪，而定中原。"

经过曾国藩的指导以及李鸿章的直接调教，淮军发展势头很猛。在天京被攻克之后，淮军发展得非常成熟，且作战能力已经超过湘军，因为淮军较多地装备新式枪炮，远比湘军的旧式装备来得强悍。曾国藩对此已经了如指掌，这也成为他有底气大幅裁减湘军的重要原因。未来一旦有事，就可直接让李鸿章指挥淮军应对，既可以让朝廷不再担心他密谋造反，也为自己保留了有生力量。曾国藩的策略是湘军可裁，淮军不可裁。他在给李鸿章的信中又多次嘱咐："将来勘定两淮，必须贵部淮勇任之。国藩早持此议，幸阁下为证成此言。兵端未息，自须培养朝气，涤除暮气。淮勇气方强盛，必不宜裁，而湘勇则宜多裁、速裁。"

曾国藩此次除了要把湘军人数裁减外，财权也要让渡。前文已经提到，湘军的财政支持主要来自于它的发源地——湖南，后来又逐渐扩大到湖北、江西、广东、四川等等各省。多个省份支持湘军之后，湘军在后续的军事行动中游刃有余得多了，其中广东的厘金对湘军至关重要。广东是从同治元年即 1862 年开办的，为了显示自己对广东的重视，曾国藩特意派了都察院右副都御史晏端书办理，将广东厘金的七成拨给湘军，到 1864 年阴历八月底，提供湘军的军饷已达银一百二十万两。

当曾国藩决定要裁军时，广东的厘金他也不想要了。于是，在 1864 年 8 月 30 日，曾国藩特意向皇帝上奏，希望从阴历八月三十日起，不再拨广东厘金给湘军。同时曾国藩还提出要求，最好给广东增加文武乡试的名额各四名，以为奖励。

然而，皇帝总是要从全局着眼，在他看来，曾国藩贸然裁掉这么多士兵就已经有很大风险，此时更要安抚他们，以免他们犯上作乱。由于在多年来的征战中，欠了湘军不少军饷，因此清廷裁撤时要求发给他们欠饷，需要大笔经费。广东的钱此时仍是必不可少，因此朝廷没有同意曾国藩的请求，而是命广东继续拨厘金给曾国藩。

只是后来情势也发生了变化。太平军的余部依然在各地闹事，当他们打到江西、福建、广东交界处时，广东需要紧急增兵，前线军饷也大幅增加。两广总督毛鸿宾启奏皇帝，将广东厘金改为七成归广东自留，三成拨给驻安徽的湘军。到了当年年底，曾国藩依然坚持再次奏请将广东厘金全部归广东，清廷终于同意。此后，曾国藩又陆续将自己的财权割让出去，他先后奏准停拨江西厘金、湖南东征局厘金。

总体来看，曾国藩甘愿裁军的举动，一方面出自于他对自身忠于皇帝的儒家道德要求，另一方面也是他能够着眼清朝统治的大局。因为在一次大范围的农民运动之后，极有可能出现清朝统治受制于湘军的状况，这对皇帝本人来说将是一个致命威胁。

然而，即便曾国藩的行为对他本人和朝廷都是利大于弊，特别是还让清朝出现了短暂的复兴景象。但这其实都是昙花一现的假象，背后也存在不少隐忧。

首先，引起了清朝兵制的变革，自此以后清朝开始推行将领兵权在握、军饷自筹的形式，皇权对军权的控制开始弱化，中央集权只徒具形式，这直接造成了督抚专政的局面。

其次，湖南乡绅势力瞬时膨胀，让湖南面临许多社会问题。湖南是湘军的发源地，湘军被裁撤后，许多将士都返回老家，“长沙新增‘官保第’十三家，湘乡一县二品以上军功官僚绅士将近两千家”。由于这些将士在军中都有不少人脉关系，当他们带回乡间后，自然结成了利益共同体。他们集合起来，为了维护自己的利益干预地方政权，对损害他们利益的行为不遗余力地反对，造成了“绅权大于官权”的现象。这种情况持续下去之后，让他们这些人在短时间内迅速积累了财富，造成了当地社会的巨大贫富差距，许多社会矛盾就此产生，成为社会发生危机的根源之一。

最后，湘军裁撤的另一个恶劣影响便是让哥老会在湖南迅速发展。哥老会是在咸丰年间出现的，由于太平天国的出现，其影响力没有那么大。但是，当湘军大量裁撤后，造成湖南突然增加许多无业游民。这些人不像退役的将领那样有权有势，他们并没有太多资源。回到老家，很快花光了积蓄，便结盟自保。同时，许多老百姓日子也越发难过，为了保证自己不被饿死，便加入哥老会寻求帮助。因此，哥老会得以迅速发展，并接连闹事，这让清政府头痛不已。哥老会的活动虽然不大，但持续时间长，政府很难对付。20 世纪初，哥老会还在各地发动秘密活动，他们甚至被资产阶级革命党人利用，发起了华兴会长沙起义、马福义起义、萍浏醴起义，在推翻清政府的辛亥革命中，哥老会起了很大作用。

从表面上看，曾国藩自裁湘军，不仅让自己得以保全，还让清朝的政权更加稳固。但是危害却在随后慢慢出现，清政府最后的尊严在一点一点地遭到侵蚀。正如范文澜先生所说的："曾国藩为首的湘军挽救了满清，同时客观上也削弱了满清，满汉统治者之间的势力起着显著变化，从此满清政权逐渐向汉族军阀转移。"

五、治理政务

从曾国藩的自身意愿来看，他对军事从来没有那么感兴趣，他中意的是治国理政。然而，现实往往无法预料，因为抗击太平天国，让他走上了以军事为国家出力的道路。当太平天国被镇压后，阶段性的军事任务告一段落，曾国藩开始在他擅长的治理政务方面，发挥自己的特长。

两江总督这个职位是曾国藩施展自己才华的绝好机会。两江总督最早设立于康熙四年（1665），直到1912年中华民国建立后为止，有影响的总督共计86人、98任，历时247年。"两江"是指当时的江南省和江西省，江南省是江苏省和安徽省的总称，那时的上海也归属江苏，也就是现在的三省一市的范围。两江一带人文荟萃，经济繁荣，是清王朝的财赋重地，所以两江总督的地位相当重要。

两江总督一般官居从一品，为朝廷的封疆大吏，他的主要职责是"厘治军民，察举官吏、修饬封疆"，也就是坐镇东南，管理军务、军饷，举荐考察地方官吏，总管三省军政事务。按照康熙年间的排序，全国八大总督依次是直隶总督、两江总督、陕甘总督、浙江总督、湖广总督、四川总督、两广总督和云贵总督。两江总督排序为第二，且是唯一掌管三省的总督，管辖省份最多，政治地位仅次于直隶总督。因为过于重要，两江总督在清朝早中期一般都由满人担任，太平天国运动后汉人渐渐增多。

按照清朝惯例，两江总督驻金陵，江苏巡抚驻苏州。不过，自从太平天国占领金陵以来，两江总督就不再有固定的衙门办公，四处流浪，狼狈至极。因此，曾国藩一就任两江总督，立刻就在1864年10月初，把两江总督衙门从安庆迁到金陵，10日正式入署办公。

曾国藩上任第一件事就是重新恢复统治秩序，并振兴残破的经济。过去十余年来，由于两江总督所辖的江苏、安徽、江西是清军与太平天国作战的主要战场，双方在此地拼杀激烈，导致当地损毁严重。有外国人曾经到当时的江南游玩，用文字记录下来他在苏州看到的情形："沿途所历各村，每三四处，必有一完全焚毁者；亦有三村相连，外二村未动，而其中一村仅余焦土者。"过去，金陵到苏州一带是人间天堂，"皆富饶殷实，沿运河十八里，廛舍栉比，人民熙熙攘攘，往来不绝"，现在则完全是另一副模样，"房舍、桥梁，尽被拆毁，十八里中杳无人烟，鸡、犬、牛、马绝迹。自此至无锡，沿途如沙漠，荒凉万里"。

处理政务，首先就是需要人才。有人向曾国藩推荐了当地有名的才子：刘锡鸿和陈兰彬。曾国藩阅人无数，非常清楚自己想要找哪类人才。在同他们交谈后，曾国藩直言不讳地说："我看刘锡鸿满脸不平之气，恐不得善终。"言外之意在于，他并不喜欢刘锡鸿，因为此人总是满腹牢骚，看什么人都不顺眼，颇有怀才不遇的感觉，曾国藩觉得他今后没什么好下场。曾国藩反倒对陈兰彬的印象不坏，他评价说："陈生稳重，可官至三四品"，即此人很稳重，以后可以升到三四品官。但是，曾国藩认为这个人的缺点也很明显，就是太小心，思维保守，将来难有大的作为。

曾国藩去世后，这两人的遭遇果然被他应验了。其中刘锡鸿被清廷重用，被派到西洋各国，郭嵩焘是正使，刘锡鸿是副使。虽然被委以重任，刘锡鸿的老毛病不改，狂妄自大，竟然连自己的顶头上司郭嵩焘他也看不惯，处处同郭嵩焘过不去，老是写信告郭嵩焘的状。不仅如此，他连主管对外事务的李鸿章也不放在眼里，四处告李鸿章的状。鉴于刘锡鸿太过嚣张，目无师长，朝廷看到重用他完全是个错误。于是便立刻把他调回国来。然而，回国后刘锡鸿依然秉性难移，照旧见一个骂一个，把周围的官僚朋友都得罪光了，以至于最后郁郁而终。

另一位才子陈兰彬也果然如曾国藩所言，平时做事很稳重，也极为认真。中国的第一批小留学生就是陈兰彬亲自带到美国去的。但是他的问题是没有冒险精神，也不敢锐意改革，在事业上没有大的作为。虽然官至三品，但基本上算是平庸而终。

曾国藩求才心切，因此也有被骗的时候。有一个人拜访曾国藩，此人纵论天下，激扬文采，显得极为与众不同。曾国藩向来对投幕的各种人没有偏见，但就有一点，曾国藩不喜欢说大话的人，便故意在跟对方交谈时，提到用人必须杜绝欺骗事时，此人立刻正色大声说："受欺不受欺，全在于自己是何种人。我纵横当世，略有所见，像中堂大人至诚盛德，别人不忍欺骗；像左公（宗棠）严气正性，别人不敢欺，而别人不欺而尚怀疑别人欺骗他，或已经被骗而不知的人，也大有人在。"曾国藩观察人非常注意对方的条理，看到他讲了四种"欺法"，听上去似乎非常有道理，便有心收留他，对他说："你可到军营中，观我所用之人。"此人应诺而出。

第二天，这个人果然来了。他拜见了其他官员后，便开始滔滔不绝地对曾国藩说："军中多豪杰俊雄之士，但我从中发现有两位君子式的人才。"曾国藩急忙问是"何人？"，此人就把涂宗瀛和郭远堂拿出来，并列举了这两人一大堆优点。他的话非常合曾国藩的心意，让曾国藩对他的满意又增加了许多，便决定让他在军中负责督造船炮。

这个人在曾国藩营中待了一些日子后，突然有一天携带千金逃跑了。士兵立刻向曾国藩报告，并请求派人追拿。曾国藩沉默许久后说：

“停下，不要追。”等到士兵退下后，曾国藩捋须说：“人不忍欺，人不忍欺。”几天之后，幕僚问曾国藩，当时他为什么不发兵追捕？曾国藩的回答展现了他过人的思考能力：“现今发、捻交炽，此人只以骗钱计，若逼之过急，恐入敌营，为害实大。区区之金，与本人受欺之名皆不足道。”

广招人才之后，曾国藩当务之急就是处理经济问题。为了应对金陵相当贫苦的经济状况，曾国藩想起过去用过的一个方法。那还是在他攻占金陵前，曾国藩在皖南为了鼓励农民种田，每县给三千两银子，然后让当地县衙挑选公正廉洁的地方绅士，让他们带领农民开垦。给县里的三千两银子，用于买牛买种子，招集民众开荒。收成后，将牛和种子的本钱还回官家十分之七，另十分之三让给农民；然后再给三千银，续买牛、种。通过这样循环多年后，可以让老百姓渐渐恢复农田作业。还回官家的钱，也不再收回，而是给各县兴学校、立书院用。

为了恢复两江的经济，曾国藩还联合江苏巡抚李鸿章、安徽巡抚乔松年，分别向清廷上奏，请求减免钱粮赋税，以便让太平天国起义期间，流亡的人口慢慢回到原籍，从而尽快恢复农业生产。

金陵是两江总督衙门所在地，曾国藩对金陵受到的战争创伤也心痛不已，原本繁华的六朝古都此时已经成为一片废墟。于是，曾国藩决定对金陵做一番重建，他干了几件大事。

第一件事是恢复秦淮画舫。当年太平军进入金陵后，秦淮画舫便遭严令禁止，秦淮河上的一道风景就此停止。在太平天国的统治之下，老百姓敢怒不敢言，甚至街头巷尾都没有人敢公开讨论此事。

曾国藩对秦淮的旧有文化痕迹非常看重，下令马上恢复，并张贴告示：各行各业在秦淮河两岸兴建酒肆茶馆，可以三年不纳税。这样做的目的是吸引江浙一带的民间投资，面对如此优厚的条件，立刻有大批人士蠢蠢欲动。曾国藩还特别指派了自己的得力幕僚赵烈文全权负责。

至于为什么要恢复秦淮画舫，曾国藩曾经解释说：“芸芸众生，碌碌黔首。有几个能立廊庙，能干大事业？他们辛苦赚钱，也要图个享受快乐。画舫笙歌，能为他们消忧愁，添愉悦，也就有兴办的价值。”他还对赵烈文说：“游览秦淮河，如同读一部六朝至前明的旧史，几度兴废，几多悲喜，亦足令读书君子观古鉴今，励志奋发，居安思危。”

赵烈文办事周全，更对曾国藩的指令坚决贯彻。他用了不到一个月时间，就将秦淮画廊修缮完毕，其中从桃叶渡到夫子庙前的泮宫一段更是被修整一新。中秋节当晚，曾国藩下令金陵城军民齐乐，所有人都走上街头，秦淮河更是聚集了人山人海。曾国藩登上画舫游览秦淮河，令金陵军民齐声欢呼。通过这次整修，秦淮河很快又恢复了往日的繁华，没过几年，秦淮河又是“神弦仙管玻璃杯，火龙蜿蜒波崔嵬”，让人流连忘返了。

事实上，曾国藩之所以要恢复秦淮画舫，主要用意还是恢复金陵的安宁，让老百姓有安全感，并且有个游玩的地方。老百姓其乐融融，也会将消息传递给逃亡外地的金陵金陵士绅百姓，让他们希望返回家乡，整个城市便会呈现蒸蒸日上的景象。

曾国藩做的第二件事是修复举行乡试的贡院。金陵的江南贡院地位十分重要，因为在这里举行的乡试涉及人口极广，不仅江苏省，安徽省的年轻人也要来考试。江南是人文荟萃之地，整个清代，江南科举中进士的人数一直居全国榜首。不过，由于太平天国的占领，让江南贡院的考试已经暂停了十一年，极大地影响了江南地区向朝廷输送人才。

虽然在咸丰九年（1859），江南的士子曾经借浙江杭州考过一次，但毕竟距离太远，很不方便。曾国藩非常了解民心，知道稳固住知识分子的重要性。因而当他一入驻金陵，便首先决定要视察江南贡院，对那里的设施进行详细的考察，并且已经有了尽快恢复江南贡院的想法。当时金陵的条件很差，许多房屋急需整修，甚至连曾国藩的两江总督衙门都需要大修。虽然物资极其紧缺，但曾国藩还是坚持认为，必须优先修整江南贡院，并在当年11月举行乡试。

曾国藩为恢复当年乡试做了两手准备：一方面是命令臬司黄润昌尽速征集工匠，尽最大努力抓紧时间抢修贡院；另一方面则是向朝廷上奏，希望赶紧选出当年乡试的主考官。这一番举动传出之后，果然极大地鼓舞了知识分子的学习热情。在曾国藩的努力下，当年在江南贡院如期举行了乡试，一大批江南士绅和平民子弟被录为举人。从此以后，江南的士子们又有了读书的用武之地，他们通过奋发学习，进而上升到官僚阶层的通道又重新打开。整个江南的人心也渐渐开始支持曾国藩，许多做生意的人也从全国各地往江南迁移，特别是金陵更是引来不少才子能人。

曾国藩做的第三件事是重修夫子庙。为了恢复夫子庙往日的商业繁华，曾国藩特意把夫子庙里的棂星门、大成殿及两庑廊修成。这之后，在夫子庙大门前广场右侧的空地，江宁乡贤朱芙峰等人又集资整修了聚星亭。这让夫子庙又重新恢复了往日的热闹，金陵城内的地方官员、名士乡绅，在春秋二季莅临夫子庙举行祭祀，聚星亭以及周边的茶馆也就成为他们停留、休息的场所。与此同时，越来越多的酒店旅舍、旧书肆、古玩店，也因此开在周围，非常热闹。通过整修夫子庙，曾国藩让金陵城内的文化与商业活动良性互动，以夫子庙为中心的老金陵商业游览区又重现活力。

文人出身的曾国藩，当然对文化建设也极为看重。他到金陵之后，做了不少文化建设的努力。

第一项努力是修葺几大书院，首先就是钟山书院。钟山书院原为两江总督查弼纳于雍正二年（1724）创建，1829年由总督陶澍重建，先后由钱大昕、姚鼐、唐鉴主讲过，战乱中被全部焚毁。虽然金陵刚刚被攻克，曾国藩非常重视钟山书院的修建，很快便去视察，并对选址做出明确要求。为了表示对书院的重视，曾国藩特意邀请闻名于世的李联琇为钟山书院的负责人。由于当时百废待兴，曾国藩手中可支配给钟山书院的钱并不多，所以，修复后的钟山书院也没有多少房舍。不过，此举对金陵的高等教育非同小可。清末时，钟山书院改为江南高等学堂，培养了一大批江南地区的人才。

此外，曾国藩还修复了尊经书院和惜阴书院。修这么多书院最缺的是钱，除此之外，修建好后的书院，日常运转更需要钱，曾国藩为此想尽了办法。他先是从厘局提出经费，后来又依据清政府清理书院财产的命令，乘势划拨田亩作为书院公田，从而保障了书院有固定收入维持运转。

第二项努力是曾国藩建设金陵官书局。官书局本来不在金陵，而是在安庆。当曾国藩就任两江总督后，便下令将官书局迁至金陵，并更名为金陵书局。曾国藩特意延聘了许多著名文人，包括汪士铎、莫友之、刘毓松、张文虎、刘寿曾、李善兰、唐仁寿、戴望、刘恭冕、成蓉镜、冯煦等分任校勘，以至金陵当时被称为人文极盛之地。

曾国藩另一项在文化建设上的贡献是重刻金陵本《船山遗书》。王船山，本名王夫之，字而农，号姜斋，湖南衡阳人。王船山是一位特立独行的大思想家，他生活在乱世，当时正是明朝衰微，清兵入关，朝代更替的时代。王船山一生坚持抗清，后来清朝的统治渐渐稳固，王船山仍不肯臣服，便避入穷乡僻壤，发愤著述。

王船山在清朝初年学术思想史上有着极其重要的地位，被清朝国史馆列入“儒林传中次居第二”。不过，他在很长时间里并不为世人所知，他的一部分著述，甚至直到 1839 年才由学者邓显鹤主持，在欧阳兆熊的协助下刻行于世。但是，王船山更为人所知还是在 1862 年之后，曾国藩兄弟动议重刻《船山遗书》，对人们了解王船山的思想产生了至关重要的作用。

1861 年 9 月，湘军攻陷安庆。三个月后，朝廷下圣旨令曾国藩“以两江总督协办大学士”“节制四省”。曾国藩其后最主要的工作是合围金陵，与此同时，他还有另外一项重要工作是重建以“理（礼）学经世”为主旨的传统文化秩序。其中，重刻《船山遗书》借以传播王船山思想又是这项工作中的重中之重。

1862 年夏秋间，曾国藩、曾国荃兄弟于安庆正式决定重刻《船山遗书》。为此，他们聘请了几位大学问家做勘校工作，包括刘毓嵩、张文虎、欧阳兆熊等。为了使重刻工作顺利进行，曾国藩在安庆创立了江南官书局。重刻最初，由于没有经费，曾国荃特意捐了三万两银子，专门用以刻刊的费用。

《船山遗书》历时五年时间，方得以编校出版，这期间，曾国藩一直非常重视，他想方设法找人搜集各地的王船山著述。曾国藩曾拜托著名学者莫友芝到湖南等地“采访遗书”，又派人远赴北京等地手抄王船山重要著作，如“《书经稗疏》三本、《春秋家说序》一薄本，系托刘韫斋先生在京城文渊阁抄出者”。这些努力为收全王船山著述创造了必要条件。按照当时的战局，湘军正要与太平军生死决战，曾国藩能做到实在是很不容易。

为加快出版速度，曾国藩在人员配备和经费资助方面提供了不少有利条件。《船山遗书》勘校的人士不仅包括了刘毓嵩、张文虎、欧阳兆熊、莫友之等著名学者，曾国藩还让身边的重要幕僚如汪士铎、赵烈文、黎庶昌等也加入进来，其用意是扫清出版过程中的障碍。

对于《船山遗书》的编校质量，曾国藩也极为重视。虽然军事任务繁重，曾国藩要准备针对太平天国的大战，且辗转各地，但曾国藩对《船山遗书》的编校工作一刻也未放松。在前后五年时间内，无论是炎热的夏天还是寒冷的冬天，他坚持细心校阅、研读王船山著述中的重要篇章。尽管金陵本《船山遗书》在编校质量方面仍然存在不足，但总体来看，由于曾国藩的细心把关，加上众多学者的参与，使其编校质量达到了当时的较高水平。

因而京中许多官僚争相以金陵本《船山遗书》“校刊之精突过殿本”而向曾国藩索取；不少文人学者阅读过金陵本《船山遗书》后，认为其编校质量为旧本所不能及，“虽千镒之赐，不是过矣”。

第八章　没有太平军的日子

一、率军北上“剿”捻

困扰清政府多年的太平天国终于灭迹了，然而，此时的大清江山并没有安稳，另一支地方反抗势力——捻军开始越发频繁地活动起来。捻军的声势之所以能够日渐壮大，原因在于这支力量吸收了分散于北方与西部的太平军残余，对黄河以南、鄂北与皖北、从陕西边界到大运河直至山东的各个地区构成严重威胁。

捻军最早主要是由安徽北部一些贫苦农民和无业游民组成。他们因为受到饥寒所迫，以至于无法生存，便自发地组织起来，成为一个个分散隐蔽的集团，对当局进行反抗。由于皖北一带的方言，喜欢把一部分、一支等小股力量称之为“一捻”，这种分散活动的小集团就习惯性地被人们称为“捻子”，捻军由此而得名。

捻军本来不必起来反抗朝廷的，因为他们生活的皖北地区，有比较优越的地理位置，那里河流纵横交错，无论是对于商业运输，还是农业灌溉都是具有得天独厚的优势。然而，由于清政府的无能和地方官吏的腐败，长期的不作为，使得当地人民生活状况越来越恶劣。特别是由于水利失修，河床淤塞，一下雨就会导致洪水泛滥成灾。据历史记载，在1841年至1844年间，黄河曾经发生连续三次决口，决口后的洪水奔流而下，使亳州、蒙城一带几度成为泽国，许多老百姓被迫流离失所，远走他乡，过着饥寒交迫的生活。

在这之后，情况并没有缓解，到了1851年和1852年，连日的大雨又导致洪灾。此时老百姓的生活更加困苦了，许多人饿得没有东西吃，甚至出现以死人肉充饥等惨不忍睹的景象。令人气愤的是，面对如此惨状，当地官吏依然无所作为，不但不抢险救灾，不向老百姓发放救济品，反而勾结富豪，变本加厉地强迫农民照旧完粮纳税。他们甚至借机放高利贷、兼并土地，目的是趁火打劫，赚取老百姓更多的利益。

如此长时间的压榨，皖北的民众已经忍无可忍，再这么下去只能等死。他们奋而起来造反，并联合城镇的手工业者、船夫、码头工人和被裁撤的兵勇，结捻而起，开展“打粮”、“吃大户”、抗粮抗差和杀富济贫的斗争。以此寻找一条谋生的道路。

捻军就是在抗争中一步步发展壮大，它成为有组织的作战力量是在1853年夏。当时太平天国北伐军先后占领凤阳、蒙城、亳州，进而占领豫东重镇归德府。此时，安徽、河南和江苏北部又有一批捻党举旗起义，他们看到太平天国的反清势力十分强大，而且有推翻清朝的巨大勇气和信心，便联合蒙亳地区的起义武装一起配合太平军作战。

他们对太平军的支持方式不一，有的认为太平军更有前途，便直接参加了太平军，跟他们一起作战；另有大批的捻军力量，给太平军当向导，或者帮助太平军攻城夺地。在太平军的引领下，捻军声势浩大的反击清朝当局的运动序幕，正式拉开。

捻军刚出现时，清廷对他们十分忧虑，最主要的担心在于，他们如果与太平军彻底联手，清朝镇压他们将变得极为困难。除此之外，捻军的战法也十分灵活，令清军捉摸不定。比如他们行军打仗从来不带帐篷，也不会在一个地方久留，甚至没有一个固定的根据地。通常来说，他们会在晚间活动，特别是在夜幕降临的时候，他们会突然出现，悄然分散到附近的村落，或者等待清军必经的道路两侧，对他们发动袭击。

由于深知敌众我寡，而且知道要保存自己的实力，捻军作战的最大原则就是，首先确保自己的生存，再伺机对敌人发起攻击。比如他们一定要避免直接与清军发生正面冲突，不打长时间的战争，尽可能速战速决，但凡遇到困境时，宁可做战略上的撤离，也不愿意陷入一场难以抽身的泥沼。

经过一段时间的发展，总共形成了四支较大规模的捻军力量。为了便于机动，每支捻军都配备有几千名骑兵。这些骑兵每人都有大刀与长棍，这些武器的好处是便于骑马打仗，杀伤力又不差。如果主力部队遭遇危险，这些骑兵就派上了用场，通常他们会迅速将己方主力包围起来，然后抵御敌人的攻击。或者，护卫其步兵的两翼，步兵则挥舞长矛，给敌人以致命的打击。

在未击败太平军以前，曾国藩一直很关注捻军的动向。他特别忧虑捻军在湖北和安徽一带，与那里的太平军联合。如果那种情况真的发生，在那里镇压太平军的清军力量将会面临巨大威胁，很可能抵挡不住。为此，清政府十分重视对捻军的镇压，派遣了僧格林沁前去驱剿捻军。

僧格林沁在清朝历史上是一名赫赫有名的战将。他本来是道光皇帝姐姐的过继儿子，在 1825 年，僧格林沁承袭了科尔沁郡王爵，历任御前大臣、都统等职。1860 年，僧格林沁奉命南下“围剿”山东、安徽各地捻军等土匪武装。1863 年，他在对捻作战中取得重大突破，他不仅攻占了捻军根据地雉河集（今安徽涡阳），而且还杀了捻军的领袖张乐行。

在僧格林沁的步步紧逼下，捻军被迫改变战术，开始四处流动作战。这时，僧格林沁或许被之前的胜利冲昏了头脑，他采用了错误的战术，在豫、鄂各地对捻军穷追不舍。1865 年 4 月，僧格林沁追至山东菏泽县境，捻军早就摸透了他的战术，便故意在高楼寨之战设了埋伏。僧格林沁预料不及，跟捻军展开厮杀，战到 5 月 18 日，终于战死。

僧格林沁的死，对清政府来说是一个巨大的打击。最严重之处在于，他打击了清朝刚刚建立起对太平天国作战的信心。洪秀全和他建立的帝国刚刚崩塌之后，本来皇帝可以高枕无忧一段日子，但没想到马上又要面临另一个棘手的地方反政府武装，这让朝廷有些束手无策。此时，皇帝的脑子里又想到了曾国藩，似乎满朝文武中，其他人都不堪大用，唯有曾国藩才能镇压住捻军。于是，朝廷急召曾国藩前往山东，指挥"剿"捻的作战。

1865 年 5 月 26 日、27 日，曾国藩接连收到三道谕旨，其中第二道是这么写的："钦差大臣协办大学士两江总督、一等毅勇侯曾国藩，着即前赴山东一带督兵剿贼，两江总督着李鸿章暂行署理。"

然而，此时的曾国藩并不想去。想当初，曾国藩之所以愿意率兵镇压太平天国，一方面出于他儒家传统里的忠孝礼义，既然身为朝廷命官，就要效忠皇帝，为清朝的社稷稳固贡献力量；另一方面也是他年轻力壮，无论是体力还是精力，都有带兵打仗的足够本钱。

现在的曾国藩，已经不再是一个年轻人了。他如今已是 54 岁，如果称不上是一个老人，也算是一个年纪不小的中年人。虽然随着时间和岁月的流逝，曾国藩的阅历更加深厚，对地方反政府武装力量也有更深刻的研究和体会。从另一方面说，他也觉得所谓维护江山社稷，也没有那么重要。他在两江总督任上刚刚熟悉，正想为老百姓做些事情，并不想再重操旧业。此外，曾国藩这时的心情也不好，原因是朝中的恭亲王奕䜣一直对他不满，屡屡对他进行弹劾。

让曾国藩烦恼的还不止被恭亲王弹动一件事，他自己的部下也不让他省心。最主要就是鲍超部队的军心溃散。鲍超是湘军中的一员勇将，一直深受曾国藩信任，曾经在多次重大战役中立下赫赫战功。凭借出色的军事指挥才能，鲍超从一名弁兵一路升到统将，官至提督。但是鲍超对部下的纪律约束不严，他所部固然是湘军中能打仗的一支，但也是纪律较坏的一支。

不仅如此，进入同治年间，鲍超军营里的许多士兵又结成哥老会，这又极大影响了鲍超部队的作战能力。哥老会在四川称“袍哥”，自称“汉留”，在长江中下游则称“红帮”。它与洪门、青帮齐名，是中国近现代历史上著名的三大帮会之一。哥老会没有明确的宗旨，但是会党成员之间联系太过紧密，谁有困难了，其他成员必须要全力协助。某种程度上说，哥老会的交谊胜过了军令。

哥老会刚产生时活动范围十分有限，他们大多只在长江上游四川一带秘密联络，活动也不公开。后来哥老会迅速向长江中下游扩张，活动范围越来越大。这背后，湘军起了巨大的作用。

湘军最早对于加入其中的人员，有一套严格的遴选制度。比如在选拔营官、招募勇丁时，曾国藩就出台了明文规定，一定要招募那些“朴实而有农民土气者”的山农。因此曾国藩一贯主张，应该在山区招人，不要去城里招募，因为感觉城里人靠不住，太滑头。湘军还有规定，所招各勇，必须“取具保结”，而且所招一营，一般均为同一县之人，这样的好处是，彼此是老乡不容易发生矛盾，从管理上也更易于控制。

因此，最初哥老会很难打入湘军。然而，由于湘军不断出湖南作战，而且因为战斗的需要，湘军人数不断增长，以往只从湖南招人已经远远满足不了要求。并且只招募山里人也不现实，因为前线作战太需要人了，于是曾国藩过去制定的规则就遭到破坏，这也为哥老会的进入创造了条件。

例如，1856 年底，胡林翼让鲍超赴湖南募勇成立“霆营”。虽然胡林翼十分遵循曾国藩的主张，不断嘱咐鲍超“勇丁须以山乡为上，近城市者最难用”，建议他赴落后的江华、道州、新宁等湘南山区募勇。但是，鲍超懒得听从胡林翼的建议，随便在长沙附近募勇了事。后来霆军招人也延续了这一做法，从长沙一带招了不少人。

在对太平天国的战斗中，越往后期，越发凸显湖南兵源的枯竭。据统计，自湘军成军以来，一直到湘军攻占天京，阵亡加病故伤残的湘军大概有八九十万人。湖南一省再无法提供这么多的青壮年，曾国藩哀叹："朝取夕取，网罗殆尽，刻下不特将领难得，即招募精壮勇丁，亦觉难以集事"。

曾国藩面对这种局面，也不得不默许一些将领开始就地募勇，收留了大量的散勇、降众，这就造成湘军的勇丁构成越来越杂，不仅不全是湖南人，其他省籍的勇丁也越来越多。最明显莫过于鲍超领导的霆军，最初成立时，共五营，约 3000 人，以后陆续添募，如 1862 年在募数千人之后，又于年底"派人至三厅续招五千"，总人数达 13000 多人。

霆营中不少为四川人。单从将领看就非常明显，在霆军中做过统领或营官的有 13 人，其中湖南籍 6 人，四川籍 4 人（宋国永、冯标、杨鼎勋、苏文彪），籍贯不明者 3 人，这中间四川籍约占一半。不仅将领不少来自四川，霆营的勇丁也多为四川人，慢慢地霆军便成为四川游勇、哥老会重要的藏身匿迹所在。

如此多哥老会成员在湘军中，隐忧显而易见，当遇到重大军事行动时，就会直接转化成危机。像新疆少数民族宗教首领起事甚急，占乌鲁木齐，局势十分危急。此时湘军刚刚攻破金陵，清廷见状便命令鲍超带兵赴新疆弹压。鲍超做出部署，让部下宋国永先带八千人赴川，其他鲍部士兵由娄云庆统带赴福建镇压太平天国余部。

不料宋国永一支中有不少哥老会成员，他们一出发就发生了问题。当他们走到湖北金口时，士兵们突然哗变，其中带头起事的就是哥老会。当时鲍超告假在老家四川，宋国永一时乱了方寸，自己完全没有能力弹压。另一支娄云庆部也发生危机，他的部下在福建上杭因粮绝而哗变。面对如此情势，幸好是江西巡抚沈葆桢救急，他们急发饷银六万两送到军中，才算把军队稳住。朝廷看到鲍超部下军心如此不稳，去新疆也难以发挥实质性作用，便下令鲍超不必赴新疆，改赴福建镇压太平军余部。

曾国藩为鲍超部队的事情伤透了脑筋。因为朝廷已经怪罪下来，要治鲍超的罪。曾国藩只好上奏朝廷，向皇帝解释鲍超霆军的哗变实在有客观原因，主要是因为长期缺饷，这并不是一般的叛逆，对他们只要解散就好，不必严厉处理。

就是在这样的情况下，曾国藩接到了让他“剿办”捻军的谕旨。虽然有各种让人心烦的事情，但曾国藩明白王命难违，他不得不出征。

1865 年 6 月 18 日，曾国藩正式开始讨伐捻军。他由南京登州出发，率领裁军以后剩的六营湘军，以及李鸿章的 2 万多名淮勇。9 月 23 日，抵达徐州前线。

曾国藩带兵打仗多年，最擅长总结过去的作战经验。他上奏朝廷时，就分析了僧格林沁“剿捻”的失败原因。在他看来，僧格林沁统兵追击捻军，主要是行军太急，经常日行七八十里或一百余里，导致许多人追赶不及，势必参差不齐。中原地区兵荒马乱已久，僧王行文州县备办供应，州县难以为力，大多避匿。“将士饥饱不匀，有连日不得一飧者，其队伍难整。”

曾国藩认为，自己的湘军和淮军不用走得太快，伙食自己解决，每日行军不过四十里或二十、三十里，因此，曾国藩非但不能兼顾五省，即如山东、河南、江苏、安徽等省，亦不能处处兼顾。

他说“捻匪”步骑结合，以骑兵为主，边马放哨巡逻，有时远至百里，行军时以边马断后，“官军见贼必齐队扎营欲战，俄延之间，贼辎重已远，忽边马撒开两边而去，顷刻无踪”，我军仅能尾追。为此，他提出了重心设防于四省十三府的战略方针。四省十三府，指安徽的庐州、凤阳、颍州、泗州；河南的归德、陈州；江苏的淮安、徐州、海州；山东的兖州、沂州、曹州府与济宁州。只有重点设防，才能改变“尾追之局”，以“有定之兵，制无定之贼”。

曾国藩又进一步分析，设防十三府之地，不能平均看待，分兵把关，而应以江苏的徐州、山东的济宁、河南的周家口、安徽的临淮关等地为重点的重点，在此设立大营，大营所在地坚筑强固的工事，每处储藏大米一万石，草料、弹药、军械亦应大量储藏。各大营重兵驻守。一省有警，三省往援，援军粮械取给于大营。

之所以重点设防于这四省十三府之地，曾国藩有他自己的道理。第一，因为这十三府之间纵横千里，是捻军经常出没的地方。在这些地方守株待兔，等到捻军来的时候，再伺机攻击，是变“尾追之局”、“以有定制无定”的要旨所在。第二，“捻军既不能忘情故土，势必有时前来，利于拦击、堵剿”。故重点设防于临淮关、周家口。第三，鲁西南物产丰富，是捻军后勤补给的重要地区。他们每年都派人来此地筹集军粮。因此，如果设防于济宁，不仅有利于“堵剿”前来筹集粮食的捻军，还能抵抗捻军揳入直隶，对津京地区也进行了保卫。第四，徐州是苏、鲁、豫、皖之要害，是四战之地，故重点设防于徐州。

不过，在实际战斗过程中，曾国藩也在不断调整策略。特别是当他发现捻军东奔西至，飘忽不定，如果只将兵力驻在几处，很难实施有效打击。曾国藩思索许久后，决定只留一部分作战能力不强的军队驻守各镇，命令其他部队改游击战法——在运动中对捻军进行拦截和追击。当曾国藩将重镇防守和拦截追击结合起来后，捻军就没有了歇脚的空闲。

曾国藩还用了当年在湖南团结的老办法，就是“查圩”。“查圩”的意思其实就是清查户口，其主要目的是切断捻军同老百姓的联系，防止老百姓为捻军提供支持，并且向捻军提供补给。曾国藩立下了明确规定，凡是见到捻军，老百姓必须坚壁清野，绝对不能给他们提供粮食，更不能在作战上提供帮助。

与此相反，曾国藩规定，老百姓在见到湘军或者淮军到来时，要竭尽所能地为他们提供粮食等物品。只要参加捻军或与捻军有联系的老百姓，都将被注入“莠民册”，情节严重的不仅要杀头，还要连坐，即一人犯罪，牵连好几家。曾国藩自认为这是一个不错的管控老百姓的办法，他下令各地以查圩“通贼”的罪名，多抓人，多杀人，多多益善。

然而事与愿违，曾国藩的计策并没有发生作用。由于捻军太过于神出鬼没，曾国藩率领的湘军、淮军根本无法组织起有效的攻击，捻军反而愈发活跃。1866 年 9 月，赖文光与张宗禹部在河南中牟会师，将曾国藩苦心经营近一年的千里河防摧毁。

一直以来，曾国藩的政敌从来没有放松对他的攻击。现在他们看到曾国藩“剿捻”不力，便趁机加大了对他的攻击。清政府也受到他们的影响，当然也对曾国藩“剿匪”不力不满，便连续降旨，对曾国藩进行斥责。在这种情况下，曾国藩也不想再继续做钦差大臣了，清政府也想借机换掉他，便改派李鸿章为钦差大臣，节制湘军和淮军，接替曾国藩继续“剿捻”，曾国藩继续回去当他的两江总督。这标志着曾国藩“剿捻”的彻底失败。

总体来说，曾国藩本来不想“剿捻”，之所以失败是由许多原因造成的：

首先是军心不齐。对于湘军来说，刚刚经历了对太平天国的大战，锐气已经消耗掉大半。参加“剿捻”时，精神状态还没有恢复，纪律也很涣散，让他们跟随曾国藩再次出征已经力有不逮。况且剿捻是在寒冷的北方，湘军生长于南方，大多数根本耐不住严寒，再加上不想受行军打仗之苦，竟然有大批士兵请假告退，竟然没有一个人自愿到北方去打仗。

除此之外，曾国藩指挥的其他部队也很庞杂，无法形成统一的战斗力。曾国藩的手下，有山东的东军、河南的豫军、安徽的皖军；有僧格林沁遗部陈国瑞军；有李鸿章的淮军；还有曾国藩自己带的湘军。东军、豫军、皖军都是省军，当初只是为了防御本省而组建，他们大多数只愿意在本省作战，一出省就毫无战斗意志。然而他们遇到的捻军却是作战能力极强，不仅机动能力好，而且动作迅速，特别是在苏、鲁、豫、皖诸省交界地区，他们一天时间就能跨越二省，那些守株待兔的各省省军，就这样被捻军各个击破。

其次，曾国藩的门生李鸿章与曾国藩不和，导致了作战效率大为降低。曾国藩指挥的主力部队不仅有湘军还有淮军，然而曾国藩只能对湘军随意调配，淮军仍然更服从他们的统帅李鸿章。最明显的例子是，有一次在进攻捻军时，曾国藩命令李鸿章的六弟李昭庆率部作游击之师，采用机动的策略对捻军发动攻击。但是李鸿章并不听招呼，反而急忙去信，要求曾国藩以驻守济宁的潘鼎新部作游击之师，让他的弟弟李昭庆率部驻守济宁，这就极大地影响了曾国藩的战略部署。

有时候，李鸿章甚至不顾长幼，直接干涉曾国藩的指挥大权。1866年4月，曾国藩对此实在忍无可忍，写信教训李鸿章说：你提出以昭庆调守济宁，以潘鼎新部作游击之师，“目下风波危险，不能遽改。以私事而论，君家昆仲（指李翰章与李鸿章——引者）开府，中外环目相视，必须有一人尚在前敌担惊受苦，乃足以稍服远近之心，而幼泉之才力器局，……不必藉诸兄之门荫以成名。以公事而论，淮、湘诸军，……若非鄙人与阁下提振精神，认真督率，则贼匪之气日进日长，官兵之气日退日消。若淮勇不能平此贼，则天下更有何军可制此贼？大局岂敢复问？吾二人视剿捻为一事，须如李家、曾家之私事一般，……若六七月毫无起色，国藩当奏请阁下北征剿捻”。

正是由于以上两个主要原因，让曾国藩虽然制定的战法正确，但依然无法取得对捻军的胜利。

二、重回金陵做两江总督

1866年12月25日，曾国藩剿捻的任务正式结束，其标志是军权正式转交。曾国藩那时住在河南周口，他不想亲自办理交接仪式，一件事没有做成，心里总是不舒服的。他派自己的心腹，将钦差大臣关防送到驻徐州的李鸿章手上。自此以后，无论惆怅还是伤感，他再无权过问“剿捻”事务。

然而交出兵权之后，曾国藩并没有急于回金陵当他的两江总督。或许是他还想沉淀一下自己的心情，便在周口度过了旧历新年。1867 年 2 月 10 日，曾国藩赴徐州见他的学生李鸿章。他在徐州过了一段时间，其间也跟李鸿章谈论了许多关于局势的话题。2 月 23 日，李鸿章将两江总督的关防交还给了曾国藩。

由于曾国藩曾有意无意地透露出告老还乡的意愿，这令李鸿章十分忧心。他不想因为自己仕途的一路看涨，而间接影响到曾国藩的政治生命。除此之外，他还担心曾国藩辞职，会导致“剿捻”的军队缺粮缺饷，毕竟两江总督将是他粮草供给的巨大支持者。因此，他几次三番劝说曾国藩，赶紧回金陵继续做官。

从本意上说，曾国藩的确有些厌烦了官场的起起伏伏。尤其是他经过两场大型战争，无论是仕途还是生死都已经看淡了很多，他已经官至两江总督，对于谋取高位也没有了野心。在此次“剿捻”不力而去职后，他的确想回故乡颐养天年。但是出于对清朝大局的顾虑，他用“位高权重，难以息肩”作为留任两江总督的理由。在徐州逗留了将近一个月后，曾国藩于 3 月 21 日离徐州南下，回到金陵，继续就任两江总督。

此时，朝廷对其他省份的官员也做了调整。李鸿章除了作为钦差大臣“剿捻”之外，还担任湖广总督。李鸿章之兄李瀚章也获得了提拔，最早他为曾国藩负责粮草供给，现在朝廷命令他担任十分重要的江苏巡抚，其目的也在于支持李鸿章的“清剿”捻军计划。由于李鸿章此时的主要任务是“剿捻”，还不能就任湖广总督，他的哥哥李瀚章便奉旨暂行署理湖广总督。

李鸿章成了当今皇帝的红人，只要看他的手下是否得到重用就知道了。事实上，他的不少亲信都获得了提拔，比如丁日昌现在成了江苏布政使。曾国藩也有一名亲信得到重用，他是刘韫斋（刘崐），朝廷命令他接任湖南巡抚。曾国藩对这个安排非常高兴，他在日记中写道："从此诸事可以顺手，而沅弟（曾国荃）亦得安其位，为之喜慰。"除此以外，另外一位重要将领左宗棠也得到了更加重要的官位，他在此前一年秋季被任命为陕甘总督。

当人事布局全面完成之后，清朝政府开始加强对捻军的进攻。除了李鸿章在最前线外，1867 年 5 月，朝廷命令左宗棠抵达陕西，他聚集了大批曾经对太平天国打仗的重要将领，准备针对捻军发动一次大的攻击。与此同时，其他地方大员也在支持着"清剿"行动，像曾国藩坐镇金陵，李瀚章与曾国荃坐镇武昌，前任湖广总督官文待在直隶。这些与李鸿章关系较好的官员在全国各个省份遥相呼应，互相配合，一旦有需要时便给予李鸿章强力的支持。很显然，捻军的日子将变得非常难过了。

与前任相比，李鸿章获得的支持陡增了数倍。就以财政为例，他现在有 8 个省份给他提供支持，只要是有金钱上的困难，其他省份立刻可以给他救急。相比之下，曾国藩此前可调配的资源就少得可怜，财政支持顶多是李鸿章能够得到的一半。

李鸿章获得的优势条件立刻转化成了战斗力。6 月，当捻军开始进行战略调整，将张宗禹和任柱的部队向东开进山东时，李鸿章立刻决定全力追讨，他把 4 省的全部军力向山东方向调整。经过五个月的奋战，到了当年的 11 月，李鸿章的追讨行动取得阶段性成果，任柱所部遭到重创。1868 年年初，李鸿章更进一步加大了攻势，捻军开始节节败退。1 月 4 日，捻军首领赖文光被斩首，他率领的部队群龙无首，立刻陷入瘫痪，李鸿章奋起直追，彻底将东部地区的捻军全部肃清。

不过，捻军还有一支重要分支力量尚存，那就是张宗禹率领的部队。

张宗禹得知赖文光被斩首的消息后，立刻改变了策略，改向清朝首都所在地直隶进军，这让京城里的皇帝和文武百官极为震惊。

在这危急时刻，李鸿章与左宗棠显示出了极强的配合度，他们一起向直隶进发。在他们穿过直隶进入山东境内时，突然遭遇到了困难。由于河水暴涨，让他们的军队无法越过，本来一直非常有利的局势发生停滞。他们只好在原地休整，等待河水退却。这一等就是几个月，一直到夏历的七月，他们越过了河水，大举向捻军发动攻击。捻军此时已经没有太多抵抗的能力，节节败退，张宗禹也在混战中遭到逮捕。

说起来令人诧异，曾经风行一时的捻军，就这样被李鸿章领导下的清军镇压了。从曾国藩向皇帝写的一份奏折显示，捻军的彻底覆灭日期应当是1867年9月8日。

无论如何，由自己的学生李鸿章平定捻军，还是一件让曾国藩十分高兴的事。没有了前线争斗的残酷，曾国藩在回到两江总督任上后，开始思索他早就十分推崇的师夷长技的想法。

曾国藩一直十分推崇学习洋人的技法来提高清朝的工业生产能力，为此做过许多富有成效的实践。早在安庆时，曾国藩就创建过安庆内军械所，获得各方好评。曾国藩的目标当然远不止于此，他希望在各方面能够学习洋人的技能，办多种门类的工厂，以便将来能够与西洋人一争高下。

在学习西方技术上，李鸿章跟老师曾国藩的许多想法不谋而合。当太平天国刚刚被打败时，李鸿章就开始琢磨设立工厂的可能性，并为此做了广泛调研。1865年，他手下得力干将丁日昌在上海负责筹办建立一个机器厂。丁日昌听说，上海虹口的美商旗记铁厂有对外出售的意愿。这个厂的条件不错，不仅大而且机器也好，于是，丁日昌就把这个厂购买下来，成立了著名的江南制造局。

某种程度上说，江南制造局是李鸿章和曾国藩共同创建的，因为受曾国藩委托的容闳把大批机器从国外买回，并装配进江南制造局里，极大提高了它的生产能力。江南制造局成立的意义非常深远，标志着中国终于有了自己的大机器工业，从此以后，大型机器慢慢开始能够在自己的工厂里生产，这毕竟迈出了向洋人学习的第一步。虽然从技术上来看，江南制造局还相当依赖外国人，但是至少从管理经验上看，这是中国人非常重要的实践步骤。

江南制造局刚创办的时候，曾国藩当时正在镇压捻军。但他显然对李鸿章的这一行为赞赏有加，他甚至已经想到用江南制造局制造船炮。在曾国藩写给李鸿章的一封信中，他特意说："枪炮固属目前急需之物，而轮船亦不可不赶紧制造。造成此物，则显以定中国之人心，即隐以折彼族之异谋。敝处制造三年，刻楮不成，有同儿戏，亦当效愚公移山，勉卒此功。金陵之军械所，即请阁下裁撤、归并。上海之铁厂，枪炮与轮舟二者兼营并举，似须派司道大员总理其事，雨生（丁日昌）可以遥领否？"

无论在哪里，曾国藩时刻挂念着江南制造总局的进展。这一次，当他从剿捻前线回来，再次担任两江总督后，他有了更多时间直接过问江南制造局的事务。按照职务管辖范围，两江总督对江南制造局负有直接的领导权力，于是，曾国藩决定加大对制造局的投入，扩大制造局的规模，以便能够让制造局的日产量迅速提高。

为了让江南制造局有更多发展空间，他向皇帝请示，将江海关关税提交户部的四成，截留两成，其中一成用于支持李鸿章的淮军打仗，另外一成完全作为江南制造局的发展经费，以便能做更多事情。

曾国藩一直对造船念念不忘，因为他觉得，如果建立一支现代海军，中国必须具备自己的造船能力。而只有打造一支装备了新型舰船的海军之后，中国才有能力与洋人分庭抗礼，在海上进行争夺。当江南制造局粗具规模后，他便把自己长久以来造船的梦想应用于江南制造局的具体实践中。

按照江南制造局的最初设计，本来就具备造船的能力。因为它的原型美商旗记铁厂就是用来修理轮船的，各种造船的设施一应俱全。然而，江南制造局刚刚成立时，经费无法跟上，也有技术上的困难，这让造船的计划一再搁置。那时候，江南制造局主要用于造枪炮。

在曾国藩的主持下，造船重新被提上了议事日程。由于曾国藩的积极努力，经费问题也得到了极大的改善，江南制造局造船有了本钱，所以进程明显加快。1867 年，江南制造局在迁往高昌庙的同时，修建了轮船厂和船坞，开始为造船做准备。

1868 年 5 月，曾国藩为了加快制造局的造船进度，特意前去视察。当他看到正在制造中的轮船时，仔细观察了轮船的结构，并向负责造船的技术人员详细询问了造船的专业问题。在他的敦促之下,1868 年 8 月，江南制造局的第一艘轮船造成下水了。为此，曾国藩还特意给这艘船取了一个名字，叫作“恬吉”，意思是“四海波恬，厂务安吉”。

9 月 28 日，这艘轮船由江南制造局的船坞驶到金陵，曾国藩专门前去查看。他在彭玉麟的陪同下上船，前前后后观察这艘轮船的构造。他发现，江南制造局制造的这艘轮船，已经有了洋人船只的基本能力，其性能更是超过了他此前在安庆内军械所试制的小轮船。这让曾国藩欢欣鼓舞，为此，他在日记中写道：巳正二刻开行，行至采石矶下之翠螺山，凡十二刻，行九十里。又自翠螺归至下关，凡六刻，行九十里。下水速于上水者一倍。中国初造第一号轮船，而速且稳如此，殊可喜也。

客观情况看，由于江南制造局的技术实力有限，他所造的这第一艘轮船带有很强的试验性质。从技术水平看，远远没有到达世界先进水平。只是与中国以往所建的船相比，已经是跨越了一个大台阶。

从数据上来看，“恬吉”号只有 392 马力，载重 600 吨。此后几年，江南制造局的造船水平突飞猛进，比如在1873年和1875年造成的“海安”

号和“驭远”号，动力有1800马力，载重达2800吨，装炮26尊，容纳水兵500名。此后，江南制造局的造船水平日新月异，十年之后，它更是造出了1900马力的铁甲船“保民”号。但是，毫无疑问，曾国藩当初力主的造船计划功不可没，他极大地加速了中国造船技艺的提高。

然而，曾国藩对于洋人技术的兴趣远远不止于江南制造局。他心里所想的，更不是只要把船造大造好就够了，他的目的是全方位学习西方的技术，以建成一个粗具规模的现代化工业国家。除此之外，对于全中国的工业布局他也很看重，他认为不光是要在上海设厂，其他地方设厂也非常重要。

1871年，山东巡抚丁宝桢派人考察江南制造局，向曾国藩提出，是否有可能在山东也设立一个机器厂。曾国藩对于丁宝桢的这个想法十分赞成，也愿意提供支持。在写给江南制造局负责人的一封信中，曾国藩列举了在山东设机器厂的重要性，并且要求江南制造局竭尽所能地为山东来人提供支持。特别是在造货船和兵船方面，江南制造局有很多丰富的经验，曾国藩希望可以毫无保留地传授给山东方面的人。他还说：“鄙意本在设局倡率，俾各处仿而行之，渐推渐广，以为中国自强之本……要之，风气渐开，即中国振兴之象也。”

不光是曾国藩支持在山东设厂，在他去世后，李鸿章也贯彻了老师的思想，积极支持山东设厂。他还推荐了技术人员徐建寅前往协助，以便加快建厂的进程。

除了建造船只，曾国藩在江南制造局做的第二件事便是设立翻译馆。某种程度上说，设立翻译官是江南制造局发展的必然需求。因为制造局在初期完全依赖西方技术，许多造船的方法都需要对照外文资料才行。使用外文资料必然需要翻译，为了想办法让翻译的速度和质量都能得到保障，设立一个专门的翻译机构势在必行。

为此，曾国藩特意向皇帝上奏，在奏报中曾国藩给出设立翻译馆的理由，“洋人制器出于算学，其中奥妙，皆有图说可寻。特以彼此文义扞格不通，故虽日习其器，究不明夫用器与利器之所以然”，因此，江南制造局需要设立一个翻译馆。

由于当时并没有太多的科技翻译人才，曾国藩为设立这个翻译馆还想了不少办法。他找来英国人伟烈亚力，美国人傅兰雅、林乐知、玛高温等人，这些人看懂西洋文不成问题，但由于他们大多是传教士，对科技和中文并不在行。所以，曾国藩给他们的任务只是逐句讲清楚西洋文字里的意思，然后再请懂得科技的华蘅芳、华世方兄弟，徐寿、徐建寅父子改写一遍，这样才能成为比较成熟的中文科技资料。

在那个年代，翻译西洋书并不是一件容易的事。要知道当时中国还没有完全接触科技，对科技上的事是门外汉。许多科技用语根本找不到中文的表达法，这就给翻译出了一个大难题。有时洋人说了一句话或者一个词，中方人员即便听懂了也要理解半天。为了找到一个合适的中文表达方式，他们绞尽脑汁，非常费力。不过，翻译馆的这项工作在传播科技知识方面居功至伟，他们创造的许多词汇和用法，后来被普遍使用，可以说，他们开创了中国科技知识的先河。

江南制造局的翻译馆取得不俗成绩，据初步统计，他们在晚清时期，总共译了大概 160 种书，如果把这个翻译馆说成中国的翻译中心一点都不为过。翻译馆为传播现代科学技术做出了巨大贡献，后来许多维新派的代表，如康有为、梁启超、谭嗣同等，都是借助这个馆翻译的书，了解了世界上的科技发展动态。某种程度上说，翻译馆对这些人的维新思想，也起到过重大的推动作用。

在两江总督任上，曾国藩还处理了一桩涉及洋人的大案——扬州教案。扬州教案是多种事情叠加的结果，最初是先有消息说，法国天主教传教士金缄三在扬州设了一个育婴堂。然而，关于这个育婴堂的丑闻不断，社会上广为流传一种说法是，育婴堂经常残害婴儿。有一次，一则消息骇人听闻——育婴堂已经虐死了四十多个婴儿。此事引起扬州人的极大愤慨，纷纷要求对洋人的行为进行调查。

一波未平一波又起，正当虐婴丑闻未平时，又传来一则关于洋人的消息。当时，英国传教士戴德生来到扬州，他为了开设教堂强行租赁房屋，这让扬州民众极为不满。

提到戴德生，他在中国有一段非常传奇的经历。早在20年前，戴德生还是个小人物，他从英国利物浦来到中国，为了立足想尽了各种办法。1854年3月，戴德生由英国的中国布道会批准，乘船来到上海。在上海，他见到了仰慕已久的麦都思牧师。

然而，麦都思牧师并没有帮助他的意愿。戴德生只能凭借自己的本事留在上海。那时候，他语言还不通，勉强学了一些中文后，便开始给人补习英语，以此勉强度日。

为了生存戴德生整日观察局势。当时小刀会刚刚占领上海县城，他便闯入县城，要求见小刀会的将领陈阿林。他想说服小刀会接受西方调停，以此得到一些利益，但小刀会并没有听取他的意见。

后来，戴德生慢慢发现，靠传教或许能闯出一条道路来。他曾经多次到浙江传教，为了接近中国人他绞尽脑汁，剃去四周的头发，还把留下的中间一撮染成黑色，然后装上一条假辫，假扮中国人。

咸丰十年，戴德生因患肺病回国休养。休养期间，他注册成立了“中华内地会”，其主要目的是借此募集捐款。他成功地得到数千英镑的捐款，还吸收了二十余名志愿者，帮他一起传教。在这种情况下，他于1866年4月再度来到中国。

戴德生这次回到中国，主要做的事儿就是利用“中华内地会”做掩护，在中国各地传教。为了尽快融入中国社会，他还要求会员在生活、言语、衣着等方面尽量中国化，这样可以很快和中国人打成一片。他拓展地盘又快又广，主要根据地就是在江浙，其中扬州更是他开辟的新据点之一。

然而，由于戴德生在租赁房屋方面过于粗暴，加上扬州人此时正对洋人抱有极大偏见，便开始组织对洋人的攻击行动。

1868年8月22日，傍晚，扬州内地会被八千至一万人包围。这些人手拿刀棒，并且将砖块投掷到内地会的房屋里。戴德生眼见形势不好，不得不逃往知府衙门要求保护。扬州民众闯进屋内，他们不仅抢劫财物，还见到洋人就打。许多传教士和家属为了逃命被迫跳楼，戴德生怀孕六个月的妻子玛莉亚跳楼时摔伤了腿。民众还对房屋放了火，幸好邻居及时赶到，把火扑灭，才没有让整个屋子被烧毁。

为了保障洋人的安全，8月23日下午，县官雇来轿子，把这些传教士护送出扬州城的南门，到镇江去以避风头。

扬州教案在全国引发强烈反响。英国驻上海领事麦华陀得知后，紧急前往扬州处理此事。9月2日，麦华佗态度强硬地和扬州知府交涉，但没有得到满意答复。这之后，麦华陀恼羞成怒，率军舰"瑞那尔多"号直抵金陵，他要求与两江总督曾国藩直接交涉。本来曾国藩是要会晤麦华陀的。然而，9月12日下午，事情突然发生变化，舰长布什因患病而率舰返回上海，曾国藩便不再会见麦华陀。

麦华陀回到上海后并没有善罢甘休，反而是加强了对清政府的逼迫态势。英驻华公使阿礼国专门向总理衙门发照会，同时再次升级军事压迫，要求英国派出海军力量，迫使清政府接受英国方面的要求。

11月8日，麦华陀带4艘军舰再次前往金陵。迫于强大的压力，11月9日，清政府命令曾国藩和继任两江总督的马新贻接受麦华陀要求。清政府罢免了扬州地方官，还发表了公告答应赔偿损失，英国人这才心满意足。

11月28日，扬州教案以惩凶、赔款、立碑而结束。清政府在此事中完全丧失了立场，虽然曾国藩有所努力，但终究抵不过软弱的朝廷。

扬州教案就这样收场了。

三、北上直隶做总督

曾国藩回到两江总督任上后，经过一段时间的调整，总算找到了自己未来事业的方向：他决心在江南加大洋务事业的兴办力度，同时改善吏治，把江南经济从残破的边缘拉回正轨。

然而，正当他踌躇满志，准备大干一场时，朝廷一道谕旨又将他的计划打乱了。1868 年 9 月 13 日，曾国藩接到上谕，命令他不再担任两江总督，而改任直隶总督。

提到直隶总督，其重要性比两江总督更大。事实上，在整个清朝，皇帝都赋予直隶总督保卫首都的职责。不光给直隶总督以极其强大的兵力，更在财政上给予相当大的支持。如果没有特殊情况，直隶总督的日常职责就是要竭尽全力确保皇帝和朝廷中枢的安全。当然，万一遇到要对西北用兵和遭遇太平天国这样的强大反抗力量时，直隶总督也会提供必要的支持。

按照惯例，历任直隶总督总会留下对联，曾经有一副对联这么写着，上联是：北吞大漠，南亘黄河，中更九水合流，五州称雄，西岳东瀛一屏障；下联是：内修吏治，外肄戎兵，旁兼三口通商，一代名臣，曾前李后两师生。

这副对联较为形象地说明了直隶总督的重要性。上联点明了直隶的的军事地位，因为它贯通南北，是京都的重要屏障，所以从战略上看无与伦比。下联写的是总督们在国家事务中举足轻重的地位。

直隶之所以如此要紧，正因为其地理上接近京城。所以，皇帝在选择总督时多选择自己信任和倚重的人担当重任。不过，清代直隶总督任职的状况很复杂，有实授、署理而未实授、署理、护理、协办等五种。这五种情况都在直隶总督的统计数目之内，这么算下来，直隶总督共经历了 74 人、99 任。

具体到此次，曾国藩被任命为直隶总督，也证明了他在皇帝心目中的地位和分量。此时的直隶已经难以再现往日的繁荣，因为第二次鸦片战争的影响，不仅民生凋敝，官场也呈现一派破败景象。朝廷之所以派曾国藩担任直隶总督，是想借助他的才干整治混乱不堪的直隶官场。

对于朝廷来说，之所以将曾国藩调任直隶，背后有多重考虑：

首先，这是平捻之后的问责风暴。捻军被平定之后，清廷除了论功行赏之外，还有对“剿捻”不力的官员“问责”，其中首当其冲的就是直隶总督官文。官文曾经做过湖广总督，但那时候朝廷就对他十分不满，因为在对付捻军问题上，他并没有尽到全力，只是驱逐了境内的捻军，反而让捻军越发壮大；等到他成为直隶总督时，对于捻军的进攻他又准备不足，未能组织有效的防御。在捻军被“剿灭”之后，朝廷只能将其解职才能解除心头之恨。

其次，将曾国藩放在首都旁边，有利于监控湘军。朝廷一直对于湘军十分忌惮，曾经想方设法地让曾国藩裁撤湘军。虽然湘军已被肢解得没有太多实质性力量，但作为湘军的精神领袖，曾国藩仍然可以做到一呼百应的地步。曾国藩如果从江南到了直隶，至少朝廷可以密切监控他的动向，不至于让湘军引发大的危机。曾国藩走之后，清廷立刻派了非湘军出身的马新贻接任两江总督，某种程度上显示了皇帝仍然对湘军很不放心。然而，马新贻上任不久便发生了被刺的大案，史称“刺马案”，号称清末四大奇案之一。很多人都将怀疑的矛头指向了“湘军派”。

最后，直隶官场已经陈腐不堪，风气极其恶劣。朝廷十分担心，倘若这种状况再持续几年，很可能再出现像捻军一样的叛乱。然而，曾国藩在全国各地征战了 17 年，对官场的观察和掌控能力堪称一流，让他到直隶收拾乱局再合适不过。况且，曾国藩位高权重，多年来一直效忠朝廷，这种安排也算得上对他的加冕，能够起到安抚他的作用。

还有十分重要的一点是，曾国藩见多识广，特别对于西洋科技不仅了解还能将其用于中国，开办了安庆军械所在内的洋务企业，为中国打开国门拥抱西方技术奠定了基础。把他调到皇帝身边，可以借助于他在引进西洋科技方面的经验，推进朝廷已经布局好的洋务运动。况且，此时直隶管辖下的天津，地位已经今非昔比，它已经成为北方最重要的通商口岸。那里也面临一些新问题，迫切需要一个能够跟西方打交道的大臣来处理，曾国藩可以说是不二人选。

曾国藩当然也知道皇帝的用意，对于朝廷的这项人事任命，他也没有太多推辞，决定去直隶赴任。1868 年 12 月 17 日，曾国藩正式从金陵出发。临行前，得知了曾国藩要走消息的金陵民众跑上街头，为他们所尊敬的两江总督送行。曾国藩虽然没有对民众公开讲话，但是看到为官一任，能够得到如此多的百姓的拥护，内心还是高兴的。

曾国藩在路上走得并不快，走走停停，遇到有朋友的地方还会停下来歇息几日。39 天之后，也就是 1869 年 1 月 25 日，曾国藩终于抵达京师。

曾国藩再次回到京师，内心不可能不感慨，毕竟他自 1852 年离开这里，已经过了 17 年。这 17 年间，无论是他个人还是国家，都经历了太多的变化。他带兵打败了太平天国，却在缴捻征途上栽了跟头。国家的统治者也已换了人，当年在京城时还是咸丰帝主政，如今咸丰帝已死，小皇帝年纪还小，把持大局的是两宫皇太后。其中，慈禧太后又是真正的统治者。

果然，对于新晋直隶总督，皇家也表示出了足够的尊重。两个太后很快便连续召对曾国藩。召对就是皇帝对臣子的召见。对曾国藩的召对在养心殿的东间举行，皇帝面西而坐，两宫皇太后坐在黄幔之后，慈安在南，慈禧在北。问题都是慈禧向曾国藩提出来的。

1 月 26 日，慈禧与曾国藩的对答如下：

问：勇都撤完啦？

答：都撤完了。

问：撤散几多勇？

答：撤的二万人，留的尚三万。

问：何处人多？

答：安徽人多，湖南人也有些，不过数千，安徽人极多。

问：撤得安静？

答：安静。

问：汝一路来可安静？

答：路上很安静。先恐有游勇滋事，却倒平安无事。

问：汝出京多少年？

答：臣出京十七年了。

问：汝带兵多少年？

答：从前总是带兵，这两年蒙皇上恩典，在江南做官。

问：汝从前在礼部？

答：臣前在礼部当差。

问：在部几年？

答：四年。道光二十九年到礼部侍郎任，咸丰二年出京。

问：曾国荃是汝胞弟否？

答：是臣胞弟。

问：汝兄弟几个？

答：臣兄弟五个。有两个在军营死的，曾蒙皇上非常天恩。

问：汝从前在京，直隶的事自然知道。

答：直隶的事臣也晓得些。

问：直隶甚是空虚，汝须好好练兵。

答：臣的才力怕办不好。

除了这一次谈话，1 月 27 日和 28 日，慈禧又连续两次召见曾国藩。通过三次谈话的内容看，皇太后的用意十分明显，就是想利用曾国藩曾经带领湘军的经验，来训练好直隶的军队。

1869 年 2 月 27 日，慈禧太后再次召见曾国藩，这是他上任直隶总督前的最后一次觐见。双方谈话内容不外乎拱卫京城，练好直隶军队，随后曾国藩便准备离京上任。

在与皇太后谈话的间歇，曾国藩也对直隶做了许多了解。曾国藩提出了治理直隶的三大要政：练兵、饬吏、治河。然而，当 1869 年 3 月 14 日，曾国藩正式到保定就任直督总督后，他发现情况远比他想象的还要恶劣，他在奏折中写道：直隶“风气之坏，竟为各省所未闻”。曾国藩面对如此景象十分震惊，就连在给湘军老部下长江水师提督黄翼升写信时，都不忘感慨道：“此间吏治极坏。”

正是看到吏治已经腐败透顶，再不整治其他事项都不可能进行，曾国藩把“练兵为先，其次整顿吏治”的顺序倒了过来，准备把反腐当作第一要务。

“吏治极坏”首先体现在司法腐败上。“直隶讼案之繁，甲于他省”，曾国藩到任之后，发现直隶积压案件十分严重，竟然有 12000 多件案件被积压未审。案件拖的时间也很久，短的 2~3 年，长的甚至达到 8~9 年。据说一些官员到任后，从未坐堂审案，可见司法有多么腐败。

其次是苛捐杂税泛滥。这给老百姓增加了沉重的负担，让他们的生活十分穷苦。民众怨声载道，但官员们却不为所动，说明官场已经腐败到了极点。许多地方的老百姓蠢蠢欲动，对官员完全不信任，给社会稳定造成极大的隐患。

最后是官员升迁任免腐败严重。直隶的官场已经有了这样一个共识，也就是无论干成什么样都不重要，决定一个官员的升迁，最主要的是看这个人的关系，而不是看他的政绩。这导致直隶的官员人心浮动，不好好做事，对待公务则尽量“支”、“展”：“支者，推诿他人，如院仰司、司仰府、府仰县之类，一经转行，即算办毕，但求出门，不求了事是也”，“展”就是拖延，“如上月展至下月，春季展至夏季，愈宕则愈松”。

面对如此乱象，曾国藩一气之下，开掉了11名官员。这些人少数是因为不正常履行公务，对待工作马马虎虎，“词讼置之不理，积压尤多”、“疏慵不理公事”，而另外绝大多数的人，主要因为经济犯罪和生活作风：“性情卑鄙，操守不洁”、“貌似有才，心实贪酷”、“擅作威福，物议沸腾”、“品行卑污，工于逢迎”、“专事夤缘，贪而多诈”、“浮征勒派，民怨尤甚”、“浮收勒派，贪名久著”。

这并不算完，曾国藩认为直隶的官场要整治就必须用重典，下大力气狠狠地治理才行。于是，五个月之后，曾国藩再度参劾了9名官员。这样一来，在曾国藩的严管之下，直隶的官员们开始改变过去懒散的工作作风，逐渐变得认真勤勉起来。

当然，曾国藩也十分注重赏罚分明。在惩罚官员懒政的同时，他也不忘嘉奖工作勤勉的人。他分两次表彰了总共19名“循良之吏”，以便为官场树立榜样。事实上，曾国藩一直认为官员的道德十分重要，他到直隶上任之后，也把提高官员的品德和修养，放在很重要的位置上。到任直隶第二天，向来不喜欢四处题词的曾国藩，竟然主动题词，并将其镌刻成楹联，悬挂在总督衙门里：随时以洁言巽语相规，为诸君导迎善气；斯民当火热水深之后，赖良吏默挽天心。

在对官员进行思想教育之外，曾国藩认为改变官场风气的另一个手段就是“清讼”，也就是清理历年积压的案件，借以挽回司法的权威。

为了规范办案程序，曾国藩认为不设定规矩不行，他亲自撰写了《直隶清讼事宜十条》，里面主要是改变旧有的拖沓慵懒的工作作风，形成一种“旭日初升气象”，杜绝“支”、“展”的陋习，并且提出要求，必须做到限时办理，超时问责，违者记过，如果“小过积至六次，大过积至三次者”，一律撤职惩办。

对于权力极大，直属总督衙门相当于省法院和省检察院的“保定府发审局”，曾国藩提出必须率先整顿，彻底扭转“行贿受托、得钱卖放、任意讹索、居间勒嘴、反复换差、反复求费”等不正之风，这样就能给其他单位做出表率，推动“通省之风俗立变”。

通过调查研究，曾国藩还发现一个现象，之所以直隶的州县官员办事效率低下，腐败严重，主要因为他们自身能力太差，平时做事完全靠谋士，没有了身边人的帮助就完全不能处理日常公务。于是，曾国藩决定改变这一状况，要求州县官员必须亲自收状子，整个办案过程要全程参与，实在需要幕僚帮忙的，官员们也要最后把关，不能置之不理。

通过以上诸多努力，直隶的官场总算有了一些起色。这也让曾国藩终于有了精力整治军队。

自从第二次鸦片战争以来，直隶的军队就变得十分脆弱，战斗力很差。表现在根本阻挡不了稍微成组织的军事力量。比如在对付捻军作战过程中，西捻军曾冲入直隶一带，但是直隶自己的军队根本无法对捻军发动还击，必须依靠从其他地区借调来的军队才行。

除此之外，随着洋人对中国的渗透愈来愈深，皇帝开始担心天津的港口会遭到洋人的攻击，那将直接威胁京城的安全。为此，朝廷希望曾国藩可以使得直隶的军队具备在港口作战的能力，一旦天津遭遇洋人的海上袭击，便可就近派出直隶的军队迎战，以保证京城的安全。

曾国藩刚到直隶时，还没有完全对军队摸清状况。直到接任三个半月后，在曾国藩做了很多调查研究后，针对军队他提出三条建议：第一条，叫“文法宜简”，主要意思是要简化直隶军队的规定，尽量简明扼要，讲求实效。这是他根据湘军的经验而来的，湘军勇丁“帕首短衣，朴诚耐苦，但讲实际，不事虚文。营规只有数条，此外别无文告。管辖只论差事，不甚计较官阶。而挖濠筑垒刻日而告成，运米、搬柴崇朝而集事”。但是反观绿营兵，就是太过讲求仪式礼节，好像不是军队而是官衙门。无论是出征还是训练，太多的条条框框，让绿营兵行动束手束脚，作战效率极低。曾国藩的建议就是，不要用绿营兵那一套，走湘军的实用主义路线。

第二条建议是“事权宜专”。直隶军队练军，主要效仿绿营，统领经常更换，统领之下的营、哨各官，也经常更换，而且都是总督指派。这样一来，统领在指挥作战时，下面的各级主管都不见得都听从他的意见。曾国藩认为，以后练兵应该学习湘军，一营之权，全部交给营官，由他来做全权指挥，更高级别的官员不能干涉，这才能充分发挥各级官员的主观能动性，也可以随时应变战场上的形势，确保战斗的胜利。

第三条建议叫“情意宜恰”。现在主持练军的营官，没有对士兵的提拔和黜革之权，他的手下并不是他选择的，某种程度上说，脾气可能都不对付。平时不打仗还好，遇到重大突发事件，由于没有情谊上的相投，导致信任度很低，非常不利于战斗力的提升。将来直隶的军队要仿效湘军的办法，统领选营官，营官选哨官，哨官选什长，什长选勇丁。

根据曾国藩这三条建议，直隶练军的方式已经跟过去的绿营兵练兵方法相去甚远，而在形式上更接近湘淮军。曾国藩的确就是想打造另一支湘军，在他眼里，湘军的练兵方法是用实战检验过来的，实用有效。于是，在半年以后，1869 年 10 月 2 日，曾国藩又上奏皇帝，希望为练军设立长夫之制。每营练军设长夫一百五十人，这一百五十人实际上就是辎重和后勤兵。每月拔营一次，实际就是我们今天说的军事演习。拔营的时候也要仿照湘军过去的做法，不能坐车出行，而是要步行二三百里。

1870 年 5 月，曾国藩又为练兵拟定了具体的规范，他主持起草了《直隶练军步队营制》和《直隶练军马队营制》。经过这样一番努力，曾国藩很快就把直隶的练军制度建成雏形，其核心就是要采用湘淮军的制度，完全摒弃绿营的方式。直隶编练练军的做法受到其他地方的效仿，许多省份都仿照直隶的做法建立了练军的规范，绿营逐渐消亡。

在练军的同时，曾国藩也开启了另一项重要任务——治水。直隶的地理位置优越，它在华北平原北端，这里也是中华文明最早的发祥地之一。然而自古以来，直隶地区又是水旱灾时常发生的地方。特别是在清代，直隶靠近京师，每次发生水旱灾不仅对当地的民众生活造成极大影响，更重要的是对京师的稳固带来极大危害。清朝历代皇帝都十分重视直隶的水利治理，而此次将曾国藩派到直隶任总督，给他的一个重要任务就是治水。

此时，直隶的水利状况也十分不好，主要原因是从咸丰初年直到曾国藩任直隶总督之前，清朝不断遭受太平天国和捻军的袭扰，加上与英法联军的战争，根本没有钱投入直隶的治水工程中。如今，大的战争好不容易结束，治水就显得极为迫切了。

按理说，直隶作为北方省份，下雨并不多。往往是十年久旱，雨水十分稀少。但是每次一下雨，都会造成大的洪涝灾害。原因是此地的生态环境很差，基本上已经破坏殆尽，一遇到下雨，河水携带大量泥沙而至，日复一日，年复一年，河床常常比堤外的民田和平地还要高，变成了像黄河一样的“地上河”。一遇大水，河水或者漫溢而出，或者冲垮堤坝，造成巨大的灾害。最棘手的事情是，有时候同在直隶，一个地方可能因为大雨而造成水灾，另一个地方却是滴水未进，反而是旱情十分严重，这对于直隶的地方官来说是个严峻的考验。

坦白说，曾国藩在治水方面的经验并不足。在此前的为官经历中，很少面对这样一个复杂的局面。况且治水谈何容易，也不是一朝一夕就能解决的事，往往需要几十年几代人的努力才可能看出一点成效。

况且，受制于当时的技术条件，人在那时候面对自然灾害的应对能力十分有限，可供曾国藩调配的资源和经费也并不十分宽裕，因此在曾国藩时代，他做的只是尽可能减少一点水患而已。

然而，还没等曾国藩做出进一步努力，震惊中外的天津教案爆发了。他只好拖着已经生病的身体，去天津处理教案。

四、处理天津教案

1870年发生的“天津教案”在中国近代史上影响深远，是晚期时期发生的最大“教案”之一。由于它涉及西方国家众多，包括法国、英国、美国、俄国、比利时和意大利等多个国家都与此案有关，因此它的国际影响极大，对晚清政局的走向也有影响。

追根溯源，天津教案与第二次鸦片战争后签署的一个条约有关。1858年，大清帝国和法国签署了《中法天津条约》，这个条约是个不平等条约。比如关于“传教”的两个条款，就充分显示了法国人在中国的特权。这两个条约是这么写的：法国人有权进入中国内地传教；法国人在中国犯罪，由法国领事逮捕和审判。

关于这两点，《中法天津条约》还有两个相关条款，里面说得更为清楚：

“第十三款天主教原以劝人行善为本，凡奉教之人，皆全获保佑身家，其会同礼拜诵经等事概听其便，凡按第八款备有盖印执照安然入内地传教之人，地方官务必厚待保护。凡中国人愿信崇天主教而循规蹈矩者，毫无查禁，皆免惩治。向来所有或写、或刻奉禁天主教各明文，无论何处，概行宽免。”

“第三十八款凡有大法国人与中国人争闹事件，或遇有争斗中，或一二人及多人不等，被火器及别器殴伤致毙者，系中国人，由中国官严拿审明，照中国例治罪，系大法国人，由领事馆设法拘拿，迅速讯明，照大法国例治罪，其应如何治罪之处，将来大法国议定例款。如有别样情形在本款未经分晰者，俱照此办理，因所定之例，大法国人在各口地方如有犯大小等罪，均照大法国办理。”

《中法天津条约》签订之后，让很多法国人看到了在中国传教的巨大空间。许多法国传教士纷纷进入中国，他们办了很多教堂从事传教活动。天津的教堂也有不少，其中一批法国神父和修女在位于今天天津市河北区狮子林街的地方，建起了一座哥特式的教堂“望海楼”，非常有名气。

在这座“望海楼”里，平时法国神父和修女们主要从事做礼拜、发展教徒、讲经唱诗等活动，此外，他们还开办了一个专门收留遗弃婴儿的“育婴堂”。

在那个年代开办“育婴堂”绝对是一大善举，也是对当地人民做的一件好事。由于清末连年征战，许多百姓生活贫苦，常常食不果腹，加上那时重男轻女思想严重，要是生下一个孩子养不起或者是女孩儿，他们就直接把婴儿丢弃在闹市或者荒野，十分让人心酸。目睹了这一现象的神父和修女们于心不忍，便将这些弃婴收留下来，办成一个育婴堂。“育婴堂”办起来之后，获得不少当地百姓的称道，他们在看到有人乱丢婴儿之后，便主动把他们抱到育婴堂里。

久而久之，“育婴堂”对于抱孩子来的老百姓开始给予一定的金钱奖励。其实育婴堂的目的很单纯，就是奖励这些人的善举，并鼓励他们以后若看到弃婴，就直接抱来。然而，这种单纯的奖励，却成了许多人眼里的商机。当“送婴儿到教堂有钱收”的事情，传遍天津的街头巷尾后，许多地痞流氓发现，这或许是个生财的好门路。

这些流氓开始的时候还是四处找弃婴，后来就干脆满世界哄骗小孩，将他们直接拐到育婴堂，以领取奖励费。当修女们问他们这些孩子的来源时，他们就随便扯个谎，说是弃婴，修女们也不多想，还是照常给他们奖赏。当然，这也跟法国人对中国的文化不了解有关，更何况他们大多中文一般，与中国老百姓的语言交流能力较差，所以很难识破流氓们的把戏。

本来事情也没有暴露，虽然天津很多家庭的孩子失踪，但家长们从来不会想到是流氓把孩子拐到了育婴堂。转折发生在6月。6月初，天津的天气已经变得有些炎热。不巧，当地突然遭遇瘟疫，育婴堂里也未能幸免，有三四十个婴儿患病而死。婴儿死亡之后，育婴堂对其善后考虑不周，找了一些丧葬工人草草把他们掩埋了。

或许是给工人的费用不太够，工人们掩埋这些婴儿时很草率。为了节省成本，工人们把几个婴儿放在一口棺材里掩埋，而且坑挖得也浅，基本上只是刚刚能把土覆盖住就算了事。

由于天气炎热，加上死婴被埋得太浅，野狗在半夜里嗅到气味，纷纷跑过来，并将死婴们刨出来吃掉。这让许多路过的老百姓看到了这一惨不忍睹的情景，大为吃惊。老百姓此前并不知道实情，看到这种景象，他们第一个反应就是教堂杀害了婴儿。很快，这个说法开始在天津民间传播，传到后来，竟然成了天主堂神父和修女派人用药迷拐孩子去挖眼剖心制药。

事态在逐步扩大，官府不得不介入调查。很快，他们就抓到一名叫武兰珍的迷拐犯。民众们总算得到了稍许安抚，他们严加拷问武兰珍，让他说出诱拐婴儿的始末。武兰珍说，他自己并非始作俑者，主要是受教堂门丁王三的指使，“令其出外迷拐男女。前在穆庄子拐得行路一人，曾得洋银五元”。

武兰珍的说法立刻在天津老百姓中间传播开来。大家又将矛头指向了法国人开办的教堂。民众与士大夫群情激昂，许多乡绅也联合起来，他们在孔庙集会，声讨教堂的暴行。文人也不甘示弱，天津比较著名的书院为了声讨法国人干脆停课。更主要的力量来自普通老百姓，他们自发地跑到教堂外，多达上万人一起向法国人表达愤怒。一些情绪失控的民众甚至开始施加暴力手段，他们拿起砖块，直接抛向了天主教堂。

与此同时，官府也在紧锣密鼓地抓捕罪魁祸首——王三。6月21日，天津道员周家勋率知府张光藻、知县刘杰去教堂抓人，他们还特意带上了武兰珍一起，希望他能当场指认王三。然而，事情并没有想象的顺利，他们找遍了教堂，并问询了教堂负责人，里面并没有王三这个人，“遍传堂中之人，该犯并不认识，无从指证”。这时候，官府觉得之前对教堂内部人拐卖儿童的看法，有可能是错的。然而，老百姓已经顾不得去了解真相了，他们坚持认为就是外国人杀害了婴儿。

此时，在教堂外的围观人群越来越多，而且他们当中的许多人已经按捺不住愤怒的情绪，迫切希望冲进教堂，捉拿凶手。教堂里的神父和修女十分害怕，赶紧向法国驻津领事丰大业求助。

丰大业情绪也很暴躁，他“像一头受伤的野兽”带人闯入三口通商衙门和天津府衙门，要求地方大员崇厚、张光藻调兵镇压。清朝的官员拒绝了法国人，这让丰大业的情绪几近失控。当他在狮子林浮桥上遇到静海知县刘杰时，气急败坏地与他辩论。双方争吵不休，丰大业一时控制不了情绪，开枪向刘杰射击，把挡在刘杰身前的用人刘七当场射杀身亡。

丰大业的开枪杀人行为无异于火上浇油。天津民众一拥而上，他们把丰大业和他的随从活活打死，但还是气不过，直接冲入法国教堂，扯碎法国国旗，打死法国神父、修女、洋商、洋职员及其妻儿等计20人（包括几名俄国人），以及中国雇员数十人。民众不光杀人，还点起一把火，把望海楼的教堂、育婴堂、领事署及英美教堂数所全部烧了，制造了震惊中外的天津教案。

教案发生后，举世哗然。当时十分软弱的清政府向来在西方列强面前低三下四，这一次西方列强十分震惊，清朝的老百姓竟然敢打死法国人，还烧了他们的教堂。这实际上损害了整个西方列强在华的利益，于是，英、美、法、德、俄、比、西七国驻京公使联合向清朝总理衙门提出抗议，他们要求清政府迅速做出反应，尤其是应该严厉惩办教案的犯案人员。除此以外，这些国家还要实施武力恫吓，调派军舰到天津海口和烟台。

面对紧急态势，清政府想起了正在直隶的曾国藩。6月23日，在事情过去刚刚两天时，清政府派遣曾国藩前往天津查办教案。按理说，曾国藩此时可以找理由推托，因为这一看就是一个烫手的山芋。况且，曾国藩身体很差，此刻正在病假期间，尚未痊愈。当得知此消息时，他的很多朋友和下属都劝他不要去，“阻者、劝者、上言者、条陈者纷起沓进”。大多数人的意见十分相似，就是主张曾国藩不要前往，幕僚史念祖说得更为直接，他认为赴天津办案“略一失足，千古无底”。

曾国藩在朝廷摸爬滚打了这么多年，他当然知道此事深浅，处理教案绝对是一个吃力不讨好的活儿。然而，他的儒家思想又在促使他要报效朝廷。某种程度上，他对自己的处理复杂问题的能力还有些信心，作为距离天津最近的朝廷地方大员，他希望凭借自己的努力把事情解决好。涉足政界多年，对其中的利害关系不会不知。然而他并没有犹豫，一方面在于朝廷倚重，职责所在；另一方面他也希望通过自己的努力将事态以最稳妥的方式解决。

临行前，曾国藩给两个儿子留下一封带有遗嘱性质的书信：“余此行反复筹思，殊无良策。余自咸丰三年募勇以来，即自誓效命疆场，今老年病躯，危难之际，断不肯吝于一死，以自负其初心。”

然而，此时对于如何处理教案，满朝文武百官的观点并不统一。内阁中书李如松比较偏向中国百姓，他的观点某种程度上代表了绝大部分民众的心声：教案的起因是“教匪迷拐幼孩，继因丰大业向官长开枪……斯时，民知卫官而不知畏夷，知效忠于国家而不知自恤罪戾”。李如松进而建议朝廷：“天津人民是为保护官吏而击毙洋人的”，非但不可惩处，还应该善用民心，“乘此机会，尽毁在京夷馆，尽戮在京夷酋”。

左宗棠的意见也倾向于以强硬姿态应对西方列强。他给朝廷的回信里说，不必害怕事态扩大，外国人一般是通过威胁政府官员去压制老百姓，如群众起来闹事，他们会慎重考虑，不致遽尔挑起战争。

然而，曾国藩并不这么想。7 月 8 日，农历六月初十，曾国藩抵达天津。在决定处理案件之前，他也大概了解了事情的整个经过。他明白，这件事如果追究责任，洋人肯定是挑事在前，要不是丰大业率先寻衅滋事，开枪射杀刘七，天津老百姓不可能变得怒不可遏。从这个道理上说，应该秉公持平办理。

不过，曾国藩想的不只是案件本身，他更意识到，这个案子如果处理不好，相关的外国列强一定不会善罢甘休。这件案子涉及国家太多，包括法、俄、英、美、意等列强，“万一牵动各国同时推波助澜”，“中国此时之力何能遽与开衅”？

曾国藩思前想后，权衡再三，终于决定“不欲以百姓一朝之忿，启国家无穷之祸”。从办案策略上，曾国藩还是有所侧重，他介入案件是从武兰珍原供的虚实入手。早在保定动身时便致信崇厚：“欲推求激变之由，自须由此根究武兰珍是否实系王三所使，王三是否系教堂所养，挖眼剖心之说是否凭空谣传。”

曾国藩到达天津的第一件事，就是亲自审讯犯人。他也跟人一起到教堂现场办公，找相关人士核对情况，勘查案发时的状况。在充分调查研究的基础上，曾国藩对于原来的供词提出了自己的疑问：一、武氏供词时供时翻，原籍在天津，与所供晋宁不符，且无教堂指使确据；二、教堂男女有一百五十全名，由各自家庭送来养育，非迷拐而来；三、亲自询问拦舆递禀的数百民众，所谓教堂挖眼剖心之说，并无一人亲眼所见。

除此之外，曾国藩还详细了解民众的心理，认为一般老百姓对教堂怀疑有如下原因：一、教堂给人的神秘感太强，由于它常关着大门，老百姓都以为那里面做了见不得人的事，比如囚禁小孩儿。其实勘查之后才发现，教堂里是有个地窖，但它的目的只是为了隔去湖湿，度置煤炭。二、还有一个人的经历，也是谣言能够传播的重要原因。这个人因为去教堂治病过程中，受到感染而信教，他不回家了，反而让人以为他被洋人下了迷药。三、由于教堂平时收养人太多，动辄几百人常住在教堂里吃喝，遇到重大疫情时，病死的人数不计其数，让人很怀疑是不是有什么见不得人的事。

在收集了如此多的信息之后，曾国藩做了几件事：第一，他主动向老百姓澄清，所谓教堂“挖眼剖心”的传言完全都是谣言。这些谣言没有事实依据，站不住脚。第二，严惩杀死洋人的凶手，镇压中国老百姓民众，其主要目的还是显示大清帝国对遇难洋人的安抚。第三，处理天津地方官员。当然这也是受到了法国人的压力。在教案发生后，法国公使罗淑亚很快抵达天津。在与曾国藩会面时，他提出了四项要求：赔修教堂，埋葬丰大业，查办地方官，惩究凶手。对于查办地方官这项，曾国藩非常严厉。他认为天津知府张光藻、知县刘杰都犯了过错，主要是他们在办理民教启衅一案事前疏于防范，事后又不能迅速获犯。曾国藩立刻将他们革职，交刑部治罪，陈国瑞交总理衙门查办。

在处理得差不多之后，他把整个事件处理过程写成了一封《查明天津教案大概情形折》，于 7 月 21 日向朝廷汇报。没想到，当这封折子的内容向公众公开后，全国乃至世界舆论瞬间为之哗然。

一方面是国内各种抗议的声浪，各地民众根本不相信曾国藩的调查结论，“京师湖南同乡尤引为乡人之大耻”，“物论沸腾，至使人不忍闻”。旅居北京的湖南同乡气愤不已，立刻宣布把曾国藩从同乡会中除名，并且砸毁了曾国藩手书的“湖南会馆”匾额。天津更是民怨沸腾，老百姓走上街头，抗议曾国藩所做出的事件调查结论。另一方面，西方列强也不满意曾国藩的说辞，法、英、美、俄等七国联合抗议，并以出动兵舰相威胁。

如果从当时中国身处的国际环境来看，1870 年的中国实在无力与西洋列强做鱼死网破之斗。曾国藩对于这种处境是非常了解的，他做的天津教案调查结论，也跟当时的清政府实力有很大关系。

归根结底，天津教案的出现并非偶发事件，这是第二次鸦片战争的连锁反应。在战争期间，英法联军两度攻入津京，大军所过之处，中国老百姓就对洋人非常反感。战争过后，法军在中国人视为具有皇宫和庙宇意义的原址上，建立了罗马天主教大教堂。除此之外，《天津条约》和《北京条约》中关于传教自由的权利和其他政治经济权益的割让，都是导致京、津民众仇外情绪滋长和蔓延的根源。

此外，曾国藩也认识到，基督教在条约制度的保护下越来越渗透进中国社会之中，甚至成为颇具影响的政治势力。对此，曾国藩也做过仔细的分析："教堂近年到处滋事，教民好欺不吃教的百姓，教士好庇护教民，领事官好庇护教士，明年法国换约，须将传教一节加意整顿。"很显然，曾国藩也非常了解西方传教事业与政治结盟的本质，这种结盟必将对中国社会的安定带来危害。然而，由于体认到此时的大清朝并没有跟西方列强对抗的本钱，于是他还是选择了妥协。

从教案的处理结果看，曾国藩把"委曲求全"已经做到了极致，他先是对外国教人一味偏袒，对涉案人员以命相抵伤毙洋人，这种做法不仅有违公道，对中国民众也是沉重的打击。

看到老百姓对处理结果如此不满，清政府不得不舍弃曾国藩，换上李鸿章，以平息国内的舆论风暴。交接时，曾问李："你与洋人交涉，准备怎么办？"李回答："我想与洋人交涉，不管什么只同他打痞子腔。"

虽然李鸿章态度看上去比曾国藩强硬了许多，称"彼既挟兵船而来，似不能禁我之不调兵"，并把郭松林军放在河北彰德，周盛传军扎在山西平阳以壮胆，以迎合民意；但私下里他也知道清朝的处境，他曾对人诉苦："目前只求不开兵端，免得中外骚动，牵掣大局"。他对前景实际上非常不乐观，私下里认为：如果议和不成，真的与法国开战，则淮军"未足当劲旅而操胜券"。

不过，在对涉案人的处理方面，李鸿章稍微改变了一下曾国藩的处置决定，他虽然仍坚持判处十六人死罪，但是对于另四人，他决定他们因属误杀俄人可以暂缓执行，后来改判斩监候和杖流。他还发配了二十五人充军，天津知府张光藻、知县刘杰发配黑龙江充军，陈国瑞免于处分，赔偿法、俄、英、美等国白银五十余万两。

为了平息法国人的怨恨，清朝政府还让大臣崇厚作为专使，专门远赴欧洲向法国道歉，以示与法国"实心和好"。1870 年 10 月 28 日，崇厚从上海出发，不过事有不巧，当他到达法国马赛时，正好是普法战争打得最为激烈的时候。此时，法国人显然没工夫接待中国来客。崇厚只好在法国苦苦地等，在等了将近 1 年之后，直到 1871 年 11 月 23 日，法国第三共和国首任总统梯也尔总算接见了他。崇厚呈上了同治皇帝的道歉书，并希望法国对中方惩凶与赔款感到满意，梯也尔的回答还算客气："法国所要的，并非（中国人的）头颅，而是秩序的维持与条约的信守。"

至此为止，"天津教案"总算完结，它对大清朝的威严有极大损害，完全丧失了颜面。除此之外，对于参与这件事的许多清朝官员也有极大影响，首当其冲者就是曾国藩。曾国藩仿佛一夜之间从"中兴名臣"变为人人喊打的过街之鼠。全国上下，无论男女老幼，都认为曾国藩十恶不赦，骂他是"汉奸"、"卖国贼"。

就连曾国藩身边的人也受到殃及。老百姓对协助处理津案的丁日昌也十分不满，认为他也是帮凶，说他是"丁鬼奴"。朝廷还有不少官员要求严惩涉事官员，像醇郡王奕譞等就直接要求皇帝下旨讨伐洋教、惩处媚外官员。

最后的拍板权还是在慈禧太后手中，这也是她惯常用的两手平衡策略。她急于跟西方列强议和，同时保持自己“重民意”、“惜民气”的“清议”，所以她必须要牺牲掉曾国藩等人，让他们成为天津教案的替罪羊。

曾国藩就这样黯然神伤，离开了天津。

五、人生的末路

曾国藩于 1870 年 10 月 17 日从天津离开。他离开天津后，并没有急着赴金陵接任两江总督，而是先去北京面见皇帝。

虽然背负了不少骂名，但在离开天津前，曾国藩依然受到文武百官和当地百姓的热烈欢送。这其中也包括曾国藩的学生，也是他的接任者李鸿章，也前来为老师送行。

曾国藩已经老了，他体弱多病，此去江南任职，少不了会遭遇许多磨难。李鸿章心中十分清楚，能够当面向曾国藩请教的机会不会太多了。他免不了黯然神伤，独自又送了曾国藩几里路。这一路，关于对时局的看法，两人敞开心扉地交换了许多心得。

曾国藩再次回到了京城。按照清朝任命官员的惯例，曾国藩还必须接受慈禧太后的训话。10 月 20 日、21 日，曾国藩觐见慈禧太后。慈禧太后又问起了直隶练兵的情况，当然她也十分关心天津教案。

慈禧太后：“南边练兵也是最紧要的，洋人就很可虑，你们好好地办去。”曾国藩回答：“洋人实在可虑，现在海面上尚不能与之交战，惟尚设法防守。臣拟在江中要紧之处修筑炮台，以防轮船。”慈禧太后：“能防守便是好的，这教堂就常常多事。”曾国藩：“教堂近年到处滋事，教民好欺不吃教（即不信教）的百姓，教士好庇护教民，（外国）领事官好庇护教士。明年法国换约，须将传教一节加意整顿。”

过了十天，曾国藩在 11 月 1 日又一次接受慈禧太后的问话。这一次，慈禧问起了他将要赴金陵任职的事："尔几时起程赴江南？"曾国藩："臣明日进内随班行礼（指为慈禧太后祝寿——著者），礼毕后三两日即起程前赴江南。"慈禧太后："江南的事要紧，望你早些儿去。"曾国藩："即日速去，不敢耽搁。"慈禧太后："江南也要练兵。"曾国藩："前任督臣马新贻调兵二千人在省城训练，臣到任，当照常进行训练。"问："水师也要操练。"曾国藩："水师操练要紧，海上现造有轮船，全未操练。臣去，拟试行操练，长江之中，拟择要隘处试造炮台，外国洋人纵不能遽与之战，也须设法防守。"慈禧太后："你从前用过的人，此刻好将尚多么？"曾国藩："好的现在不多。刘松山便是好的，今年又糟踏了（指刘松山阵亡——著者），可惜！"慈禧太后："水师还有好将吗？"曾国藩："好将甚少。若要操练轮船，须先多求船主（舰长）。"

关于慈禧太后调曾国藩重回江南，牵涉的因素有许多，这其中的一个重要原因是，慈禧不满曾国藩在天津教案中的表现。慈禧太后认为，曾国藩对"天津教案"根本就不上心，并没有把全部精力放在处理案件上。在紧要关头，慈禧太后发现曾国藩竟然还有闲情逸致喝茶、下象棋，甚至在慈禧太后写了几封信给他之后，仍然毫无改观。这让慈禧太后非常恼火。

慈禧太后哪里容得下一个封疆大吏如此不听招呼？虽然在她心里，曾经十分倚重曾国藩的才干，但这次"天津教案"彻底把慈禧太后与曾国藩的君臣关系搞翻了。如果慈禧太后已经不再对曾国藩信任，她下意识的反应当然是把他调离身边。正当慈禧太后苦寻一个合适的机会把曾国藩调开的时候，突然传来两江总督马新贻遇刺身亡的消息。慈禧立刻决定，让曾国藩重新担任两江总督，他上任后的头等大事便是处理"刺马案"。

1870 年 11 月 7 日，曾国藩离开京师，踏上赴金陵上任的路。他此时的心情，远比他两年前从金陵北上时更加复杂。他或许也从来没想过，这一次离开京城，此生他便再没有机会回来了。

两江总督马新贻是在1870年8月22日被刺的。种种迹象说明，刺马案并不是一件偶发事件，而是一件有计划、有组织的政治谋杀事件。特别是如果仔细分析案件的实施过程，舆论的配合方式，以及对审案的精心策划和对结案的精明设计，都说明它出自高人之手。有一种传言认为，“刺马案”是由湘军策划，事实上，由于“刺马案”从头到尾太过复杂，即便是湘军二号人物曾国荃也没有能力将整个事件设计得如此巧妙。

“刺马案”的事件经过是这样的。事发当天，两江总督马新贻外出参加一项公务活动。他先是来到督署西边的校场，循例阅射。每年一度的总督阅射，是一项当地重要的社会活动。为了体现官民一家，官方都会允许当地群众参与，这让总督阅射这天热闹非凡。然而，突发状况就是发生在人群当中。

当马新贻结束阅射回衙途中，突然有一位老者冲出了人群。他头顶着一张状纸，扑到马新贻轿子前，口中还念念有词，大声喊冤。按照以往情况，一个官员在外出时遇到百姓喊冤十分正常。更何况，清政府对此也有明确指令，要求地方官员必须善待沿途喊冤的人，只要他们有状子，官员必须先接状，这样要求的目的也是体现朝廷对百姓的关怀。

因此，对于这样一件突发状况，无论是马新贻还是他手下的护卫都没想太多，觉得这就是一次正常的百姓喊冤。护卫人员走上前去，把老者的状纸接过来，并呈交给马新贻。马新贻把状纸草草看了一遍，并没有立即表态，他让兵丁将喊冤人带回衙门，便下令继续赶路。

没想到，就在这时发生了意外。人群中，突然有一个男子跳出来，他样子也就是三十多岁，手上拿着一把匕首，直接向马新贻刺去。马新贻毫无防备之下，右肋被匕首刺进，当场倒地。护卫看到这种情况，当时有点傻眼，好在马新贻的贴身随从方秉仁迅速上前，他一把抓住刺客的辫子，将他手上的凶器夺下。这时候，其他人也一拥而上，将刺客制伏。令人奇怪的是，刺客并不想逃跑，反而任人将他绑住。他还用北方口音大声嚷嚷："刺客就是我张文祥。大丈夫一人做事一人当。"

此时马新贻伤势很重，家丁把他扶起来，赶忙向府衙抬。这时候，其他官员也得知了总督被刺的消息，包括江宁将军魁玉、江宁布政使梅启照以及司道各员闻讯后，立刻来到督署探视。

因为刺客刺的伤口太深，马新贻呼吸越来越困难，生命已经垂危。他知道自己大限已到，便开始口述遗书。他还口述了一封呈朝廷的信："伏念臣身经行阵，叠遭危险，俱以坚韧固守，幸获保全。不意戎马余生，忽遭此变，祸生不测，命在垂危，此实由臣福薄灾生，不能再邀恩眷。而现当边陲未靖，外患环生，既不能运筹决策，为朝廷纾西顾之忧，又不能御侮折冲，为海内弥无形之祸，耿耿此心，死不瞑目。"23 日下午，马新贻终因为伤势太重，于府衙去世。

"刺马案"惊动了朝野，包括同治皇帝和慈禧太后，他们觉得这件事对朝廷的影响太坏，因此急于查处被抓刺客的动机。然而，刺客嘴非常硬，虽然审讯了很长时间，他就是不说幕后的指使者是谁，他为什么要行刺两江总督。张文祥被各种官员轮番审讯，先是江宁将军，后来是漕营总督，他们都没法让张文祥开口。

这件事由于拖得太久，竟然长达一年半时间结不了案，导致社会上流言蜚语，各种江湖传闻不断，令朝廷承受巨大压力。直到 12 月 12 日，负责审讯的官员仓促之间随便写了一个案情报告，递交给朝廷："凶犯张文祥曾从发捻，复通海盗，因马新贻前在浙抚任内，剿办南田海盗，戮伊伙党甚多。又因伊妻罗氏为吴炳燮诱逃，曾于马新贻阅边至宁波时，拦舆呈控，未准审理，该犯心怀忿恨。适在逃海盗龙启云等复指使张文祥为同伙报仇，即为自己泄恨，张文祥被激允许。……本年七月二十六日，随从混进督署，突出行凶，再三质讯，矢口不移其供，无另有主使各情，尚属可信。”

表面上，这个奏折还说得过去，但最后那四个字“尚属可信”显示出来，这件案子并没有水落石出。朝廷也不傻，他知道指望下面这些官员是破不了案子的。便决定让曾国藩重回金陵，专门查刺马案。为了配合曾国藩的审讯工作，朝廷再派刑部尚书郑敦谨作为钦差大臣携随员赴江宁复审。

在曾国藩启程回金陵之前，他已经开始通过自己的渠道关注刺马案的详细经过。而向他提供信息的人，便是江苏巡抚丁日昌。丁日昌之所以关注此案，是因为他自己被牵扯了进去。

当时有一种说法是，马新贻被刺是因为督抚不和，丁日昌对这件案子肯定负有责任。满朝文武也开始怀疑丁日昌，这令这位江苏巡抚倍感压力。甚至太常寺少卿王家壁直指马新贻被刺与丁日昌有关，他上奏说：“江苏巡抚丁日昌之子被案，归马新贻查办，请托不行，致有此变。”

他说的这件丁日昌之子案是这样的。1869 年 10 月 5 日，太湖水师勇丁徐有得、刘步标陪同哨官王有明到苏州看病。晚上，徐、刘二人闲得没事，便一起去妓院。没想到，在那里他们遇到了丁日昌的儿子丁惠衡，他也带着家丁在妓院玩。因为一点小事，双方发生了争执，导致丁家打死了徐有得。

丁日昌听说此事气愤至极，但是他自知身为朝廷命官，难逃疏于管教家人的责任。便主动向朝廷上奏，自请议处。朝廷命令两江总督马新贻亲自审理此案，丁日昌的侄子主动投案，但他的儿子丁惠衡却被传唤而未到。丁日昌自己的解释是，儿子逃跑了，他也不知道去向。

因为丁日昌的儿子迟迟不到，导致此案拖了很久，一直到 1870 年 7 月 6 日才结案。然而就在此案结案后 40 多天，就遇到了刺马案，很多人难免将怀疑的对象放到了丁日昌身上。丁日昌看到这种局势非常焦虑，当他听说曾国藩要回来主持案件审理，便觉得似乎抓到了一个救命稻草。毕竟，曾国藩是他的直接上级，他来金陵总会对自己有些好处。

1月2日，曾国藩终于抵达江宁。到了14日，他正式接受两江总督大印，开始理事。不过，曾国藩并不着急判案。他耐心地调阅卷宗，了解案情。同时他还不忘继续读书，他每天都在看《阅微草堂笔记》。在这两个月的悠闲时光里，曾国藩还为他的前任马新贻作了一副挽联，并前去吊唁了一番。之所以曾国藩要这么做，邓之诚在《骨董三记》中说："国藩不欲深求，必有不能深求者在。"

曾国藩要等的是钦差大臣郑敦谨来的时候再说。果然，当郑敦谨抵达江宁后，第二天便正式开始审案。虽然郑敦谨踌躇满志，一心想尽快了结此案，接连审问了长达14天之久。但案情仍然毫无进展，案犯还是狡辩到底，死不承认。

3月19日，郑曾二人写了一封措辞严密的奏折，向皇帝汇报。虽然行文比上一次的报告要严谨很多，但其内容还是跳脱不开过去的框架，只有两点不同：强调张文祥"听受海盗指使并挟私怨行刺"，"实无另有主使及知情同谋之人"；希望对张文祥加大惩罚力度，除了"按谋反大逆律问拟，拟以凌迟处死"外，又增加了一条"摘心致祭"。

郑曾二人为了造成已经结案的事实，在上奏时，特意抄录了一份送到军机处、刑部存案。此时朝廷也不想再拖着不结案了，便同意了两人的奏折。4月4日，曾国藩奉旨监斩，将张文祥凌迟处死，并摘心致祭。

"刺马案"就这样草草收场了。曾国藩的加入，并没有查出真正的凶手，只是在程序上更加严谨，加快了结案的进度。因此，刺马案的各种谣言仍然在社会中广泛流传，以至于让这个案子成为"清朝四大奇案"之一。

曾国藩此次任两江总督，从接印起到生命终结，只有一年又三个月。在这一年多的时间里，他可干的事情并没有太多。在结束了对"刺马案"的审理，曾国藩在两江总督任上还干了一件轰动全国的事儿，就是派出了第一批官费留美学生。

说到赴美留学这个历史事件，就必须提到容闳。容闳是中国近代留学史上最有名的奠基人，被称为“留学生之父”，他参与了这一历史事件的全过程。容闳于1847年在美国传教士的帮助下赴美留学，并以优异的成绩从耶鲁大学毕业，成为第一位“毕业于美国第一等之大学校”的中国留学生。

回国后，作为享受了留学好处的容闳，觉得有义务帮助中国更多的年轻人到国外留学，便一门心思筹划派遣留学生的计划。甚至在以后17年时间里，他一直在做这种努力。

1872年8月11日，在洋务派中心人物曾国藩、李鸿章等的支持下，清政府决定派遣第一批留学生前往美国，从此以后，开启了中国年轻人源源不断地赴美留学的历史。

包括第一批留学生在内，此后三年中国总共派出了120名学生赴美，他们主要到美国的中小学学习。120名学生的专业主要分为两类，一类是修法律专业，占据三分之一比例；另一类是路矿工机（即铁路、矿山、工程、机器），大约占三分之二比例。

中国孩子们出国后，表现出优异的品质和吃苦耐劳的作风。他们不仅很快接受了西方教育的观念，而且掌握知识的速度也很快。美国舆论界对他们的评价是：“他们机警、好学、聪明、智慧。像由古老的亚洲帝国带来的幼童一样，能克服外国语言的困难，且能学业有成，吾人美国子弟是无法达成的。”当时耶鲁大学校长朴德对中国留学生也大为褒奖：“自抵美以来，人人能善用其光阴，以研究学术，以故于各种科学之进步，成绩极佳。既文学、品行、技术，以及平日与美人往来一切交际，亦咸能令人满意无闲言。”

留学生们如此迅速地得到西方认同，利弊都有。很多学生的思想迅速开始西化，他们对清政府的昏庸无能越来越反感，在跟美国人的交流中时常露出此类思想，比如黄开甲在给他美国房东巴脱拉夫人写信说，“中国不值得同情，她该受一个惨痛的打击，一个彻底清除腐败后再改革了的政府才适合治理她万千的子民”。

对于留美学生的思想变化，清朝的顽固派们简直是无法忍受。当初他们就十分反对中国派遣留学生赴美，这下终于找到了机会，负责幼童们事宜的大臣多次上书表示赴美的幼童“数典忘祖”、“丧失德行”。清廷不得不屈服于顽固派的主张，于1881年将赴美学生全部撤回，中国第一批留学生计划被迫中断。

中国首批留学生赴美计划虽然中断，但其意义不容忽视：

首先，它开启了中国留学生集体赴海外的先河，对国内教育有极大促进作用。这些留学生去美国的时间虽短，但他们对国内的影响极大，清朝当时的洋务派也对他们评价很高，比如李鸿章认为，“选募学生出洋肄业西学，培养人才，实为中国自强根本”，张之洞亦感慨说：“出洋一年，胜于读西书五年，此赵营平百闻不如一见之说也。入外国学堂一年，胜于中国学堂三年，此孟子置庄岳之说也。”正是由于赴美留学生的积极影响，让清政府也不得不正视从西方获得知识和经验的重要性。此后，他们又陆续派遣学生到欧洲国家学习，足可见中国首批赴美留学生的意义深远。

其次，中国赴美留学生造就了一大批人才。本来这些幼童就是千挑万选而来，他们的智力水平优于常人。在接受了西方教育回国后，立刻展现了超出同辈人的水平。在94个回国学生中，詹天佑和唐绍仪是代表人物。1894年，詹天佑设计、施工、建造了中国第一座近代化桥梁——滦河大桥，他的另一项成就是修建了京张铁路，在他主导下，不仅施工时间提前了两年，项目花费也大大减少——比外国人修建预算节约了白银28万两。唐绍仪则是一位杰出的外交家，曾经担任过内阁总理大臣。有一个例子可以充分说明唐绍仪的才干，那是在1903年时，英国殖民者与达赖班禅签订《拉萨条约》，妄图把西藏从中国分裂出去。唐绍仪正是清政府的代表，他据理力争迫使英国政府承认“中国对西藏拥有完全的领土主权”，挫败了英国分裂西藏的阴谋。

最后，中国第一批留学生还带动了中国国内对自然科学的重视。在他们回国之后，中国高校开始设立自然科学课程，这方面的人才也开始慢慢增多起来。除此之外，中国这批留学生还打开了中西方文化交流的大门，对改革中国旧有教育体制扫清了障碍，极大地推动了中国教育近代化的进程。

对于曾国藩来说，帮助中国留学生走出去，或许是他人生做的最后一件大事了。这时候的他，毕竟老了，再次接任两江总督时，他已满六十虚岁。在清朝末年，曾国藩是个不折不扣的老人。

曾国藩的身体并不好。最早他还在京师做官时，耳鸣症就开始出现，那时候他才 30 多岁。然而这个耳鸣症却极不容易治好，让他以后的人生道路上非常痛苦。除此之外，曾国藩还有癣疾，这种病虽然不致命，但非常影响睡眠。曾国藩戎马倥偬，四处征战，少了良好的睡眠，身体状况自然越来越差。

当曾国藩赴直隶任总督时，身体已经很差了，他不仅右眼失明，左眼视力也不好。再加上曾国藩极有可能患有高血压病，时常感到眩晕呕吐。没想到他直隶总督没干几天，又要跑到天津处理教案，让他本来就不好的身体雪上加霜。

曾国藩不是不想休息。在跟太平天国打了那么多年仗之后，他就想彻底退休回家。无奈朝廷让他又去“剿捻”，曾国藩剿捻失败后退职的想法就更加浓厚。虽然曾国藩很少对外人提及，但是通过他的家书和日记，非常明显地感觉到，曾国藩退休回乡安度晚年的愿望。

此番来到金陵处理“刺马案”，让曾国藩的身体受到更多劳累。进入 1872 年，曾国藩的身体越来越差。正月初二，他拜访吴廷栋。曾国藩在金陵的朋友不多，吴作为他当年在京城做官的同事，是他少有的可以没事闲聊的人。

吴廷栋学问高深，思想开阔，虽然已经80岁了，但是思维敏捷，丝毫不输年轻人。曾国藩来到金陵后，时不时去拜望这位老朋友。正月初二这天，两人聊到了当年在京师的共同朋友，发觉大多数已经故去了，这让两位老人极其难过。

正月二十三，曾国藩的身体突然恶化。当时他正在跟人谈话，一下子就感觉到右脚麻木，好半天才恢复。

二月初四，也就是1872年3月12日。这天午后，曾国藩的儿子曾纪泽陪父亲在总督署西花园散步。散步过程中，曾国藩突然连说自己脚麻。曾纪泽大惊失色，赶紧扶他回到书房。此后也未见好，曾国藩端坐三刻钟而死。曾国藩生于1811年，享年六十一岁。

关于曾国藩的死因，长期以来流传着各种说法，包括肝病、眩晕、高血压甚至心情郁闷等等。实际上，曾国藩应该是死于中风。曾国藩中风的前兆很早就出现了。比如，在曾国藩同治三年（1864）三月的一份奏折提到，自己呕吐的老毛病复发，之后“忽然眩晕，左手左脚疼痛异常，抽搐数次，起坐不便”。根据1993年国家中医学会制定的中风先兆诊断标准，发现这些正是中风先兆。

还有一个证据说明曾国藩死于中风。曾国藩去世不久，其子曾纪泽写给曾国藩旧友刘于浔的信函中写明，曾国藩是“偶行散步解闷，忽而中风”而亡。清代对中风的认识已经相当完备，甚至还有了专门的《中风论》一书，因此信中称曾国藩死于中风的判断应当是准确的。

曾国藩生前封侯拜相，满族荣华，死后没有留下什么金银珍宝，而是把自己一生所得归纳为四条训诫留给后人：

一是慎独则心里平静。“慎独”就是指一个人独处，也就是在没有人管束的情况尚能严格要求自己。二是主敬则身体强健。“主敬”讲的是一个人的精神状态如果很好，将会决定了他事业一定能成功。三是求仁则人悦。“求仁”就是要对人有爱心，如果你能够主动帮助别人，别人也会关心你。四是习于劳苦则鬼神也敬重。“习劳”一语是说人应该以劳动来换取社会的认同，这句话的意思是抨击不劳而获。

曾国藩的死，引起了朝廷的极大震惊。当月，朝廷停朝会三日。此后，皇帝又下诏书，追封曾国藩为“太傅”职位，谥“文正”称号。曾文正公的称号，由此得来。

6 月 25 日，曾国藩的灵柩运抵长沙。7 月 19 日，曾国藩葬于湖南长沙金盆岭。次年 12 月 13 日，改葬于湖南望城县伏龙山，与夫人欧阳氏合葬。

曾国藩轰轰烈烈的一生就这样结束了。

图书在版编目（CIP）数据

曾国藩大传 / 刘安平著；—北京：现代出版社，2017.1
ISBN 978-7-5143-5507-9

Ⅰ. ①曾… Ⅱ. ①刘… Ⅲ. ①曾国藩（1811-1872）—传记 Ⅳ. ①K827=52

中国版本图书馆CIP数据核字（2016）第279076号

曾国藩大传

作　　者 刘安平
责任编辑 宋凌燕
出版发行 现代出版社
通讯地址 北京市安定门外安华里504号
邮政编码 100011
电　　话 010-64267325　64245264（传真）
网　　址 www.1980xd.com
电子邮箱 xiandai@cnpitc.com.cn
印　　刷 三河市宏盛印务有限公司
开　　本 710mm × 1000mm　1/16
印　　张 22.5
版　　次 2017年1月第1版　2017年1月第1次印刷
书　　号 ISBN 978-7-5143-5507-9
定　　价 48.00元

版权所有，翻印必究；未经许可，不得转载